प्रोफेसर हेराल्ड जे० लास्की के राजनीतिक विचारों का अध्ययन

गोविन्द प्रसाद नेमा

1986

बी० आर० पब्लिशिंग कार्पोरेशन

दिल्ली-110052

प्रथम प्रकाशन 1986

ISBN
81-7018-324-3

भारत में प्रकाशित :
बी० आर० पब्लिशिंग कार्पोरेशन
461, विवेकानन्द नगर
दिल्ली-110052

वितरक :
डी० के० पब्लिशर्स डिस्ट्रीब्यूटर्स
1, अंसारी रोड, दरियागंज
नयी दिल्ली-110002 (भारत)

भारत में मुद्रित :
पवन प्रिंटर्स, द्वारा अनिल प्रिंटर्स,
दिल्ली-110032

दो शब्द

प्रोफेसर हेराल्ड जे० लास्की ने जीवन के सामाजिक एवं राजनीतिक पहलुओं का जितना सूक्ष्म एवं गहन विश्लेषण किया है उतना इस शताब्दी के किसी विचारक ने नहीं।

वैसे तो अंग्रेजी तथा अन्य विदेशी भाषाओं में लास्की के विचारों पर बहुत प्रकाशन हुआ है किन्तु राष्ट्रभाषा हिन्दी के माध्यम से लास्की की सभी महत्त्व-पूर्ण रचनाओं एवम् विचारों का कोई उत्कृष्ट ग्रंथ प्रकाशित नहीं हुआ।

इस कमी की पूर्ति निश्चय ही डॉ० जी० पी० नेमा की इस कृति से की जा सकेगी जो चिंतन के विद्यार्थियों तथा शोधार्थियों के लिये सार्थक सिद्ध होगी।

—आर० एस० गौतम

आमुख

मानव-सभ्यता की विकास-यात्रा में मनुष्य प्रकृति की जटिलताओं का सरलीकरण कर समाज एवं राज्य को अपने अधिकतम हित-साधक बनाने की दिशा में प्रयत्नशील रहा है। इसी का परिणाम उसकी चिंतनधारा है, जो कि सदियों से प्रत्येक देश-काल में चिरंतनरूप से प्रवाहित होती आ रही है। इतिहास के सुविख्यात चिंतकों ने उसे गति एवं प्रखरता प्रदान की है। वर्तमान शताब्दी के राजनीतिक चिंतक के रूप में ब्रिटिश विचारक प्रोफेसर हेराल्ड जे० लास्की को इस दिशा में पर्याप्त ख्याति मिली है।

प्रस्तुत शोध-प्रबन्ध की विषय-भूमि उनके ही चिंतन-जगत की विवेचना है, जैसा कि इस शोध-प्रबन्ध के शीर्षक से ही स्पष्ट है। प्रथमतः यह सहज जिज्ञासा उठती है कि अध्ययनकर्त्ता ने यह विषय क्यों चुना ? इसकी प्रासंगिकता एवं उपादेयता क्या है ?

प्रस्तुत शोध-कार्य की प्रेरणा शोधकर्त्ता को अपने शिक्षा-काल में ही मिली। राजदर्शन में विशेष रुचि रखने के कारण उसके मन में यह विचार, जिज्ञासा उठी कि आखिर प्रोफेसर लास्की के चिंतन में वे कौन से चुम्बकीय तत्त्व हैं, जो कि उनके पाठकों को अपील करते हुए , उन्हें रुचिकर लगते हैं।

प्राचीन काल से ही राजनैतिक चिंतकों द्वारा व्यक्ति एवं राज्य के सम्बन्धों को लेकर विशद विवेचना की गई है तथा व्यक्ति की स्वतंत्रता, समानता एवं उसके अधिकारों से सम्बद्ध कार्य-परिधि तथा राज्य की कार्य-परिधि के बीच एक सुस्पष्ट सीमा-रेखा तलाशने के भगीरथ प्रयास भी होते रहे हैं। इस शोध की अध्ययन परिधि को स्वतंत्रता, समानता, अधिकार तथा सम्प्रभुता की विशिष्ट अवधारणाओं तक ही सीमित रखा गया है। लास्की के स्वतन्त्रता, समानता, अधिकार एवं सम्प्रभुता सम्बन्धी विचार उनके लोकतांत्रिक समाजवाद के आधार-स्तंभ हैं। इन विचारों ने जनमानस को आंदोलित किया है। इसी परिप्रेक्ष्य में उनकी इन अवधारणाओं का विश्लेषणात्मक प्रस्तुतीकरण इस शोध-प्रबन्ध में किया गया है। प्रो० लास्की के पूर्व के चिंतकों ने भी राजनीति विज्ञान की इन चारों बुनियादी अवधारणाओं को छुआ है, अतः उनके विचारों को संक्षिप्त एवं सार रूप में लास्की के पूर्ववर्ती चिंतकों के विचार शीर्षक के अंतर्गत प्रस्तुत किया

गया है ताकि उनके अध्ययन की पृष्ठभूमि तैयार हो सके।

राजनीति विज्ञान के अपने अध्ययन-काल के दौरान शोधकर्त्ता के मन में दूसरी महत्त्वपूर्ण जिज्ञासा यह उठी कि क्या प्रो० लास्की व्यक्ति एवं राज्य की कार्य-परिधियों के संदर्भ में कोई सुस्पष्ट विभाजक-रेखा निर्धारित करने में सफल हो सके ? शोधकर्त्ता ने लास्की को कभी बहुलवादी, कभी फेबियनवादी, कभी मार्क्सवादी और अंततः लोकतांत्रिक समाजवादी चिंतक के रूप में पाया। अतः यह जिज्ञासा उठना भी सहज है कि आखिर लास्की को व्यक्ति एवं राज्य के बीच स्वस्थ सम्बन्धों एवं उनमें सामंजस्य स्थापित करने के लिए इतनी लम्बी यात्रा क्यों करनी पड़ी ? वे कौन से कारगर कारण थे, जिनसे उनका संवेदनशील चिंतन-मन प्रभावित होता रहा ? वस्तुतः प्रस्तुत शोध में इन्हीं प्रश्नों को मुखर बनाने एवं उनके समाधान खोजने का प्रयास किया गया है।

राजनीति विज्ञान के जिज्ञासु यह जानते ही हैं कि लास्की समाजवाद एवं लोकतन्त्र के उच्चादर्शों के सर्वश्रेष्ठ पोषक रहे हैं। उनका चिंतन-मन समयगत सच्चाई की कितनी ही सकरी वीथियों से क्यों न गुजरा हो, उनकी चिंतनधारा भले ही अनेकों पारंपरिक विचारधाराओं की चिकनी, फिसलनभरी वादियों में क्यों न भटकी हो, अंततोगत्वा उन्होंने लोकतांत्रिक समाजवाद का साफ-स्वच्छ चौड़ा गलियारा ही अपने लक्ष्य-पूर्ति हेतु चुना था।

वैज्ञानिक सत्य एवं व्यवहार द्वारा परीक्षित-निरीक्षित तथ्यों के आधार पर उनके चिंतन की उपादेयता को सामाजिक संदर्भों की कसौटी पर परखना शोध का मुख्य प्रयोजन है। यह तथ्य निर्विवाद है कि लास्की रोचक थे, अपने बहु-आयामी व्यक्तित्व के द्वारा लोगों को आकर्षित करने की क्षमता उनमें थी, साथ ही उनका लेखन भी मर्मस्पर्शी एवं विचारोत्तेजक था। किन्तु लास्की की ये समस्त विशिष्टताएं उनके व्यक्तित्व को प्रभामंडित करती हैं, न कि चिंतन को। चिंतन की सार्थकता तभी सिद्ध होगी जब उपादेयता की कसौटी पर वह फलीभूत सिद्ध हो। यही प्रस्तुत शोध-प्रबन्ध का प्रथम उद्देश्य है।

अध्ययन का दूसरा प्रमुख उद्देश्य यह जानना भी है कि समय-समय पर किन कारणों ने लास्की को विभिन्न मुखौटे लगाकर चलने को प्रेरित किया। ये तत्त्व ही उनके चिंतन की विसंगतियों के जन्मदाता हैं, जिससे वे औसत दर्जे के चिंतक ही बने रहे।

तीसरे उद्देश्य के रूप में शोधकर्त्ता ने इस बात की जांच करनी चाही है कि लास्की किसी एक विचारधारा के समर्थक लम्बी कालावधि तक क्यों नहीं बने रह सके ? वे एक समर्थ मार्क्सवादी के रूप में अपने को क्यों नहीं बनाए रख सके, और आखिरकार वे स्थापित वर्ग की कौन-सी कामनाओं की हित-साधना कर सकने में सफल सिद्ध हो सके हैं ? उनकी बहुलवाद से लोकतांत्रिक समाजवाद

तक की चिंतन-यात्रा इस तथ्य को रेखांकित करती है कि स्वतन्त्रता एवं समानता के संदर्भ में राज्य की कार्य-परिधि तथा व्यक्ति की कार्य-परिधि के मध्य कोई सुदृढ़ संतुलन स्थापित कर पाना, शायद उन्हें भी संभाव्य प्रतीत नहीं हो सका। इस स्थिति का तथ्यात्मक परीक्षण करना भी शोध-प्रबन्ध में नितांत जरूरी समझा गया है।

प्रो० लास्की के चिंतन की प्रभाव परिधि को ज्ञात करना भी शोध का अन्य उद्देश्य है। यह स्वाभाविक है कि उनके चिंतन के उन आकर्षक बिन्दुओं का अध्ययन किया जाये, जिनके कारण नवोदित राष्ट्रों के संविधान-निर्माताओं एवं कर्णधारों में लास्की लोकप्रिय हुए। यही प्रश्न उन कारणों की भी जांच करता है कि उनका प्रभाव नवोदित राष्ट्रों पर किस संदर्भ में, किस सीमा तक और क्यों पड़ा। एक ओर उनके प्रशंसक उन्हें वर्तमान शताब्दी का महान् चिंतक, विश्व-शांति तथा लोकतंत्र का अग्रदूत मानते हैं, तो दूसरी ओर उनके आलोचक उसे छद्म-मार्क्सवादी, तानाशाही समर्थक, तो कुछ पूंजीवादी विचारों का वाहक मानते हैं। इस तथ्य का निराकरण करना कठिन कार्य है कि लास्की वास्तव में क्या थे? पूंजीवाद से समाजवाद के संक्रमण हेतु उनका प्रयोजन कितना औचित्यपूर्ण है। इसका समाधान पाना तथा समाज द्वारा उनको दिये गये स्थान एवं महत्त्व की तथ्यपरक जांच करना भी प्रस्तुत शोध का एक उद्देश्य है।

प्रस्तुत शोध की प्रायोजना का अंतिम उद्देश्य प्रो० लास्की के चिंतन के प्रभाव की आधुनिक समय में व्याख्या करके वैज्ञानिक तथ्यों के आधार पर उसकी प्रासंगिकता तथा व्यावहारिकता को प्रस्तुत करना भी है। भारतीय बुद्धिजीवियों एवं राजनेताओं के एक बड़े वर्ग पर लास्की का काफी प्रभाव रहा है। लास्की ने भारतीय स्वतंत्रता आंदोलन का समर्थन करते हुए भारतीयों के प्रति अपना प्रेम प्रकट किया था, अतः भारतीय राजनीतिक परिवेश में उनके विचारों के प्रभाव की मीमांसा भी प्रस्तुत शोध में की गयी है।

संकलन एवं संभावित संदर्भों में से हमें स्मृतियों और मूल्यों के कौन-कौन-से संदर्भ चुनने एवं संग्रहीत करने और बनाने चाहिए, जिससे हम अपने क्षेत्र के वैज्ञानिक क्रिया-कलापों की व्याख्या कर सकें। हम अपने देश तथा मानवमात्र के लिए कौन-से लक्ष्यों को प्राथमिकता दें, कौन-कौन-से लक्ष्य-बिम्ब ऐसे हो सकते हैं, जिन्हें हम सरलता से पहचान कर विकसित कर सकते हैं। प्रो० लास्की की इन बुनियादी अवधारणाओं के माध्यम से हम देश की बौद्धिक जड़ता को गति दे सकते हैं। लास्की ने मूल्यपरक एक चिंतन दिशा दी है, जो कि मार्क्सवादी चिंतन-धारा के समानान्तर प्रवाहित होती प्रतीत होती है। इन परिकल्पनाओं को प्रमाणीकरण की विभिन्न शैलियों के सहारे जांचा गया है।

प्रस्तुत शोध-प्रबंध का अधिकांश कार्य ग्रंथालयीन-अध्ययन तक केन्द्रित रहा

है। लास्कीकृत तथा उन पर लिखी कृतियों, लेखों तथा अन्य उपलब्ध सामग्री का गंभीर अध्ययन एवं विश्लेषण करके वर्तमान परिस्थितियों के सूक्ष्म अवलोकन के साथ लास्की के विचारों की प्रासंगिकता, उनके प्रभाव एवं चिंतन की तथ्य-परकता जानने हेतु निरीक्षण, परीक्षण की वैज्ञानिक पद्धति अपनायी गयी है। प्रो० लास्की एवं उनके चिंतन से सम्बद्ध रहे महानुभावों से यथासंभव साक्षात्कार-पद्धति का भी सहारा लेकर जानकारी उपलब्ध करने की क्रिया भी अपनायी गयी है।

पूर्व में भी प्रो० लास्की के चिंतन पर भारत तथा अन्य देशों में शोध-कार्य हुए हैं। मेरे इस शोध-प्रबंध की मौलिकता यह है कि इसमें नवीन प्रायोजना के अंतर्गत नये तथ्यों को उद्घाटित कर, समालोचक दृष्टि से लास्की को वर्तमान संदर्भों में प्रस्तुत करने का प्रयास किया गया है। शोधकर्त्ता ने अपने कृतित्व में मौलिक होने का प्रयास किया है। यह सही है कि मौलिक कृति प्रचलित परम्परा से अलग होती है फिर भी लास्की पर उनके विशद व्याख्याकारों की कृतियों की भी सहायता ली गयी है।

प्रो० लास्की का यह सुझाव कि वह कौन-सी विधि कारगर सिद्ध हो सकती है, जिसमें व्यक्ति स्वतंत्रता एवं समानता की उपलब्धि के साथ ही समाजवाद के अभीष्ट उद्देश्यों को प्राप्त कर, उसके लाभों का उपभोग कर सकता है। यह बात पाठकों को निःसंदेह अपील करती है। क्योंकि अपने समूचे चिंतन में लास्की ने सामाजिक कल्याण एवं व्यक्ति के सर्वांगीण विकास को ही अपना [illegible] उनकी कलम सिर्फ इसीलिए चली कि वह मानव सभ्यता के उस [illegible] गौरव-गाथा को लिपिबद्ध कर सके, जिसका स्वप्न समूची मानवजाति अनादि-काल से देखती आ रही है। भले ही इसमें यूटोपियन होने का पुट क्यों न हो।

जब समाजवादी लोकतंत्र की स्थापना हमारे देश का राष्ट्रीय लक्ष्य माना गया है, ऐसे में प्रो० लास्की के विचार हमारी समाजवादी संरचना एवं लोक-तांत्रिक प्रकृति को निश्चित करने में सहायक सिद्ध हो सकते हैं। इस प्रकार प्रो० लास्की का चिंतन यदि भारतीय राजनीतिक परिप्रेक्ष्य में उपयोगी समझा गया, तो मैं अपने इस प्रयास को सफल मानूंगा।

अध्ययन की सुविधा की दृष्टि से सम्पूर्ण शोध-प्रबंध को आठ अध्यायों में विभक्त किया गया है। अध्याय प्रथम प्रो० लास्की के विचारों के विकास एवं उसकी पृष्ठभूमि से सम्बंधित है। अध्याय द्वितीय में प्रो० लास्की की समस्त महत्त्वपूर्ण कृतियों की सार-समीक्षा समाहित की गई है। अध्याय तृतीय में स्वतंत्रता की अवधारणा, अध्याय चतुर्थ में समानता सम्बंधी विचार, अध्याय पंचम अधिकारों की अवधारणा एवं अध्याय षष्ठ में सम्प्रभुता विषयक चिंतन की विवेचना की गई। इन चार अध्यायों में लास्की के विचारों के साथ ही इन

अवधारणाओं पर उनके पूर्ववर्ती चिंतकों के विचारों को भी सार रूप में प्रस्तुत किया गया है। अध्याय सप्तम में प्रो० लास्की के भारतीय एवं विश्व-राजनीति में प्रभाव की परिचर्चा की गई है। तो अंतिम अष्ठम, अध्याय उनके विचारों की प्रासंगिकता तथा उनके व्यक्तित्व एवं कृतित्व के मूल्यांकन से सम्बंधित है।

शोध-प्रबंध को पूर्णावस्था प्रदाय करने में मैं अपने मार्ग-दर्शक श्रद्धेय डॉ० रमेशचन्द्र दुबे, विभागाध्यक्ष, राजनीति विज्ञान एवं लोक प्रशासन विभाग, डॉक्टर हरीसिंह गौर विश्वविद्यालय, सागर के प्रति सर्वप्रथम अपने दायित्व का निर्वाह करते हुए अंतर्मन से आभारी हूं, जिनकी सतत प्रेरणा एवं अमूल्य सुझावों से मेरी अस्त-व्यस्त विचार-निधियों को सौष्ठव प्राप्त हुआ। उनके कुशल निर्देशन एवं प्रोत्साहन का ही प्रतिफल है कि मैं अपना यह शोध-प्रबंध पूर्ण करने में सफल हो सका हूं। मैं उनकी विद्वत्ता एवं सहृदयता से सदा अनुप्राणित होता रहा हूं। शोध-प्रबंध में जो कुछ भी श्रेष्ठ है यह उनके ही सुयोग्य मार्ग-दर्शन की परिणति है तथा जो कमियां हैं, उसके लिए मेरी सीमाएं ही उत्तरदायी हैं। मैं उनका सदैव ऋणी रहूंगा।

श्रीमती फ्रीडा लास्की के प्रति भी मैं अपनी कृतज्ञता ज्ञापन करना अपना कर्त्तव्य समझता हूं, जिन्होंने मेरी अल्प सूचना में ही अपने स्वर्गीय पति प्रोफेसर हेराल्ड जे० लास्की की कृतियों के सम्बन्ध में विशिष्ट सामग्री प्राप्त कर सकने हेतु मुझे विभिन्न संपर्क-सूत्रों का ज्ञान कराया एवं अपनी शुभकामनाएं प्रेषित कीं। [illegible]ई० सी० एस० एस० आर०, पश्चिमी परिक्षेत्र के निर्देशक, डॉ० एस० [illegible]क का भी आभारी हूं, जिन्होंने बम्बई में महत्त्वपूर्ण ग्रंथालयों से शोध सामग्री संकलित करने में मुझे सहयोग दिया। अहमदाबाद के पूर्व सांसद एवं हेराल्ड लास्की इन्स्टीट्यूट आफ पोलिटिकल साइंस के निर्देशक, प्रो० पी० जी० मावलंकर के प्रति भी मैं कृतज्ञ हूं, जिन्होंने अपने व्यस्त कार्यक्रम में विचार-विनिमय करने हेतु मुझे साक्षात्कार देकर प्रो० लास्की के कृतित्व एवं व्यक्तित्व से अवगत कराया एवं अपने अध्ययन संस्थान से सार्थक सामग्री सुलभ कराई।

हिन्दू कॉलेज, दिल्ली के राजनीति विज्ञान के वरिष्ठ प्राध्यापक, डॉ० कृष्णकांत मिश्र तथा रवीन्द्र कॉलेज, भोपाल के प्राचार्य, डॉ० आर० सी० गुप्ता का भी मैं विशेष रूप से आभारी हूं, जिन्होंने इस कार्य में मुझे प्रोत्साहन एवं सहायता प्रदान की। इस शोध-प्रबंध को पूरा करने में जिन-जिन मनीषियों की कृतियों से मैं लाभान्वित हुआ हूं, उनका मैं अनुगृहीत हूं, यथास्थान मैंने उनके प्रति अपना आभार प्रदर्शित किया है।

शोध-प्रबंध की प्रगति एवं प्रस्तुति में अपने विभागीय साथियों, विशेषकर डॉ० हेमचंद लिमये, श्री रमेश शर्मा, श्री सिद्धार्थ चौबे तथा विश्वविद्यालय के उन सभी अधिकारियों एवं कर्मचारियों का आभारी हूं, जिन्होंने मुझे इस दिशा में

सहयोग दिया। छोटे से छोटा कार्य भी बिना बड़ों के मार्ग-दर्शन एवं साथियों के सहयोग के संपन्न नहीं किया जा सकता। प्रत्यक्ष-अप्रत्यक्ष रूप से सहयोग करने वाले उन सभी व्यक्तियों के प्रति मैं आभार व्यक्त करता हूं।

अंत में चुनौतियों के बीच इस कठिन कार्य को कर सकने में परिवार के लोगों ने जो सहारा दिया, इन सबका अलग से आभार क्यों, ये तो मेरी चेतना के स्पंदन में समाये हैं।

—गोविन्द प्रसाद नेमा

विषय-सूची

अध्याय प्रथम

प्रो० हेराल्ड जे० लास्की के विचारों का विकास एवं पृष्ठभूमि

वर्तमान समय में राजनीति का दर्शन बहुआयामी है। इसकी परिपाटी में शासन विद्या के साथ राजनीति दर्शन का संयोग कर उसे व्यवस्थित रूप देने में प्रो० लास्की की प्रतिभा संदेह से परे है। यह सही है कि वर्तमान समय की राजनीति की जटिल गुत्थियों को सुलझाने में लास्की पूरी सफलता के बिन्दु तक नहीं पहुंच पाये परन्तु राजनीति का दर्शन लास्की के प्रति राजनीति विज्ञान को एक नई शोध दृष्टि देने हेतु सदैव आभारी रहेगा।

यद्यपि लास्की का यह अध्ययन हम उनकी मृत्यु के ३३ वर्षों बाद कर रहे हैं, फिर भी वर्तमान सामाजिक एवं आर्थिक व्यवस्था में प्रगतिशीलता के तत्त्व खोजते हुए लोकतंत्र समाजवादी विचारधारा को अधिक सुदृढ़ एवं प्रखर तथा बहुमुखी बनाने में उनका योगदान उल्लेखनीय रहेगा। लास्की कुशाग्र बुद्धि, प्रखर प्रतिभा सम्पन्न, ओजस्वी वक्ता थे और इसीलिए उनके लेखन में भी सरल ओजस्वी प्रवाह, विवेचना की विस्तृत शैली, विषय का गांभीर्य विवेचन एवं ऐतिहासिक तथ्यों से परिपूर्ण विषय-वस्तु के व्यापक अध्ययन की झलक देखने को मिलती है जो कि उनके अध्ययनकर्ताओं को सहज ही में अपील करती है। लास्की का विषय-वार अध्ययन करने से पूर्व इस तथ्य की मीमांसा भी आवश्यक प्रतीत होती है कि लास्की का चिंतक के रूप में किस प्रकार उद्‌भव हुआ।

कल तक की वेवतन प्रजाति में 30 जून, 1893 को जन्मे लास्की को हीनता, निराशा की भावना विरासत में मिली। मैनचेस्टर सोसाइटी में मूलतः हंगरी निवासी पिता नाथन, जो कि कपड़े के आयात-निर्यात के व्यापारी थे, उनकी सम्माननीय स्थिति के कारण हेराल्ड लास्की को तत्कालीन समाज को निकट से देखने का अवसर मिला। बचपन से ही विचार स्वातंत्र्य की अदम्य लालसा ने लास्की को मैनचेस्टर में यहूदी सम्प्रदाय के मुखिया अपने पिता द्वारा बताई धर्मनीतियों का अंधानुकरण न करने की ओर प्रेरित किया।[1] चिन्तन,

---

1. किंग्सले मार्टिन : हेराल्ड लास्की : ए बायोग्रेफिकल मेमोयर, पृ० 9

मनन और पठन ने उन्हें यहूदी संस्कारों से मुक्त रखा।

मैनचेस्टर ग्रामर स्कूल के अंग्रेजी शिक्षक मि० जान पेटन के प्रभाव में आने से लास्की को बचपन से ही जो मानसिक एवं बौद्धिक वातावरण मिला, उसने लास्की के सोचने, समझने के तरीकों को बदला। उनके द्वारा लास्की एक असाधारण छात्र घोषित किये गये।[1]

अपने पिता से लास्की ने यह स्पष्ट कर दिया था कि 'मैं अंग्रेज हूं, पोलिश नहीं। मैं अनीश्वरवादी हूं, यहूदी नहीं। मैं मेमोनाइड्स एवं मिल में कोई संगति नहीं देखता, और न ही मुझे ऐनवीरोनिका तथा मूसा में ही कोई संगति देखने को मिलती है।'[2] इस प्रकार से बालक लास्की को यहूदी धर्म की शिक्षा बांध नहीं सकी। उन्होंने स्पष्ट कहा कि मैं किसी भी धर्म का अनुयायी नहीं हूं। लास्की की पुनर्जन्म तथा अंधश्रद्धा भक्ति के तार्किक सिद्धान्तों में रुचि नहीं थी। वे वर्तमान में ही निमग्न थे। तत्कालीन समाज में जो कुछ दुःख शोषण तथा असहायता उन्होंने देखी, फलस्वरूप उनका मुख्य धर्म या आदर्श इस दुःखपूर्ण वर्तमान को बदलकर शोषणविहीन समाज की स्थापना बन गया।[3]

धार्मिक परम्पराओं से पृथक् रहकर लास्की ने निश्चल मन से आसपास की परिस्थितियों का अध्ययन किया एवं उनकी सतर्क दृष्टि ने उन्हें धार्मिक कट्टरता की पुरातनपंथी विचारधारा के मृतप्राय अवस्था से परिचित करा दिया। बाल्यकाल से ही लास्की ने जाना कि धार्मिक कट्टरता स्वतंत्र चिंतन की शत्रु है और इसके प्रति विद्रोह ने उनमें स्वतंत्र चिंतन का बीजारोपण किया। इस विद्रोही मानसिकता का परिचय लास्की ने अल्पायु में ही फ्रीडा नामक अपने से आठ वर्ष बड़ी ईसाई युवती से विवाह करके दिया। ऐसा माना जा सकता है कि यहीं से लास्की का वर्तमान समाज में व्याप्त विसंगतियों एवं व्यवस्था के खिलाफ संघर्ष शुरू होता है। इस संघर्ष के दौरान लास्की ने कई खट्टे-मीठे अनुभव प्राप्त किए। माता-पिता द्वारा उपेक्षा, फलस्वरूप आर्थिक अभावों ने उन्हें जीवन के यथार्थ धरातल पर ला खड़ा किया, तो दूसरी ओर फ्रीडा के सामीप्य ने उनमें धैर्य, लगन, कल्पनाशीलता, सहनशीलता आदि का समावेश किया।

विवाह के प्रारंभिक वर्षों से ही लास्की पर फ्रीडा का उल्लेखनीय प्रभाव रहा है।[4] यही कारण था कि 1909 में हुआ परिचय प्रणय से परिणय में

---

1. किंग्सले मार्टिन : हेराल्ड लास्की : ए बायोग्रेफिकल मेमोयर, पृ० 13
2. वही, पृ० 9
3. मावलंकर पी० जी० : प्रो० हेराल्ड लास्की : भावभीनी अजलि, पृ० 3
4. किंग्सले मार्टिन : हेराल्ड लास्की : ए बायोग्रेफिकल मेमोयर, पृ० 17

परिणत हुआ। प्रजाति शास्त्र की अपनी इस प्रेयसी के प्रभाव में आकर लास्की ने अपने स्कूली जीवन में प्रजाति शास्त्र से संबंधित निबंध लेखन में पुरस्कार एवं प्रशंसा प्राप्त की।[1] लास्की फ्रीडा द्वारा दिए गये मताधिकार तथा संतति निरोध आदि विषयों पर दिये गये व्याख्यानों से बड़ा प्रभावित हुआ। फ्रीडा लास्की को जीवन पर्यन्त सृजनात्मकता की ओर प्रेरित करती रही, विशेषकर उनके लेखन कार्य तथा उदारवादी चिंतनधारा पर फ्रीडा का पूरा प्रभाव रहा। दोनों महिला मताधिकार आंदोलन में सक्रिय रहे। फ्रीडा से विवाह के बाद घर से मिलने वाली आर्थिक सहायता से वंचित हो जाने पर लास्की ने जीवन के प्रारम्भिक दिनों में ही आर्थिक तत्त्वों की महत्त्वपूर्ण भूमिका पहचानी। लास्की की परिस्थितियों के साथ समझौता करने की अंतर्दृष्टि ने फ्रीडा को यहूदी धर्म में दीक्षित करा दिया, जिससे उनकी पारिवारिक स्थिति पूर्ववत् मधुर बन गई।

आक्सफोर्ड के गौरवशाली शैक्षणिक पर्यावरण से प्रतिबद्ध लास्की जीवनपर्यन्त संघर्ष एवं सक्रियता से ओतप्रोत रहे। प्रारम्भ से ही अनेक राजनैतिक आंदोलनों से जुड़े रहने से उनमें प्रस्फुटित कुंठा एवं विद्रोही प्रवृत्तियों को बल मिला। उन्होंने आक्सफोर्ड में रहकर फैबियन सोसाइटी तथा नारी-मताधिकार आंदोलन के प्रचार में मुख्य रूप से भाग लिया। इसी दौरान जार्ज लैंसवरी तथा एच० डब्ल्यू० नेविन्सन जैसे बुद्धिजीवियों से भेंट हुई, जिसका लास्की के संवेदनशील मन पर गहरा प्रभाव पड़ा। उन्होंने स्वयं स्वीकारा है कि मैंने समानता के तत्त्वों का सार एवं उसका मर्म लैंसवरी से और स्वतंत्रता की आवश्यकता एवं महत्त्व के बारे में नेविन्सन से सीखा है। इस तरह जीवन के आरंभ में ही उनकी विचारधारा में स्वतंत्रता और समानता जैसी दो मूल धारणाओं का समावेश हो गया।[2]

1912-13 में शिक्षा समाप्ति के बाद लास्की पत्रकारिता क्षेत्र में प्रवेश करते हैं, और लैंसवरी द्वारा सम्पादित सिंडिकलवादी पत्र 'डेली हेराल्ड' में स्तंभ लेखक के रूप में संपादकीय लेख लिखने का आमंत्रण स्वीकार कर, श्रमिक समस्याओं तथा उस युग के अनेक प्रश्नों पर अनेक संपादकीय लेख लिखना शुरू करते हैं। उनका परिचय प्रथम विश्वयुद्ध के पूर्व के समाजवादी आंदोलन एवं तत्सम्बन्धी विचारधारा से हुआ। इस कार्य के दौरान लास्की ने वर्तमान शासन और राजनीति की समसामयिक समस्याओं के विभिन्न मुद्दों को जांचा-परखा। इसी काल में उन्हें अपने व्यापक गहन अवलोकन, सूक्ष्म संवेदनशील अनुभूति,

1. हर्बर्ट डीन : पालीटिकल आइडियाज आफ हेराल्ड जे० लास्की, पृ० 4
2. किंग्सले मार्टिन : हेराल्ड लास्की : ए बायोग्रेफिकल मेमोयर, पृ० 25

मानवीय भावुकता एवं स्वातंत्र्यप्रियता की संचित निधि का पोषण तथा अपने विचारों को व्यक्त करने, प्रचारित करने का अवसर मिला। इसी काल में लास्की को श्रमसंघों की गतिविधियों को निकट से देखने का भी मौका मिला।[1] इस प्रकार पत्रकारिता का जीवन उनके लिए भविष्य में बड़ा लाभदायक सिद्ध हुआ, जिसने लास्की को आगे एक राजनैतिक चिन्तन के रूप में प्रतिष्ठित किया।

प्रो० बार्कर, फिशर के सामीप्य एवं मेटलैंड की रचनाओं ने उन्हें शिक्षा काल में ही बहुलवाद में दीक्षित कर दिया था, और यह प्रभाव उन पर आंतरिक रूप से जीवन भर बना रहा। प्रारम्भिक राजनैतिक शिक्षा-दीक्षा ने उन्हें राजनैतिक चिंतन की विसंगतियों से परिचित करा दिया था, जब वे फैबियनवाद से जुड़े थे। उन्होंने यह जाना कि बहुलवाद अथवा फैबियनवाद में विश्व की समस्याओं का हल नहीं है, इसलिए लास्की को प्रूंधो एवं बाद में कार्ल मार्क्स के अध्ययन की प्रेरणा मिली।

प्रथम विश्व युद्ध शुरू होने पर लास्की ने सेना में भर्ती होने का संकल्प किया। ऐसा उन्होंने इसलिए नहीं किया, कि उनकी युद्ध में आस्था थी, बल्कि उन्हें यह विश्वास था कि जर्मनी की जीत ज्यादा खतरनाक सिद्ध होगी।[2] किन्तु शारीरिक दुर्बलता के कारण वे सेना में प्रवेश नहीं पा सके।

1914 से ही अपने चिंतन के प्रारंभिक काल में ही श्रमिक संघों के बढ़ते क्रांतिकारी चरणों एवं सिंडिकलवादी प्रभाव ने लास्की की विकासवादी फैवियनवाद की आस्था घटा दी थी, और युवक लास्की क्रमशः श्रेणी समाजवाद, श्रमसंघवाद जैसे वामपंथी समाजवाद की ओर उन्मुख होने लगते हैं।

इंग्लैंड के वर्गभेदी समाज ने लास्की में पनपती प्रवृत्तियों को और क्रांतिकारी बनाया। लास्की को एक संचयशील समाज के अंतर्निहित दोषों का और अधिक ज्ञान हुआ तथा बड़ी निराशापूर्ण दृष्टि से उसने देखा कि परम्परावादी उदारतावाद कैसे एक समूचे मानव वर्ग की उपेक्षा कर रहा है।[3]

1914 में लास्की ने कैनेडा के मैकगिल विश्वविद्यालय में इतिहास के शिक्षक का पद स्वीकार किया और इसके एक वर्ष बाद उनकी हार्वर्ड विश्वविद्यालय अमरीका में दर्शन शास्त्र के व्याख्याता पद पर नियुक्ति हुई। एक सफल शिक्षक के रूप में लास्की ने यहां विशेष ख्याति अर्जित की और उनके चिंतनशील जीवन के लिए अमरीकी कार्यकाल अत्यन्त ही महत्त्वपूर्ण सिद्ध हुआ। यहां लास्की के संपर्क में अनेक विद्वान आये, जिनका लास्की पर बड़ा प्रभाव पड़ा। जस्टिस

---

1. किंग्सले मार्टिन : हेराल्ड लास्की : ए बायोग्रेफिकल मेमोयर, पृ० 25-26
2. मावलंकर पी० जी० : प्रो० हेराल्ड लास्की : भावभीनी श्रंजलि (गुजराती संस्करण), पृ० 4
3. किंग्सले मार्टिन : हेराल्ड लास्की : ए बायोग्रेफिकल मेमोयर, पृ० 43

होम्स, जस्टिस फ्रेंकफर्टर की प्रगाढ़ मैत्री तथा हार्वर्ड स्कूल आफ लॉ के अनेक विद्वान लास्की के निकटतम मित्र बन गये। एक सहृदय, सहयोगी मित्र लास्की, जिसके लिए मैत्री, प्रेम का सुखी जीवन हेतु बहुत मूल्य था। लास्की के जीवन पर पूरा प्रभाव पड़ा। वह स्वयं लिखता है कि, 'प्रेम और मित्रता का अपना अलग गौरव है। पहले के विषय में मैं कुछ नहीं कहता, उसके सौंदर्य का शब्दों में वर्णन हो ही नहीं सकता। दूसरे (मित्रता) के बारे में, मैं केवल इतना कहूंगा कि न्यायमूर्ति होम्स, लैंसवरी, हेनरी नैविन्सन, जे० एल० हेमाल्ड, ग्राहम वेलास, सिडनी वेब्स एवं स्टेफोर्ड क्रिप्स जैसी विभूतियों से परिचय होना जीवन के मूल स्रोत में अपने हृदय को शीतल करना है। फीलिक्स फ्रेंकफर्टर से जो स्नेह मुझे मिला है वह उस विवेक से भी बढ़कर है जो मुझे उनसे प्राप्त हुआ है। इससे बढ़कर मैं कुछ नहीं कह सकता।'[1]

अपने जीवन के अंत तक लास्की को अमरीका के प्रति, अमरीकन प्रजा के प्रति तथा वहां की संस्कृति के प्रति अत्यन्त प्रेम रहा।[2] वहां के जीवन का अध्ययन उन्होंने सूक्ष्मता से किया था। अमरीकी राष्ट्रपति रूजवेल्ट के प्रति भी लास्की में गहरी रुझान थी। उन्हें पूरा विश्वास था कि रूजवेल्ट की नई राजनैतिक व्यवस्था में लोकशाही की स्थिरता संभव है।[3] अमरीका को अपना दूसरा राष्ट्र मानकर लास्की 1920 के बाद भी वहां विविध भाषण सभाओं में भाग लेने जाते रहते थे। लास्की को अमरीका में जिस घटना ने सर्वाधिक प्रभावित किया वह थी 1919 में बोस्टन शहर में हुई पुलिस की हड़ताल, जो कि अमरीकी श्रमसंघों के साथ संयुक्त होने का अधिकार मांग रही थी। पुलिस के लोगों को सप्ताह में 85 घंटे जबकि नगरपालिकाओं के लोगों को 44 घंटे ही कार्य करने पड़ते थे। इस पक्षपात एवं अन्याय के कारण पुलिस धैर्य खोकर हड़ताल जैसे आंदोलन पर उतारू हो गई थी, किन्तु सरकार एवं पूंजीपतियों द्वारा उस हड़ताल को कुचलने के यत्न किये गये। विश्वविद्यालय द्वारा नगर अधिकारियों की सहायता की गई जिसकी लास्की ने कटु भर्त्सना की। उन्होंने कहा कि हड़ताल के कारणों को समझे बिना तथा पुलिस के रहन-सहन एवं कार्यों की सूक्ष्म जांच किये बिना हड़ताल का दमन नहीं किया जाना चाहिए। लास्की ने यह भी देखा कि पुलिस पर हो रहे अन्याय के प्रति किसी भी बड़े, प्रतिष्ठित व्यक्ति की सहानुभूति नहीं है। इस बात की लास्की ने खुलकर घोषणा की। फलस्वरूप चारों ओर से एक अपराधी की भांति लास्की की निंदा होने लगी, जैसे स्वयं लास्की ही आंदोलनकर्ता एवं हिंसक

1. क्लिफटन फैडीमैन द्वारा सम्पादित : आई बिलीव—हेराल्ड जे० लास्की, पृ० 26
2. किंग्सले मार्टिन : हेराल्ड लास्की : ए बायोग्रेफिकल मेमोयर, पृ० 43-44
3. मावलंकर पी० जी० : प्रो० हेराल्ड लास्की : भावभीनी अंजलि (गुजराती संस्करण), पृ० 6

क्रांति को प्रश्रय देने वाला हो। अनेक निराधार आरोप लगाये जाने से उनके विरुद्ध एक गंभीर विरोधी वातावरण बन गया। दुर्भावना सामूहिक होने से लास्की को विश्वविद्यालय से हटाने के कार्यक्रम बनने लगे। अततोगत्वा अध्यक्ष लावेल ने बौद्धिक स्वतंत्रता के सिद्धान्त पर आचार करते हुए लास्की की रक्षा की।

इस घटना से लास्की ने यह अनुभव किया कि अमरीकन शिक्षा प्रणाली पूंजीवादी परिस्थितियों से घनिष्ठतम रूप से प्रतिबद्ध है। उन्होंने अनुभव किया कि श्रमिकों के न्यायोचित अधिकारों को कुचलने में सरकार कितनी तत्परता से कार्य करती है। सत्ताधारी वर्ग अपनी सत्ता एवं हितों की सार्वभौमिकता की सुरक्षा हेतु संस्थाओं एवं विचारों का निर्माण करता है इसलिए कानून भी एक विवेकीकृत पुरुष की भांति राजसत्ता के नग्न मंसूबों को छुपाने हेतु आवरण बन जाया करता है। इसलिए 'संविदा की स्वतंत्रता', 'निर्धारित प्रक्रिया' एवं 'व्यापार के नियन्त्रण का षड्यन्त्र' ये तीनों उन विवेकों में से हैं जो आर्थिक व्यक्तिवाद एवं उसके समस्त परिणामों को कायम रखने हेतु सुरक्षित कदम है।[1] इस प्रकार अमरीकी जीवन की शैली जो व्यवसाय के सामाजिक मूल्यों पर जोर देती है, अमरीकी शिक्षा का मुख्य केन्द्रीय विषय बन गई है और यहां तक कि धर्म भी वहां एक बड़ा व्यवसाय बना हुआ है।[2]

लास्की को यह भी शिक्षा मिली कि शोषित प्रजा जब स्वयं के न्याय के लिए लड़ती है, तब राज्य की सार्वभौमिक शक्ति का प्रयोग करने वाले लोग उसका कितना सशक्त प्रतिरोध करते हैं।[3] राज्य सत्ता के प्रयोगकर्ता पूंजीपति तथा न्यस्त हितों के चंगुल में किस तरह जकड़े रहते हैं, बोस्टन की पुलिस हड़ताल वाली घटना ने इस बात को सिद्ध कर दिया, और लास्की में यह विश्वास घर करने लगा कि जब तक सत्ता श्रमजीवी प्रजा के हाथ में नहीं आएगी उनका सामाजिक, आर्थिक एवं राजनैतिक जीवन-स्तर कभी नहीं सुधरेगा।[4]

ऐसे ही अशांत वातावरण में जब लास्की को 1920 में 'लंदन स्कूल आफ इकानामिक्स एंड पोलिटिकल साइंस' की ओर से लंदन आने तथा राजनीति विज्ञान के शिक्षक के रूप में कार्य करने का निमन्त्रण मिला, तो उन्होंने उसे तुरन्त स्वीकार कर लिया। 1920 में उत्साह एवं आनंद से उन्होंने यहां आकर ग्राहम वेलास के बाद राजनीति विज्ञान के आचार्य का पद-भार संभाल लिया। एक

1. किंग्सले मार्टिन : हेराल्ड लास्की : ए बायोग्रेफिकल मेमोयर, पृ० 234
2. वही, पृ० 234-35
3. मावलंकर पी० जी० : प्रो० हेराल्ड लास्की : भावभीनी अंजलि (गुजराती संस्करण), पृ० 6
4. वही।

सफल उत्तरदायी शिक्षक के रूप में, साथ ही श्रमिक दल के बौद्धिक पथप्रदर्शक के रूप में लास्की जीवनपर्यन्त यहीं रहे। उनकी मान्यता थी कि सच्चा शिक्षक कभी निष्पक्ष नहीं रह सकता। शिक्षक को अपना मत स्पष्ट रूप से व्यक्त करना चाहिए पर वे अतिरेकपूर्ण न हों। प्लेटो के समान लास्की की भी यह मान्यता थी कि सच्चा ज्ञान एवं शिक्षण मनुष्य को उदार एवं सक्रिय बनाता है।[1] प्रो० लास्की को दुनिया के हजारों विद्यार्थियों का जो सम्मान एवं स्नेह मिलता रहा इसने उनके सृजनात्मक जीवन को काफी प्रभावित किया।

लंदन के अनुभवों ने लास्की में पनपते समाजवादी पौधे को सींचा तो अमरीकी प्रवास (1914-20) में घटित बोस्टन हड़ताल जैसी घटनाओं ने लास्की की सूक्ष्म संवेदना को झकझोर दिया एवं उन्हें सामाजिक न्याय तथा लोकतंत्र की मीमांसा करने हेतु प्रेरित किया। इस प्रकार अमरीकी तथा ब्रिटिश घटना-क्रमों एवं वहां की शासन-व्यवस्था का सूक्ष्म एवं गहन अध्ययन करके उन्होंने हमें राजनीति दर्शन एवं शासन व्यवस्था विषयक अनेक ग्रन्थ प्रदान किये।

इंग्लैंड में खनिज मजदूरों की हड़ताल, 1929 की आर्थिक मंदी तथा इसका सामना करने हेतु इंग्लैंड में सांझा सरकार बनाने की व्यवस्था, अमरीकी राष्ट्रपति की नवीन नीति, स्पेन में फासीवाद का उदय, जर्मनी में हिटलर की विजय जैसी अंतर्राष्ट्रीय घटनाओं के परिप्रेक्ष्य में लास्की को यह विश्वास हो गया था कि समानता के बिना लोकतंत्र एक पाखण्ड तथा ढकोसला मात्र है। उसकी सफलता के लिए समानता नितांत जरूरी है,[2] और सच्ची समानता तब तक नहीं आ सकती जब तक कि उत्पादन के साधनों का समाजीकरण नहीं हो जाता। अपने लेख में लास्की ने कहा कि, 'मैंने अमरीका में यूरोप की अपेक्षा पूंजी और श्रम के संघर्ष की विशेषता को और भी अधिक नग्न रूप में देखा।···मैं अमरीका से यह विश्वास लेकर लौटा कि स्वतंत्रता का समानता के बिना कोई अर्थ नहीं है और मैं यह भी समझने लगा हूं कि जब तक उत्पादन के साधन समाज के स्वामित्व में नहीं आ जाते तब तक समानता अर्थहीन चीज रहेगी। किन्तु अपने सिद्धान्तवाद के कारण मैं यही समझता था कि इसे तर्क द्वारा प्रमाणित किया जा सकता है और तत्पश्चात् उसे सामाजिक संगठन का आधार बनाने के लिए जरूरी समर्थन मिल सकता है।'[3]

समकालीन समसामयिक समाज के सफल एवं ओजस्वी समीक्षक एवं चिंतक

---

1. मावलंकर पी० जी० : प्रो० हेराल्ड लास्की : भावभीनी अंजलि (गुजराती संस्करण), पृ० 9
2. किंग्सले मार्टिन : हेराल्ड लास्की : ए बायोग्रेफिकल मेमोयर, पृ० 74
3. क्लिफटन फैडीमैन द्वारा सम्पादित : आई बिलीव—हेराल्ड जे० लास्की, पृ० 142-43

रूसो, हीगेल, ग्रीन, मार्क्स आदि विचारकों की तरह लास्की ने भी अपनी समकालीन मानसिक पृष्ठभूमि तथा राजनैतिक परिस्थिति को सर्वमान्य तथा सार्वजनिक सत्य के रूप में प्रस्तुत करने का प्रयास किया है। चिंतन मस्तिष्क की प्रक्रिया होने के कारण कोई भी संवेदनशील चिंतक पर्यावरण के प्रभाव से अछूता नहीं रह सकता उस पर विविध प्रतिभाशाली व्यक्तियों, उनकी कृतियों तथा उनके समय में विश्व तथा राष्ट्र-विशेषों में घटित घटनाओं का निश्चित रूप से प्रभाव पड़ता है। लास्की भी देश, काल तथा पात्र से पूरी तरह प्रभावित होते रहे हैं। जहां वे गये, रहे, जिनके संपर्क में आये, जो पुस्तकें उन्होंने पढ़ीं आवश्यकता एवं मनोनुकूल वे उसे आत्मसात् करते रहे हैं। स्वयं लास्की ने लिखा है कि प्रत्येक विचारक ने अपने चिंतन का विकास समसामयिक सामाजिक अनुभव के संदर्भ में किया है।[1] प्रो० लास्की पर भी यही बात लागू होती है।

उस समय की इंग्लैंड, अमरीका तथा यूरोप की परिस्थितियां, रूसी क्रांति, मार्क्सवादी दर्शन का प्रभाव इत्यादि के अध्ययन किये बिना लास्की का अध्ययन असंभव-सा प्रतीत होता है, जो कि उसकी वैचारिक पृष्ठभूमि के मुख्य आधार हैं। उसके ऊपर सबसे स्थाई प्रभाव अपने युग का है अर्थात् 20वीं शताब्दी के पूर्वार्ध का, जो एकाधिकार पूंजीवाद एवं साम्राज्यवाद का काल था। जिसमें विकसित एवं अविकसित पूंजीवादी राष्ट्रों में पूंजीवाद से उभरते गहन गंभीर संकट के कारण अपने अस्तित्व को कायम रखने हेतु फांसीवाद तक का सहारा लिया जा रहा था। इस संकट में पूंजीवादी लोकतंत्र की तमाम संस्थायें अधिकाधिक संख्या में एकाधिकारवादी पूंजीवाद की ओर अपनी निष्ठा प्रदर्शित करने लगी थीं। इस प्रकार से उपनिवेशवद, साम्राज्यवाद एवं विश्व-युद्ध जैसे विकास संसार में उपस्थित हो रहे थे। यूरोप दो शक्तिशाली गुटों में बंटा था और दोनों एक-दूसरे के प्रति सशंकित थे। लास्की इस स्थिति के प्रभाव से अछूते नहीं रह सके उन्होंने इस स्थिति को सूक्ष्मता से समझा और सशक्तता से समझाने का प्रयास किया। उन पर इंग्लैंड की उदारवादी चिंतनधारा का जिनमें प्रो० वार्कर, लाक, बेंथम, मिल, ग्रीन इत्यादि विशेष रूप से उल्लेखनीय हैं, का विशेष प्रभाव पड़ा है।

बदलती हुई राष्ट्रीय एवं अंतर्राष्ट्रीय घटनाओं के अनुकूल ही उनके चिंतन में अनेक उतार-चढ़ाव देखने को मिलते हैं। और एक समय के बाद लास्की, उनकी बौद्धिक आस्थाओं में हमें परिवर्तन देखने को मिलता है। कभी वे नैतिक व्यक्तिवादी हैं तो कुछ समय बाद राजनैतिक बहुलवादी, आर्थिक समष्टिवादी

1. लास्की : ए ग्रामर आफ पालिटिक्स, पृ० 17-20

एवं आगे नवमार्क्सवादी भी। लास्की के समूचे अध्ययन को यदि मुख्य धाराओं में विभाजित किया जाये तो मोटे तौर पर दो भाग हो सकते हैं, एक 1914 से 1930 तक और दूसरा इसके बाद का 1950 तक। पहला मार्क्सवादी प्रभाव से पूर्व का काल है जिसमें उनके विचार नैतिक व्यक्तिवाद, राजनैतिक बहुलवाद एवं आर्थिक समष्टिवाद का विचित्र सम्मिश्रण है तो मार्क्सवादी प्रभाव के बाद के चिंतन में लास्की पर विश्वव्यापी आर्थिक संकट, फासीवाद का उदय मंचूरिया पर जापानी हमले आदि घटनाओं ने प्रभाव डाला और तब उन्हें मार्क्सवादी विश्लेषण की सच्चाई का अनुभव होने लगा।

प्रो० केटलिन लास्की के विचारों के विकासकाल को क्रमशः बहुलवादी, व्यक्तिवादी एवं मार्क्सवादी रूप में स्वीकारते हैं तो हर्बर्ट ए० डीन उनके चिंतन का अध्ययनपांच भागों में बांटकर करते हैं जो क्रमशः बहुलवाद, फैबियनवाद, समाजवाद, मार्क्सवाद, युद्धकालीन एवं युद्धोत्तरकालीन चिंतन है। हम सुविधा की दृष्टि से प्रो० लास्की के चिंतन एवं उस पर पड़े प्रभावकाल को 6 भागों में विभाजित कर सकते हैं। विभिन्न चरणों में एक ही विषय पर उनके विचार बदलते रहे हैं इसलिए कालक्रमानुसार विभाजन उपयुक्त प्रतीत होता है।[1] इसलिए प्रो० लास्की के चिंतनकाल को निम्न कालक्रमों में बांटा जा सकता है।

1. 1911 से 1914 तक का काल जिसमें लास्की आक्सफोर्ड के छात्र-जीवन में एक विद्रोही संवेदनशील युवक की तरह तत्कालीन प्रश्नों के प्रति सजग हैं तथा बौद्धिक आधार-शिलायें स्थापित करने के लिए प्रयत्नशील हैं, इसी काल में डार्विनवाद से प्रेरित होकर वे 'चूजन पीपुल' नामक एक लघु पुस्तिका भी लिखते हैं। इस समय लास्की पर सर्वाधिक प्रभाव एच० फिशर एवं बार्कर का पड़ता है जो लास्की के शिक्षक भी हैं। एच० डब्ल्यू० मेटलैंड की रचनाओं का भी लास्की पर गहरा प्रभाव पड़ता है जो कि समुदायों की विशिष्टता एवं विधि की सर्वोच्चता पर महत्त्वपूर्ण प्रकाश डालते हैं।[2] इसी कार्य में इंग्लैंड के पत्रकारिता के क्षेत्र के प्रतिष्ठित बुद्धिजीवी नैविन्सन तथा लैंसवरी जो कि सिंडिकलवादी समाजवादी हैं, लास्की को प्रभावित करते हैं।
2. 1914 से 1925 तक का बहुलवादी समाजवादी काल—इसमें लास्की अपने बहुलवादी शिक्षकों के अतिरिक्त अन्य बहुलवादी विचारक क्रैब, फिगिस, डुग्बे इत्यादि के प्रभावों से प्रभावित होते हैं, फलस्वरूप संप्रभुता संपन्न राज्य के विरुद्ध विभिन्न समुदायों की स्वायत्ता के विचार का उनके

1. हर्बर्ट ए० डीन : पोलिटिकल आइडियाज आफ हेराल्ड जे० लास्की, पृ० 8
2. वही, पृ० 5

द्वारा समर्थन किया जाता है। जिसका मुख्य उद्देश्य श्रमिक संघों की स्वतंत्रता को पूंजीवादी राज्य के अनुचित हस्तक्षेप करना है। इसलिए इस चरण में लास्की की कृतियों में श्रमिकवादी एवं पूंजीवाद विरोधी प्रवृत्तियां देखने को मिलती हैं। उनका इस समय का बहुलवाद कोल के श्रेणी समाजवाद, सोरेल के श्रम संघवाद तथा प्रूंधो के अराजकतावाद से आंशिक रूप से प्रभावित है। यही कारण है कि वे 1919 में बोस्टन के पुलिसकर्मियों की हड़ताल का समर्थन करते हैं।

3. 1925 से 1931 तक का फैबियन समाजवादी काल—जिसमें लास्की जो कि पहले से ही फैबियन सोसाइटी के सदस्य थे, फैबियन विचारकों से और अधिक प्रेरित दिखाई देते हैं। वे अपने प्रारंभिक बहुलवादी तथा कोल, सोरेल तथा प्रूंधो की मान्यताओं को आत्मसात् न करके समष्टिवादी समाजवाद में अपनी आस्था प्रकट करने लगते हैं एवं संवैधानिक साधनों से राज्य नियंत्रित एवं संचालित समाजवादी अर्थव्यवस्था कायम किये जाने पर जोर देते हैं। वे सिडनीवेव, स्ट्रेची, स्टेफर्ड क्रिप्स आदि के साथ मिलकर लेवर पार्टी में वाममार्गी गुट तैयार कर जनवादी समाजवाद को प्रगतिवादी मोड़ देने हेतु तत्पर हो जाते हैं तथा मार्क्सवाद में संशोधन कर उसे ब्रिटिश परिस्थितियों के अनुसार ढालने का प्रयास करते हैं।

इस काल के उनके विचारों में हमें समाजीकृत बेंथमवाद का वह पुट भी देखने को मिलता है जिसमें लास्की 'अधिकतम लोगों के अधिकतम कल्याण' वाले बेंथम के सूत्र को अपने विचारों की आधारशिला बनाना चाहते हैं,[1] किन्तु उसके मनोवैज्ञानिक एवं नैतिक दृष्टिकोणों से सहमत नहीं हैं। लास्की इस काल में मार्क्स के पहले के ब्रिटिश समाजवादियों से विशेष रूप से प्रभावित हैं, इसी कारण वे सिडनी एव ब्रिटिश वेव, एच० जी० बेल्स, ग्राहम वेलास, बर्नार्ड शा तथा कोल के साथ फैबियन सोसाइटी के लिए लोकतांत्रिक समाजवाद की व्याख्या में उनके सहयोगी बन जाते हैं।

4. 1931 से 1939 तक का नवमार्क्सवादी काल—जो कि उनके राजनैतिक चिंतन का सर्वाधिक उत्तेजक चरण है। इसमें लास्की मार्क्सवाद के अनुयायी अथवा टीकाकार की तरह अपनी समूची रचनाओं में इसकी छाप छोड़ते हुए दिखते हैं। मार्क्स के प्रति लास्की का झुकाव 1928 से ही था, पूर्व के अनुभवों ने लास्की के मन में यह बात स्पष्ट कर दी थी, जिसे एक लेख में स्वयं लास्की लिखते हैं कि "इन सबसे जो महान् सत्य मैंने सीखा है वह यह है कि मार्क्सवादी दर्शन मोटे रूप से सत्य है, जो कुछ मैंने अपनी आंखों से देखा

1. हर्बर्ट ए० डीन : दि पोलिटिकल आइडियाज आफ हेराल्ड जे० लास्की, पृ० 8

है और पढ़ा है उसने मेरे सामने अन्य कोई विकल्प भी नहीं छोड़ा।···मैं विवश होकर इस परिणाम पर पहुंचा हूं कि कोई भी वर्ग स्वेच्छापूर्वक अपनी सत्ता का परित्याग नहीं कर सकता। मैंने यह भी सीखा है कि उत्पादन के साधनों पर व्यक्तिगत स्वामित्व के होते हुए यह असम्भव है कि राज्य की शक्ति पर श्रमिक वर्ग का अधिकार हुए बिना लोकतांत्रिक विचार वर्गगत सीमाओं का अतिक्रमण कर जाये।'[1]

लास्की 1931 में फैबियन कार्यकारिणी समिति से यह कहकर त्याग-पत्र दे देते हैं कि उन्हें उनके विकासवादी सामाजिक लोकतंत्र या समष्टिवाद की परम्परागत मान्यताओं से कोई सहानुभूति नहीं रह गई है। वे श्रमिक दल में अपने वामपंथी साथियों, विशेषकर जान स्ट्रेची, स्ट्रेफर्ड क्रिप्स के साथ मिलकर 1937 में ब्रिटिश कम्युनिस्ट पार्टी के साथ राजनैतिक सहयोग की नीति का समर्थन करते हैं।[2]

5. 1939 से 1945 तक का द्वितीय विश्व-युद्धकालीन चरण—इस काल में अंतर्राष्ट्रीय शक्ति राजनीति के कठोर यथार्थ से प्रेरित होकर प्रो० लास्की का रचनाओं में प्रचारवाद की प्रधानता बहुतायत से पाई जाती है। वे पूंजीवाद के आलोचक एवं समाजवाद के प्रवक्ता के तौर पर लेबर-पार्टी के 1942 के सम्मेलन में अपनी समाजवादी आस्थाओं का प्रदर्शन करते हुए एक ओर समाजवादी योजनाबद्ध प्रगति, उसकी अर्थव्यवस्था तथा दूसरी ओर व्यक्तिवादी अहंमन्यता, लोककल्याणकारी राज्य तथा अमरीकी जीवन की स्वच्छन्दता से प्रभावित होकर संकल्प-विकल्प की स्थिति में फंसे हुए परिलक्षित होते हैं। साम्यवादी तानाशाही एवं हिंसा की दबोच में लास्की 1937 में जिन साम्यवादियों को ब्रिटिश लेबरपार्टी में काम करते समय शामिल करने के आकांक्षी थे तो 1946 में लास्की ने उन्हें अपने दल में नहीं घुसने दिया और उनका विरोध किया।

इसी काल में लास्की नाजीवाद, फासीवाद के कटु आलोचक होने के साथ ही लोकतांत्रिक समाजवाद के प्रबल समर्थक प्रतीत होते हैं, जो कि उनके राजनैतिक बहुलवाद पर आधारित है। लास्की पर सभी कालों में बहुलवाद का आंतरिक रूप से प्रभाव बना रहता है।

6. 1945 से मार्च 1950 तक के युद्धकालीन चरण में लास्की रूसी एवं विदेशी अमरीकी नीति से निराश होने के साथ ही इंग्लैंड की लेबरपार्टी को भी आशा के अनुकूल कार्य करते हुए नहीं देखते। वे नई विश्वव्यवस्था

---

1. क्लिफटन फैडीमैन द्वारा सम्पादित : आई बिलीव : हेराल्ड जे० लास्की, पृ० 144
2. जार्ज कैटलिन : हिस्ट्री आफ पोलिटिकल फिलासफर्स, पृ० 654

कायम करने की आशा से दोनों शक्ति गुटों में सामंजस्य की कामना करते हैं। इसी काल में लास्की भारतीय स्वराज्य की मांग में पहले से कहीं अधिक रुचि दिखाते हैं।

अपने पूर्व के विचारों में संशोधन करते हुए लास्की पश्चिमी यूरोप के देशों में लोकतांत्रिक समाजवाद की स्थापना की जाने की परिकल्पना करते हैं। कभी-कभी वे अपने को लेबरपार्टी में अकेलेपन एवं अलगाव के शिकार हुए अनुभव करते हैं, क्योंकि लेबरपार्टी को वे ब्रिटिश मजदूर वर्ग का क्रांतिकारी अग्रिम दस्ते के रूप में नहीं देख पाये। अपने जीवन के अंतिम दिनों में लास्की अंतर्राष्ट्रीय संबंधों को लेकर चिंतित हैं। अमरीका तथा रूस के बीच बढ़ती अनास्था एवं शीत-युद्ध के कारण उन्हें आणविक अस्त्रों से सुसज्जित तृतीय विश्व-युद्ध की आशंका घेरे रहती है।[1] इसलिए उनके इस काल के चिंतन में अंतर्राष्ट्रीय राजनीति की विसंगतियों का विशद विश्लेषण हमें देखने को मिलता है। विशेष कर उनकी मृत्यु के बाद प्रकाशित उनका ग्रंथ 'डिलेमा आफ अवर टाइम' में इस काल के चिंतन का प्रतिबिंब है।

इस काल में लास्की की आकांक्षा थी कि पश्चिमी यूरोप के समाजवादी देश रूस के विरुद्ध शीतयुद्ध में अमेरिका का साथ न देकर तीसरी शक्ति के रूप में लोकतांत्रिक समाजवादी नीतियां अपनाये। वे 1945 में लेबरपार्टी की विजय से संतुष्ट हैं, परन्तु न तो साम्यवादी हैं और न ही फैबियनवादी, और न ही गिल्डसमाजवादी एवं श्रमसंघवादी। वस्तुतः उन्हें इस काल के दौरान अपनी मान्यताओं पर अनास्था-सी हो जाती है। 1946 में नेवार्क प्रकाशन के विरुद्ध मानहानि के मुकद्दमे में भी उन्हें सफलता नहीं मिलती।[2] इसमें लास्की को साम्यवादी होने एवं क्रांति को उभाड़ने वाला स्वीकारा गया, जब कि संवेदनशील लास्की का वास्तविक प्रयोजन ऐसा नहीं था।

द्वितीय विश्व-युद्ध की विभीषिका ने उनके चिंतन को ऐसा झकझोरा कि उन्हें अपनी विचारधाराओं में निरर्थकता दिखाई देने लगती है और इसी टूटन ने उन्हें वस्तुतः कहीं का नहीं रखा।[3] किन्तु जीवन के अंतिम समय तक वे लोकतांत्रित समाजवादी ही बने रहते हैं। लेबरपार्टी की आलोचना करते हुए वे उसे पारम्परिक टोरी नीतियों का ही संस्करण

1. हर्बर्ट ए० डीन : दि पोलिटिकल आइडियाज आफ हेराल्ड जे० लास्की, पृ० 318
2. डेली हेराल्ड, लंदन : दि लास्की लेबेल एक्शन : वर्बाटिम रिपोर्ट, 1948
3, हर्बर्ट ए० डीन : दि पोलिटिकल आइडियाज आफ हेराल्ड जे० लास्की, पृ० 290-91

मानते हुए 1946 के लेबर दल के सम्मेलन में इस पर पूर्ण विरोध प्रकट करते हैं।[1] चेयरमैन रहते हुए भी प्रो० लास्की की दलीय स्थिति इस समय कमजोर थी, इसका कारण यह था कि संसदीय श्रमिक दल पर बाहरी संगठन की दबावहीनता। यही कारण था कि प्रधानमंत्री एटली ने प्रो० लास्की को लिखा था कि वे अपने आदेश और स्मरण-पत्र उनके पास न भेजा करें, क्योंकि लेबर प्रधानमंत्री या मंत्री लोकसदन और जनता के प्रति उत्तरदायी हैं। पार्टी चेयरमैन या केन्द्रीय समिति के प्रति नहीं हैं।[2] इससे यह बात सिद्ध होती है कि लास्की के चेयरमैन रहते हुए भी दल में दक्षिण पंथी तत्त्व ही अधिक प्रभावशील थे।

प्रो० लास्की के चिंतन की विशेष पृष्ठभूमि

बहुलवाद एवं बहुलवादी समाजवादी विचारों की आधारशिला—बहुलवाद लास्की के चिंतन के विकास की प्रथम सीढ़ी है, जिसका कि थोड़ा-बहुत प्रभाव लास्की पर जीवन भर रहा है। यहां तक कि अपने मार्क्सवादी दिनों में भी वे भावनात्मक रूप से बहुलवाद से जुड़े हुए थे। बहुलवादी दार्शनिक विचार उनके चिंतन के परिपूरक भी हैं। अपने प्रारंभिक दिनों में ऐसी ही मानसिकता लिये लास्की राज्य के सावयवी व्यक्तित्व एवं उसकी सामाजिक एवं सामुदायिक जीवन पर पड़ती प्रतिछाया को अस्वीकार करते हैं। उनके इन विचारों की आधारशिला में वे मध्यकालीन श्रेणी, निगम एवं सामुदायिक चेतना के तत्त्वों के साथ ही बहुलवादी विचारक डुग्वे, क्रेव, गर्के, मेटलेंड एव फिगिस की कृतियों से प्रेरणा लेते हैं, जो कि समुदायों की विशिष्टता एवं विधि की सर्वोच्चता से ओत-प्रोत थीं।[3]

लास्की के आक्सफोर्ड के शिक्षक फिशर एवं बार्कर का प्रभाव भी इस संदर्भ में उल्लेखनीय है। लास्की प्रो० बार्कर की इस मान्यता को स्वीकारते हैं, जिसके अनुसार समुदायों के समुदाय के रूप में राज्य के सिद्धान्त का अर्थ है कि राज्य समुदायों का वह उठा हुआ पदसोपान तथा एक ऐसा सर्वोच्च समुदाय है, जो न्यूनतम विस्तार वाले समुदायों के बीच नियामक की भूमिका अदा करता है।[4] इसलिए लास्की प्रो० बार्कर की इस युक्ति को भी मानते हैं कि संप्रभुता सम्पन्न राज्य के सिद्धान्त की तुलना में ऐसा अन्य कोई राजनैतिक सिद्धान्त नहीं, जो

---

1. किंग्सले मार्टिन : हेराल्ड लास्की : ए बायोग्रेफिकल मेमोयर, पृ० 187
2. के० के० मिश्रा : तुलनात्मक शासन और राजनीति से उद्धृत, पृ० 233
3. जी० एन० शर्मा : हेराल्ड जे० लास्की : इंडियन जर्नल आफ पोलिटिकल साइंस, अक्टूबर-दिसम्बर, 1950, पृ० 136-37
4. बार्कर : दि डिस्केडिटेड स्टेट : पालिटिकल क्वार्टरली, फरवरी, 1915, पृ० 101-21

उसने ज्यादा नीरस एवं निष्फल हो।[1] लास्की इसी बात को स्वीकार करते हुए कहते हैं कि संप्रभुता की यदि समूची परिकल्पना का परित्याग कर दिया जाये तो इससे राजनीति विज्ञान का स्थाई हित सिद्ध होगा।[2] अपने गुरु प्रो० फिशर के सामीप्य ने भी लास्की को बहुलवाद की ओर प्रवृत्त किया जो कि समुदायों के विशेष महत्त्व को स्वीकारते हैं। वे लगभग सभी बहुलवादियों के सर्वमान्य निष्कर्षों को स्वीकारते हुए कहते हैं कि मनुष्य अनेक समुदायों से सम्बद्ध रहता है और राज्य भी एक समुदाय है। निष्ठा के लिए इनमें प्रतियोगिता का होना भी निरंतर रूप से संभाव्य है।[3]

प्रो० लास्की क्रियावादी चिंतक विलियम जेम्स के प्रभाव में आकर राजनैतिक संप्रभुता के सिद्धान्त को क्रियावाद (प्रेगमैटिज्म) की कसौटी पर कसते हुए जेम्स के इस कथन को उद्धृत करते हैं कि हम एक विश्व में नहीं विविध विश्व में निवास करते हैं।[4] लास्की का मत है कि वे यथार्थ मूल्यों पर ही जोर देते हुए सार्वभौमिक एकत्ववाद एवं विवेकवाद को अस्वीकार करके अनुभववाद को बिल्कुल बहुल-वादियों की तरह ही स्वीकार करते हैं। लास्की क्रियावादी मीमांसा की ओर इसीलिए आकृष्ट होते हैं क्योंकि इसका आधार अनुभववाद था जो कि विश्व की एकता के लिए युक्तिपूर्ण प्रयासों को निरर्थक मानता था। जैसा कि विलियम जेम्स ने दर्शनशास्त्र से निरंकुशतावाद एवं एकत्ववाद रूपी दो राक्षसों को निकालने हेतु कार्य किया वैसा ही लास्की का उद्देश्य इनको राजनैतिक विचारों की सीमा से पृथक् करना है।[5] एक बहुलवादी क्रियावादी के रूप में लास्की ने राज्य के आदर्शवादी सिद्धान्त, जो कि एक भाववादी तथा रहस्यवादी सिद्धान्त था, अस्वीकार करने वालों का नेतृत्व किया।

बहुलवाद को अमल करने हेतु 1914 से 1920 तक अमरीका में बहुलवाद एवं क्रियावाद की जो धारा प्रवाहित हो रही थी उसका लास्की पर पूरा प्रभाव पड़ा है। इसलिए दर्शन में रुचि न होने पर भी अपने प्रारंभिक दिनों में वे अमरीकी दर्शन में क्रियावादी विचारों की ओर आकर्षित होते हैं और स्वीकारते हैं कि वे विलियम जेम्स से क्रियावादी दर्शन के प्रति मानसिक रूप से ऋणी हैं।[6] उन्होंने कहा कि क्रियावादी दर्शन में मुझे अकस्मात रुचि इसलिए पैदा हुई क्योंकि मैंने वैज्ञानिक पद्धति एवं उसके सामाजिक परिणामों के दर्शन नहीं बल्कि जीवन का

---

1. बार्कर : लंदन टाइम्स, जुलाई, 1918, पृ० 329
2. लास्की : ए ग्रामर आफ पालिटिक्स, पृ० 45
3. लास्की : फाउन्डेशन आफ सावरेंटी, पृ० 169-70
4. विलियम जेम्स : ए प्लूरलिस्टिक यूनीवर्स, पृ० 321
5. हर्बर्ट ए० डीन : दि पोलिटिकल आइडियाज आफ हेराल्ड जे० लास्की, पृ० 21
6. लास्की : ए ग्रामर आफ पालिटिक्स, पृ० 261

दर्शन, साथ ही दर्शन पर पड़ने वाले प्रभावों को देखा ।[1]

लास्की का मत है कि क्रियावाद अमूर्त्त विचारों का दर्शन नहीं, बल्कि जीवन की कला है जिसका एक गतिशील कार्यक्रम भी है। यह दर्शन को मुट्ठी भर विद्वानों की संन्यासियों जैसी स्थिति न बनाकर आम जनता हेतु उसके महत्त्व पर जोर देता है, साथ ही वह सत्य की खोज सामान्य आदमी के दैनिक जीवन में आने वाले उतार-चढ़ाव के संदर्भ मे करता है ।[2] लास्की का मत है कि अतीत में राजनैतिक संप्रभुता का विचार यूरोपियन धर्म-निरपेक्ष राज्यों की स्थापना में सहायक था, क्योंकि इसी के माध्यम से राजाओं ने चर्च की सर्वोच्चता को अस्वीकारा। अब राज्य में अनेक समुदायों के जन्म लेने एवं विश्व-संगठनों के बढ़ते हुए प्रभाव के कारण इस सिद्धान्त की उपयोगिता समाप्त-सी हो गयी है। लास्की विलियम जेम्स के इस दार्शनिक बहुलवाद, जो कि हीगेल के दर्शन एवं आस्टिन के विधिशास्त्र के विरुद्ध एक विद्रोह था, की प्राकृतिक उपलब्धियों को चाहते हुए थोथे सिद्धान्तों से दूर रहना चाहते हैं। वे एक सत्तावादी दर्शन पर आधारित पश्चिमी राजनैतिक चिंतन की परम्परा में मूलभूत परिवर्तन करने की उत्कंठा लिये हुए हैं ।[3]

आगे चलकर लास्की की क्रियावादी दर्शन के प्रति आस्था में कमी आने लगती है। वे इसे एवं नव आदर्शवाद को समान सामाजिक परिवेश की उपज मानते हैं जो कि मध्यम वर्ग के दार्शनिक दृष्टिकोण थे। उनका मत है कि ग्रीन, ब्रेडले, या बोसान्के का आदर्शवाद विजयी अंग्रेज बुर्जुआ वर्ग की विचारधारा है, तो विलियम जेम्स का क्रियावाद संघर्षरत अमरीकी बुर्जुआ वर्ग का मानसिक चिंतन। इसलिए उनका युवावस्था में जो क्रियावादी सम्मोहन था वह क्रमशः क्षीण होता जाता है, बाद में वे विलियम जेम्स की विचारधारा को अमरीकी व्यापारी एवं औद्योगिक वर्ग की मानसिकता बताते हैं ।[4]

लास्की बहुलवादी चिंतकों के समर्थन में इस बात का दावा करते हैं कि गर्के द्वारा विकसित तथा इंग्लैंड में मेटलैंड एवं फिगिस द्वारा अनुमोदित संप्रभु राज्य के विवेचनकारी प्रस्ताव को, जिसमें राज्य के साथ ही सभी समुदायों के वास्तविक व्यक्तित्व के सिद्धान्त को समकक्ष स्थान दिया गया है, स्वीकार किया जाना चाहिए ।[5] गर्के एवं मेटलैंड से प्रभावित लास्की भी कानूनों के निर्माण में

---

1. लास्की . अमरीकन डेमोक्रेसी, पृ० 726
2. वही, पृ० 726-27
3. लास्की : प्लूरलिस्टिक स्टेट : फिलासफिकल रिव्यू, पृ० 562-75
4. लास्की : अमरीकन डेमोक्रेसी, पृ० 166
5. हर्बर्ट ए० डीन : दि पोलिटिकल आइडियाज आफ हेराल्ड जे० लास्की, पृ० 26

समुदायों, संस्थाओं एवं सामाजिक वर्गों के योगदान को स्वीकार करते हैं। फिर भी वे उनकी तरह निगमों के व्यक्तित्व सिद्धान्त को नहीं मानते, बल्कि उन्हें स्वायत्तता देकर कानून-निर्माण प्रक्रिया से जोड़ते हैं।[1] फिगिस से प्रभावित होकर लास्की राज्य एवं चर्च के संघर्षों का विस्तृत अध्ययन करते हैं, किन्तु अनीश्वर-वादी होने से वे धार्मिक संस्थानों की स्वायत्तता में फिगिस जैसी रुचि नहीं लेते। वे समुदायों की स्वायत्तता सिद्धान्त को निश्चित करना चाहते हैं। वस्तुत: श्रमिक संघों की स्वायत्तता में उनकी विशेष रुचि परिलक्षित होती है। जहां फिगिस के मन में राजसत्ता से आध्यात्मिक समुदायों की रक्षा हेतु चर्च की स्वाधीनता की तड़फ है, वहां लास्की के हृदय में श्रमिक संघों की आजादी की लालसा है, जिन्हें संगठित करके वे पूंजीवादी राजसत्ता को चुनौती देना चाहते हैं।[2] फिगिस ने राज्य को समुदायों का समुदाय के रूप में चित्रित किया है, जो मध्ययुगीन साम्राज्य जैसी प्रकृति जैसा है। लास्की ने बहुलवादी राज्य के चित्रण में इसी बात का समर्थन किया है। अपनी प्रारंभिक रचनाओं में लास्की ने फिगिस के इन विचारों को 'राज्य एवं अनेक चर्चों के बीच महान् संघर्ष की ऐतिहासिक श्रृंखला' के रूप में प्रयुक्त किया है।[3]

तत्कालीन फ्रांसीसी कानूनवेत्ता डुग्वे से प्रभावित होकर लास्की ने इस बात को स्वीकार किया कि कानूनों का अस्तित्व सामाजिक परिवेश में होता है, राज्य इनका जन्मदाता नहीं होता। इस प्रकार लास्की ने कानून का राज्य संबंधी एवं सामाजिक उपागम डुग्वे से लिया, उन्होंने इस बात का विरोध किया कि कानून का औपचारिक सिद्धान्त आत्म-संरक्षण की तर्कपूर्ण पद्धति नहीं है बल्कि वह सामाजिक आवश्यकताओं को परितुष्ट करने का एक साधन है।[4]

अमरीकी मुख्य न्यायाधीश होम्स के स्मृति-पत्रों का अनुकरण करते हुए लास्की कहते हैं कि कानूनों का जीवन तार्किक नहीं, बल्कि अनुभव है। वास्तविक रूप से हमें जीवन में वैधानिक यंत्रों का अन्वेषण करना है, अपेक्षाकृत उसके कि हमारा जीवन प्राचीन नियमों की सुदृढ़ वैधानिक पद्धति में जकड़ा रहे।[5] कानूनों को बदलती परिस्थितियों के साथ अनुगमन करने पर जोर देते हुए लास्की यह मत व्यक्त करते हैं कि एक बार हमें पुन: सामूहिक उद्यमों के युग में प्रवेश करना है, इसीलिए कानूनों की पुनर्व्याख्या सामूहिक आवश्यकताओं के संदर्भ में की जानी चाहिए।

---

1. लास्की : फाउन्डेशन आफ सावरेंटी, पृ० 140-202
2. हर्बर्ट ए० डीन : दि पोलिटिकल आइडियाज आफ हेराल्ड जे० लास्की, पृ० 29
3. लास्की : अथार्टी इन दि माडर्न स्टेट, पृ० 189
4. लास्की : दि फाउन्डेशन आफ सावरेंटी एण्ड अदर ऐसेज, पृ० 260 61
5. वही, पृ० 261

लास्की के बहुलवाद पर बेंथम की उपयोगितावादी परम्परा के व्यक्तिवाद, उदारवाद का गहरा प्रभाव पड़ा है। इसीलिए उन्होंने राज्य के उस परम्परागत दार्शनिक सिद्धान्त की, जो राज्य को प्रभुत्व शक्ति का एकमात्र उपभोक्ता बना देता है, तीव्र आलोचना की है। लास्की के इन विचारों का नामकरण हर्बर्ट ए० डीन 'समाजीकृत बेंथमवाद' से करते हैं।[1] वे बेंथम के 'अधिकतम लोगों का अधिकतक सुख' वाले सूत्र को स्वीकार करते हुए कहते हैं कि 'बेंथम के सिद्धान्त को विशेष रूप से ग्रहण करना आधुनिक युग की एक विशेष आवश्यकता है।'[2] किन्तु बेंथमवाद की मनोवैज्ञानिक एवं नैतिक त्रुटियों को वे अस्वीकारते हैं। बेंथम एवं जे० एस० मिल की तरह ही लास्की यह मानते हैं कि राज्य की परीक्षा उस कसौटी पर की जानी चाहिए कि उसकी वास्तविक देन उसके अन्तर्गत रहने वाले नागरिकों के प्रति क्या है। बहुलवाद का राज्य के प्रति विरोध मूलतः व्यक्ति की नैतिक गरिमा पर आधारित है।

जॉन स्टुअर्ट मिल की परम्परा का अनुसरण करते हुए लास्की का मत है कि 'अन्ततोगत्वा व्यक्ति की अस्मिता ही वह आधार है, जहां से राजनीति के किसी भी सिद्धान्त का श्री गणेश होना चाहिए।'[3] वे लाक एवं मिल की व्यक्तिवादी मान्यताओं को स्वीकार करते हुए स्वतंत्रता के नैतिक एवं मानसिक पक्षों पर विशेष जोर देते हैं। उनका मत है कि स्वतंत्रता का अर्थ आत्माभिव्यक्ति है और उसका रहस्य है साहस, जो मनुष्य बुराई के सामने झुक जाता है वह अपनी स्वतंत्रता भी खो देता है। उसे नागरिक रूप में अपनी अंतरात्मा के विवेकपूर्ण निर्णय के अनुसार कार्य करना चाहिए।[4] जैसा कि मिल मनुष्य को अपने मस्तिष्क एवं शरीर का स्वामी मानकर उससे विचार अभिव्यक्ति एवं कार्य की स्वतंत्रता के महत्त्व की अभिव्यंजना करते हैं, वैसे ही लास्की भी अंतःकरण के विवेक की परिकल्पना कर व्यक्तित्व को दबाने का अर्थ उसे संकुचित करना एवं निरंतर संकुचित करने का परिणाम मानसिक दासता मानते हैं। इस प्रकार मिल से लास्की में जीवनदायिनी स्वतंत्रता की धारणा अनुप्राणित हुई है, और वे ब्रिटिश उदारवादी स्वातंत्र्यप्रिय परम्परा के अनुगामी बने, भले ही इतिहास एवं समाज की व्याख्या करने के लिए वे मार्क्सवादी दामन भी पकड़े हुए हैं। किन्तु उनकी स्वतंत्रता पर इससे कोई दुष्प्रभाव नहीं पड़ता।

व्यक्ति स्वतंत्रता की अवधारणा में लास्की मिल के साथ-ही-साथ टी० एच०

---

1. हर्बर्ट ए० डीन : दि पोलिटिकल आइडियाज आफ हेराल्ड जे० लास्की, पृ० 8
2. जी० एन० शर्मा : 'हेराल्ड जे० लास्की, इंडियन जर्नल आफ पोलिटिकल साइंस, अक्टूबर-दिसम्बर, 1950, पृ० 138
3. लास्की : लिबर्टी इन दि माडर्न स्टेट, पृ० 59
4. लास्की : दि डेन्जर्स आफ ओवीडिएन्स, पृ० 7

ग्रीन से भी प्रभावित हैं, जिसमें ग्रीन स्वतंत्रता में व्यक्ति के विश्वास, उनकी स्वाधीनता, सहिष्णुता, सद्भावना, सहमति आदि तत्त्वों का समावेश करते हैं। लास्की ग्रीन के नैतिक तथा उदारवादी आदर्शवाद के भी प्रशंसक हैं, जिसमें वे ग्रीन से ही अंतरात्मा के दमनकारी स्थिति में व्यक्तियों को राज्य की अवज्ञापूर्ण सावधानी की परिधि में खुले रूप से करने का अधिकार देते हैं, किन्तु साथ ही यह भी कहते हैं कि स्वार्थसिद्धि के नाम पर नागरिकों द्वारा राज्य की आज्ञा का उल्लंघन करना अनैतिक है। लास्की का मत है कि 'न्याय', 'उचित', 'अंतरात्मा' जैसे भाववाचक मापदण्डों पर कभी सहमति नहीं हो सकती, इसीलिए इन अधर-आधारों पर राज्य की अवज्ञा का अधिकार देखना अराजकता का आवाहन करना भी है।

लास्की बहुलवाद के आर्थिक पक्ष की विवेचना करते हुए पूंजीवादी एकाधिकारवाद की निन्दा करते हुए औद्योगिक विकेन्द्रीकरण की आवश्यकता पर जोर देते हैं। श्रमिक आंदोलनों ने लास्की के चिंतन एवं व्यावहारिक जीवन को विशेष रूप से प्रभावित किया है, यही कारण है कि वे फैबियनवाद से क्रमशः श्रेणी समाजवाद, श्रमसंघवाद, मार्क्सवाद तथा अंत में लोकतांत्रिक समाजवाद की ओर उन्मुख हुए हैं। इस दृष्टि से वे अपने समकालीन चिंतक जी० डी० एच० कोल के सहगामी हैं, जो फैबियनवाद से श्रेणी समाजवाद की ओर उन्मुख हुए हैं और जिनमें बहुलवाद के तत्त्व भी विद्यमान हैं। लास्की का आर्थिक बहुलवाद किसी विशेष आर्थिक पद्धति की ओर उन्मुख तो नहीं हो सका फिर भी उनकी बहुलवादी युक्तियों में हमें औद्योगिक संघवाद की स्पष्ट झलक दिखाई देती है। वे न तो कोल के श्रेणी समाजवाद को स्वीकार सके और न ही सोरेल के श्रमिक संघवाद को। यद्यपि ये दोनों विचारधाराएं उनके प्रारंभिक बहुलवाद के निकट रहती प्रतीत होती हैं।

लास्की फ्रांसीसी समाजवादी चिंतक ग्रन्थों के इस मत को स्वीकारते हैं, जिसके अंतर्गत वे समाज संघीय संगठन द्वारा स्वतंत्रता की उपलब्धि चाहते हैं।[1] लास्की के औद्योगिक स्वशासन के विचार उनके बहुलवादी विचारों के साथ जुड़े हुए हैं, जिसके अंतर्गत लास्की का मत है कि श्रमिक संघ पहले औद्योगिक क्षेत्र में लोकतंत्र स्थापित करेंगे, तत्पश्चात राज्य की एकाधिकारवादी सत्ता को समाप्त कर बहुलवादी राजनैतिक समाज की आधारशिला निर्मित करेंगे।[2] लास्की को श्रेणी समाजवाद एवं श्रमसंघवादी कार्यक्रम, विशेषकर आर्थिक

1. लास्की एंड फ्रीडा लास्की : डुग्वे कृत लॉ इन दि माडर्न स्टेट की प्रस्तावना में, पृ० 13-14
2. लास्की : 'डेमोक्रेसी एट दि क्रास रोड्स', येल रिव्यू, जुलाई, 1920, पृ० 792

संधवाद एवं औद्योगिक लोकतंत्र अव्यावहारिक प्रतीत होता है, अतः इन आदर्शों के प्रति सहानुभूति रखने पर भी वे उन्हें पूर्णरूपेण नहीं स्वीकारते। इनमें अंतर्निहित विसंगतियों से मुक्ति पाने के प्रयास में उनकी बहुलवादी विचारधारा क्रमशः राज्य समाजवाद की ओर नया मोड़ लेती है।[1]

लास्की की रचनाओं में जान लाक एवं जैफरसन का बहुतायत से प्रभाव पड़ता हुआ प्रतीत होता है। लाक एवं जैफरसन के क्रांतिकारी सिद्धान्तों की आधुनिक युग में सौष्ठव के साथ पुनर्स्थापना करने का लास्की ने प्रयास किया है। उनकी उदारवादी आस्था तथा प्राकृतिक अधिकार पर आधारित राजनैतिक विचार एक उत्कृष्ट विरासत के रूप में लास्की में उभरकर आये हैं, जहां कि आर्थिक एवं सामाजिक जीवन में व्यापक रूप में ऐसी मान्यताएं अंतर्निहित देखी जाती हैं।[2]

प्रो० लास्की के विचार ब्रिटिश चिंतक जेम्स हेरिंगटन के भी समीप हैं। हेरिंगटन ने राजनैतिक विकास को निर्धारित करने वाली जिन आधारभूत क्रिया-विधियों का विवेचन किया है, वे हैं—प्रशासन का तर्कसंगत होना, राजनैतिक प्रकार्यों में विकेन्द्रीकरण एवं बढ़ती हुई सहभागिता, जिन्हें लास्की भी स्वीकार करते हैं। उनका मत है कि आधुनिक राज्य की सामाजिक व्यवस्था श्रमिक व्यवस्था न होकर पूंजीवादी व्यवस्था है, तथा हेरिंगटन की परिकल्पना की सच्चाई पर यही निष्कर्ष निकलता है कि मुख्य रूप से सत्ता भी पूंजीवादी है।

अपने अमरीकी प्रवास में लास्की प्रो० मोरेस कोहेन, जस्टिस होम्स, जस्टिस फ्रेन्कफर्टर, एने फीलिक्स तथा हार्वर्ड लॉ स्कूल के विद्वानों के काफी निकट आ चुके थे। विशेषकर जस्टिस होम्स से लास्की की बौद्धिक मित्रता के फलस्वरूप उनमें वर्षों तक पत्रों की तरतमता बनी रही। बार-बार उन्हें पुनः अमरीका के आमंत्रण पत्र मिलते रहे। जस्टिस होम्स से प्रभावित लास्की ने यह कहा है कि "उन्होंने मुझे सामाजिक परिप्रेक्ष्य में उत्कृष्ट विचारों से संपर्क करने की मानसिकता एवं उनको आत्मसात् करने हेतु प्रोत्साहित किया।"[3] लास्की को जस्टिस होम्स ने यह परामर्श दिया था कि उन्हें 'क्रियावाद' शब्द का अपने लेखन में प्रयोग नहीं करना चाहिए, क्योंकि लास्की ने स्वयं स्वीकारा था कि वे क्रियावादी दर्शन की मान्यताओं को पूरी तरह सत्य मानने हेतु तैयार नहीं हैं।[4]

---

1. के० के० मिश्रा : लास्की का राजनैतिक चिंतन, पृ० 53
2. प्रो० विलियम एबेंसटीन : इन्डिविजुअल एंड दि स्टेट, पृ० 5
3. किंग्सले मार्टिन : हेराल्ड लास्की : ए बायोग्रेफिकल मेमोयर, पृ० 223
4. आर्थर ए० ईकिच : दि जर्नल आफ लिबरटेरियन स्टडीज, स्प्रिंग, 1980, पृ० 146-47

1920 के बाद भी लास्की विविध भाषण-सभाओं में भाग लेने अमरीका जाते रहे। प्रेसीडेन्ट रूजवेल्ट के साथ उनकी गहरी मैत्री थी। उन्हें विश्वास था कि रूजवेल्ट की नई राजनैतिक व्यवस्था (न्यूडील) में लोकतंत्र को स्थिरता मिलेगी तथा विश्व-शांति एवं आर्थिक समानता की दिशा में वे अग्रसर होंगे। लास्की द्वारा अमरीकी जीवन-पद्धति के व्यापक सूक्ष्म अध्ययन एवं अवलोकन की क्षमता के कारण हमें दो मूल्यवान ग्रंथ 'अमरीकन प्रेसीडेन्सी' एवं 'अमरीकन डेमोक्रेसी' की प्राप्ति हुई, अपने जीवन के अंत तक लास्की को अमरीका के प्रति वहां की संस्कृति तथा प्रजा के प्रति बेहद प्रेम था, और इस बात में अतिशयोक्ति नहीं कि इंग्लैंड के बाद उनका अमरीका दूसरा मातृराष्ट्र था।

1925 के पूर्व तक लास्की ब्रिटिश लेबरपार्टी की नीतियों से इसीलिए असहमत थे, कि यह दल श्रमिकों की समस्या का समाधान राजशक्ति का सहारा लेकर करने की चाह रखता है। लास्की अपने पूर्ववर्ती ब्रिटिश समाजवादी ओवेन थाम्पसन एवं होजस्किन को उद्धृत कर श्रमिक आंदोलन को औद्योगिक संघर्षों तक सीमित रखना चाहते हैं और पूंजीपतियों के नियंत्रण का अंत कर वे उन्हें श्रमिक संघों के व्यवस्थापन में लाने की कामना करते हैं। इन दिनों वे राष्ट्रीयकरण के भी विरोधी हैं, जिसमें वे शक्तिशाली नौकरशाही का अंतर्निहित दोष देखते हैं।[1]

सैद्धान्तिक रूप से लास्की आस्टिन द्वारा प्रस्तुत संप्रभुता की रूढ़िवादिता के विरोधी हैं। उन्हें वास्तविक आपत्ति सम्प्रभुता के प्रयोग में है जिसमें इसका श्रमिकों के दमन हेतु उद्योगपतियों द्वारा इस्तेमाल किया जाता है। उनका मत है कि राज्य में सत्ता का वास्तविक स्रोत आर्थिक शक्ति के स्वामियों के पास है। उनकी इच्छाओं एवं आज्ञाओं को ही वे सर्वोपरि मानते हैं।[2] इस प्रकार वे अनुभव करते हैं कि आधुनिक राज्य अपनी संप्रभुता का प्रयोग करके पूंजीवादी प्रणाली एवं यथास्थितिवाद को सुरक्षित रखने में सहयोगी बनता है, इस राज्य-व्यवस्था में श्रमिकों के हितों का संवर्धन संभव नहीं है, इसलिए हमें लास्की पूंजीवादी राज्य से असंतुष्ट परिलक्षित होते हैं संप्रभुता संपन्न राज्य से नहीं। इस प्रकार की मान्यतायें लास्की के मार्क्सवादी चिंतन की ओर झुकाव को इंगित करते हुए उनके बहुलवाद को समाजवादी एवं मार्क्सवादी आधार प्रदान कर उनके चिंतन की सूत्रबद्धता सिद्ध करती हैं।

लास्की के चिंतन की समाजवादी आधारशिला एवं मार्क्स का प्रभाव

प्रारंभिक काल में ही तत्कालीन इंग्लैंड के बौद्धिक पर्यावरण एवं लास्की

1. लास्की : अथारिटी इन दि माडर्न स्टेट, पृ० 95
2. लास्की : फाउन्डेशन आफ सावरेंटी, पृ० 63

के व्यक्तिगत जीवन में आये उतार-चढ़ावों ने उसे समाजवाद की ओर प्रेरित कर दिया था। 1939 में अपने जीवन के अनुभवों एवं विश्वासों से संबंधित अपने एक लेख में लास्की लिखते हैं कि मैं ऐसा सोचता हूं कि अपने स्कूल के अंतिम वर्षों से ही मैं कुछ-कुछ समाजवादी रहा हूं, और ऐसी स्थिति में इस समाजवादी आस्था के स्रोत से उचित समय को निश्चित करना कठिन है। लास्की इसे अपने जीवन का महत्त्वपूर्ण विश्वास मानते हैं।[1] यदि हम लास्की के प्रारंभिक स्कूली जीवन को देखें तो हम पाते हैं कि उन पर मैनचेस्टर में अपने उन महान् शिक्षकों का प्रभाव पड़ा जिन्होंने लास्की को इस स्थापित समाज की बुराइयों का आभास कराया था। लास्की ने इस बात को स्वीकार किया है कि वे अपनी किशोरावस्था से ही समाजवाद में विश्वास करने लगे थे। स्काटलैंडवासी खनिकों के संघर्ष के विवेचन में कीरहार्डी के व्याख्यानों का तथा विशेष कर सिडनी तथा ब्रीटिस वेव रचित पुस्तकों का उन्होंने अध्ययन किया था। वे आक्सफोर्ड के विद्यार्थी रहते हुए 1911 से 1914 तक के वर्षों में फैबियन सोसाइटी के अन्तर्गत किये गये प्रचार कार्यों से एवं महिलाओं के मताधिकार के आंदोलन इत्यादि स्रोतों से समाजवाद एवं समानता के विचार आत्मसात् करते हैं।[2]

लास्की अनेक वर्षों तक फैबियन सोसाइटी के प्रचारमंत्री तथा कुछ वर्षों तक उसके प्रमुख रहे। सोसाइटी के अनेक लेखन कार्यों में उन्होंने अपना मत समय-समय पर व्यक्त किया। लास्की का ध्यान स्त्रियों के मताधिकार पर केंद्रित था, जिसमें फ्रीडा की विशेष रुचि थी, और इसी दौरान दोनों की नैविन्सन एवं जार्ज लैंसवरी, जो डेली हेराल्ड के संपादक थे, घनिष्ठ मैत्री हो गयी।[3] लैंसवरी से लास्की ने समानता का तथा नैविन्सन से स्वतंत्रता के महत्त्व को सीखा।[4] श्रम जीवियों के मन में स्वाभिमान जाग्रत करने में तथा उन्हें न्याय दिलाने में लास्की ने भरपूर प्रयास किया। वे ब्रिटिश श्रमिक आंदोलन से सदैव जुड़े रहे। 1926 में ब्रिटेन में हुई सामान्य हड़ताल के समय भी उन्होंने संगठनकारी भूमिका निभाई। इसके फलस्वरूप वे श्रमिक दल की सदस्यता स्वीकार कर लेते हैं। लास्की सिडवी वेव के इस मत से सहमत थे कि औद्योगिक प्रशासन के लिए श्रमिक-संघों की एक संसद होनी चाहिए। वे अपने प्रारंभिक दिनों में फ्रांसीसी समाजवादी प्रूंधो तथा मार्क्स के पूर्ववर्ती ब्रिटिस यूटोपियन समाजवादियों विशेषकर होजस्किन, ब्रे एवं थाम्पसन से अधिक प्रभावित थे और इनके सिद्धान्तों को वे 'आधुनिक

1. क्लिफटन फैडीमैन द्वारा सम्पादित : आई बिलीव—हेराल्ड जे० लास्की, पृ० 139
2. हर्बर्ट ए० डीन : दि पोलिटिकल आइडियाज आफ हेराल्ड जे० लास्की, पृ० 53
3. वही, प्रस्तावना, पृ० 5
4. जी० एन० शर्मा : हेराल्ड जे० लास्की : इंडियन जर्नल आफ पोलिटिकल साइंस, अक्टूबर-दिसम्बर, 1950, पृ० 135

राजनीति की अत्यंत फलदायी कल्पना' कहकर पुकारते थे ।[1]

प्रूंधो की तरह लास्की भी मनुष्य के दैनिक जीवन में स्वतंत्रता का विस्तार चाहते हैं। वे मार्क्स के क्रांतिकारी कार्यक्रम एवं श्रमजीवी तानाशाही के विचार को संदेह से देखते हैं । इसके विपरीत फ्रांसीसी श्रमिकसंघों की अराजनैतिक प्रवृत्तियों के प्रति सहानुभूति भी दर्शाते हैं। उनका मत है कि फ्रांसीसी श्रमिकों के निदेशक के रूप में प्रूंधो ने मार्क्स को नीचे छोड़ दिया है और सबसे श्रेष्ठ बात यह है कि उसका संघवाद एक नवीन प्रेरणा स्रोत है ।[2]

अपने प्रारंभिक चिंतन में लास्की की स्थिति समष्टिवाद एवं श्रेणी-समाजवाद के बीच की रही है । वे श्रेणी-समाजवाद एवं श्रमसंघवाद की तुलना में बहुलवादी कम रह पाते हैं और उद्योगों के प्रबंध में श्रमिक परिषदों की स्थापना करते हुए कारखानों पर उनके स्वामित्व को ही स्वीकारते हैं । वे यह भी चाहते हैं कि इन श्रमिक परिषदों के कार्यों पर सरकार का अंकुश हो, अन्यथा इनके द्वारा स्वार्थ प्रेरित होकर उपभोक्ता एवं समाज के हितों का हनन भी किया जा सकता है । प्रो० लास्की का प्रारंभिक समाजवाद मौजूदा संस्थाओं के द्वारा उत्पन्न अन्याय के प्रति भावावेश पर आधारित था । यह मार्क्स एवं एंजिल्स द्वारा प्रतिपादित सिद्धान्तों की अपेक्षा उन विश्वासों के ज्यादा करीब था, जिन्हें मार्क्स काल्पनिक (स्वप्न-द्रष्टा) समाजवादी कहकर संबोधित करते थे ।[3] प्रो० लास्की एवं प्रूंधो की दृष्टि में एक समानता यहां भी है कि दोनों समाज की प्रकृति को पदसोपानिक होने की अपेक्षा संघीय एवं बहुलवादी मानते हैं । दोनों ही पूरी तरह सार्वभौमिक केन्द्रीयकृत राज्य का, जिसे की मार्क्स सर्वहारा वर्ग का अस्त्र बनाना चाहते थे, विरोध करते हैं । दोनों के लिए आकर्षण केन्द्र-बिन्दु संकीर्ण राजनैतिक परिधि में स्वतंत्रता की अपेक्षा व्यक्ति की समस्त मानवीय पहलुओं में और विशेषत: उसके प्रतिदिन के श्रमिकी स्वतंत्रता ही है ।

फ्रांस के बहुसंख्यक श्रमिकों द्वारा राजनीतिक हस्तक्षेप के लिए की गई निंदा के प्रति लास्की आत्मिक सहानुभूति रखते हैं । साथ ही वे श्रमिक-संघों के आंदोलनों के आदर्श एवं उनके क्रांतिकारी स्वरूपों के प्रति एवं लोक-सेवकों के बीच प्रशासनिक संघवाद के प्रचार-प्रसार के प्रति आश्वस्त हैं ।[4] वे विशेष रूप से यह बात देखते हैं कि फ्रांसीसी आंदोलनों का प्रूंधोवादी आधार मार्क्स से कहीं अधिक उपयुक्त है । 1920 में लास्की प्रूंधो का समर्थन करते हुए कहते हैं कि प्रूंधो

---

1. लास्की : पोलिटिकल थाट इन इंग्लैंड (लाक टु बेंथम), पृ० 35
2. लास्की : अथारिटी इन दि माडर्न स्टेट, पृ० 114
3. हर्बर्ट ए० डीन : दि पोलिटिकल आइडियाज आफ हेराल्ड जे० लास्की, पृ० 55
4. लास्की : अथारिटी इन दि माडर्न स्टेट, पृ० 321-85

ने समाज के संघीय संगठन में स्वतंत्रता को जो स्थान दिया है ऐसा करने में मार्क्स सफल नहीं हुए थे। वे यह भी नहीं समझ पाये थे कि औद्योगिक समस्याओं की जड़ शोषण के आक्रोशपूर्ण भाव की अपेक्षा, कार्य करने की दशाओं के निर्धारण में भाग लेने की उत्कंठाओं में निहित है।[1] यही कारण है कि फ्रांसीसी समाजवाद का आधार मार्क्स नहीं प्रूंधो है।

हर्बर्ट ए० डीन लास्की के इसी चरण की प्रशंसा करते हैं जब वे मार्क्सवाद और साम्यवाद के निंदक थे एवं प्रूंधो के प्रशंसक। संभवतः इसका कारण यह है कि अमरीका में उन दिनों मैकार्थीवाद अपनी चरम सीमा पर था। सीनैटर मैकार्थी अमरीकी बुद्धिजीवियों के विरुद्ध यह आरोप लगा रहे थे कि उनमें अनेक प्रच्छन्न रूप से साम्यवादी हैं। अतः हर्बर्ट डीन का यह विश्लेषण पूर्वाग्रहों पर आधारित प्रतीत होता है क्योंकि वे लास्की के विचारों की समीक्षा निष्पक्ष ढंग से नहीं कर सके।[2]

लास्की की मार्क्स के प्रति सहानुभूति वहां परिलक्षित होती है, जहां उनका विश्वास न्याय के लिए क्रूर भावों से उभरता है। मार्क्स की यही जीवन संचालक शक्ति थी, ठीक वैसी ही लास्की के अपने जीवन के साथ थी। जस्टिस होम्स को पत्र लिखते हुए वे कहते हैं कि 'वस्तुतः मैं इस व्यक्ति से घृणा करता हूं तब भी जब मैं उसकी शक्तियों को स्वीकार करता हूं, मुझे संदेह नहीं कि वह ऐसी भयानक क्रांति का वाहक है, जिसमें जितना रक्त बहे उतना ही अच्छा है।'[3] लास्की इस बात को स्वीकारते हैं कि लोकतांत्रिक प्रणाली भले ही मार्क्स के स्वभाव से भिन्नता रखती है फिर भी मार्क्स निश्चित रूप से एक मसीहा था, जो जिस आंदोलन में कदम रखता उस पर प्रभावी हो जाता था और जो कभी दूसरों को सहन नहीं कर सकता था।[4]

उसकी महत्त्वपूर्ण उपलब्धि पूंजीवाद की बुराइयों की सही एवं निर्णायक आलोचना है। मार्क्स का उद्देश्य जनता के कंधों से शोषण का भार उतारना था। समय के साथ-साथ लास्की अपने मार्क्स विरोधी पूर्वाग्रहों में परिवर्तन करते हुए प्रतीत होते हैं और क्रमशः उनकी मार्क्सवादी चिंतन में सहानुभूति बढ़ने लगती है। श्रमिक-संघों के क्रांतिकारी आंदोलनों ने उनकी फैबियनवादी आस्था काफी कम कर दी थी। वे अपनी समकालीन जी० डी० एच० कोल के साथ ही फबियन सोसाइटी से निकलकर श्रेणी समाजवादी गुट में शामिल हो जाते हैं,

---

1. लास्की : डुग्वे कृत 'लॉ इज दि माडर्न स्टेट' की प्रस्तावना, पृ० 13-14
2. के० के० मिश्रा : लास्की का राजनीति चिंतन, पृ० 53
3. होम्स-लास्की लेटर्स : सितम्बर 21, पृ० 310
4. लास्की : कार्ल मार्क्स, पृ० 25

क्योंकि श्रेणियों की धारणा उनके बहुलवाद के निकट थी किन्तु अपनी यथार्थवादिता के कारण वे 1924 में श्रेणी समाजवादी आंदोलन से यह कहकर हट जाते हैं कि 1920 में श्रेणी समाजवाद उस समय का लोकप्रिय सिद्धान्त था जिसका कि प्रभाव अब नगण्य है। उसका महत्त्व इसलिए बड़ा था क्योंकि वह औद्योगिक विकेन्द्रीकरण पर जोर देता था।

श्रेणी समाजवाद से लास्की श्रमसंघवाद की ओर आकर्षित होते हैं किन्तु 1925 में उनका यहां से भी मोह भंग हो जाता है। वे स्पष्ट रूप से सिंडिकेटलिस्ट विचार को अस्वीकृत कर देते हैं और कहते हैं कि श्रमिक-संघ श्रमिकों के सामूहिक हितों के लिए मालिकों से संघर्ष करने वाली संस्थाएं हैं। किसी उद्योग के संचालन हेतु उनमें कार्य-कुशलता, अनुभव एवं ज्ञान की कमी है। लास्की का झुकाव अब कार्ल मार्क्स की ओर बढ़ता परिलक्षित होता है। 1928 से यह प्रभाव तेजी से बढ़ता है। अब तक लास्की मार्क्स को सशंकित दृष्टि से देख रहे थे किन्तु उन्होंने अब यह अनुभव किया कि मार्क्स इस सत्य का उद्‌घाटन करने में सही था कि कोई भी राज्य उस समय तक मानव-जीवन को सही रूप से व्यवस्थित नहीं कर सकता जब तक उत्पादन के मूल साधन निजी मुनाफे के खिलौने मात्र रहेंगे।[1] लास्की का मत है कि केवल समाजवादी समाज की स्थापना से ही व्यक्तिगत एवं समष्टिगत स्वतंत्रता प्राप्त हो सकती है। आधुनिक काल में कोई भी राज्य अपना वर्गगत आधार बिना क्रांति के नहीं बदल सकता। लास्की को समाज-व्यवस्था के इस अन्याय एवं शोषण ने उनके हृदय में मार्क्सवाद के प्रति प्रेम भर दिया। यद्यपि वे मार्क्स की तरह हिंसक क्रांति के समर्थक नहीं बल्कि सहमति के साथ क्रांति की परिकल्पना करते हैं।

मार्क्स ने यह बात अनुभव की कि सत्ता का वास्तविक स्रोत आर्थिक शक्ति के नियंताओं के हाथ में रहता है। राजनैतिक शक्ति आर्थिक शक्ति की अनुचरी है जिसमें कि लोकतंत्र पूंजीवाद की चेरी बनकर जीवित लाश-सा बन जाता है। लास्की ने लोकतंत्र की वर्तमान व्यवस्था की समाजवादी ढंग से आलोचना की और इसके लिए उन्होंने नवमार्क्सवादी-लेनिनवादी शब्दावली का इस्तेमाल किया।[2] उनको यह विश्वास हो गया था कि समानता के बिना लोकतंत्र एक आडंबर मात्र है। उसकी सफलता के लिए समानता का होना नितांत जरूरी है, और सच्ची समानता तब तक नहीं आ सकती जब तक कि उत्पादन साधनों का समाजीकरण न हो जाये। लास्की ने हार्वर्ड के अनुभवों से भी महत्त्व-

---

1. लास्की : दि वैल्यू एंड डिफेक्ट्स आफ दि मार्क्सिस्ट फिलासफी, करेंट हिस्टरी, अक्टूबर 28, पृ० 28
2. केरोल हाकिन्स : पोलिटिकल साइंस क्वार्टरली, सितम्बर, 1950, पृ० 376

पूर्ण निष्कर्ष निकाले। जब उन्होंने बोस्टन की पुलिस हड़ताल के प्रति सहानुभूति दिखाई तो हार्वर्ड प्रधान ने उन्हें चेतावनी दी तथा छात्रों ने उन्हें 'बोल्शेविक एजेंट' कहकर बदनाम किया।[1] अध्यक्ष लाबेल ने लास्की की सहायता की एवं लास्की के इस समाजवादी विश्वास के प्रति समर्थन जताया कि सरकार किसी ऐसे आंदोलन को कुचलने के लिए कितने बड़े पैमाने पर राजसत्ता का प्रयोग कर सकती है जब ऐसे आंदोलन उस सत्ता के खिलाफ उठते हों जो आर्थिक शक्तियों की अनुचरी है।[2]

मार्क्सवाद की वैज्ञानिक पद्धति में आस्था रखते हुए एवं पूर्ण समाजवादी होते हुए भी लास्की को ब्रिटिश उदारवादी परम्परा ने मानवतावादी अधिक बनाया था। इसलिए रूसी राज्य क्रांति और इसके बाद सोवियत संघ में भौतिक विकास के मानवीय प्रयासों का प्रशंसक होते हुए भी लास्की हिंसावादी साम्य-वादी मार्ग तथा सर्वहारा अधिनायकवादी दृष्टिकोण का विरोध करते हुए चलते हैं। परन्तु कभी-कभी वे इसके समर्थक भी प्रतीत होते हैं। बहुधा यह कहा जाता है कि लास्की को लोकतांत्रिक साधनों से श्रमिकों की सफलता में संदेह हो जाता था। 1930 की आर्थिक मंदी के दौरान लास्की ने इसी प्रकार की आशंका व्यक्त की। 1931 में मैक्डोनेल्ड की लेबर सरकार की असफलता में भी लास्की को इसी प्रकार की आशंका या संदेह होता है।[3]

लास्की निरीक्षण एवं परीक्षण द्वारा मार्क्सवादी सिद्धान्तों को अनुभव की कसौटी पर कसते हुए चलते हैं, उसका अंधानुकरण नहीं करते। इसे हम उनकी नवमार्क्सवादी चिंतनधारा भी कह सकते हैं। 1931 में वे स्वीकारने लगे थे कि इतिहास की भौतिक व्याख्या का सिद्धान्त कुछ विशेष स्थितियों को छोड़कर मुझे विश्वसनीय प्रतीत होता है।[4] उनका मत है कि सामान्य रूप से इसे गलत नहीं कहा जा सकता। मानव जीवन की कोई भी ऐसी परिधि नहीं जिसमें उसके प्रभावी विचार एवं संस्थाओं की परीक्षा करने पर निर्दिष्ट आर्थिक परिस्थितियों की उन पर प्रतिच्छाया परिलक्षित न हो।[5] किन्तु लास्की इस सिद्धान्त को आंशिक रूप से सत्य मानकर अनार्थिक तत्त्वों के महत्त्व को भी स्वीकार करते हैं। मार्क्स एवं लास्की में एक अंतर यह भी है कि लास्की पहले संवैधानिक साधनों का इस्तेमाल करना चाहते हैं। उनकी असफलता सिद्ध हो जाने पर वे हिंसात्मक

---

1. किंग्सले मार्टिन : हेराल्ड लास्की : ए बायोग्रेफिकल मेमोयर, पृ० 42-43
2. क्लिफ्टन फेडीमैन संपादित : आई बिलीव—हेराल्ड जे० लास्की, पृ० 142-43
3. हर्बर्ट ए० डीन : दि पोलिटिकल आइडियाज आफ हेराल्ड जे० लास्की, पृ० 128
4. लास्की : इंटरनेशनल अफेयर्स, जनवरी, 1931, पृ० 23
5. लास्की : कम्युनिज्म, पृ० 78

साधनों के प्रयोग के बारे में सोचते हैं। वे मार्क्स के वर्ग-संघर्ष, अतिरिक्त मूल्य के सिद्धान्त एवं श्रमजीवी अधिनायकत्व को अंशतः सत्य मानते हैं। साथ ही इस तथ्य को भी सही मानते हैं कि न तो इतिहास में अब तक किसी भी सत्तारूढ़ वर्ग ने स्वेच्छा से अपने विशेषाधिकारों का परित्याग किया है और न ही अपनी सत्ता का प्रयोग जन-कल्याण के लिए किया है। उनका औचित्य समाप्त होने पर भी वे सत्ता को पकड़े रहते हैं। शक्ति रूपी जहर सत्ताधारी को और जहरीला बना देता है, पूंजीवादी राज्यसत्ता इस नियम का अपवाद नहीं है, इसलिए साम्यवादी व्याख्या काफी सारपूर्ण है। किन्तु इस पर भी यह नियम लागू हो सकता है।[1] इसलिए लास्की किसी भी शासन-प्रणाली के अधिनायकवादी स्वरूप को अवांछनीय मानते हैं। किन्तु हिंसक विप्लव को एक मात्र साधन कहना संदेहजनक है, क्योंकि क्रांतियां भी अपने मूल उद्देश्य से भटक जाती हैं। ब्रिटिश श्रमिक दल के प्रति आशान्वित होकर लास्की अपना मत व्यक्त करते हुए कहते हैं कि मैकडोनेल्ड ने 1930 के सांझा सरकार में आए संकट के दौरान न तो अपने साथियों से और न ही दल से परामर्श लिया। वे श्रमिक दल को एक सच्ची सोशलिस्ट पार्टी मानते हैं और इस बात को अस्वीकार करते हैं कि इसके राजनैतिक नेता एटली, मारीशन तथा अन्य श्रमिक नेता सैद्धान्तिक तौर पर समाजवादी नहीं हैं।[2]

जस्टिस फ्रेन्कफर्टर को लिखे एक पत्र में लास्की ने कहा है कि मुझे अपने दृष्टिकोण के बारे में कोई संदेह नहीं है। मैं लेबर दल के वाम मार्ग के साथ हूं और आवश्यकता पड़ने पर उग्रतम वाम मार्ग का भी पक्षधर बनूंगा।[3]

मार्क्स के इस मत से लास्की पूरी तरह सहमत है कि उत्पादन की पूंजीवादी प्रणाली के साथ समय-समय पर आर्थिक संकट आना स्वाभाविक है। 1930 का महान् संकट विश्व पूंजीवाद के इतिहास का सर्वाधिक गंभीर आर्थिक संकट था। जिसका कि राजनैतिक प्रतिफल फासीवाद का उदय होना था। इस आर्थिक संकट की व्यापकता ने पूंजीवाद के खोखलेपन को विश्व में प्रकट कर दिया। यही कारण है कि उन्होंने फासीवाद को पूंजीवाद वर्ग द्वारा पूंजीवादी सर्वनाश रोकने का एक तात्कालिक निराशाजन्य प्रयास माना। उनका मत है कि फासीवाद के जन्म एवं विकास के लिए अनार्थिक कारण एवं प्रथम विश्व-युद्ध के बाद की राजनैतिक परिस्थितियां ही अधिक उत्तरदायी थीं। उनका मत है कि फासीवाद करीब से जांचने पर, कबाड़ी की सामग्री के थैला के समान परिलक्षित होता है,

---

1. लास्की : कम्युनिज्म, पृ० 174
2. हर्बर्ट ए० डीन : दि पोलिटिकल आइडियाज आफ हेराल्ड जे० लास्की, पृ० 150
3. किंग्सले मार्टिन : हेराल्ड लास्की : ए बायोग्रेफिकल मेमोयर से उद्धृत, पृ० 83

जिसमें विभिन्न तरह के दर्शनों के अवशेष बिना कोई तरतीब के ठूंस दिए गए हैं।[1] उनकी यह दृढ़ मान्यता है कि पूंजीवादी लोकतंत्र के पुनरुत्थान से फासीवाद का स्थायी उन्मूलन संभव नहीं है। अतः जब तक पूंजीवादी प्रणाली का स्थान समाजवादी प्रणाली नहीं ले लेती, संयुक्त राष्ट्र जैसी विश्व संस्था भी मानव जाति के लिए सुरक्षा प्रदान नहीं कर सकती।[2]

प्रो० लास्की की यह भी मान्यता है कि सर्वहारा वर्ग के अधिनायकत्व का नारा निहित स्वार्थों को आतंकित कर उनके द्वारा श्रमजीवियों पर फासिस्ट तानाशाही आरोपित करने हेतु ही प्रेरित करता है। यदि पूंजीपति समाजवादी चुनौती का उत्तर फासिस्ट तानाशाही से देना चाहेंगे, तो श्रमजीवियों का प्रति-उत्तर श्रमिक तानाशाही ही हो सकता है।[3]

प्रो० लास्की के विचारों का विश्लेषण करने वाले हर्बर्ट ए० डीन का मत है कि लास्की का समाजवाद अथवा मार्क्स, एंजिल्स या लेनिन का साम्यवाद अथवा सिडनीवेव, बर्नार्ड शा, बेल्स, क्रिप्स अथवा एटली का फैबियनवाद सर्वहारा वर्ग के शोषण एवं गरीबी का चित्र निजी अनुभव के आधार पर नहीं करते। वास्तव में यूरोपीय समाजवादी आंदोलन के सिद्धान्तकार एवं 1९वीं शताब्दी के पूंजीवाद के आलोचक जैसे मैथ्यू आर्नोल्ड, कार्लाइल, जे० एस० मिल एवं विलियम मोरिस, जिनके बारे में लास्की अक्सर चर्चा करते हैं अधिकांश मध्यम अथवा उच्च वर्ग के सदस्य रहे हैं।[4]

अपने समाजवादी चिंतन के दौरान लास्की पर ब्रिटिश समाजवादी चिंतक हेरिंगटन का भी विशेष प्रभाव देखा जा सकता है। महत्त्वपूर्ण बात यह है कि लास्की हेरिंगटन को मार्क्स को अपेक्षा कहीं ज्यादा ही उद्धृत करते हैं, विशेषकर उन तर्कों को पुष्ट करने में कि राजनैतिक शक्ति आर्थिक शक्ति की अनुगामी है। वे मार्क्स के ऐतिहासिक सिद्धान्त एवं आर्थिक सिद्धान्त से अधिक हेरिंगटन के विचारों से प्रभावित होते प्रतीत होते हैं। संभवतः इसका कारण यह है कि लास्की अपने प्रारंभिक दिनों की बौद्धिक स्वाधीनता के कारण इतिहास तथा राजनीति के सरल सिद्धान्तों के प्रति शंकालु थे।[5] हेरिंगटन की भांति लास्की भी यह स्वीकार करते हैं कि वर्तमान राजसत्ता का प्रयोग पूंजीपति वर्ग के हितों की वृद्धि करने तथा श्रमिक वर्ग के हितों में बाधा डालने के लिए होता

---

1. लास्की : दि स्टेट इन थ्योरी एंड प्रेक्टिस, पृ० 194
2. लास्की : रिफ्लेक्शंस आन दि रिवोल्यूशन आफ अवर टाइम, पृ० 212-13
3. लास्की : दि स्टेट इन थ्योरी एंड प्रेक्टिस, पृ० 271-72
4. हर्बर्ट ए० डीन : दि पोलिटिकल आइडियाज आफ हेराल्ड जे० लास्की, पृ० 217
5. वही, पृ० 20

है, एवं वर्तमान राज्य की सामाजिक-आर्थिक व्यवस्था पूंजीपतियों की व्यवस्था से प्रतिबद्ध है, न कि श्रमिक व्यवस्था से।

किंग्सले मार्टिन का मत है कि इतिहास के अनेक बड़े राजनैतिक चिंतकों में मार्क्स ही वे विचारक हैं, जिन्होंने लास्की के राजदर्शन पर सर्वाधिक प्रभाव डाला है।[1] उनका मत है कि 1925 के फैबियनवादी लास्की और 1938 के मार्क्सवादी लास्की में मूल अंतर यह है कि इन दोनों तिथियों के अंतकाल में लास्की 1929 की आर्थिक मंदी, 1931 की राष्ट्रीय सांझा सरकार की संवैधानिक विडंबना, स्पेन में फासीवाद का उदय, जर्मनी में हिटलर की जीत आदि को देखते हैं, फलस्वरूप उनका यह विश्वास दृढ़ हो जाता है कि लोकतंत्र जब तक समानता-मुखी नहीं होता तब तक वह ढकोसला मात्र है।[2] इसलिए बिना क्रांति के वर्ग भेद में परिवर्तन उनके लिए असंभव-सा प्रतीत होता था किन्तु ब्रिटिश उदारवादी पथ के प्रभाव में वे सहमति के साथ क्रांति की हामी भरते हैं। उनके मार्क्सवादी बन जाने पर भी वे सभी पूर्व मान्यताओं को तिलांजलि नहीं देते। फलस्वरूप उनके इस काल के चिंतन में अनेक विसंगतियां समाहित हो गयी हैं।

लास्की क्रांतिकारी होते हुए भी क्रांतिकारी नहीं हैं, मार्क्सवादी लक्ष्य को स्वीकारते हुए भी मार्क्सवादी साधन उनके द्वारा नहीं स्वीकारे जाते, फलस्वरूप आशा एवं निराशा के दो छोरों में ही वे गतिशील हैं। एक छोर में पूंजीवादी लोकतंत्र पतनोन्मुखी एवं संकटग्रस्त है तो दूसरे छोर में समाजवादी जनतंत्र के सुलभ होने के आसार नहीं हैं।[3]

मार्क्स की इस मान्यता को कि राज्य मूलतः किसी वर्ग का होता है और बुनियादी सामाजिक परिवर्तन करने के लिए हिंसात्मक क्रांति भी अपरिहार्य है। लास्की इसे कमजोर तर्क के साथ स्वीकाते हैं। अपने मार्क्सवादी प्रभावकाल की कृतियों से सिद्ध होता है कि लास्की हिंसक क्रांति के पक्षधर हैं, किन्तु साथ ही इसी काल की कृतियों में ऐसे स्थल भी मिलते हैं जहां वे संवैधानिक परिवर्तनों को सर्वोत्तम साधन के रूप में स्वीकार करते हैं।[4] इस प्रकार हिंसक क्रांति के प्रश्न पर उनके विचारों में समय एवं परिस्थिति के अनुसार परिवर्तन होता रहा है।

16 जून, 1945 को ब्रिटिश चुनाव प्रसार के अवसर पर लास्की के भाषणों के आधार पर अनुदार दल के एक पत्र के संपादक मि० पर्लवे ने उन्हें हिंसक क्रांति के समर्थक होने की उद्घोषणा की। पर लास्की ने इसके प्रतिरोध में उस संपादक के विरुद्ध अपनी मानहानि पर क्षतिपूर्ति का मुकदमा दायर किया, क्योंकि लास्की

1. किंग्सले मार्टिन : हेराल्ड लास्की : ए बायोग्रेफिकल मेमोयर, पृ० 107-25
2. वही, पृ० 74
3. लास्की : डेमोक्रेसी इन क्राइसिस, पृ० 117-25
4. हर्बर्ट ए० डीन : दि पोलिटिकल आइडियाज आफ हेराल्ड जे० लास्की, पृ० 202

का आशय ऐसा नहीं था। "लास्की बनाम नेवार्क प्रकाशन लिमिटेड" नाम से विख्यात इस मुकदमे में ब्रिटिश न्यायालय ने 16 अप्रैल, 1946 को यह निर्णय दिया था कि लास्की हिंसक क्रांति के पक्ष में लिखते एवं भाषण-मंच से वक्तव्य देते रहे हैं। इसीलिए नेवार्क प्रकाशन लि० का यह आरोपित निष्कर्ष कि लास्की हिंसात्मक क्रांति के समर्थक हैं, उनकी प्रकाशित कृतियों में अभिव्यक्त विचारों पर आधारित है। इसी कारण नेवार्क प्रकाशन लि० द्वारा लास्की की कोई मान-हानि नहीं की गई।[1]

न्यायालय के इस निर्णय के बाद भी लास्की ने सैद्धान्तिक रूप से अपने को हिंसक क्रांति की साम्यवादी रणनीति का समर्थक नहीं स्वीकारा, और सफाई में उन्होंने कहा कि मेरी भावना निराशावादी हो सकती है किन्तु मैं यह सोचता हूं कि यह सब अपरिहार्य है फिर भी मैंने हिंसक क्रांति का समर्थन नहीं किया।[2]

लास्की उदार लोकतंत्र के पूंजीवादी वर्ग चरित्र को स्वीकारते हैं। वैधानिकता तथा संसदीय जनतंत्र में उनकी आस्था है, यद्यपि समाजवादी सरकार से वे यह आशा रखते हैं कि पुरानी रूढ़ियों को तोड़कर वह नया मार्ग अपनायेगी। ब्रिटिश परम्परा के अनुकूल लास्की ने जीवनपर्यन्त प्रगतिशील विचारों का अन्वेषण किया और बताया कि वैधानिक न्यायपूर्ण मार्ग का अनुसरण करने पर ही वर्गविहीन, शोषणविहीन, विकेन्द्रीकृत, स्वतंत्रता से युक्त सच्चा समाजवाद स्थापित हो सकता है। उन्होंने इसी ध्येय को लेकर अपने समाजवादी मित्रों के साथ "लैफ्ट बुक क्लब" की स्थापना की थी।[3] वे राज्य को समाज का अंग मानते हुए सरकार को राज्य की नीति-संचालन का माध्यम मानकर सामान्य इच्छा को राज्य का आधार नहीं मानते क्योंकि यह वर्ग विशेष की इच्छा है। लार्ड एक्टन से प्रभावित होकर लास्की ने यह मत व्यक्त किया कि यदि राज्य मानव-चेतना पर आधारित है तो उसे अपनी स्वामी-भक्ति के लिए दावों के संघर्ष में मध्यस्त होना चाहिए। लास्की भी एक्टन के समान स्वतंत्रता को वह प्रति-भूति मानते हैं जिसमें व्यक्ति अपने विश्वासों के अनुसार कार्य करने के लिए सुरक्षित रहेगा। इसमें वह सत्ता, बहुसंख्यक वर्ग, रीति-रिवाजों एवं मतों से प्रभावित नहीं होगा।[4]

लास्की जब राज्य के उद्देश्यों पर विचार करते हैं तब विलियम जेम्स के

---

1. डेली हेराल्ड पब्लिकेशन : लास्की लेवेल एक्शन, 1948, पृ० 10-12
2. वही, पृ० 393
3. प्रो० मावलंकर पी० जी० : प्रो० हेराल्ड लास्की—भावभीनी अंजलि (गुजराती संस्करण), 1957, पृ० 10
4. लास्की : अथार्टी इन दि माडर्न स्टेट, पृ० 55

इस वाक्य को उद्धृत करते हैं कि राज्य वह संगठन है जो बड़े से बड़े संभाव्य पैमाने पर सामाजिक सद्‌गुणों की प्राप्ति हेतु जब समूह को समर्थवान बनाता है···राज्य के उद्देश्य का यही स्वरूप है।[1] यद्यपि साधारण रूप से यह बेंथम के उस सिद्धान्त पर आधारित है कि राज्य को अधिकतम लोगों के अधिकतम कल्याण की वृद्धि करने के लिए कार्य करना चाहिए। ऐसा मानकर लास्की राज्य की सकारात्मक भूमिका पर जोर देते हैं। वे जनतंत्रीय शासन-व्यवस्था के अमरीकी तथा यूरोपीय रूपों को एक ही पूंजीवादी जीवन की अभिव्यक्ति मान इनके दलीय संगठन व्यवस्थापिका कार्यपालिका एवं न्यायपालिका से संबंधित कार्य शैली को भी समान मानते हैं। उनकी मान्यता है कि पूंजीवादी लोकतंत्र का संवैधानिक ढांचा पूंजीवादियों के ही निहित स्वार्थों का रक्षा-कवच है तथा मूलाधिकारों का केन्द्र-बिन्दु निजी संपत्ति का अधिकार भी बुर्जुआ विचार है।[2]

ब्रिटिश विचारक लिंडसे के विचारों का भी लास्की की रचनाओं में प्रभाव पड़ा है। उनकी बहुलवादी राज्य की व्याख्या का लास्की ने भी अपने बहुलवादी विचारों में प्रयोग किया है। संविधान शास्त्री डायसी से प्रभावित होकर लास्की ने इंग्लैंड तथा अमरीका की शासन-पद्धति पर तीन महत्त्वपूर्ण ग्रन्थ लिखे हैं। इतिहासकार फ़िशर से प्रभावित होकर वे अपनी संपूर्ण रचनाओं में यत्र-तत्र इतिहास से अनेक उदाहरण खोज-खोजकर अपने विचारों को पुष्ट करते हैं तथा न्यायवेत्ता जस्टिस होम्स, फ्रेन्कफर्टर आदि से प्रेरणा पाकर विधि एवं न्याय को सामाजिक आवश्यकताओं के संदर्भ में परिभाषित करने का प्रयास करते हैं। लेबरपार्टी के प्रभावशाली व्यक्ति लार्ड हाल्डेन का भी लास्की पर विशेष प्रभाव पड़ा है जिसके कारण लास्की ब्रिटिश श्रमिक दल के सैद्धान्तिक मार्गदर्शक एवं प्रवक्ता के रूप में अंतरंग रूप से प्रतिबद्ध रहते हैं।

द्वितीय विश्वयुद्ध के दौरान लास्की के राजनैतिक क्रिया-कलाप नया परिवेश धारण करते हैं। अध्यापन कार्य करने के साथ ही वे ब्रिटिश लेबरपार्टी से सक्रिय होकर पहले सांझा सरकार में परामर्शदाता के रूप में फिर जब एटली के हाथों सत्ता आती है तो उनके गुप्त सलाहकार के रूप में कार्य करते हैं। श्रमिक समस्याओं से संबंधित अनेक व्याख्यान, पैम्फलेट्स, पुस्तिकाएं लास्की के ही द्वारा तैयार की जाती हैं। फलस्वरूप उनकी युद्धकालीन कृतियों में प्रचार-सामग्री का भी बाहुल्य देखा जा सकता है। लास्की वर्षों तक लेबरपार्टी के कार्यकारिणी सदस्य, मंत्री तथा १९४५ में जब लेबरपार्टी ब्रिटिश इतिहास में पहली बार पूरी दृढ़ता से सत्तारूढ़ हुई तब लास्की पार्टी-अध्यक्ष बनाये गये। इस ऐतिहासिक

1. लास्की : ए ग्रामर आफ पालिटिक्स, पृ० 2
2. लास्की : वही, पृ० 202-10

विजय में लास्की का उल्लेखनीय योगदान था। अधिकांश लोगों ने यह बात स्वीकार की कि यदि 1945 की विजय का श्रेय किसी को देना पड़े तो वह लास्की को ही दिया जाये। इसी दौरान शासन में कार्यरत एटली, मोरीसन, बेविन आदि नेता लास्की द्वारा ही मार्ग प्रदर्शित होते रहे। कुछ विदेशी यह सोचते हुए यह पाते हैं कि उन दिनों लास्की ही श्रमिक दल का वास्तविक नेता था। इसका कारण उसका महत ज्ञान एवं बौद्धिक प्रतिभा थी।[1]

बहुधा लास्की श्रमिक दल का कार्यालयीन अधिवक्ता रहे तथा उसके लिए वह लिखते भी रहे, तो कभी इस आंदोलन के मार्क्सवादी पहलुओं पर व्याख्यान देते। नवमार्क्सवादी के रूप में लास्की समाज विज्ञान के अध्ययन हेतु मार्क्सवादी पद्धति को सर्वोत्तम मानने लगे थे किन्तु साम्यवादी रणनीति एवं श्रमिक अधिनायकवाद की वे तीखी आलोचना करते रहते थे। लेबरपार्टी के नेताओं को उनके द्वारा ठोस चेतावनियां भी दी जाती रहती थीं। चूंकि लास्की ने दोनों भूमिकाएं निभाई हैं इसलिए पाठकों को यह भ्रम हो जाता है कि लास्की वास्तव में किनका प्रतिनिधि है।[2] उनकी संवेदनशीलता एवं मानवतावादी दृष्टिकोण होने के कारण दल के सत्तारूढ़ नेताओं के साथ लास्की के मतभेद भी पैदा हुए। उन्हें यह विश्वास हो गया था कि एटली उनके कार्यक्रम एवं विश्लेषण को मानने के लिए तत्पर नहीं हैं।[3]

साम्यवादी विचारों से प्रेरित होने पर भी जब 1946 में उन्हें उनके आतंक का भय पैदा होता है तो वे श्रमिक दल में उन्हें प्रवेश नहीं करने देते। यद्यपि मार्क्स के प्रति लास्की का मोह भंग कभी नहीं हुआ। 1949 में 'सिडनी हिलमैन संस्थापक भाषण माला' में भाग लेने जब लास्की को अमरीका जाना पड़ता है तब इसी काल में वे अमरीकी विश्वविद्यालय में मार्क्सवादी विचार रखने वाले किसी उम्मीदवार को व्याख्याता पद के लिए अयोग्य साबित कर दिये जाने की एक घटना देखते हैं। इससे उन्हें अमरीकी बौद्धिक स्वतंत्रता में संदेह होने लगता है।[4] उन्होंने 1946-47 में रूस की भी यात्रा की जहां वे एक ब्रिटिश प्रतिनिधि मंडल का नेतृत्व कर रहे थे। वहां की विधि एवंन्याय-व्यवस्था का सूक्ष्म अवलोकन करने के बाद उन्होंने 'लॉ एंड जस्टिस इन सोवियत रसिया' नामक पुस्तिका भी लिखी।

---

1. हर्बर्ट ए० डीन : दि पोलिटिकल आइडियाज आफ हेराल्ड जे० लास्की, प्रस्तावना पृ० 3
2. वही, पृ० 211
3. वही, पृ० 267
4. किंग्सले मार्टिन : हेराल्ड लास्की : ए बायोग्रेफिकल मेमोयर, पृ० 150-51

इस प्रकार से अमरीकी जीवन की स्वच्छन्द धारा, ब्रिटिश उदारवादी परम्परा एवं सोवियत संघ की नियोजित अर्थ-व्यवस्था से लास्की जीवनपर्यन्त प्रभावित रहे और इसी के फलस्वरूप उन्होंने लोकतांत्रिक समाजवादी विचार-धारा का प्रणयन किया। 1950 तक उनका जीवन एवं चिंतन शाश्वत संघर्ष एवं सक्रियता से ओत-प्रोत है। उनका बहुमुखी व्यक्तित्व एवं बौद्धिक प्रतिभा बिखेरती एवं व्यापक बनाती उनकी अनेक कृतियों के कारण प्रो० लास्की का राजनीति विज्ञान में एक स्थाई स्थान बन गया है।

अध्याय द्वितीय

प्रो० हेराल्ड जे० लास्की की महत्त्वपूर्ण कृतियों पर एक दृष्टि

1. ए ग्रामर आफ पालिटिक्स, 1925

दि बेव्स दंपति एवं लंदन स्कूल आफ एकानामिक्स एन्ड पालिटिकल साइंस को समर्पित प्रो० लास्की का यह बहुचर्चित ग्रन्थ तत्कालीन युगबोध एवं पेचीदा राजनैतिक समस्याओं को आत्मसात् किये हुए है, जिसमें राज्य के विवादास्पद सिद्धान्तों का सर्वांगीण विवेचन उनके द्वारा किया गया है। इसमें संदेह नहीं कि नये बौद्धिक चिंतन का प्रतिनिधित्व करते पिछले पांच दशकों में प्रकाशित ग्रन्थों में स्पष्टता, विवेचन एवं उपादेयता में यह कोई कम नहीं है। विलियम राब्सन का मत है कि प्लेटो से प्रारम्भ हुए मार्ग पर यह कृति मील का पत्थर है।[1] बीसवीं शताब्दी के उदारवादी, प्रजातांत्रिक राज्य, उसकी शक्तियों, सीमाओं, उपलब्धियां एवं विफलताओं का यह एक तार्किक दस्तावेज भी है, जिसमें लास्की ने प्रस्फुटित अनेक ऐतिहासिक उद्धरणों का पुट देकर राजनैतिक सिद्धांतों को परिपुष्ट कर उन्हें व्यावहारिकता से जोड़ने का प्रयास भी किया है।

राज्य पर यथार्थवादी दृष्टिकोण से उसके वैधानिक पहलू पर प्रकाश डालते हुए प्रो० लास्की की मान्यता है कि राज्य का चिंतन व्यक्ति अपने देशकाल तथा अनुभव की परिधि को ध्यान में रखकर करता है तथा वह अपनी विचारधारा के औचित्य और उसकी श्रेष्ठता को सिद्ध करने के लिए घोर संघर्ष करता रहता है। लास्की की यह पहली महान् कृति राजनीति विज्ञान के क्षेत्र में बीसवीं शताब्दी की सबसे महत्त्वपूर्ण कृत्रियों में से एक है। लास्की ने अपने इस ग्रन्थ में राजनीति शास्त्र के सिद्धान्तों को क्रियावादी (प्रेगमैटिक) रूप देने का सराहनीय प्रयास किया है। इसमें वे न केवल राजनैतिक नीति शास्त्र की रचना करते हैं बल्कि उन राजनैतिक एवं आर्थिक संस्थानों की नवीन रूपरेखा प्रस्तुत करते हैं जिनके द्वारा नैतिक दृष्टि से विश्व-व्यवस्था कायम की जाएगी और औद्योगिक समाज में

---

1. ग्रेनबिल ईस्टबुड : हेराल्ड लास्की से उद्धृत, 1977, पृ० 100

स्वतंत्रता के दायरे को विकसित करने वाले नये राज्य की नींव पड़ेगी।[1]

प्रो० लास्की ने अपनी कृति में राजनीति के आधार के रूप में अहस्तक्षेपवादी व्यक्तिवाद तथा रूढ़िवादी आदर्शवाद को पूरी तरह से अस्वीकार किया है एवं टी० एच० ग्रीन और हाबहाऊस के सामाजिक उदारवाद तथा फैबियनवाद के समष्टिवादी सुधारवाद को आधुनिक युग की समस्याओं का अपूर्ण समाधान बताया है। लास्की उस समतावादी समाज के निर्माण में अभिरुचि रखते हैं, जिसमें सामाजिक नीति का मूल सिद्धान्त प्रत्येक व्यक्ति की क्षमताओं का पूर्ण तथा स्वतंत्र विकास माना जायेगा।[2] वर्तमान युग की कल्याणकारी राज्य के सामाजिक, राजनैतिक एवं आर्थिक आदर्शों की व्यापक विवेचना कर लास्की ने इस ग्रन्थ को उत्कृष्ट ढंग से सजाया एवं संवारा है।

इस ग्रन्थ के प्रथम भाग में प्रो० लास्की ने यह सुझाया है कि विकेंद्रीयकरण की पद्धति द्वारा स्वतंत्रता की सीमा को व्यापक परिवेश दिया जाये एवं औद्योगिक क्षेत्र में लोकतांत्रिक प्रक्रिया के माध्यम से सम्पत्ति की अवधारणा में परिवर्तन कर समानता की धारणा को व्यापक किया जाये। लास्की ने इस शाश्वत तथ्य की भी स्थापना इस ग्रन्थ में की है कि स्वतंत्रता में समानता का भाव समाया हुआ है। उनकी इस अखंड आस्था की स्पष्ट झलक हमें इसमें मिलती है। समाज का कल्याण राज्य का महत्त्वपूर्ण साध्य है, इसीलिए वह अपने साध्य के साथ न्याय करते हुए अपने सदस्यों को कम से कम न्यूनतम जीवन जीने की (सिविक मिनिमम) परिस्थितियों को तो सुलभ करें ही।

इस कृति के दूसरे भाग में उनके द्वारा समसामयिक, राजनैतिक संस्थानों, विशेषकर अपने मातृदेश इंग्लैंड की राजनीतिक संस्थाओं की उनके द्वारा विस्तृत विवेचना की गई है। इस भाग में यह भी बताया गया है कि तथाकथित लोकतंत्रीय शासन-पद्धति को आदर्शों के अनुकूल रूप देने हेतु उसमें कौन-कौन से संशोधन एवं सुधार किये जायें।

इस ग्रन्थ के तीसरे भाग में अंतर्राष्ट्रीय जगत के परिप्रेक्ष्य में राजनैतिक आदर्शों एवं दुनिया के घटना-चक्रों का उल्लेख किया गया है। लीग आफ नेशन्स, जिसे बने हुए मात्र पांच वर्ष ही हुए थे, लास्की ने इस ग्रन्थ में उसकी उपलब्धियों एवं कमजोरियों का लेखा-जोखा भी प्रस्तुत किया है। परन्तु साथ ही इसमें उनका अटूट विश्वास भी मुखरित हुआ है कि स्वस्थ एवं सद्भावपूर्ण राष्ट्रीयता ही अंतर्राष्ट्रीयता के मार्ग में कभी बाधक नहीं बनती। इसीलिए राष्ट्रीय प्रभुसत्ता पर आवश्यकता से अधिक बल देने से विश्व-शांति के मार्ग में अनेक अवरोध आ

---

1. विलियम इलियट : प्रेगमेटिक रिवोल्ट इन पालिटिक्स, पृ० 167
2. लास्की : ए ग्रामर आफ पालिटिक्स, पृ० 217

सकते हैं।

लास्की ने अपने इस विश्वविख्यात ग्रन्थ में बहुलवादी सिद्धान्तों में आंशिक परिवर्तन किया है। उनकी मान्यता थी कि राजनैतिक पुर्ननिर्माण के कार्य में बहुलवाद के द्वारा कोई मूलभूत परिवर्तन नहीं हो सकते हैं। फिर भी वे इसके सैद्धान्तिक आदर्श को स्वीकार करते हैं जबकि इस ग्रन्थ में उनके द्वारा वर्णित राज्य का संगठन बहुत कुछ एक सत्तावादी ही है।[1] वस्तुतः यह ग्रन्थ ब्रिटिश मजदूर दल की नैतिक संहिता था तो इंग्लैंड के समाजवादी बुद्धिजीवियों के लिए एक उत्प्रेरक ग्रन्थ भी था। परन्तु इसमें हमें लास्की के राजदर्शन का संक्रमण कालीन रूप ही दिखाई देता है। इसमें वे सरकार का क्रियात्मक सिद्धान्त, सामान्य इच्छा की अवास्तविकता, राजनैतिक सत्ता की संघीय धारणा तथा औद्योगिक समस्याओं का समाजवादी समाधान अर्थात् उसका संक्रमणकालीन समष्टिवाद, जो कि मार्क्सवादी समष्टिवाद से कहीं ज्यादा कोमल एवं लचीला है। उनके समष्टिवादी राज्य की अद्वैतवादी कठोर सत्ता, उनकी बहुलवादी मानसिक विरासत एवं नवीन व्यक्तिवादी मान्यताओं के संदर्भ में कुछ द्रवित हो जाती है।

लास्की इस ग्रन्थ में स्वतंत्रता एवं सत्ता में समन्वय खोजने की तलाश करते हैं, फलस्वरूप उनके इस चिंतन में अंतर्विरोध एवं विसंगतियां उत्पन्न होती दिखाई देती हैं।[2] एक ओर वे राजसत्ता के सिद्धान्त को राजनीति विज्ञान से बहिष्कृत करना चाहते हैं तो दूसरी ओर निर्बाध रूप से काम कर सकने वाले शक्तिशाली एक सदनीय संसद की स्थापना चाहते हैं। यही कारण है कि उनके इस ग्रन्थ के प्रथम खंड के सिद्धान्तों एवं दूसरे खंड के सुझावों में कोई संगति नहीं बैठती।[3]

लास्की अपनी भूलें खुद स्वीकारते हैं। स्वतंत्रता का अर्थ पहले संस्करण में नकारात्मक था जो अब दूसरे संस्करण में सकारात्मक हो जाता है। संभवतः इसका मूल कारण यह प्रतीत होता है कि वे इन दोनों अर्थात् अराजकतावादी बहुलवाद एवं समष्टिवादी समाजवाद (अमूल मानसिक विरासत एवं भावी स्वर्णिम समाज के मध्य) के परस्पर विरोधी विचारों में कृत्रिम तरीके से सामंजस्य स्थापित करना चाहते हैं। जब उनके स्वर्णिम स्वप्न का एक पहलू राष्ट्रसंघ (अंतर्राष्ट्रीय संघ) की परिणति को देखते हैं तो अपनी इस कोरी आदर्शवादी कल्पना में ग्रन्थ के दूसरे संस्करण में सुधार करते हैं। यह कहते हुए कि राष्ट्रसघ

---

1. विलियम इलियट : प्रेगमेटिक रिवोल्ट इन पालिटिक्स, पृ० 166-67
2. लास्की : ग्रामर आफ पालिटिक्स, (हिन्दी अनुवाद), अध्याय 2, पृ० 28
3. विलियम इलियट : प्रेगमेटिक रिवोल्ट इन पालिटिक्स, पृ० 167

को अन्तर्राष्ट्रीय महाराज्य (सुपर स्टेट) समझना भ्रांतिपूर्ण है।[1]

इस प्रकार निष्कर्ष के रूप में यह कहा जा सकता है कि लास्की के इस ग्रन्थ में हमारे सामाजिक तथा राजनीतिक जीवन के बुनियादी प्रश्नों की इतनी स्पष्ट एवं तीक्ष्ण व्याख्या आधुनिक युग में इसके पूर्व कभी नहीं हुई थी। कल्पित नहीं बल्कि वास्तविक धरातल पर लास्की सहज रूप से अपने विस्तृत एवं गहन ज्ञान का प्रयोग करके हमारी इस नई दुनिया को नया राजनैतिक दर्शन देने का प्रशंसनीय प्रयास इस ग्रन्थ में करते हैं। इसलिए लोकतांत्रिक समाजवाद पर लिखी गई पूर्व की सभी कृतियों की तुलना में यह अधिक सुन्दर एवं उत्कृष्ट कृति मानी जा सकती है।

2. स्टडीज इन दि प्राब्लम आफ सावरेंटी, 1917

प्रो० लास्की के प्रारम्भिक लेखन के दौरान लिखा गया यह ग्रन्थ जिसमें लास्की समकालीन चिंतन से प्रभावित है, उनकी यह एक मौलिक एवं गहन विचारों से ओतप्रोत कृति है, जिसमें वे एकीकृत शक्तिस्रोत के स्थान पर चोट करते हुए कहते हैं कि समुदायों की स्वायत्तता एवं सामाजिक विविधता का स्वागत करना स्वस्थ मानव जाति के निर्माण हेतु जरूरी है।[2] लास्की का मत है कि राज्य को असीमित शक्ति सौंपने का परिणाम यह है कि हमें अन्तर्निहित रूप से उस निश्चित हीगेलवाद को स्वीकारना पड़ता है, जिसने हमारे सामने निर्विरोध रूप से एक ऐसे महान् सम्पूर्ण को प्रस्तुत कर दिया है जो कि स्वयं हम से अधिक है।

प्रो० लास्की ने उपरोक्त पुस्तक में धार्मिक विश्वास की स्वतन्त्रता, धार्मिक संगठनों की स्वायत्तता, धर्म-निरपेक्ष राज्य के चरित्र की ऐतिहासिक एवं वैचारिक विवेचना की है।[3]

प्रथम विश्व युद्ध के दौरान लिखी इस पुस्तक में उनकी उत्कंठा इन तथ्यों पर जोर देने की है, जिसके अनुसार केवल बहुसंख्यक लोगों के नाम से किया गया शासन लोकतांत्रिक राज्य का चरम लक्ष्य नहीं है। लास्की का मत है कि जहां राजनैतिक शक्ति आर्थिक शक्ति से परित्यज्य है, वहां अवश्यंभावी रूप से द्वन्द्व होगा ही। आज जबकि एकदलीय राज्य, बहुजन हितगामी सत्ता एवं लोकतंत्रीय प्रक्रिया की प्रकृति पर चर्चायें होनी चाहिए, लास्की ने प्रशंसात्मक तर्क दिया है कि राज्य की इच्छा प्रत्येक नागरिक के सर्वोत्तम जीवन की प्राप्ति करा सकती

---

1. लास्की : ए ग्रामर आफ पालिटिक्स, 1930, प्रस्तावना से
2. लास्की : स्टडीज इन दि प्राब्लम आफ सावरेंटी, 1917, पृ० 4-20
3. लास्की : वही, पृ० 40-54

है। जीवन पर्यन्त लास्की यह स्वीकार करते रहे कि मौजूदा राज्य अपने कुछ चंद सदस्यों को ही अच्छा जीवन सुलभ करा सकता है। एक समुदाय, जो अपने सभी सदस्यों के लिए ऐसा करता है, वैसा राज्य नहीं कर सकता।

लास्की आगे कहते हैं कि संपत्ति का संचय अपने आप में कोई साध्य नहीं है और न ही लोकतंत्रीय संस्थाओं के अनुरूप है। आज कोई भी देश अपनी संप्रभुता को समर्पित करने हेतु इच्छुक नहीं है। उन शर्तों को त्यागने के लिए जो कि अकेली ही भय को नष्ट कर सकती है।

प्रो० लास्की ने इस कृति में ब्रिटिश संसद एवं ब्रिटेन के अल्पसंख्यक धार्मिक संप्रदायों के संघर्ष का सर्वेक्षण करते हुए यह निष्कर्ष निकाला है कि राज्य संप्रभुता के नाम पर इन संप्रदायों के स्वशासन पर लगाए गए अंकुश में असफल रहा है। वे इस प्रकार से संप्रभुता को आंतरिक दृष्टि से अमान्य ठहराते हुए बहुलवादी विचारधारा का जोरों से समर्थन करते हैं। इसी तारतम्य में लास्की संघीय शासन को सर्वोत्तम कोटि का शासन स्वीकारते हैं। भारत जैसे राष्ट्र में ये सारी परिस्थितियां विद्यमान हैं। ऐसे में प्रो० लास्की के इन विचारों की भारतीय परिप्रेक्ष्य में बड़ी उपादेयता प्रतीत होती है।

3. दि सोशल एंड पालिटिकल आइडियाज आफ सम रिप्रेजेंटेटिव थिंकर्स आफ विक्टोरियन एज, 1917

लास्की ने अपनी इस प्रारंभिक कृति में इंग्लैंड की महारानी विक्टोरिया (1837-1901) युग के कुछ महत्त्वपूर्ण चिंतकों के सामाजिक एवं राजनैतिक विचारों की उदारवादी दृष्टिकोण से मीमांसा करने का प्रयास किया है। उनका मत है कि विक्टोरिया युग के पूर्वार्द्ध का चिंतन मुख्य रूप से व्यक्तिवादी रहा है, एडमस्मिथ इसका प्रतीक है तो विक्टोरिया युग के उत्तरार्द्ध में आदर्शवादी चिंतन उसकी प्रतिक्रिया स्वरूप प्रारंभ होता है जिसके मुख्य प्रतिनिधि चिंतक टी० एच० ग्रीन हैं। लास्की अपनी इस कृति में उदारवादी विचारधारा को एक ऐतिहासिक प्रवृत्ति स्वीकारते हुए कहते हैं कि इसमें अनेक तथा भिन्न-भिन्न समय में उद्भूत परस्पर विरोधाभासी विचारों का भी समावेश हुआ है।

लास्की संभवतः इंग्लैंड की लिबरल पार्टी के परिप्रेक्ष्य में इस बात का उद्घाटन करते हैं कि राजनैतिक दल नाम से 'लिबरल' हो सकते हैं किन्तु यह आवश्यक नहीं कि वे उदारवादी विचारधारा को ही स्वीकार करते हों। उनका मत है कि उदारवाद का संबंध किसी संप्रदाय से कम, मानव-स्वभाव से अधिक है। यह स्वतंत्रता के लिए उत्कट अभिलाषा का प्रतीक है। ऐसी प्रबल भावना के लिए दूसरों के विचारों के प्रति चाहे वे कितने ही खतरनाक प्रतीत हों, सहिष्णुता एवं जिज्ञासा के भावों की आवश्यकता होती है। लास्की का मत है

यह एक दुर्लभ मानवीय गुण है ।[1] वे इस कृति में इंग्लैंड के उदारवादी कहे जाने वाले विचारकों के विचारों की व्याख्या करते हुए उनके विचारों में पारस्परिक मतभेद को स्वीकार करते हैं एवं उदारवाद की आर्थिक पृष्ठभूमि में उनकी विवेचना करने का प्रयास करते हुए प्रतीत होते हैं ।

4. अथोरिटी इन दि माडर्न स्टेट, 1919

इस ग्रंथ में प्रो० लास्की ने सत्ता एवं स्वतंत्रता के संबंधों की विशद व्याख्या की है । उन्होंने इस मत से असहमति व्यक्त की कि स्वतंत्रता बंधनों का अभाव है । वे इसे आत्मानुभूति के घनात्मक तथा समान अवसर की संज्ञा देते हैं । लास्की ने सत्ता की समस्या की विवेचना करते हुए कहा है कि जिस प्रकार सोलहवीं शताब्दी में या उसके पूर्व पाप की धार्मिक सत्ता से मानवीय स्वतंत्रता को बड़ा खतरा था, उसी प्रकार आधुनिक काल में मानवीय स्वतंत्रता को उतना ही बड़ा खतरा संप्रभुता संपन्न राज्य की लौकिक सत्ता से है । इस कृति में लास्की राजनीतिक सत्ता की संघीयं परिकल्पना प्रस्तुत कर शक्ति तथा उत्तरदायित्व को केन्द्रीभूत करने के स्थान पर उन्हें विकेंद्रित करने पर जोर देते हैं ।[2]

इस कृति में लास्की इन समस्याओं पर विचार करते हैं कि व्यक्ति को राज्य के कानूनों का पालन क्यों करना चाहिए । उनके ऊपर क्रियावाद (प्रेगमैटिक) एवं बहुलवादी विचारों का स्पष्ट प्रभाव इस ग्रंथ में पड़ता हुआ परिलक्षित होता है, जिसके अंतर्गत वे सरकार एवं राज्य में कोई व्यावहारिक भेद नहीं मानते । उनका मत है कि तथाकथित संप्रभुता सरकार द्वारा बल-प्रयोग करने की ही शक्ति है जिसके माध्यम से वह नागरिकों से अपने आदेशों का पालन कराती है, वस्तुतः राज्य की संप्रभुता किसी तात्कालिक सरकार की शक्ति है ।[3] लास्की का यह भी विश्वास है कि संप्रभुता के सिद्धान्त की मान्यता है कि सरकार समाज के सभी वर्गों के हितों का प्रतिनिधित्व करती है जब कि वास्तव में होता यह है कि राज्य अपनी संप्रभुता का प्रयोग पूंजीवाद को सुरक्षित रखने हेतु करता है । इसमें श्रमिकों का हित सुरक्षित नहीं होता है ।[4] इसलिए श्रमिक जब तक सत्ता के उद्देश्यों से संतुष्ट न हों, वे उसे अंतिम एवं सर्वोपरि न मानें ।[5] ऐसा कहकर लास्की संप्रभुता

---

1. लास्की : दि सोशल एंड पालिटिकल आइडियाज आफ सम रिप्रेजेंटेटिव थिंकर्स आफ दि विक्टोरियन एज, 1917, पृ० 99-100
2. लास्की : अथोरिटी इन दि माडर्न, स्टेट, पृ० 65-89
3. वही, पृ० 27-30
4. वही, पृ० 81
5. वही, पृ० 88

को मर्यादित एवं परिसीमित करने का प्रयास करते हुए प्रतीत होते हैं।

5. पालिटिकल थाट इन इंग्लैंड, फ्राम लाक टु बेंथम, 1920

होम यूनिवर्सिटी लाइब्रेरी के द्वारा इंग्लैंड के राजदर्शन के 4 भाग 1920 में एक ग्रंथ-माला के रूप में प्रकाशित किये गए थे, जो कि क्रमशः गूच, डेविडसन, बार्कर एवं लास्की द्वारा लिखे गए थे। प्रो० लास्की की यह कृति उसी ग्रंथमाला की चौथी देन है, जिसमें उन्होंने यूरोप में हुई 1688 की क्रांति के साथ ही अन्य क्रांतियों के राजनैतिक चिंतन पर पड़े प्रभावों का उल्लेख किया है, जिनके द्वारा हाब्स, लाक एव रूसो जैसे चिंतकों को मार्गदर्शन मिला था। इस कृति में राज्य एवं चर्च के संबंधों का भी विवेचन किया गया है। प्रो० एडमंड बर्क के राजनैतिक विचारों को इस ग्रन्थ में प्रस्तुत कर लास्की ने उनके भारत के प्रति दृष्टिकोण का भी उल्लेख किया है। इसमें हमें लास्की के ऊपर पड़ता उदारवादी चिंतन का प्रभाव स्पष्ट दृष्टिगोचर होता है।

यह कृति एडमस्मिथ के विचारों के प्रभाव से रचित एक प्रतिक्रियापरक ग्रंथ भी है, जिसमें लास्की ने उल्लेख किया है कि ऐसी सभ्यता 'दौलत की सभ्यता' बनकर आदमी को 'आर्थिक आदमी' बना देती है।[1] इंग्लैंड के पर्यावरण में उपजी एवं पल्लवित हुई अनेक विचारधाराओं ने लास्की के राजनैतिक चिंतन में बड़ा योगदान दिया है। उनका मत है कि औद्योगिक क्रांति से ब्रिटिश राजदर्शन की परम्पराओं में कुछ परिवर्तन आये हैं, जिन्होंने ब्रिटिश व्यावसायिक उत्पादन प्रणाली का भी कायाकल्प किया है।

6. फाउन्डेशंस आफ सावरेंटी एंड एदर एसेज, 1921

प्रो० लास्की की इस रचना में उन्होंने सम्प्रभुता के ऐतिहासिक बिकास पर प्रकाश डाला है। उनका मत है कि संप्रभुता कभी निरंकुश हो ही नहीं सकती, क्योंकि सामाजिक वर्ग-संघर्ष के कारण उसके निर्णयों में परिवर्तन होते रहते हैं। वे निगमों एव समुदायों को स्वायत्तता देकर उन्हें विधि निर्माण प्रक्रिया से जोड़ना चाहते हैं।[2] अपने बहुलवादी विचारों को पुष्ट करने के लिए लास्की इस महत्त्वपूर्ण निष्कर्ष पर पहुंचते हैं कि सम्पूर्णता सिद्धान्त मूल रूप से आपातकालीन सिद्धान्त है जिसका कि जन्म 16वीं शताब्दी की धार्मिक एवं सामन्तवादी लड़ाइयों के फलस्वरूप हुआ तथा बाद में इसी प्रकार के संघर्षों ने इस सिद्धान्त

---

1. लास्की : पालिटिकल थाट इन इंग्लैंड, फ्राम लाक टु बेंथम, पृ० 214-42
2. फाउंडेशंस आफ सावरेंटी एंड अदर ऐसेज, पृ० 208

को और अधिक सुदृढ़ बनाया।

लास्की का मत है कि वर्तमान स्थिति में राज्य इस बात के लिए आश्वस्त नहीं करता कि राज्य यदि अपने सैद्धान्तिक उद्देश्यों को पूरा करने के लिए शक्ति का प्रयोग करता है तो उस शक्तिशाली राज्य की स्थापना से सबका समान रूप से कल्याण होगा एवं किसी को उसकी स्थापना से विरोध नहीं होगा।[1] यदि समाज में एक वर्ग शक्तिशाली है तथा दूसरा कमजोर तो निःसंदेह संप्रभुता का प्रयोग शक्तिशाली वर्ग कमजोर के शोषण के लिए करेगा, इसलिए लास्की अपने इस ग्रंथ के अंत में सुझाव देते हैं कि "इस गतिरोध एवं संघर्षपूर्ण शोषण को दूर करने का एकमात्र हल राज्य को तटस्थ बना देना है। इसे ऐसा करने के लिए इस बात की आवश्यकता होगी कि राज्य में निहित शक्तियों का विभाजन कर दिया जाये।[2]

वस्तुतः लास्की पूंजीवादी राज्य से असंतुष्ट हैं, न कि संप्रभुता संपन्न राज्य से। इसलिए उन्होंने इस कृति में बहुलवादी चिंतन एवं नवमार्क्सवादी चिंतन को जोड़ने का प्रयास किया है।

7. कार्ल मार्क्स, एन एसे, 1922

लास्की द्वारा एच० जी० बेल्स को समर्पित इस कृति में उन्होंने कार्लमार्क्स के संबंध में अपने स्वतंत्र विचारों का प्रतिपादन किया है। यह कृति फैबियन सोसाइटी के द्वारा 1921-22 में प्रकाशित की गई थी। लास्की इस ग्रंथ में मार्क्स से पहले के फ्रांसीसी चिंतक प्रूंधो तथा ब्रिटिश समाजवादी एलैक्जेंडर ब्रे एवं थाम्पसन से प्रभावित होकर यह विचार व्यक्त करते हैं कि मार्क्स के लेखन में मौलिकता का अभाव है। उनका मत है कि मैं मार्क्स पर प्रहार करने हेतु संकल्पित हूं और इस बात का प्रमाण देना चाहता हूं कि सुधारवाद सबसे सुरक्षित मार्ग है।[3]

इस ग्रंथ में लास्की मार्क्सवाद को लोकतंत्र के प्रतिकूल मानते हुए कहते हैं कि इसमें शायद केवल एक अंतिम लक्ष्य को छोड़कर लोकतांत्रिक प्रणाली के लिए कोई स्थान नहीं है। क्रांति प्रतिक्रांति का दमन करती है, और आतंक पर आधारित शासन विजय का मार्ग है। यदि मजदूर अपनी महत्त्वपूर्ण मांग प्रस्तुत करते हैं तो उनके दमन के लिए सेना बुला ली जाती है। इसका अर्थ है कि साम्यवाद की स्थापना वास्तव में केवल सचेतन हिंसात्मक हस्तक्षेप द्वारा ही हो

---

1. फाउंडेशंस आफ सावरेंटी एंड अदर एसेज, पृ० 374
2. वही, पृ० 385
3. लास्की : होम्स-लास्की लेटर्स, 7 अगस्त, 1921, पृ० 358

सकती है । सर्वहारा वर्ग को चाहिए कि उपयुक्त समय आते ही वह क्रांति शुरू कर दे ।[1]

मार्क्स विरोधी पूर्वाग्रहों के बावजूद लास्की इस कृति में मार्क्स की प्रशंसा भी करते हैं । उनका मत है कि मार्क्स की महत्त्वपूर्ण उपलब्धि पूंजीवाद के दोषों की सफल एवं निर्णायक नैतिक आलोचना है । उनका उद्देश्य जनता के कंधों से शोषण का भार उतारना था । उन्होंने श्रमिकों के कष्टों को आशाओं में बदला··· फिर भी जब उन लोगों की गणना की जायेगी, जिन्होंने जनता की आजादी हेतु कार्य किया है तो उन्हें ही सर्वोच्च आसन मिलेगा ।[2] मार्क्स की पुस्तक 'दर्शन की दरिद्रता' की सराहना करते हुए लास्की लिखते हैं कि यह एक ऐतिहासिक कृति होने से निश्चित रूप से क्रांतिकारी रचना है ।[3]

8. दि स्टेट इन दि न्यू सोशल आर्डर, 1922

1922 में फैबियन सोसाइटी द्वारा प्रकाशित इस कृति में लास्की ने राज्य की एक सत्तावादी धारणा पर क्रियावादी, बहुलवादी आक्षेप लगाते हुए प्रशासन के विकेन्द्रीकरण पर जोर दिया है । वे राज्य की व्याख्या समाज की शक्ति-व्यवस्था के संदर्भ में करते हुए कहते हैं कि बहुलवादी समाज में शक्ति किसी केन्द्र पर संकलित न होकर उसके सम्पूर्ण शरीर में व्याप्त होनी चाहिए । इस कृति में लास्की ने बहुलवादी समाजवाद को समष्टिवाद एवं श्रेणी समाजवाद के सिद्धान्तों के समन्वय पर आधारित किया है । उनका मत है कि यदि हम मानते हैं कि कुछ व्यक्तियों के लिए अनेक व्यक्ति कार्यरत रहते हैं तो समाज के ऊपर नियंत्रण समूचे नागरिकों के समूह द्वारा हो न कि किसी सर्वोच्च श्रेणी अथवा ऊंचे पद वाले व्यक्ति के द्वारा ।[4]

लास्की का मत है कि उस समाज का संगठन जिसकी ओर हम बढ़ रहे हैं कार्यों पर आधारित हो एवं उन्हीं पर अधिकार आश्रित रहें जो कार्य हम सम्पन्न कर रहे हैं ।[5] वे इस बात की आशा व्यक्त करते हैं कि अब श्रमजीवियों की राज्य में ठीक वैसी ही नवीन स्थिति बन रही है जैसी कि नेपोलियन के समय संघर्षरत व्यापारी वर्ग की जो सामंती अंकुश से मुक्त हुआ था ।[6] अपनी नवीन समाज की रूपरेखा में लास्की औद्योगिक क्षेत्र में नवीन सुधारों तथा

1. केटलिन : हिस्ट्री आफ पालिटिकल फिलासफर्स से उद्धृत, पृ० 659
2. लास्की : कार्ल मार्क्स, एन एसे, पृ० 46
3. वही, पृ० 13
4. लास्की : दि स्टेट इन दि न्यू सोशल आर्डर, पृ० 15
5. वही, पृ० 8
6. वही, पृ० 3

राष्ट्रीयकरण आदि की नीतियों का भी उल्लेख करते हैं। उन्हें अपनी भावी पीढ़ी के फलदायी राज विज्ञान का सपना भी दिखाई देता है जिसमें इस प्रकार की व्यवस्था का प्रतिबिंब होगा जहां प्रत्येक व्यक्ति की अपनी स्वयं की पहचान होगी।[1]

इस कृति में प्रो० लास्की इस तर्क के माध्यम से संपत्ति की एक सीमा-रेखा बनाने का प्रयास करते हैं जो कि उनके फैबियन विचारों के प्रभाव का सूचक है।

9. कम्युनिज्म, 1927

1927 में प्रकाशित इस ग्रंथ में प्रो० लास्की ने साम्यवादी राज-दर्शन की व्यापक समीक्षा प्रस्तुत की है। उन्होंने स्वयं स्वीकारा है कि वे साम्यवाद की विवेचना एक मित्र के रूप में नहीं, बल्कि एक विरोधी के रूप में कर रहे हैं। यह ग्रंथ पूंजीवादी अर्थव्यवस्था की समाजवादी आलोचना भी है, जिसमें लास्की ने साम्यवाद को एक नया धार्मिक सम्प्रदाय भी कहा है। उनका मत है कि रूस में उसकी सफलता का रहस्य उस देश की विशेष परिस्थितियों में निहित है, और यदि पश्चिमी यूरोप में साम्यवादियों की विप्लवी रणनीति का प्रयोग किया गया तो उसका अनिवार्य प्रतिफल फासीवाद होगा।[2]

लास्की का मत है कि साम्यवाद की मूल प्रगति का कारण उसका आदर्शवाद है, न कि उसका यथार्थवाद। उसका आध्यात्मिक आश्वासन है, न कि भौतिक भविष्य। इसलिए जो इस संप्रदाय के बाहर हैं, वे जनता के सामने ऐसा विकल्प रखें, जो उन्हें आकर्षित करने में स्वयं उनके सुनहरे भविष्य-निर्माण में सहायक हो सके।[3] इस ग्रन्थ में लास्की इस बात को भी दोहराते हैं कि साम्यवाद के संदर्भ में कोई कृति निष्पक्ष होने की आशा नहीं कर सकती क्योंकि उसकी समस्यायें त्वरित हल चाहती हैं। लास्की की साम्यवाद के प्रति यह आलोचना उनके पूर्वाग्रह तथा अर्द्ध सत्य पर आधारित है क्योंकि उसका सिद्धांतपरक आधार धार्मिक एवं दार्शनिक आत्मवाद नहीं, बल्कि ऐतिहासिक घटनाओं का भौतिक विश्लेषण है जिसके आधार पर राजनैतिक नीतियां तय होती हैं।

'साम्यवाद' के प्रति लास्की के दृष्टिकोण में जो विसंगतियां हैं, उसका कारण यही प्रतीत होता है कि वे उदारवादी आस्था को छोड़े बिना मार्क्सवादी विचारधारा को आत्मसात् करने का प्रयास करते हैं। इस ग्रंथ में वे मार्क्सवादी विश्लेषण के अंग को अपने राजनैतिक चिंतन के केन्द्रबिन्दु से असम्बद्ध मानते हैं।

---

1. लास्की : दि स्टेट इन दि न्यू सोशल आर्डर, पृ० 15
2. लास्की : कम्युनिज्म, पृ० 223-51
3. वही, पृ० 207-37

वे मार्क्स की भविष्यवाणी को यूटोपियन (काल्पनिक आदर्श) मान, इसकी उपेक्षा कर इसे यथार्थ चिंतन के स्तर पर महत्त्व देने को तैयार नहीं हैं ।[1] फिर भी व इस तथ्य को स्वीकारते हैं कि मार्क्स ने साम्यवाद को अव्यवस्थित स्थिति में पाया और उसे एक अंतर्राष्ट्रीय श्रमिक आन्दोलन के रूप में छोड़ा ।[2] मार्क्स ने पूंजीवाद की कब्र पर प्रशस्ति लिखी और उसके अंतिम विनाश की भविष्यवाणी की ।

प्रो० लास्की मार्क्स के समाजशास्त्रीय एवं अर्थशास्त्रीय सिद्धान्तों से पूरी तरह से सहमत नहीं हैं, बल्कि अपने निरीक्षण एवं अनुभव की कसौटी पर प्रत्येक सिद्धांतों को परखते हैं। यही कारण है कि पहले जिस द्वन्द्वात्मक भौतिकवाद को असत्य ठहराते थे 1927 के बाद वे इसे एक सामान्य एवं विश्वसनीय सिद्धांत के रूप में उपयोगी मानने लगते हैं। उनका मत है कि इस सिद्धांत को सत्य न मानना असंभव है क्योंकि मानव जीवन का ऐसा कोई क्षेत्र नहीं, जिसमें उसके प्रभावशाली विचार एवं संस्थान जांच करने पर निर्दिष्ट आर्थिक परिस्थितियों के प्रतिबिम्ब न सिद्ध हों ।[3]

लास्की का मत है कि इतिहास में किसी शासक वर्ग ने स्वेच्छा से अपने विशेषाधिकारों को नहीं छोड़ा है। यह सत्य है, किंतु यह हास्यास्पद भी है कि पूंजीवादी दोषों को दूर करने हेतु हिंसात्मक विप्लव ही एक मात्र साधन है।[4] ऐसा कहकर वे साम्यवादी रण-नीति को नापसंद करते हैं।

10. लिबर्टी इन दि माडर्न स्टेट, 1930

आधुनिक राज्य में स्वतंत्रता के स्वरूप का विश्लेषण करने वाला 1930 में प्रकाशित इस ग्रंथ के प्रारंभिक चरण में प्रो० लास्की ने स्वतंत्रता की नकारात्मक परिभाषा करते हुए कहा कि 'स्वतंत्रता से मेरा अभिप्राय उन सामाजिक परिस्थितियों के अतित्व के ऊपर प्रतिबंधों के अभाव से है, जो आधुनिक सभ्यता में व्यक्ति के सुख की आवश्यक प्रत्याभूति है।'[5]

लास्की राज्य की शक्ति को वैयक्तिक स्वतंत्रता का विरोधी मानते हुए यह चेतावनी देते हैं कि यदि नागरिकों की स्वतंत्रता सुरक्षित रखनी है, तो यह आवश्यक है कि राज्य व्यक्ति के प्रति अपनी मांगों की सीमाओं को निश्चित करें। लास्की समाज के मार्क्सवादी विश्लेषण को स्वीकार कर लेने के बाद भी साम्य-

1. लास्की : कम्युनिज्म, पृ० 164-78
2. वही, पृ० 22
3. वही, पृ० 77-78
4. वही, पृ० 166-67
5. लास्की : लिबर्टी इन दी माडर्न स्टेट, पृ० 42

वादी प्रणाली की स्वतंत्रता विरोधी प्रवृत्ति के विरोधी रहते हैं। उनकी मान्यता है कि स्वतंत्रता के वातावरण में ही बौद्धिक प्रखरता एवं मौलिकता के प्रदर्शन के अवसर मिल सकते हैं। लास्की स्वतंत्र समाज के निर्माताओं के रूप में मानवीय व्यक्तित्व के मूल्य पर विशेष जोर देते हैं।[1] इस ग्रंथ में उन्होंने ब्रिटिश विचारक जान स्टुअर्ट मिल द्वारा प्रतिपादित स्वतंत्रता की परिकल्पना का पुनरुत्थान किया है। वे अनेक देशों में स्वतंत्रता के आदर्श की, फासीवादी चुनौती से प्रभावित अंतर्राष्ट्रीय स्थिति के संदर्भ में विवेचना करते हैं, एवं मानवीय स्वतंत्रता के विभिन्न पक्षों का सदैव विवेकपूर्ण समर्थन करते हैं।[2]

स्वतंत्रता की धारणा के संबंध में वे रूस एवं अमरीका दोनों के आलोचक हैं, उन्होंने इस ग्रंथ में कहा है कि अमरीका जैसे संवैधानिक राज्य में स्वतंत्रता के दमन को उच्छृंखलता का नियंत्रण कहा जाता है तथा मास्को के अधिनायक तंत्र में इसे गलत बुर्जुआ विचारों की स्वीकृति के प्रतिरोध की संज्ञा दी जाती है।[3] मिल से प्रभावित लास्की विचारों की अभिव्यक्ति की स्वतंत्रता के बड़े प्रबल समर्थक हैं, वे धर्म, नैतिकता, विज्ञान, कला, साहित्य, दर्शन एवं राजनीति इन सभी क्षेत्रों में विचारों के प्रकाशन पर किसी भी प्रकार के प्रतिबंध के विरोधी हैं। इस तरह से वे लोकतांत्रिक मूल्यों के बड़े नैतिक समर्थक प्रतीत होते हैं।

11. दि डेंजर्स आफ ओबीडिएंस एंड अदर एसेज, 1930

लास्की के इस सामान्य शिक्षापरक तथा राजनैतिक ग्रंथ में उन्होंने राज्य की आज्ञापालन की समस्या का निदान खोजने के लिए उदारवादी एवं आदर्शवादी परिकल्पनाओं का तुलनात्मक विश्लेषण किया है। वे हीगेल को राज्य पूजा एवं नैतिक नियतिवाद के सिद्धान्त के विरोधी होने के साथ ही राज्य की संप्रभुता के घोर विरोधी भी हैं, तथा व्यक्ति की अंतरात्मा की सर्वोच्चता की घोषणा करते हैं। उनकी मान्यता है कि हम किसी राज्य या चर्च के प्रति तर्कहीन, अंधी आज्ञाकारिता का दृष्टिकोण नहीं अपना सकते। क्योंकि कोई भी राज्य जो अपने नागरिकों की अंतरात्मा पर निर्भर नहीं होता, कभी सुरक्षित भी नहीं रह सकता।

इस ग्रंथ में प्रो० लास्की का यह सुझाव है कि व्यक्ति को अपनी अंतरात्मा की आवाज के अनुसार ही निश्चय करना चाहिए कि वह संप्रभु की किस आज्ञा का पालन करे और किस आज्ञा का पालन न करे। जो राज्य नागरिकों से

1. लास्की : लिबर्टी इन दि माडर्न स्टेट, पृ० 125-62
2. वही, पृ० 13-47
3. वही, पृ० 213

अंधश्रद्धा के आधार पर अपने आदेशों का पालन करने का दुराग्रह करता है, वह उन्हें नैतिक रूप से दास बना देता है ।[1]

लास्की का मत है कि ऐसे मनुष्य जिनके दिमाग जंजीरों से जकड़ दिये गये हों, उस आत्म-शक्ति से वंचित् हो जाते हैं जो जीवन में महान् उपलब्धियों हेतु प्रेरक होती हैं ।[2] एकमात्र राज्य के प्रति सम्पूर्ण निष्ठा का सिद्धान्त जनता की नैतिक आकांक्षाओं एवं भावनाओं का दमन करता है । इस सम्बन्ध में लास्की एक जेल में पड़े हड़ताली मजदूर, नाजी दमन के शिकार एक यहूदी एवं क्वेकर सम्प्रदाय के व्यक्ति, जो सेना में अनिवार्य भर्ती से इंकार करता है, की भावनाओं की चर्चा करते हैं कि वे राज्य के प्रति निष्ठावान कैसे हो सकते हैं ।[3] लास्की अपने इस ग्रन्थ में सामान्य इच्छा की आदर्शवादी धारणा को राज्य का आधार मानने को तैयार नहीं हैं । क्योंकि यह धारणा समाज के विभिन्न वर्गों के उद्देश्य एवं हितों में आधारभूत समानता मानती है ।[4] लास्की इसे असत्य मानते हैं । उनका मत है कि मत-विरोध करने से सामाजिक शान्ति के खतरे की संभावना भी हो जाती है । इसलिए ऐसा प्रतीत होता है कि लास्की के नैतिक आदर्श अन्य आदर्शवादियों की अपेक्षा अधिक उदार हैं । क्योंकि मनुष्य की अंतरात्मा एवं अंतर्विवेक के महत्त्व को वे स्वीकारे जाने के पक्ष में हैं ।

12. दि सोशलिस्ट ट्रेडीशन इन दि फ्रेंच रिवोल्यूशन, 1930

अपने मित्र डब्लू० एच० थाम्पसन को समर्पित 1930 में प्रकाशित इस कृति में प्रो० लास्की ने 1789 की फ्रांसीसी राज्य-क्रांति के समाजवादी तत्त्वों को खोजने का प्रयास किया है, और इसमें उन्हें सफलता भी मिली है । लास्की का मत है कि मानव व्यक्तित्व के स्वरूप में किसी प्रकार की व्यक्तिगत एवं समष्टिगत विसंगतियां नहीं होतीं । वे मानव-जीवन के सामाजिक पक्ष पर जोर देते हुए कहते हैं कि संगठित समूह केवल वाहक मात्र हैं, जिनके माध्यम से मनुष्य अपनी क्षमताओं की आत्मानुभूति एवं अपने मतों एवं इच्छाओं को प्रभावशाली बना सकते हैं ।

फ्रेंच क्रांति का विश्लेषण करते हुए प्रो० लास्की का मत है कि मनुष्यों की स्वतंत्रता एवं विलक्षणताएं तभी अर्थपूर्ण हैं जब ज्ञान की समानता एवं दहल कर सकने के अवसर पाने हेतु आर्थिक क्षमताओं के परिप्रेक्ष्य में उसे देखा जाये ।

---

1. लास्की : दि डेंजर्स आफ ओवीडिएंस एंड अदर एसेज, पृ० 3-27
2. वही, पृ० 23-24
3. वही, पृ० 11
4. वही, पृ० 178

लास्की का मत है कि कोई भी सिद्धांत उस समय तक समाजवादी नहीं कहा जा सकता जब तक कि वह नागरिकों के अधिकार एवं कर्त्तव्य को न स्वीकारे। सामाजिक आवश्यकताओं के व्यक्तिगत दावों को संयोगवश नहीं बल्कि उन्हें उसकी प्रकृति का स्थायी लक्षण माना जाये। न्याय एवं समानता की मांग भी उनमें से एक है।

लास्की पुस्तक के प्रारंभ में निजी सम्पत्ति में अंतर्निहित गौरव गरिमा एवं उसकी महत्ता की भी विवेचना करते हैं। यही कारण है कि वे संकीर्ण परिप्रेक्ष्य में फ्रेंच क्रांति को प्रमुख रूप से व्यक्तिवादी प्रकृति वाली मानते हैं, जिसके द्वारा जो नागरिक संहिता प्रभावशील होती है, उसे समाजवादी दस्तावेज नहीं कहा जा सकता। इसमें कुलीन तंत्र से मध्यमवर्गीय किसानों के पास सत्ता का हस्तांतरण होता है, जिससे उन्हें राजनैतिक स्वतंत्रता एवं विधि के समक्ष समानता प्राप्त होती है।[1] फिर भी लास्की इस बात को स्वीकार करते हैं कि यह क्रांति समाजवाद के विकास हेतु एक महत्त्वपूर्ण घटना थी, जिसमें श्रमजीवियों में सामाजिक चेतना एवं समानता के विचार नैतिक रूप से उभरना शुरू हुए।[2]

13. इन इंट्रोडक्शन टू पालिटिक्स, 1931

1931 में प्रकाशित प्रो० लास्की का यह ग्रन्थ तत्कालीन समय की ज्वलंत बुनियादी राजनैतिक विचारों की संक्रमणकालीन मीमांसा प्रस्तुत करता है। जिसमें लास्की के राजनैतिक चिंतन के क्षितिज उनके राजनैतिक अनुभव की परिधि में परिसीमित हैं। इस ग्रन्थ में वे संप्रभुता के दुरुपयोग एवं राज्य की नैतिकता की अधीनता तथा सामान्य इच्छा के सिद्धांत की आलोचना करते हुए राजनैतिक संस्थानों के वर्ग चरित्र पर जोर देते हैं। साथ ही समाज में सम्पत्ति के पुनर्गठन सम्बन्धी नयी युक्तियों का उद्घाटन करते हुए मनुष्यों को स्वतंत्रता से प्रेम होना एवं आततायी शासन से घृणा करना सिखाती है। लास्की का मानव जाति की तात्त्विक एकता में विश्वास भरने वाला संदेश, कि विश्व सरकार अंतर्राष्ट्रीय सम्बन्धों में वर्तमान अराजकता अवश्य दूर कर देगी, इस ग्रन्थ में समाहित है।[3]

लास्की ब्रिटिश परिस्थितियों के अनुकूल एक नयी समाजवादी रचनात्मक राजनैतिक विचारधारा का दिग्दर्शन हमें इस ग्रन्थ में कराते हैं। इस ग्रन्थ के अध्ययन से ऐसा प्रतीत होता है कि इस काल में लास्की अपने प्रारंभिक बहुलवाद

---

1. लास्की : दि सोशलिस्ट ट्रेडीशन इन दि फ्रेंच रिवोल्यूशन, पृ० 33-34
2. वही, पृ० 35
3. लास्की : एन इंट्रोडक्शन टू पालिटिक्स, पृ० 102-5

से और भी ज्यादा दूर हो गये थे। लास्की का इस संक्रमणकालीन कृति में यह विश्वास समाहित है, कि राज्य का मूलतत्त्व इस बात में निहित है कि राज्य अपनी सीमाओं के अन्तर्गत रहने वाले सभी व्यक्तियों एवं समुदायों पर अपनी इच्छा आरोपित कर सकता है। राज्य की इच्छा अन्य सारे समुदायों की इच्छा से उच्चतर होती है, क्योंकि उसे वैधानिक प्रभुता प्राप्त होती है[1] जबकि अन्य समुदायों की इच्छा को नहीं, ऐसा कहकर लास्की राज्य एवं उसकी सत्ता के महत्त्व की विवेचना करते हैं।[2] साथ ही राज्य में विभिन्न हित समूहों एवं वर्ग स्वार्थों की प्रतिद्वंद्विता की भी चर्चा करते हैं।[3]

लास्की के पूर्व विचारों से भिन्न इस ग्रन्थ में राज्य-भक्ति के आधारों में परिवर्तन होता है। इसमें उन्होंने व्यक्ति के नैतिक विकास की अपेक्षा आर्थिक और सामाजिक सुख को अधिक महत्ता प्रदान की है। नैतिक जीवन की वे निन्दा नहीं करते, वरन् उनका आग्रह भौतिक जीवन की ओर सर्वाधिक है। राजभक्ति की कसौटी का भी यही मापदण्ड है कि राज्य प्रत्येक व्यक्ति को न्यूनतम भौतिक सुख किस सीमा तक प्रदान करता है। यहां स्पष्ट ही हमें लास्की मार्क्सवाद से प्रभावित प्रतीत होते हैं।

आज्ञापालन के व्यक्तिवादी सिद्धांत की ओर से उदासीन होकर जब वे व्यक्ति के स्थान पर वर्ग पर जोर देते हैं, लास्की का मत है कि कानून व्यवस्था वह नकाब है, जिसके पीछे छिपकर शक्तिशाली आर्थिक वर्ग राजनैतिक सत्ता का लाभ उठाता है। राज्य जान-बूझकर सामान्य न्याय की खोज नहीं करता, वह तो विस्तृत अर्थ में समाज के शक्तिशाली वर्ग के हित को पूरा करना चाहता है।[4] इस प्रकार से इस ग्रंथ में लास्की उदारवाद से मार्क्सवाद की ओर उन्मुख होते प्रतीत होते हैं।

14. स्टडीज इन लॉ एंड पालिटिक्स, 1932

इस कृति में प्रो० लास्की इंग्लैंड की उदार आदर्शवादी विचारधारा के परिप्रक्ष्य में विधि एवं राज्य, न्याय एवं विधि, विधि एवं विवेक, विधि एवं समाज तथा न्याय एवं सत्ता के पारस्परिक सम्बन्धों का विश्लेषण करते हैं। लास्की अर्थव्यवस्था के तारतम्य में विधि की धारणा की विवेचना करते हुए कहते हैं कि बिना अर्थशास्त्र को करीब से जाने मनुष्य कानून को नहीं समझ सकता।[5] क्योंकि

---

1. लास्की : एन इंट्रोडक्शन टू पालिटिक्स, पृ० 11-12
2. वही, (हिन्दी अनुवाद),1 950, पृ० 1-2
3. वही, पृ० 19
4. लास्की : एन इन्ट्रोडक्शन टू पालिटिक्स, पृ० 17
5. लास्की : स्टडीज इन लॉ एंड पालिटिक्स, पृ० 294

समानता वाले समाज में ही न्याय का विचार जीवित रहता है। लास्की अपने इस ग्रंथ में विधि के नैतिक आधार पर जोर देते हुए कहते हैं कि विधि के नैतिक औचित्य का निर्णय मनुष्य का अंतःकरण ही कर सकता है। अतएव विधि के नैतिक औचित्य के लिए इसे अधिकारों की व्यवस्था की जरूरतों के अनुरूप होना चाहिए। विधि यदि मानव-व्यवहार को नियंत्रित करने के लिए एक आज्ञा है, तो मनुष्यों को उसकी नैतिक पूर्णता की परख करने के लिए उसकी अनुरूपता का निर्णय करने का अधिकार होना चाहिए। क्योंकि उचित कानून की जड़ें मनुष्य के अंतःकरण में ही होती हैं।[1] और अंतःकरण की शुद्धता परिवेश की शुद्धता पर निर्भर होती है।

कानून यदि सम्प्रभु के आदेश हैं, तो आस्टिन की सम्प्रभुता का प्रयोग काल्पनिक जगत में ही हो सकता है, उसका वास्तविक प्रयोग होने से राष्ट्र एवं विरोधी सामाजिक समुदायों के संगठित-संकल्प उसे नष्ट कर देंगे।[2] कानून की नैतिक परीक्षा की लास्की की यह परिकल्पना समाज के सूक्ष्मतम विश्लेषण पर आधारित है।

15. नेशनलिज्म एण्ड दि फ्यूचर ऑफ सिविलाइजेशन, 1932

प्रो० लास्की की यह पुस्तिका 1932 में कन्वे मेमोरियल व्याख्यानमाला के अन्तर्गत प्रकाशित की गयी थी। इसमें अध्यक्षीय भाषण के रूप में मि० एच० एन० ब्रेल्सफोर्ड का उद्बोधन भी सम्मिलित किया गया है, जिसमें उन्होंने प्रो० लास्की के राजनैतिक चिंतन को इस युग की अमूल्य देन मानकर सराहना की थी।

प्रो० लास्की विभिन्न राष्ट्रीयताओं की विशद व्याख्या करते हुए उन्हें स्वतंत्रता के साथ पल्लवित होने देने हेतु वातावरण प्रदान किये जाने पर जोर देते हैं। उनकी मान्यता है कि राष्ट्रीय राज्य सम्प्रभु राज्य हैं। इसीलिए किसी दूसरे की इच्छा उनके ऊपर नहीं हो सकती। वे अपने हितों के विधि के अन्तर्गत स्वयं निर्माता हैं।[3] वे इस कृति में साम्राज्यवादी चंगुल से मुक्त राष्ट्रों में लोकतांत्रिक शासन स्थापित किये जाने को प्रोत्साहन देते हैं, जिसमें सभी को कल्याण हेतु समान अवसर मिल सके। उनका मत है कि आर्थिक रूप से समानता वाले समाज में राष्ट्रीय भावनाएं सुरक्षित रह सकती हैं, और यही विश्व समुदाय के लिए सहायक तत्त्व सिद्ध हो सकता है।

---

1. लास्की : स्टडीज इन लॉ एंड पालिटिक्स, पृ० 296
2. वही, पृ० 237-50
3. लास्की : नेशनलिज्म एंड दी फ्यूचर आफ सिविलाइजेशन, पृ० 22

16. डेमोक्रेसी इन क्राइसिस, 1933

लास्की की यह महत्त्वपूर्ण कृति, जो कि अमरीका में उनके द्वारा दिये गये भाषणों का संग्रह एवं सार भी है, इसमें लास्की पुरानी प्रतिनिधि सरकारी संस्थाओं के प्रति अविश्वास प्रकट करते हुए उनमें क्रांतिकारी सुधार एवं परिवर्तन की चर्चा करते हैं। यह कृति इस मंतव्य को भी प्रकाशित करती है कि सामाजिक परिवर्तन लाने के लिए संसदीय साधन अपर्याप्त हैं। अतः लास्की को इस दिशा में सामाजिक उथल-पुथल की अनुभूति वर्तमान समाज में होती दिखाई देती है।

1929 से 1933 के बीच पूंजीवादी विश्व में जो आर्थिक संकट आया, इससे लास्की के चिंतन में काफी परिवर्तन हुए। उन्होंने देखा कि केवल सोवियत संघ ही एकमात्र ऐसा राष्ट्र है जो अपनी समाजवादी अर्थव्यवस्था के कारण इस आर्थिक संकट से अछूता है। इस आर्थिक संकट से पूंजीवादी देशों ने मजदूर दलों पर पाबन्दी लगायी और उनका दमन किया। इससे श्रमिकों की आपसी फूट के कारण सारे यूरोप में प्रतिक्रांति को सफलता मिली।[1]

इस कृति में लास्की पूंजीवादी लोकतन्त्र की विसंगतियों की चर्चा करते हुए बताते हैं कि इंग्लैंड में सभी राजनैतिक दलों के प्रतिक्रियावादी तत्त्वों की सांठ-गांठ से अल्पसंख्यक मजदूर सरकार को अपदस्थ कर जो तथाकथित राष्ट्रीय सरकार बनी, यह घटना यह सिद्ध करती है कि पूंजीवादी लोकतंत्र के संसदीय संस्थान इतने बड़े संकट को झेलने में पूरी तरह से असमर्थ थे। लास्की के अंतर्मन में यह बात घर कर गई कि यूरोप में शासक वर्ग को यदि लोकतंत्र एवं पूंजीवाद में से एक को चुनना पड़े तो वह संभवतः लोकतंत्र का परित्याग कर पूंजीवाद का ही वरण करेगा।[2]

इस कृति में लास्की ने फैबियनवाद के क्रमिकतावादी सिद्धांत को अस्वीकार कर दिया और इंग्लैंड में संसदीय संस्थानों के सुधार एवं पुनर्गठन सम्बन्धी सुझाव दिये हैं। उनका विचार है कि एक वास्तविक समाजवादी दल के सत्तारूढ़ होने से, चाहे वह निर्वाचन में बहुमत के आधार पर ही सत्ता में आया हो, संसदीय प्रणाली की मान्यताओं में अनिवार्य रूप से क्रांतिकारी परिवर्तन करना पड़ेगा।[3] क्योंकि संसदीय लोकतन्त्र के शासक वर्ग के नेता जनता की मांगों को पूरा करने में अपने को सक्षम पाते हैं। इससे एक नया असंतुष्ट वर्ग राजनीति में उभर कर सत्ता-प्रयोग द्वारा अपनी स्थिति सुधारना चाहेगा। अर्थात् इस वर्ग द्वारा राज-नैतिक शक्ति पाने का मतलब देर-अबेर सामाजिक क्रांति ही होगा। इस क्रांति

---

1. लास्की : डेमोक्रेसी इन क्राइसिस, पृ० 30-67
2. वही, पृ० 233-63
3. वही, पृ० 67-99

का अभिप्राय है आर्थिक शक्ति का पुनर्वितरण। यही संसदीय लोकतन्त्र के संकट का मूलभूत कारण है। लास्की ने आशावादी दृष्टिकोण से इस बात का उद्‌घाटन किया है कि पुराने समाज के गर्भ में नये समाज का शिशु पैदा होने हेतु दबाव डाल रहा है। किन्तु इस पुराने समाज का स्वरूप इसमें अनेक विघ्न डाल रहा है। लास्की इस ग्रंथ में इन विघ्नों को बलपूर्वक तोड़ने के प्रयास हेतु उत्प्रेरणा भी देते हैं जो कि सहज है।[1]

17. दि स्टेट इन थ्योरी एण्ड प्रैक्टिस, 1934

लास्की की यह कृति उनके उत्कृष्टतम ग्रंथों में से एक है, जिसमें वे उदारवादी राज्य के राजनैतिक संस्थानों की आलोचना के कुछ सैद्धांतिक मुद्दे प्रस्तुत करते हुए नवमार्क्सवादी विचारधारा का प्रतिपादन करते हैं। इस ग्रंथ में उन्होंने राज्य सम्बन्धी जो परिकल्पना की है, उसमें बहुलवादी विचारों की प्रतिच्छाया न होकर, मूलभूत परिवर्तन हुए हैं। राज्य के चरित्र और कार्यों की नवमार्क्सवादी व्याख्या करते हुए उन्होंने एक तटस्थ शक्ति के रूप में राज्य के पारम्परिक विश्लेषण को अस्वीकार करते हुए कहा कि प्रत्येक राज्य किसी-न-किसी वर्ग के साथ पक्षपात अवश्य करता है। सर्वप्रथम यह राष्ट्रीय समाज की मौलिक, उद्देश्य-जनित एकता के सिद्धांत को स्वीकार करता है। इससे राजनीतिक चिंतन का केन्द्र राष्ट्र के स्थान पर वर्ग हो जाता है। हमारे राजनीतिक समझ की कुंजी किसी विशेष समाज के वर्ग सम्बन्धों में पायी जाती है। राज्य सदा अपनी आंतरिक तथा बाह्य नीतियों में उस विशेष वर्ग का, जो उस देश में उत्पादन के साधनों का स्वामी है, राजनीतिक उपकरण होता है।[2]

मानव मात्र को सामाजिक न्याय दिलाने एवं राज्य में उसे एक गौरव, गरिमायुक्त स्थान पर प्रतिष्ठित कराने वाली प्रो० लास्की की यह कृति साम्यवाद और पूंजीवाद के अतिरेक से परहेज करती हुई मध्यम मार्ग का विवरण प्रस्तुत करती है। लोकतंत्रीय मूल्यों एवं प्रतिमानों का सफल निर्वाह करने वाली परम्पराओं के दर्शन प्रो० लास्की ब्रिटिश उदारवाद व मार्क्स के दर्शन में निहित पाते हैं। अपनी इस कृति में उन्होंने पूंजीवाद के जिस कुत्सित रूप की व्याख्या की है, इस दौरान हम मार्क्सवादी चश्मा उनकी आंखों पर चढ़ा हुआ देखते हैं, परन्तु अधिनायकवादी प्रतिबद्धता की गंध आते ही प्रो० लास्की मोहभंग की स्थिति में ब्रिटिश उदारवादी दर्शन पर आरूढ़ होते हुए परिलक्षित होने लगते हैं।

प्रजातंत्र को प्रो० लास्की सहज ही में पूंजीवाद की चेरी बनी हुई देखते हैं।

---

1. लास्की : डेमोक्रेसी इन क्राइसिस, पृ० 54-55
2. लास्की : दि स्टेट इन थ्योरी एंड प्रैक्टिस, पृ० 139

अतः उनके मन व मस्तिष्क का साम्यवादी व्यवस्था में फ़ंस जाना स्वाभाविक ही है। परंतु इसके अधिनायकवादी परिवेश एवं हिंसा, आतंक एवं संत्रास की दबोच में वे इसे आत्मसात् नहीं कर पाए और जैसे 'उड़ जहाज को पंछी, पुनि जहाज पे आए' कहावत को चरितार्थ करते हुए वे मध्यम मार्ग का अनुसरण करते हैं, अर्थात् पूंजीवाद एवं साम्यवाद के बीच वाला मार्ग जो उनका लोकतांत्रिक समाजवादी विचार है, लास्की की मध्यम मार्ग वाली यह संकल्पना हमें पूंजीवादी मानसिकता की ही उत्पत्ति प्रतीत होती है। फिर भी इस ग्रंथ में उल्लेखित उनके विचार मूल रूप से मार्क्सवादी लेनिनवादी प्रेरणा के परिणाम प्रतीत होते हैं।

18. दि राइज आफ यूरोपियन लिबरलिज्म, 1936

1936 में प्रकाशित इस ग्रंथ में प्रो॰ लास्की ने उदारवादी विचारधारा के विभिन्न आधारों का विश्लेषण करते हुए गंभीरता से विवेचन किया है। उन्होंने यूरोपीय उदारवादी आंदोलन का सामाजिक परिप्रेक्ष्य में अध्ययन करते हुए उसके विकास की विस्तृत व्याख्या की है, जिसमें उन्होंने सामाजिक शोध की मार्क्सवादी पद्धति का इस्तेमाल किया है। इस संबंध में विभिन्न उदारवादी चिंतकों के विचारों की विशेषकर रूसो, लाक, बेंथम, मिल इत्यादि की समीक्षा भी की गई है। इस ग्रंथ में लास्की उदारवाद को एक मानसिक प्रवृत्ति भी मानते हैं, यहां तक कि उनकी समाजवादी मान्यताएं भी उदारवादी परिधि में अंतर्निहित रहती हैं।

प्रो॰ लास्की इस महत्त्वपूर्ण कृति में उदारवादी विचारधारा के तीन चरणों—व्यक्तिवाद, उपयोगितावाद एवं आदर्शवाद की, तथा इन तीनों के तुलनात्मक एवं पारस्परिक संबंध बताते हुए इनकी सविस्तार व्याख्या करते हैं।

इस ग्रंथ में प्रो॰ लास्की उन शासन-पद्धतियों की भी चर्चा करते हैं, जिनकी स्थापना क्रमशः मध्यम वर्ग की आर्थिक उन्नति के साथ-साथ हुई। उनका कथन है कि धर्म सुधार आंदोलन से लेकर फ्रांसीसी क्रांति तक के काल में एक नई सामाजिक श्रेणी ने राज्य के नियंत्रण में अपने पूरे हिस्से का अधिकार प्राप्त कर लिया था।[1]

लास्की ने सोलहवीं शताब्दी के निरंकुश राजतंत्रों का विश्लेषण करते हुए बताया है कि ये राजतंत्रीय सरकारें सत्तारूढ़ राजाओं के व्यापारियों के साथ गठबंधन पर आधारित थीं।[2] किन्तु ये सामंतवादी अर्थव्यवस्था की ही राजनैतिक

---

1. लास्की : दि राइज आफ यूरोपियन लिबरलिज्म, पृ॰ 11
2. वही, पृ॰ 59

अभिव्यक्ति प्रतीत होती हैं जिसे संभवत: प्रो० लास्की नहीं समझ सके। लास्की उदारवाद के सिद्धांत और व्यवहार के इतिहास पर प्रकाश डालते हुए उसके विकास का आर्थिक विश्लेषण इस ग्रंथ में करते हैं। उनका निष्कर्ष है कि उदारवाद के राजनीतिक विचारों और आचार में परिवर्तनों के कारण पूंजीवाद के विभिन्न चरणों की आर्थिक जरूरतें निहित हैं। इस प्रकार उन्होंने आधुनिक उदारवादी राज्य की ऐतिहासिक पृष्ठभूमि प्रस्तुत करते हुए उसके वर्ग चरित्र के विषय में अपनी मान्यता को प्रभावित किया।[1]

अंत में वे इस निष्कर्ष पर पहुंचे कि उदारवादी दर्शन पूंजीवादी प्रणाली के बढ़ते हुए संकट और अंतर्विरोधों के कारण पतन के चरण में प्रवेश कर रहा है और अब तो समाजवादी दर्शन ही उसके रिक्त स्थान की पूर्ति कर सकता है।[2]

19. दि क्राइसिस इन दि थ्योरी आफ दि स्टेट, 1937

न्यूयार्क यूनिवर्सिटी स्कूल आफ लॉ द्वारा प्रकाशित प्रो० लास्की की यह कृति राज्य एवं विधि विषयक सिद्धांत में आए संकट को उद्घाटित करती है। प्रो० लास्की ने अपने महत्त्वपूर्ण ग्रंथ 'ए ग्रामर ऑफ पालिटिक्स' के चौथे अध्याय की भूमिका में भी इस कृति को समाहित किया है। प्रो० लास्की इस कृति में इस बात पर बल देते हैं कि हमारे युग के सभी राजनीति-मनीषियों ने अपने तत्कालीन परिस्थितियों एवं युगीन संदर्भ में ही राज्य के सिद्धांत की मीमांसा की है। आज जब कि नई समाज-व्यवस्था अपने अस्तित्व में आने के लिए संघर्ष कर रही है, पुराने मूल्य छिन्न-भिन्न हुए हैं एवं नये के निर्धारण हेतु सिद्धांत निश्चित नहीं हो सके हैं।[3]

राज्य के स्वरूप एवं कृत्यों की पुनर्व्याख्या भी की जा रही है। रूसी समाजवाद की स्थापना इसका कारण है। लास्की राज्य की पूर्व की बहुलवादी विवेचना में अनेक संशोधन कर उसकी कमजोरियों को भी इस कृति में गिनाते हैं। उनका मत है कि यदि राज्य अनिवार्यत: उस वर्ग का उपकरण भर है, जिनके हाथ उत्पादन-साधनों का स्वामित्व है, तो बहुलवादी लक्ष्य वर्ग-विहीन समाज होना चाहिए।[4] इसीलिए सामाजिक संगठन में सत्ता का रूप एवं अभिव्यक्ति दोनों बहुलवादी प्रकृति की हों। लास्की का मत है कि राज्य सिद्धांत में जो संकट पैदा हुआ है वह पूंजीवाद एवं लोकतंत्र के गलत गठबंधन के कारण है, जब कोई नया

---

1. लास्की : दि राइज आफ यूरोपियन लिबरलिज्म, पृ० 17-19
2. वही, पृ० 224-26
3. लास्की : दि क्राइसिस इन दि थ्योरी आफ दि स्टेट, पृ० 3-8
4. वही, पृ० 17-24

वर्ग सत्ता हथियाने के लिए आगे आता है तो वह राज्य पर अपने साध्यों की पूर्ति हेतु अधिकार जमा लेता है। उनका मत है कि विधिशास्त्रियों के लिए यह एक जिम्मेदारी है कि वे इस समस्या को समझें तभी वे तथा हम इस अंधकार युग की कठिनाइयों से बच सकते हैं।[1]

20. पार्लियामेंटरी गवर्नमेंट इन इंग्लैंड, 1938

यह संवैधानिक चिंतन के क्षेत्र में लास्की की महत्त्वपूर्ण कृति है, जिसमें वे राज्य एवं समसामयिक ब्रिटिश शासन के विभिन्न अंगों का विश्लेषण मार्क्सवादी दृष्टिकोण से करने का प्रयास करते हैं। सर्वप्रथम वे कहते हैं कि राजतंत्र के वर्तमान रूप में लोकतांत्रिक समानता की भावना का अभाव है। इससे किसी भी संवैधानिक आपातकाल में राजतंत्र का प्रभाव प्रतिक्रियावादी तत्त्वों के समर्थन में प्रयुक्त होगा। यह 1931 में मजदूर सरकार के पतन और उसके स्थान पर राजा की सहायता से एक प्रतिक्रियावादी संयुक्त सरकार के सत्ता ग्रहण से सिद्ध हो जाता है। इस प्रकार से इस कृति में लास्की लार्ड सभा के रूप में कुलीन वर्गीय द्वितीय सदन को भी वास्तविक लोकतंत्रात्मक प्रणाली के लिए असंगत मानते हैं। लास्की ऐसा सुदृढ़ मंत्रीमंडल चाहते हैं जो लोक सदन को अपने नियंत्रण में रखकर वैधानिक आदेशों और प्रशासनिक आचरण के ब्रिटिश समाज में शीघ्रता-पूर्वक समाजवादी परिवर्तन कर सके।

अपने विवेक के आधार पर राजा द्वारा असामयिक लोकमत संग्रह कराना और द्वितीय सदन द्वारा विधि-निर्माण में अनुचित विलंब करना लास्की के मत के अनुसार लोकतंत्र की इच्छा पर प्रतिक्रियावादी प्रतिबंध है। प्रस्तुत पुस्तक इंग्लैंड की उन परम्पराओं का खुलासा देती है जिसके लिए समूची दुनिया इंग्लैंड की ऋणी है। वर्तमान युग में ब्रिटिश संविधान का अनुकरण लगभग सभी देशों ने थोड़े न थोड़े अंश में तो किया ही है। यह पुस्तक इंग्लैंड के संसदीय शासन के संचालन का औपचारिक वर्णन नहीं करती है, वरन उसके कतिपय पहलुओं की टीका तक ही सीमित है। इंग्लैंड के माध्यम से हमारे युग की ज्वलंत समस्याओं का विश्लेषण करने का प्रयास इस ग्रंथ में किया गया है।

इंग्लैंड की प्रतिनिधि प्रणाली का अपूर्व एवं अखंड धारावाहिक इतिहास, जिसे खंडित करने का दुस्साहस क्रूर क्रांतियां तक नहीं कर पाईं, अपने आप में महत्त्वपूर्ण ऐतिहासिक दस्तावेज है। इस पुस्तक में प्रो॰ लास्की का मत है कि शासन की समस्त प्रणालियां कुछ विशिष्ट सिद्धांतों पर निर्भर रहती हैं और जसे ही वे आर्थिक सिद्धांत नये युग की आवश्यकताओं को पूरा नहीं कर सकते, शासन

1. लास्की : दि क्राइसिस इन दि थ्योरी आफ दि स्टेट, पृ॰ 27-35

प्रणालियां भी तिरोहित हो जाती हैं।[1] संसदीय लोकतंत्र में व्याप्त भ्रष्टाचार, जिसमें जनता का मूल्य घटा है, लास्की ने साक्षात्कार कराने का प्रयास भी इस ग्रंथ में किया है। साथ ही संसदीय कार्यवाहियों को उन्होंने महज व्यक्तियों के नाटकीय द्वन्द्वों का सुंदर रूपक भी बताया है। उनका मत है कि इंग्लैंड की लेबर-पार्टी समाज को बदलने के लिए इच्छुक होकर भी पूंजीपतियों द्वारा लोकतंत्र की हत्या कर दिए जाने के डर से आगे बढ़ने में अक्षम है।

अंत में लास्की ने चेतावनी देते हुए कहा है कि अधिनायकवादी चुनौती का सामना करने हेतु पहले पूंजीवादी षड्यंत्र को परास्त करना होगा, ताकि आम आदमी अपने अस्तित्व से आक्रांत न हो सके।

इस ग्रंथ में प्रो० लास्की ने राज्य शासन शिल्प संबंधी सिद्धांतों एवं सामाजिक विचारों का परिचय दिया है, जिसमें हमें एक अभिनव दृष्टिकोण के दर्शन होते हैं। इसी आधार पर हम लास्की को एक ओर ब्रिटिश उदारवाद एवं रूसी समाजवाद का समर्थक, तो दूसरी ओर अमरीकी उच्चस्तरीय पूंजीवादी व्यवस्था के कल्याणकारी राज्य का प्रशंसक मान इनके सह-अस्तित्व को व्यावहारिक मान्यता देने वाला चिंतक कह सकते हैं।

21. दि डेंजर्स आफ बीइंग ए जेंटिलमैन एंड अदर एसेज, 1939

1939 में प्रकाशित इस ग्रंथ में प्रो० लास्की पूंजीवादी समाज में व्यक्तियों के जीवन में आने वाले उतार-चढ़ाव की चर्चा करते हुए कहते हैं कि समाज के शक्तिशाली वर्ग द्वारा किस प्रकार से संभ्रांत वर्ग से जुड़कर अपनी उच्चता को बनाये रखने के प्रयास किए जाते हैं। इस ग्रंथ में लास्की ने वर्तमान विषमतावादी समाज की निन्दा करते हुए कहा है कि यह अधिकांश नागरिकों के जीवन के नैतिक उत्थान के लिए जरूरी भौतिक साधनों का प्रबंध नहीं करता।[2] इसलिए लास्की समानता की आवश्यकता पर जोर देते हैं, क्योंकि इस विषमतावादी समाज में कानून का उद्देश्य निष्पक्ष न्याय की उपलब्धि नहीं होता बल्कि आर्थिक रूप से सम्पन्न एवं प्रभावशाली वर्ग के राजनैतिक सर्वोपरिता को सुरक्षित रखना होता है।

प्रत्येक समाज के कानून संगठन का एक विशेष श्रेणी आधार होता है। यह अभिजात-वर्गीय समाज में कुलीन वर्ग की स्थिति को मजबूत बनाता है, तो पूंजीवादी समाज में पूंजीपति वर्ग की आवश्यकताओं को परिपूर्ण करने की व्यवस्था भी करता है। ठीक इसी प्रकार समाजवादी समाज में इस कानून की संहिता

---

1. लास्की : पर्लियामेंटरी गवर्नमेंट इन इंग्लैंड, (हिन्दी अनुवाद), पृ० 6
2. लास्की : दि डेंजर्स आफ बीइंग ए जेंटिलमैन एंड अदर एसेज, पृ० 12-32

श्रमजीवी वर्ग की आवश्यकता के अनुरूप बदल दी जाती है।[1] प्रो॰ लास्की वर्तमान राज्य-व्यवस्था में व्याप्त विसंगतियों का खुलासा क्रियावादी (प्रेगमेटिक) आधार पर करते हैं।

22. ह्वाट आई बिलीव, 1940

क्लिफ्टन फेडीमैन द्वारा 1939 में सम्पादित ग्रंथ 'दि पर्सनल फिलासफीज आफ सर्टेन एमीनेंट मेन एंड वूमेन आफ अवर टाइम' (न्यूयार्क) में लास्की ने अपने जीवन के सर्वेक्षणों एवं विश्वासों से सम्बन्धित जो लेख लिखा था, वह अत्यन्त ही महत्त्वपूर्ण है जो कि 1940 में 'ह्वाट आई बिलीव' शीर्षक से इंग्लैंड में एक पुस्तिका के रूप में प्रकाशित हुआ। इस कृति में प्रो॰ लास्की ने अपने जीवन एवं विचारों पर पड़ने वाले मुख्य प्रभावों का विवेचन भी किया है। लास्की पर अमरीका एवं इंग्लैंड के जिन महत्त्वपूर्ण व्यक्तियों का प्रभाव पड़ा उनका जिक्र करते हुए लास्की कहते हैं कि प्रेम एवं मैत्री का अपना एक अलग गौरव है···दूसरे (मैत्री) के बारे में मैं केवल इतना कहूंगा कि न्यायमूर्ति होम्स, लेंसवरी, हेनरी-नेविन्सन, हेमाल्ड, ग्राहम-वेलास, सिडनी वेब्स एवं क्रिप्स जैसी विभूतियों से परिचय होना जीवन के मूल स्रोत में अपने हृदय को शीतल करना है।[2]

अमरीकी प्रवासकाल में अपनी युवावस्था में लास्की बोस्टल के पुलिस कर्मचारियों की हड़ताल के प्रति अपनी सहानुभूति जब प्रकट करते हैं तो उन्हें हार्वर्ड विश्वविद्यालय में काफी बदनामी सहनी पड़ती है। उन्हें बोल्सेविक एजेंट तक कहा जाता है, अंततः वे अमरीका छोड़ देते हैं।

इस कृति में लास्की अपने अमरीकी अनुभवों के संदर्भ में विवेचना करते हुए कहते हैं कि मैंने वहां यूरोप की अपेक्षा पूंजी एवं श्रम के संघर्ष को और अधिक नग्न रूप में देखा है। लास्की का समाजवादी एवं मार्क्सवादी दर्शन की ओर मुड़ने के पीछे एक कारण यह भी था जैसा कि उन्होंने इस कृति में स्वयं स्वीकार किया है कि 'मैं अमरीका से वापस आने पर यह समझ चुका था कि स्वतंत्रता का समानता के अभाव में कोई अर्थ नहीं, और समानता का उत्पादन साधनों के समाजीकरण के अभाव में कोई अर्थ नहीं है।'[3]

समाजवादी दर्शन के प्रति समर्पित प्रो॰ लास्की इस बात को अनुभव करते हैं कि मैं अपने स्कूल के अन्तिम वर्षों में ही कुछ-कुछ समाजवादी रहा हूं, और ऐसी स्थिति में इस समाजवादी आस्था के स्रोत का उचित समय तय करना कठिन

1. लास्की : दि डेंजर्स आफ बीइंग ए जेंटिलमैन एंड अदर एसेज, पृ॰ 68
2. लास्की : ह्वाट आई बिलीव, पृ॰ 26
3. वही, पृ॰ 142

है ।[1]

सिडनी वेब्स की कृतियां, कीरहार्डी के भाषण, फेबियन सोसाइटी के अंतर्गत किए गए प्रचार-कार्य, महिला-मताधिकार हेतु आंदोलन तथा खनिज श्रमिकों की हड़ताल इत्यादि स्रोतों से प्रो० लास्की ने समाजवाद एवं समानता के विचारों को आत्मसात् किया है ।[2] लास्की मार्क्सवादी दर्शन को मोटे रूप में सत्य मानते हुए इस कृति में इस बात को भी अंगीकार करते हैं, कि जो कुछ मैंने अपनी आंखों से देखा और पढ़ा है उसने मेरे सामने अन्य कोई विकल्प नहीं छोड़ा ।··· मैं विवश होकर इस परिणाम पर पहुंचा हूं कि कोई भी वर्ग स्वेच्छापूर्वक अपनी शक्ति का परित्याग नहीं कर सकता । मैंने लंबे अनुभव के बाद यह भी सीखा है कि उत्पादन साधनों पर व्यक्तिगत-स्वामित्वों ने यह असंभव बना दिया है कि जनवादी विचार वर्गगत दृष्टिकोण से श्रमिक वर्ग कि सत्ताप्राप्ति हेतु राज्यक्रांति के बिना वर्गगत भावनाओं से ऊपर उठ सकें ।[3]

लास्की इस कृति में यूरोपीय राजनीति का भी विश्लेषण करते हुए संकेत देते हैं कि फासीवाद की चुनौती का सामना करने या राजनैतिक सत्ता प्राप्ति हेतु संगठित श्रमिक वर्ग के दल का होना अवश्यंभावी है । अन्यथा जर्मनी एवं इटली के समान मजदूर वर्ग का विभाजन उनकी पराजय का प्रतीक होगा। इसीलिए समाजवादियों एवं साम्यवादियों की आवश्यक एकता इंग्लैंड में कायम की जानी चाहिए ।[4]

प्रो० लास्की का यह भी निष्कर्ष है कि हम उस ऐतिहासिक युग की ओर प्रवृत्त हुए हैं, जहां जनइच्छा का प्रयोग जनतांत्रिक लक्ष्यों के लिए पूंजीवादी जनवाद में असंभव एवं निष्प्रभावी-सा प्रतीत होता है । इस तरह से लास्की अपने जीवन में घटित घटनाओं एवं संपर्क में आए बुद्धिजीवियों, यूरोप के घटनापटल के विश्लेषण द्वारा अपने को मार्क्स से प्रभावित समाजवाद की ओर उन्मुख करते हुए इस कृति में प्रतीत होते हैं ।

23. दि डिक्लाइन आफ लिबरलिज्म, 1940

यह कृति हावहाउस स्मृति न्यास व्याख्यान माला के अंतर्गत केंटरबरी हाल, लंदन स्कूल आफ एकानामिक्स में दिए गए प्रो० लास्की के व्याख्यान की देन है जिसमें उन्होंने यूरोप में उदारवादी विचारधारा के क्रमशः मृतपाय एवं प्रभावहीन पतन की विवेचना की है । लास्की के इस कृति के पीछे वे विचार सन्निहित हैं,

---

1. लास्की : ह्वाट आई बिलीव, पृ० 139
2. हर्बर्ट ए० डीन : दि पालिटिकल आइडियाज आफ हेराल्ड जे० लास्की, पृ० 53
3. लास्की : ह्वाट आई बिलीव, पृ० 144
4. वही, पृ० 146

जिसके अंतर्गत इंग्लैंड के श्रमिक दल का श्रमिकों के ऊपर बढ़ रहा प्रभाव एक कारण था।[1] जिसमें वे सम्पत्ति-व्यवस्था की पुनर्रचना पर जोर डाल रहे थे। लास्की का मत है कि हाबहाउस ने जिस उदारवाद की स्थापना हेतु युद्ध लड़ा था, वह 1688 की क्रांति के बाद राजाओं के ईश्वरीय अधिकारों के सिद्धांत की एक प्रतिक्रिया थी।[2] लास्की इंग्लैंड की उदारवादी परम्परा के अंतर्गत बेंथम, मिल एवं ग्रीन के विचारों के संमिश्रण की विवेचना करते हैं।[3] उनका मत है कि चूंकि अब परिस्थितियां बदल चुकी हैं, अतः संपत्ति के एकाधिकारवादी प्रवृत्तियों के विरुद्ध भी इस प्रकार के समाजवादी स्वरूप वाले उदारवाद की आवश्यकता है। लास्की का मत है कि उदारवादी स्वतंत्रता केवल संपत्ति के स्वामियों तक ही सीमित रही है। इसीलिए वर्तमान पूंजीवादी संकट सकारात्मक राज्य के आर्थिक एवं सामाजिक लाभों का अंत कर देगा।[4] लास्की बिना समानता के स्वतंत्रता को दूषित परिणाम वाली एक संभ्रांत आवाज का नाम देते हैं।[5]

24. व्हेयर डू वी गो फ्राम हियर, 1940

1940 में प्रकाशित इस ग्रंथ को प्रो० लास्की ने 3 अध्यायों में (व्हेयर वी स्टैंड टुडे, व्हाट फासिज्म इज, व्हाट आर वी टु डू बेस्ट) विभाजित किया है। यह कृति अधिनायकवादी शक्तियों की पराजय के बाद लास्की का फासीवादी एवं नाजीवादी विचारधारा का विश्लेषण भी है, जो कि लोकतंत्र के लिए एक चुनौती के रूप में सामने आया था, और जिसने एक वर्ग विशेष के अधिकारों एवं निहित स्वार्थों की रक्षा के लिए आतंक के शासन को अपनाया था।[6]

लास्की पूंजीवादी लोकतंत्र में इस प्रकार की प्रवृत्तियां कहीं भी प्रकट हो सकने की आशंका भी व्यक्त करते हैं, जब कि समाजवादी लोकतंत्र में ऐसी प्रवृत्ति के पनपने से वे सदैव इनकार करते हैं।

लास्की का मत है कि सर्वाधिकारवादी समाजवाद के विरुद्ध स्वतंत्रता एवं लोकतंत्र की रक्षा के लिए सारे मित्रराष्ट्र संयुक्त रूप से मिलकर संघर्ष करते हैं, जिसमें उनकी विजय होती है। इसीलिए इसके बाद वे अपने पुराने साम्राज्य के प्रति भी उदार रुख अपनाये। प्रो० लास्की इस ग्रन्थ के अंतिम अध्याय में भारतीय राजनीति का विश्लेषण करके, भारतीयों के धुरी राष्ट्रों के विरुद्ध संघर्ष में

1. हर्बर्ट ए० डीन : दि पोलिटिकल आइडियाज आफ हेराल्ड जे० लास्की, पृ० 121
2. लास्की : दि डिक्लाइन आफ लिबरलिज्म, पृ० 3
3. वही, पृ० 6
4. हर्बर्ट ए० डीन : दि पोलिटिकल आईडियाज आफ हेराल्ड जे० लास्की, पृ० 180
5. लास्की : दि डिक्लाइन आफ लिबरलिज्म, पृ० 22
6. लास्की व्हेयर डू वी गो फ्राम हियर, पृ० 52-53

योगदान की चर्चा करते हुए कहते हैं कि अब ब्रिटिशवासियों को भी भारत की स्वशासन की मांग को पूरी करना चाहिए ।[1] यदि लोकतंत्र की दुहाई देकर मित्र राष्ट्रों ने युद्ध जीता है तो वे पूरे विश्व में इस आदर्श को स्थापित करें ।

25. दि स्ट्रेटिजी आफ फ्रीडम, 1941

प्रो० लास्की की यह रचना अमरीकी छात्रों के लिए एक खुला एवं उत्प्रेरक चिट्ठा भी है जिसमें तत्कालीन विश्व राजनीति में व्याप्त विसंगतियों का विश्लेषण कर रूसी समाजवाद एवं फासीवादी विचारधारा के परिप्रेक्ष्य में फंसे मानवीय अंतःकरण एवं स्वाधीनता की रक्षा हेतु चिंतित एवं चौकन्नी ब्रिटिश जनता एवं सरकार को कुछ युक्तियां खोजने एवं सुझाने का प्रयास लेखक द्वारा किया गया है । लास्की का मत है कि किसी भी स्थिति में क्रांति को टाला नहीं जा सकता । यदि इंग्लैंड अपना उदाहरण प्रस्तुत कर नेतृत्व देने में असफल रहता है, तो उसे सोवियत रूस से दिशा-निर्देश एवं समर्थन प्राप्त होगा । जब तक इंग्लैंड की मुख्य भूमिका एवं नेतृत्व यूरोप के पुनः निर्माण में नहीं होगा, तब तक यूरोप का पुनर्निर्माण असंभव है ।

इस कृति में लास्की पर ब्रिटिश राष्ट्रवाद का प्रभाव स्पष्ट दिखाई देता है किन्तु वे भारतीय स्वतंत्रता की मांग को भी उचित ठहराते प्रतीत होते हैं ।[2]

इंग्लैंड में समाजवादी क्रांति पर चर्चा करते हुए लास्की कहते हैं कि हमारी पीढ़ी के सामने दो विकल्प हैं कि सहमति से क्रांति लाएं या हिंसा के जरिए । उनका यह भी मत है कि इस बात को मैं एकक्षण भी इनकार नहीं करता कि प्रथम तरीके से क्रांति जितनी कठिन है इतिहास में उसकी उपलब्धि उतनी ही दुर्लभ भी है ।[3] क्योंकि इंग्लैंड के सारे दल विद्यमान सामाजिक विकास की प्रक्रिया में जड़तावादी तथा स्थितिवादी प्रतीत होते हैं । लास्की चर्चिल की युद्धकालीन नीतियों की सराहना भी इस कृति में करते हैं ।[4] इस प्रकार से लास्की पूंजीवादी लोकतंत्र के स्थान पर समाजवादी लोकतंत्र की स्थापना हेतु ब्रिटिश श्रमिक-संघों की स्वाधीनता को प्रोत्साहित करते हुए परिलक्षित होते हैं । लास्की अमरीकी विश्वविद्यालयों में व्याप्त पूंजीवादी समाज के निहित स्वार्थों की चर्चा करने से भी नहीं चूकते । वे लगभग 25 वर्षों तक लगातार अमरीका की यात्रा, भाषण आदि के सिलसिले में करते रहे, इसी दौरान अपने अनेक छात्रों, मित्रों का उल्लेख

---

1. लास्की : व्हेयर डू वी गो फ्राम हियर, पृ० 113-28
2. लास्की : दि स्ट्रेटिजी आफ फ्रीडम, पृ० 7
3. वही, पृ० 97
4. वही, पृ० 118-19

भी लास्की इस कृति में करते हैं। साथ ही अमरीकी समाज के पदनिर्माण हेतु वहां के छात्रों को उत्प्रेरित भी करते हैं।[1]

26. दि बीड फार ए यूरोपियन रिवोल्यूशन, 1941

फेबियन सोसायटी के तारतम्य में 1941 में प्रकाशित प्रो० लास्की की इस पुस्तिका में वे लोकतांत्रिक समाजवाद की स्थापना हेतु पूरे यूरोप में क्रांति की आवश्यकता पर जोर देते हैं, जो हिंसापरक नहीं, बल्कि सहमति पर आधारित होगी।

उनका मत है कि पूंजीवादी लोकतंत्र में अधिनायकवादी प्रवृत्तियां विद्यमान होती हैं। जर्मनी, जापान, इटली इत्यादि इसके उदाहरण हैं। इसीलिए सोवियत रूसी सभ्यता से प्रभावित प्रो० लास्की यूरोप में पूंजीवादी विकल्प की तलाश करते हुए इस पुस्तिका में परिलक्षित होते हैं।

27. रिफ्लेक्शंस आन दि रिवोल्यूशन आफ अवर टाइम, 1943

इस ग्रन्थ में लास्की ने समसामयिक अंतर्राष्ट्रीय राजनीति का व्यापक सर्वेक्षण कर आधुनिक काल की सभी राजनैतिक प्रणालियों एवं विचारधाराओं की समीक्षा की है। उन्होंने यह भी बताया है कि हमारी सभ्यता एक क्रांतिकारी परिवर्तन के दौर से गुजर रही है, जिसमें विघटन एवं संघर्ष सन्निहित हैं। कुछ तत्त्व क्रांति की प्रक्रिया को बढ़ाना चाहते हैं, तो दूसरी शक्तियां प्रतिक्रांतिकारी कदम उठाकर इसमें बाधाएं डाल रही हैं।[2]

द्वितीय विश्व-युद्ध के दौरान लास्की के मनोभावों में पूंजीवादी विकास यानी सामाम्राज्यवाद एवं फासीवाद के खतरों की आशंका पैदा होती है। मुख्यतः यूरोप में फासीवाद के उदय ने कुछ समय के लिए उनकी शांतिपूर्ण सामाजिक परिवर्तन में आस्था नष्ट कर दी थी। उन्हें भय था कि फ़ासीवाद की सहायता से पूंजीवाद वर्ग लोकतांत्रिक प्रणाली को नेस्तनाबूत कर देगा। इससे संवैधानिक तरीकों से समाजवाद की स्थापना असंभव हो जाएगी।[3]

लास्की ने इस ग्रंथ में बताया कि पूंजीवाद का संकट मानव-जीवन के हर क्षेत्र में व्याप्त हो गया है। इसने न केवल सामाजिक सम्बन्धों को चुनौती दी है अपितु मनुष्यों के मूल्यों एवं विश्वासों की भी आलोचना की है। लास्की का मत है कि समाजवादी राज्यों का अंतर्राष्ट्रीय संघ ही उन परिस्थितियों को उत्पन्न कर

---

1. लास्की : दि स्ट्रेटिजी आफ फ्रीडम, पृ० 123
2. लास्की : रिफ्लेक्शंस आन दि रिवोल्यूशन आफ अवर टाइम, पृ० 9-40
3. वही, पृ० 88-91

सकता है, जो विश्व-शांति को स्थायी रूप दे सकती हैं। वह औपनिवेशिक तथा अर्ध-औपनिवेशिक राष्ट्रों के औद्योगीकरण एवं आधुनिकीकरण वितरण का भी प्रयास करेगी।[1]

1943 में प्रकाशित इस ग्रन्थ में रूसी क्रांति की प्रतिध्वनियों एवं विश्व-युद्ध की भीषण तथा भयानक आशंकाओं से घिरे प्रो० लास्की के मनोभावों में उठते ज्वार सन्निहित हैं, जो भावी पीढ़ी को एक नवीन राजनैतिक शब्दावली के साथ युद्धोपरांत के पुर्ननिर्माण कार्यों हेतु उत्प्रेरणा देने का प्रयास करते हैं।

इसमें लास्की ने रूसी क्रांति की भी विवेचना और समीक्षा की है। वे सोवियय तानाशाही में राजनीतिक लोकतंत्र के अभाव की तीव्र आलोचना करते हैं। परन्तु उनका निष्कर्ष यही है कि सोवियत प्रणाली की सामाजिक और आर्थिक उपलब्धियां संपूर्ण विश्व के लिए महत्त्व रखती हैं। और विश्व इस समय क्रांतियों के संक्रमण काल से गुजर रहा है। यद्यपि सोवियत नेताओं ने कुछ गंभीर गलतियां की हैं तथापि वे अपने देश में एक क्रांतिकारी सामाजिक व्यवस्था स्थापित करने में सफल हुए। यह व्यवस्था प्रगतिशील विश्व समाज की स्थापना की दिशा में एक महत्त्वपूर्ण कदम है।[2] किन्तु उनका यह भी मत है कि राज्यशक्ति द्वारा लादी गई ऐसी नियोजित सामाजिक।व्यवस्था अधिक समय तक स्वतंत्रतापूर्वक वातावरण को स्वीकारने में असमर्थ रहेगी। लास्की ने मुसौलिनी एवं हिटलर की शासन-प्रणालियों की निंदा करते हुए मार्क्सवादी एवं उदारवाद तरीकों का इस्तेमाल किया है। मार्क्सवादी होने के नाते वे फासीवादी को एकाधिकारवादी पूंजीवादी का रक्षा-कवच मानते हैं, तो उदारवादी होने के नाते वे फासीवाद पर प्रहार करते हुए कहते हैं कि उसने उदारवादी उज्ज्वल परम्पराओं का हनन किया है। इसलिए लास्की फासीवाद के किसी भी तत्त्व से समझौता नहीं करते। नाजियों का यहूदी दमन एवं हत्याकांड लास्की को फासिस्ट विरोधी बनाने हेतु भी एक पर्याप्त कारण है, क्योंकि लास्की स्वयं जन्म से यहूदी हैं।[3]

28. फेथ, रीजन एण्ड सिविलाइजेशन, 1944

इस ग्रंथ में द्वितीय विश्व युद्धकालीन विश्लेषण के माध्यम से लास्की ने यह आशंका व्यक्त की थी कि मित्र राष्ट्रों की अंतिम विजय हिटलर एवं उसके साथियों को युद्ध-स्थल में पराजित करने से ही प्राप्त नहीं हो सकती। बल्कि विश्व पैमाने पर समाजवाद एवं लोकतंत्र की प्रतिस्थापना ही प्रतिक्रांति की

1. लास्की : रिफ्लेक्शंस आन दि रिवोल्यूशन आफ अवर टाइम, पृ० 234-51
2. वही, पृ० 41-85
3. वही, पृ० 86-127

अंतिम पराजय होगी। उन्होंने चेतावनी दी थी कि धुरी राष्ट्रों की निर्णायक और करारी हार अब होने ही वाली है, लेकिन हमारे लिए इससे भी बड़ा सवाल उनकी हार में उन सभी प्रतिक्रांति के तत्त्वों की हार शामिल करने का है, जिनका वे समर्थन करते रहे हैं। हमारी जीत व्यर्थ रह जाएगी अगर हम उसका उपयोग बड़े उद्देश्यों की प्राप्ति के लिए नहीं करेंगे।[1]

लास्की की धारणा है कि भौतिक आवश्यकताओं की संतुष्टि हो जाने पर चेतना, निष्ठा, अंतरात्मा जैसी आंतरिक शक्तियां विकसित होंगी जिससे कि नैतिक जगत् का निर्माण हो सकेगा। वे इस कृति में वर्गविहीन समाज में आस्था दिखाते हुए रूसी समाज-व्यवस्था के समर्थक प्रतीत होते हैं। साथ ही उसके उज्ज्वल भविष्य को स्वीकार करते हुए यह विश्वास व्यक्त करते हैं कि सोवियत अधिनायक तंत्र भी कुछ समय बाद राजनैतिक लोकतंत्र की दिशा में प्रगति करेगा।[2] द्वितीय विश्व युद्ध में फासीवाद की हार से लास्की को यह आशा हुई कि अब पूंजीवाद के उन्मूलन एवं समाजवाद की अंतिम विजय के लिए नई सामाजिक शक्तियों का उदय एवं विकास होगा।[3]

29. कम्युनिस्ट मेनीफेस्टो : सोशलिस्ट लेंडमार्क, 1948

1948 में कार्ल मार्क्स एवं एंजिल्स द्वारा संयुक्त रूप से लिखी गयी इस पुस्तक के शताब्दी वर्ष में प्रो० लास्की ने अपनी इसी शीर्षक कृति में इसकी समीक्षा करने का प्रयास किया है। लास्की इस ग्रन्थ में एंजिल्स एवं मार्क्स की दार्शनिकता, प्रतिभा एवं सूझबूझ की सराहना करते हुए उन्हें शोषित मानवता के उद्धारक कहते हैं। किन्तु लास्की का मत है कि वे दोनों सर्वहारा वर्ग के अधि-नायकत्व को अपने सामाजिक सिद्धान्त के एक महत्त्वपूर्ण हिस्से के रूप में विकास नहीं कर पाये।

लास्की का मत है कि मार्क्स की तुलना में एंजिल्स का सहज ज्ञान मौजूदा परिस्थितियों के अनुकूल व्यावहारिक बातों की आवश्यकताओं को कहीं अधिक समझने में है।[4] उनका यह भी मत है कि सर्वहारा वर्ग के उद्धार सम्बन्धी समस्याएं प्रत्येक राष्ट्र में एक तरह की नहीं हैं। द्वितीय विश्व-युद्ध के बाद के काल में लास्की इंग्लैंड तथा यूरोप में मार्क्सवादी फार्मूले के अंतर्गत समाजवाद की स्थापना हेतु क्रांति एवं सर्वहारा तानाशाही के विचार को पूरी तरह अस्वीकृत कर देते हैं।

---

1. लास्की : फेथ, रीजन एंड सिविलाइजेशन, पृ० 10-11
2. वही, पृ० 62-68
3. वही, पृ० 69-79
4. लास्की : कम्युनिस्ट मेनीफेस्टो, पृ० 12

इस ग्रंथ की भूमिका में वे इस बात का विश्लेषण करते हैं कि साम्यवादी घोषणा-पत्र का उद्देश्य एक के स्थान पर दूसरे की तानाशाही का प्रतिस्थापन करना नहीं है, बल्कि यह श्रमिकों के हाथ में राज्य की सत्ता सौंपकर उसका लोकतंत्रीकरण चाहती है।[1]

30. दि अमरीकन डेमोक्रेसी, 1948

इस कृति में लास्की का मुख्य उद्देश्य अमरीकी शासन-प्रणाली को लोक कल्याणकारी राज्य के कार्यों को करने हेतु समर्थ बनाना है।[2] इसमें उन्होंने अमरीका के अन्य राजनीतिक संस्थानों की समीक्षा करते हुए उन पर सामाजिक, आर्थिक और सांस्कृतिक वातावरण के प्रभावों की चर्चा भी की है। उनका कथन है कि शक्तियों के पृथक्करण का सिद्धांत शक्तियों के वितरण में भ्रांतियां उत्पन्न करता है। साथ ही संघ तथा राज्यों में शक्तियों के विभाजन का सिद्धांत भी आधुनिक परिवर्तनों के संदर्भ में पुराना पड़ गया है।[3]

प्रो० लास्की इस ग्रंथ में इस बात पर जोर देते हैं कि किस प्रकार से अमरीकी राजनैतिक प्रणाली प्रतिक्रियावादी एवं यथास्थितिवादी तत्त्वों की अनुगामिनी बना दी गई है। वे विधि-निर्माण पर सुप्रीमकोर्ट के निषेधाधिकार को अलोकतांत्रिक मानते हैं एवं अमरीकी कांग्रेस के लिए भी इंग्लैंड की-सी संसदीय, वैधानिक सम्प्रभुता का सुझाव देते हैं। वे कार्यपालिका एवं व्यवस्थापिका अंगों में सहयोग बढ़ाने हेतु कुछ नवीन उपाय भी बताते हैं। अमरीकी दलीय पद्धति की आलोचना करके वे इसे रूढ़िजन्य, भ्रष्ट पद्धति मानते हैं, जिसकी उपस्थिति में वहां प्रभावशाली समाजवादी दल विकसित नहीं हो सकता है।[4]

अमरीकी उदारवादी तोकतंत्र धन के अन्यायपूर्ण वितरण की निरंतर रक्षा करता है। प्रो० लास्की अमरीकी पूंजीवादी लोकतंत्र के समुचित विकास हेतु विकल्पों की खोजबीन किये जाने की भी चर्चा इस कृति में करते हैं। उनका मत है कि इसे या तो अपना पूंजीवादी चरित्र छोड़कर समाजवादी लोकतंत्र का जामा पहनना चाहिए अन्यथा यह आंतरिक क्षेत्र में लोकतंत्र का परित्याग कर अपने आर्थिक संकट का इलाज बाहरी रूप से अपनी युद्ध-अर्थनीति द्वारा आक्रामक साम्राज्यवाद में ढूंढ़ेगा। लास्की का मत है कि साम्राज्यवाद की आन्तरिक समस्याओं के सुलझाने में संसदीय लोकतंत्र पूरी तरह सहायक नहीं

1. लास्की : कम्युनिस्ट मेनीफेस्टो, पृ० 94
2. लास्की : दि अमरीकन डेमोक्रेसी, पृ० 230
3. वही, पृ० 72-137
4. वही. 214-24

हो सकता क्योंकि उसकी बुनियाद भी व्यक्तिवादी विचारों की बुनियाद पर आधारित होती है।

ऐतिहासिक तौर पर अमरीका की युद्धकालीन नीतियां भी यही सिद्ध करती हैं कि अमरीका ने इसी प्रो० लास्की द्वारा बताये दूसरे विकल्प को स्वीकारा है ऐसी ही विश्व राजनीति के संदर्भ में उसकी अनुगामी प्रवृत्तियां रही हैं। इस ग्रंथ में वे जेम्स के क्रियावादी दर्शन को पीछे छोड़ देते हैं, यह कहकर कि यह अमरीका के व्यापारी एवं औद्योगिक वर्ग का मानसिक चिंतन था।[1]

31. दि अमरीकन प्रेसीडेंसी, 1949

अमरीकी प्रेसीडेंट रूजवेल्ट के तीसरी बार प्रेसीडेंट चुने जाने के बाद प्रो० लास्की के 1949 में प्रकाशित इस ग्रंथ में उन्होंने अमरीकी शासनतंत्र के मूलभूत सिद्धांतों का समाजवादी दृष्टिकोण से विवेचन किया है। इसमें हमें लास्की के अभिनय दृष्टिकोण के दर्शन होते हैं, जिसमें वे अमरीका की लोककल्याणकारी एवं उच्चस्तरीय पूंजीवादी व्यवस्था के सारतत्त्वों को स्वीकारते हैं। इसमें लास्की ने अध्यक्षात्मक शासन-प्रणाली की विवेचना करते हुए बताया कि प्रतिबंध और संतुलन की पद्धति सरकार की कार्यक्षमता में बाधक है। अमरीकी संविधान के निर्माताओं ने इसे अहस्तक्षेप की नीति वाली अर्थव्यवस्था के संदर्भ में बनाया था।[2]

लास्की एक लोकतांत्रिक समाजवादी के रूप में अमरीकी राजनैतिक प्रणाली में निहित संतुलन एवं अवरोध के सिद्धांत को बहुत असुविधाजनक मानते हैं। वे अधिक शक्तिशाली राष्ट्रपति पद के समर्थक हैं, जो वित्तीय एवं वैदेशिक नीति के क्षेत्रों में कांग्रेस पर निर्भर न हो और जिसकी कानून बनाने की शक्ति पर सर्वोच्च न्यायालय का अंकुश भी न हो।[3] लास्की इस कृति में अमरीकी पूंजीवाद एवं राष्ट्रपति के सम्बन्धों की बारीकियों का भी उल्लेख करते हुए राष्ट्रपति रूजवेल्ट की सफल उपलब्धियों की चर्चा करते हैं।[4] लास्की अंत में इस निष्कर्ष पर पहुंचते हैं कि पूंजीवादी लोकतंत्र में जनतांत्रिक उद्देश्यों के लिए जनता की इच्छा का प्रयोग नगण्य होता है। लास्की का प्रेसीडेंट रूजवेल्ट के साथ हुए युद्धकालीन पत्र-व्यवहार से वे यह धारणा बना लेते हैं कि उनकी तीव्रतर लोकतांत्रिक सुधारों में आस्था थी।[5]

---

1. लास्की : दि अमरीकन डेमोक्रेसी, पृ० 166
2. लास्की : दि अमरीकन प्रेसीडेंसी, पृ० 79-117
3. लास्की : दि अमरीकन डेमोक्रेसी, पृ० 230-77
4. लास्की : दि अमरीकन प्रेसीडेंसी, पृ० 62-63
5. आर्थर ए एकिर्च : हेराल्ड लास्की : दि लिबरल मांकआर लास्ट लिबरटेरियन, दि जनरल आफ लिबरटेरियन स्टडीज, स्प्रिग, 1980, पृ० 147

32. ट्रेड यूनियन्स इन दि न्यू सोसाइटी, 1950

1950 में प्रकाशित इस ग्रंथ में लास्की द्वितीय विश्व-युद्ध के उपरांत नवीन समाज-रचना में श्रमिक-संघों के बदलते हुए महत्त्व एवं बढ़ते हुए प्रभाव की पूर्व स्थिति से तुलनात्मक चर्चा करते हैं। द्वितीय विश्वयुद्धोपरान्त एवं फासीवाद के खतरे का यूरोप से पूरी तरह से अंत हो जाने के बाद धीरे-धीरे आर्थिक स्थिति में काफी सुधार आ जाता है। इंग्लैंड में लेबरपार्टी की जीत एवं उसके सत्तारूढ़ होने के बाद लास्की का ध्यान पुनः लोकतंत्र के उस पहलू की ओर जाता है, कि अब सरकार उस राजनैतिक दल के हाथ में आ गयी है, जो कि संगठित श्रमिकों एवं उससे जुड़े हुए बुद्धिजीवियों की शक्ति पर टिका हुआ है।[1]

लास्की श्रमिक-संघों की उस भूमिका को स्वीकारते हैं, जिसकी पृष्ठभूमि एवं प्रभाव के द्वारा लोकतांत्रिक समाजवाद के स्थापना की दिशा में सरकार अग्रसर होगी। जहां राजनैतिक एवं आर्थिक दबावों से मुक्त लोग नागरिक स्वतंत्रता का उपभोग कर सकेंगे। लास्की इस ग्रंथ में सोवियत रूस के श्रमिक-संघों के प्रति एवं समष्टिवादी राज्य के प्रति शंकालु दृष्टि रखते हैं जहां वे (श्रमिक-संघ) साम्यवादी दल के सदस्य रूप में ही सक्रिय रहते हैं। उन्हें इस बात का भी भय है कि कहीं पदसोपानिक नौकरशाहीकरण में शीर्ष पर बैठे श्रमिक नेता लोकतंत्र के साथ न्याय करते हुए क्या उसे सही अर्थ दे पायेंगे?[2] लास्की को इसके दुष्परिणामों की आशंका है। इस हेतु लास्की श्रमिक-संघों के महत्त्व को स्वीकारते हुए उनमें वह चेतना भरना चाहते हैं कि वे शांति के आधार पर भावी नयी समाज-रचना में अग्रसर होंगे।

लास्की ने अपने जीवन के संध्याकाल में इस बात पर जोर दिया कि जिसे मैं अद्वैतवादी राज्य कहता था और जिसे अब तक सत्तावादी कहने का फैशन है, इस संबंध में अपने भय को स्पष्ट स्वीकारता हूं कि थोड़े से लोगों में सत्ता सीमित करना साधारण जनता को एक उपकरण की स्थिति में गिरा देना है। वह मौन रहें, क्योंकि आलोचना करने पर उसकी राज्य-भक्ति में संदेह किया जायेगा। इस आशंका से घिरे लास्की साम्यवादी राज्य पर भी आक्षेप करते हैं।

33. दि रिफ्लेक्शंस आन दि कान्स्टीट्यूशन, 1951

प्रो० लास्की की मृत्यु के उपरांत अमरीका में प्रकाशित उनकी यह पुस्तक पश्चिमी देशों के कुछ महत्त्वपूर्ण संविधानों पर दृष्टि डालते हुए वहां की शासन-प्रणालियों का विश्लेषण करती है। इसमें दलीय प्रणाली सत्ता के केन्द्रीकरण एवं

1. लास्की : ट्रेड यूनियन्स इन दि न्यू सोसाइटी, पृ० 179
2. वही, पृ० 170-71

विकेन्द्रीकरण और औद्योगिक क्षेत्र में लोकतंत्र इत्यादि की समस्याओं का व्यावहारिक एवं यथार्थवादी ढंग से विवेचन किया गया है।

लास्की का मत है कि औद्योगिक लोकतंत्र के क्षेत्र में लोक निगमों में प्रबन्धकों एवं कर्मियों के बीच सौहार्दपूर्ण सम्बन्ध बनाने के प्रयास अतिउत्तम प्रयोग सिद्ध होंगे।[1] उनका मत है कि कार्य एवं क्षेत्र के आधार पर विकेन्द्रीकरण की व्यवस्था नागरिकों के हितों में भी सफल सिद्ध होगी।

34. डिलेमा आफ अवर टाइम, 1952

प्रो० लास्की की मृत्यु के उपरांत उनके निकट सहयोगी एवं पत्रकार किंग्सले मार्टिन के सहयोग से प्रकाशित इस ग्रंथ में लास्की के अन्तर्मन में तात्कालिक विश्व के घटना-पटल पर हो रही घटनाओं के फलस्वरूप निराशाजनक स्थिति एवं आस्थासंकट के दर्शन होते हैं। लास्की ने अमरीकी वैदेशिक नीति की आलोचना करते हुए बताया है कि यदि हम ट्रूमेन सिद्धांत को गंभीरता से लागू करते हैं तो उसका अभिप्राय अमरीकी शक्ति के प्रयोग द्वारा उन सभी न्यस्त स्वार्थों की सहायता करना होगा जो श्रमजीवियों को समाज में अपना उचित स्थान बना पाने से रोकते हैं। लास्की का मत है यही कारण है कि अमरीका ने फ्रांस एवं इटली की मध्यमवर्गीय सरकार की एवं यूनान में एक फासीवादी सरकार को सहायता प्रदान की थी।[2]

इस कृति में लास्की ने अपने युद्धकालीन विश्लेषण में कुछ नये संशोधन किये हैं।[3] उन्हें रूस एवं अमरीका की युद्धोत्तर काल की नीतियों से बड़ी निराशा हुई। यहां तक की इंग्लैंड की लेबर सरकार ने भी उनकी आशा के अनुकूल कार्य नहीं किया। लास्की इस बात से आश्वस्त थे कि अमरीका की युद्धकालीन मैत्री बाद में शांतिकालीन पारस्परिक सहयोग में परिवर्तित होगी, जिससे विश्व में व्यापक पैमाने पर लोकतंत्र एवं समाजवाद के आदर्शों की स्थापना सम्भव हो सकेगी। उन्हें इस बात का भी विश्वास था कि सोवियत रूस को बाहरी सुरक्षा का वातावरण प्राप्त होते ही वह अपनी राजनैतिक पद्धति का जनतंत्रीयकरण करेगा। साथ ही अमरीका में शक्तिशाली समाजवादी आंदोलन विकसित होगा। उन्हें यह भी आशा थी कि पश्चिम यूरोप की युद्धोपरांत बनी वाममार्गी सरकारें रूस तथा अमरीका के संदर्भ में तीसरी शक्ति के रूप में काम करेगी।[4]

---

1. लास्की : दि रिफ्लेक्शंस आन दि कान्सटीट्यूशन, पृ० 201
2. लास्की : डिलेमा आफ अवर टाइम, पृ० 109
3. आर० टी० क्लार्क : डिलेमा आफ अवर टाइम की प्रस्तावना से, 1952
4. किंग्सले मार्टिन : हेराल्ड लास्की : ए बायोग्रेफिकल मेमोयर, पृ० 182-205

इस ग्रंथ में लास्की ने भारत को स्वराज्य दिये जाने के इंग्लैंड के उदारवादी रूस के साथ ब्रिटिश उपनिवेशिक प्रणाली के शांतिपूर्ण विघटन का भी स्वप्न देखा था, किन्तु उन्हें यह जानकर अत्यन्त निराशा हुई कि वे भारत के समान ही दूसरे उपनिवेशों को अपनी शेष जिन्दगी में आजाद नहीं देख पायेंगे। फिर भी वे ब्रिटिश प्रधान मंत्री एटली की सराहना भी करते हैं, जिन्होंने भारत, लंका एवं वर्गों में ब्रिटिश शासन के बने रहने को नैतिक एवं भौतिक रूप से अनुचित माना था।[1]

प्रो० लास्की ने द्वितीय विश्व-युद्ध के बाद घटित घटनाओं एवं तथ्यों के आधार पर अपनी आशावादी भविष्यवाणियों में, जो उन्होंने रूस, अमरीका एवं पश्चिमी यूरोप के देशों के संदर्भ में की थी, अनेक संशोधन किये। लास्की चाहते थे कि पश्चिमी यूरोप के समाजवादी देश रूस के खिलाफ शीत-युद्ध में अमरीका का साथ न दें, वरन तीसरी शक्ति के रूप में लोकतंत्र एवं समाजवाद की उपलब्धियों को अपनी विदेश नीतियों के माध्यम से कायम रखने का प्रयास करें।

नाटो-संधि में इंग्लैंड के शामिल हो जाने से लास्की ने अपने ही दल की विदेश नीति की आलोचना की, और उसे टोरी दल की पारम्परिक नीतियों का संस्करण बताया, जिसमें टोरी सोवियत रूस के विरोधी थे। अत्यन्त खेद के साथ उन्होंने 1946 में अपने श्रमिक दल के सम्मेलन में इस बात का पश्चाताप किया कि समाजवादी दल के रूप में हमारे लिए एक दुखान्त घटना है कि स्पेन आज भी फ्रेंकों के क्रूर आतंक का शिकार है।···हम समाजवादियों के लिए राजा की वापसी उस राष्ट्र की शौर्यमयी लड़ाई का दुखान्त होगा, जिसने विश्व की स्वतंत्रता की गरिमा का पहला पाठ पढ़ाया था।[2]

इस महत्त्वपूर्ण ग्रन्थ में लास्की ने स्वतंत्रता एवं समानता के सह-अस्तित्व को स्वीकार करते हुए जनतंत्रीय स्वतन्त्रता एवं समाजवादी समानता की अविभाज्यता पर जोर देते हुए कहा कि इन दोनों के अभाव में ही आज विश्व आणविक युद्ध के कगार पर खड़ा हो, आर्थिक वितंडावादों से आतंकित है। इसे दूर करने का एक मात्र हल यही है कि विश्व में राजनैतिक संस्थाओं का सामाजिक न्याय, राजनैतिक स्वतन्त्रता एवं लोकतांत्रिक मूल्यों के साथ पुनर्गठन किया जाये।

लास्की मार्क्स से प्रभावित होकर इस ग्रन्थ में इस बात का भी उल्लेख करते हैं कि राज्य मूलतः इस वर्ग की कार्यपालक समिति है, जो किसी समाज में

---

1. लास्की : डिलेमा आफ अवर टाइम, पृ० 249
2. किंग्सले मार्टिन : हेराल्ड लास्की : ए बायोग्रेफिकल मेमोयर, पृ० 187

उत्पादक साधनों का स्वामी है।[1] बीसवीं शताब्दी को लास्की पूंजीवाद एवं समाजवाद के बीच की संक्रमणकालीन सदी मानते हैं, उन्होंने इतिहास की व्याख्या स्वतन्त्रता की दिशा में निरन्तर प्रगति के रूप में की है। समाजवादी लोकतन्त्र हेतु संघर्ष का उद्देश्य पूंजीवादी लोकतन्त्र की तुलना में अधिक व्यापक स्वतन्त्रता की उपलब्धि कराना, उन्होंने माना है।[2] लास्की शीतयुद्ध के लिए अमरीका को दोषी मानकर रूसी व्यवस्था की ओर उन्मुख होते प्रतीत होते हैं।

35. चूजन पीपुल (अप्रकाशित प्रारंभिक कृति)

प्रो० लास्की की यह अप्रकाशित कृति 'चुने हुए लोग' डार्विनवाद की प्रेरणा से लिखी गई उनके प्रारंभिक युवाचिंतन मन की उपज है। इसमें लास्की ने लिखा है कि हमें डार्विन एवं मार्क्स के विचारों का स्वागत करना चाहिए, ताकि हम पारंपरिक विचारधारा, जो मृतप्राय हो चुकी है, से छुटकारा पा सकें।

स्वतंत्रता की धारणा पर जोर देते हुए उनका मत था कि सामाजिक सत्य का अन्वेषण केवल स्वतन्त्रता के वातावरण में ही हो सकता है।[3]

---

1. लास्की : डिलेमा आफ अवर टाइम, पृ० 24-27
2. वही, पृ० 71-80
3. डॉ० आर० सी० गुप्ता : हेराल्ड जे० लास्की, 1966, पृ० 4

अध्याय तृतीय

स्वतंत्रता की अवधारणा

1. स्वतंत्रता पर प्रो० लास्की के पूर्ववर्ती चिंतकों के विचार

स्वतंत्रता एक अत्यंत महत्त्वपूर्ण एवं उदात्त शब्द है। समूचे मानव इतिहास में स्वतंत्रता की मूलवृत्ति के हमें दर्शन होते हैं। यही शब्द मानव जाति के उज्ज्वल भविष्य का उद्‌बोधक शब्द भी है।[1] विश्व के महान् दार्शनिक एवं राज्यशास्त्र-मर्मज्ञों ने स्वतंत्रता का उत्प्रेरक संदेश मानव जाति को दिया है। व्यक्ति की स्वतंत्रता एवं राजसत्ता के साथ उसका समन्वय अर्वाचीन राजनैतिक चिन्तन के सम्मुख एक बड़ी समस्या बना हुआ है। स्वतंत्रता का सिद्धान्त वास्तव में उतना ही प्राचीन है जितना कि स्वयं राजनीतिक दर्शन। स्पेंगलर का मत है कि स्वतंत्रता नगर की देन है।[2]

प्राचीन काल में यूनानियों ने निर्बाध शक्ति पर आधारित आततायी शासन की निंदा करते हुए उसे एक सर्वाधिक निकृष्ट शासन-प्रणाली माना था। यूनानी नगर राज्यों में स्वतंत्रता के मायने किसी आततायी की अधीनता स्वीकारने की अपेक्षा विधि की अधीनता एवं सर्वोच्चता को स्वीकारना माना जाता था। उस समय स्वतंत्रता एक नैतिक अलौकिक ज्योति-स्तंभ के रूप में मानी जाती थी। उसी वातावरण में ही राजनैतिक चिंतन यूनान में पल्लवित हो रहा था। उन दिनों स्वतंत्रता का मूलमंत्र क्रियात्मकता था, जो कि 'सद्‌गुण ही जीवन है' के संदेश को अपनी आत्मा में छिपाये हुए था।

प्लेटो का मत था कि सारा ब्रह्मांड नियति के डंडे से बंधा है। नियति की तीन पुत्रियां हैं—लकेसिस के नियंत्रण में भूतकाल है, क्लोदो वर्तमान की अधिष्ठात्री देवी है और ऐट्रोमोस भविष्य की नियामिका है। समूचे विश्व में नियति का ही साम्राज्य है तथापि प्रारंभ में एक जीवन चुनने की स्वतंत्रता मनुष्य को प्राप्त है। जब एक बार वह इसका चयन कर लेगा, तदनंतर उसकी कोई

---

1. बी० क्रांक : माई फिलासफी, पृ० 113
2. स्पेंगलर : दि डिक्लाइन आफ दि वेस्ट, पृ० 354

स्वतंत्रता नहीं है ।[1] यद्यपि प्लेटो ने विशुद्ध आलंकारिक घटनाओं, शैली का प्रयोग करते हुए माना है कि मानव-जीवन की दो महत्त्वपूर्ण घटनाओं, जीवन-मृत्यु में उसका कोई नियंत्रण नहीं है, अर्थात् मनुष्य वहां स्वाधीन नहीं, पराधीन है ।

भारतीय संस्कृति एवं पुनर्जन्मवादी दार्शनिक चिन्तन में भी ऐसे विचार स्थापित किये गए हैं । मनुष्य की निमित्त मात्रता का विवेचन गीता में भी किया गया है ।[2] 'स्वतंत्र वही है जिसे अपने व्यक्तित्व का सम्यक् बोध है ।' ऋग्वेद से गांधी तक भारतीय चिन्तन में यही बात प्रचारित की गई है । ईसाईयत में भी इसी प्रकार के विचार प्रतिपादित किये गए थे । आधुनिक युग में भी अनेक विचारकों, विशेषकर आदर्शवादी चिन्तकों के चिंतन में हमें इस बात की झलक देखने को मिलती है ।

राज्य एवं व्यक्ति के संबंधों के सिलसिले में स्वतंत्रता पर विचार वर्तमान की महत्त्वपूर्ण समस्या बन गई है । इस संबंध में जोवेनील का मत है कि 'स्वतंत्रता एक जादू भरा शब्द है जिसका प्रयोग पश्चिम में प्रारंभ हुआ, किन्तु पश्चिमी लोगों ने इसे अनेक भिन्न अर्थों में प्रयुक्त किया है । स्वतंत्रता शब्द के जो विभिन्न अर्थ लिये जाते हैं वे कई बार परस्पर संघर्षपूर्ण भी बन जाते हैं ।'[3] ठीक इसी प्रकार से जार्ज ई० जी० केटलिन ने अपने स्वतंत्रता विषयक विचारों के संदर्भ में भी यही बात कही है । उनका मत है कि स्वतंत्रता की अनेक परिभाषाओं एवं व्याख्याओं का होना, एक ऐसे विषय पर लोगों में मानसिक उलझन का सूचक है, जिसके लिए भावावेश में आकर वे मृत्यु का आह्वान करने को उद्यत रहते हैं । तथापि इसके संबंध में वे इतनी कम स्पष्टता से सोचते हैं और उनमें तार्किक निश्चय की इतनी कमी होती है कि वे यह भी ठीक से नहीं जानते कि इसका अर्थ क्या है ।[4]

मांटेस्क्यू का मत है कि स्वतंत्रता के अतिरिक्त शायद ही कोई ऐसा शब्द हो, जिसके इतने अधिक अर्थ होते हों और जिसने नागरिकों के मस्तिष्क पर इतना अधिक प्रभाव डाला है ।[5] ऐतिहासिक दृष्टि से स्वतंत्रता समानता की पूर्ववर्ती विचारधारा है । फिर भी हम इस महत्त्वपूर्ण अवधारणा को समझने हेतु पुराने राजनैतिक चिंतन के इतिहास पर एक दृष्टि डालेंगे । जहां से राजनैतिक चिंतन

---

1. प्लेटो : दि रिपब्लिक, अध्याय 10
2. गीता : अध्याय 2, श्लोक 27-28
3. डी० जे० बर्ट्रेंड : सावरेंटी, 1957, पृ० 247
4. जार्ज ई० जी० केटलिन : प्रिंसिपल्स आफ पालिटिक्स, पृ० 98
5. मान्टेस्क्यू : स्प्रिट आफ लाज, अध्याय 26, पृ० 422

का शुभारंभ माना है, यूनानी नगर राज्यों में, कानून-राज्यों में, कानूनी शासन में रहकर लोग स्वतंत्रता का उपयोग करते थे। यूनानी स्वतंत्रता के वातावरण में राजनैतिक चिंतन के जो प्रारंभिक बीज पल रहे थे, उनमें स्वतंत्रता की अवधारणा अपना विशेष महत्त्व रखती है। विचार-वैषम्य का दर्शन में एक सौंदर्य है। इसके लिए तर्क-वितर्क, द्वन्द्ववाद आदि अनेक माध्यमों का सहारा लिया जाता रहा है। प्राचीन यूनानियों की स्वतंत्रता उनकी बड़ी पूंजी थी, इस पर किसी भी विदेशी ने कुठाराघात करने का दुस्साहस भी नहीं किया। फलस्वरूप यूनानियों ने स्वतंत्रता के वातावरण में रहते हुए सभ्यता को निरंतर विकसित कर अवसरों का भरपूर लाभ उठाया, वे यूनानी स्वतंत्रता के उपभोग के साथ ही नगर-राज्य के कानूनों का पूरा सम्मान करते थे। सेवाइन का मत है कि स्वतंत्रता एवं कानून का शासन, श्रेष्ठ शासन के पूरक तत्त्व हैं, यूनानी विचार में नगर-राज्य का यही रहस्य था। यूनानी इसे अपना एक ऐसा परमाधिकार मानते थे, जिससे दुनिया के और लोग वंचित थे।[1] 'सत्य का अन्वेषक सद्गुण ही ज्ञान है' का प्रणेता तथा विवेक के अनुसार स्वतंत्र सम्मति रखने वाले नैतिक एवं साहसी चिंतक सुकरात ने अज्ञान का पर्दाफाश करने एवं विचार स्वतंत्रता के लिए अपने को मृत्यु के हवाले कर दिया था।

मानव मात्र में तीन तरह के तत्त्व पाकर उनको उनके अनुसार ढांचों में रखने वाला महान यूटोपियन चिंतक प्लेटो लोकतंत्रीय स्वतंत्रता पर कसकर प्रहार करता है, क्योंकि स्वतंत्रता की स्थिति में वह अव्यवस्था एवं उच्छृङ्खलता का दर्शन करता है। उसी के शब्दों में पुत्र पिता तुल्य बन जाता है और अपने माता-पिता के प्रति आदर और भय की भावना नहीं रखता जिससे वह स्वतंत्र व्यक्ति बन सके। ऐसी परिस्थिति में अध्यापक अपने शिष्यों से डरता और उनकी चापलूसी करता है और विद्यार्थी अपने अध्यापकों का तिरस्कार करते हैं, ऐसे राष्ट्र में सार्वजनिक स्वतंत्रता की पराकाष्ठा तो तब होती है जब कि क्रीतदास और दासियां भी उनको मूल्य देकर मोल लेने वाले स्वामियों के बराबर स्वतंत्र हो जाती हैं।

मनुष्य को राजनैतिक प्राणी व राज्य के जीवन को सुखी बनाने हेतु अस्तित्व के प्रणेता अरस्तू ने सर्वप्रथम ही यह अनुभव किया कि राजनीति की अंतिम समस्या व्यक्ति स्वातंत्र्य एवं राज्य-सत्ता में समन्वय स्थापित करना है। अपनी कानूनी धारणा में उन्होंने सत्ता एवं स्वतंत्रता में सामंजस्य स्थापित किया है। तानाशाही का विरोधी, साथ ही अपने शक्ति-विभाजन सिद्धान्त में अरस्तू की स्वतंत्रता में प्रेम की झलक मिलती है। अरस्तू के मत से प्रजातंत्रीय शासन

---

1. सेवाइन : हिस्ट्री आफ पोलिटिकल थ्योरी, पृ 18

व्यवस्था की मूलभूत भावना स्वतंत्रता है। इसी शासन में स्वतंत्रता का उपभोग किया जा सकता है।[1] अरस्तू स्वतंत्रता के अनेक प्रकारों में बारी-बारी से शासित शासक होना भी एक प्रकार मानता है।[2]

विचार अभिव्यक्ति की स्वतंत्रता के यूनानी चिंतन के बाद एपीक्यूरियन एवं स्टोइकवादी चिंतन के बाद भी मानवमात्र की स्वतंत्रता का पूरा-पूरा सम्मान किया है जो कि मनुष्य को क्रमशः भौतिक व प्राकृतिक सुखों का भोग करने की पूर्ण स्वतंत्रता प्रदान करते हैं।

रोमन चिंतन का मुख्य केन्द्र-बिन्दु कानून ही रहा है। इस समय चूंकि स्वतंत्रता संबंधी समस्या लोगों ने महसूस नहीं की। समूचा चिंतन शासन व कानून सम्बन्धों के इर्द-गिर्द घूमता प्रतीत होता है। रोमन साम्राज्य के पराभव की पृष्ठभूमि में मध्ययुग का अवतरण भी स्वतंत्रता की अवधारणा को पुनर्स्थापित करने में महत्त्वपूर्ण भूमिका प्रस्तुत करता है। ट्यूटन्स (जर्मन) लोगों के हृदय में वैयक्तिक स्वतंत्रता एवं राज्य की तुलना में व्यक्ति की गौरव गरिमा के लिए बड़ा आदर था। ईसाई मत में भी व्यक्ति का यही स्थान था, किन्तु मध्ययुगीन निगम, समुदाय एवं चर्च के उद्भव ने व्यक्ति-स्वातंत्र्य को चुनौती दी थी।

मध्ययुगीन चर्च एवं राज्य के मध्य अधिकारों को लेकर छिड़ने वाले लगभग 600 वर्षों तक स्वतंत्रता सम्बन्धी विचार चिन्तकों के मस्तिष्क से निकल चुके थे। परिषदीय आन्दोलन की पृष्ठभूमि में 'निकोलस आफ क्यूसा' नामक विचारक ने सहमति पर आधारित शासन हेतु सिफारिश की। उसके शब्दों में प्रकृति की दृष्टि में सभी व्यक्ति स्वतंत्र हैं। यदि किसी सत्ता द्वारा प्रजाजन बुराई करने से रोके जाते हैं और उन्हें भय दिखलाया जाता है कि यदि वे अच्छाई नहीं करेंगे तो उनकी स्वतंत्रता सीमित की जायेगी तो ये सत्ता प्रजाजनों की स्वीकृति से प्राप्त होती है।[3]

सामन्ती व्यवस्था ने अधिकारों को पकड़े रखने का अवश्य प्रयास किया था, परन्तु पुनरुत्थान तथा सुधार आन्दोलन के पटाक्षेप में व्यक्ति की गौरवगरिमा को पुनर्जीवित होने को बल मिला। जैसा कि गेटिल ने कहा है कि पश्चिमी जगत ने व्यक्तिगत स्वतंत्रता एवं अधिकारों के आधुनिक विचार दो मुख्य स्रोतों से ग्रहण किये—पहला पुनर्जागरण एवं धार्मिक सुधार द्वारा होने वाले बौद्धिक परिवर्तनों से तथा दूसरे जर्मन जातियों की राजनैतिक संस्थाओं के आधुनिक सरकारों में परिणत होने से।[4]

1. अरस्तू : पालिटिक्स (हिन्दी अनुवाद), अध्याय 6, पृ 421
2. वही, पृ० 422
3. सेवाइन : ए हिस्ट्री आफ पोलिटिकल थ्योरी से उद्धृत, पृ० 319
4. गेटिल : हिस्ट्री आफ पोलिटिकल थाट, पृ० 9

मध्यकालीन राजनैतिक चिंतन के अंधे युग के बाद नवीन ज्ञान के पुनरुत्थान काल में मैकियावैली स्वतंत्रता पर नहीं, अपितु व्यक्ति के जीवन एवं संपत्ति की रक्षार्थ शासक को परामर्श देता है।

सामाजिक संविदावादी चिंतक हाब्स स्वतंत्रता को विरोध एवं नियंत्रण का सर्वथा अभाव मानते हुए कहते हैं कि समझौते के समय लोग अपनी स्वतंत्रता का कुछ अंश त्याग देने को इसीलिए बाध्य किये जाते हैं, ताकि वे शेष स्वतंत्रता का अधिक निश्चिन्त रूप से उपभोग कर सकें। जान लाक इसे प्राकृतिक अधिकार मानकर, इसे व्यक्ति का जन्मसिद्ध अधिकार मानता है।[1] उनकी मान्यता है कि मनुष्य प्राकृतिक अवस्था में पूर्ण स्वतंत्र रहकर इच्छानुसार जीवन-यापन करते थे, किन्तु यह स्वतंत्रता स्वच्छंदता के निकट थी क्योंकि यह प्राकृतिक कानूनों द्वारा मर्यादित थी जो यह सिखाते थे कि सभी समान रूप से स्वतंत्र हैं। लाक का मत है कि प्राकृतिक विधि के अंतर्गत मनुष्यों को बिना किसी हस्तक्षेप के कार्य करने की तथा अपनी संपत्ति एवं व्यक्तित्व की अपनी इच्छानुसार व्यवस्था करने की पूर्ण स्वतंत्रता की अवस्था ही मनुष्य की स्वाभाविक अवस्था है।[2]

लाक के मतानुसार स्वतंत्रता का अर्थ दूसरों की बाधा और हिंसा से मुक्त होना है, जो बगैर विधान के संभव नहीं है।[3] अतः जहां कानून नहीं होंगे, स्वतंत्रता भी नहीं होगी। फ्रांसीसी मानव-अधिकार घोषणापत्र में भी इस बात को प्रकट किया गया है कि मनुष्य स्वतंत्र एवं समान रूप से पैदा हुए हैं। इसीलिए वे अपने अधिकारों के विषय में भी पूर्ण स्वतंत्र एवं समान हैं। यही कारण है कि फ्रांसीसी राज्यक्रांति का मूल उद्देश्य स्वतंत्रता एवं समानता की प्राप्ति था। अमरीकी स्वतंत्रता आंदोलन के समय भी यही संदेश आंदोलनकारियों द्वारा प्रचारित किया गया कि 'हमें स्वतंत्रता दो या मृत्यु दो।'

इस प्रकार से मानव अधिकारवाद एवं स्वतंत्रता के इतिहास में अमरीकी तथा फ्रांसीसी राज्यक्रांतियों का विशेष महत्त्वपूर्ण स्थान है। 1776 का अमरीकी एवं 1789 का फ्रांसीसी घोषणा-पत्र बड़े उदात्त शब्दों में स्वतंत्रता के संदेश को बुलंदी के साथ मानवजाति को प्रदान करते हैं कि किसी को भी दूसरों के जीवन, स्वास्थ्य, स्वतंत्रता एवं सम्पत्ति को क्षति नहीं पहुंचानी चाहिए।[4] 'मनुष्य स्वतंत्र पैदा हुआ है, किन्तु वह सर्वत्र बंधनों में जकड़ जाता है,' वाक्य से अपनी पुस्तक का प्रारंभ करने वाले एवं स्वच्छन्द, प्राकृतिक तथा धारावाहिक गति से बहने वाले सहज

---

1. लाक : टू ट्रीटाइज आन दि गवर्नमेंट (हिन्दी अनुवाद), अध्याय 7, पृ० 176
2. वही, पृ० 129
3. वही, पृ० 158
4. लाक : एसे आफ सिविल गवर्नमेंट, अध्याय 2, सेक्शन 6-7

जीवन के धारक रूपों की प्राकृतिक अवस्था स्वर्णिम थी। इसमें मनुष्य प्राकृतिक जीवन का स्वच्छन्दतापूर्वक उपभोग करते थे, किन्तु यह अवस्था अपनी चरमसीमा पर अराजकतावादी हो जाती है। मानव-हृदय कलुषित हो जाते हैं, तब रूसो के अनुसार 'बैक टू दि बेचर' हेतु, प्रो० लास्की के शब्दों में 'हमें एक ऐसे सत्ता-प्रतिष्ठान की आवश्यकता है, जो एक ही साथ व्यक्ति तथा उन संस्थाओं का जो कि उसे पतित कर रहे हैं, पुनर्निर्माण करेगी।'[1] सामाजिक समझौते में व्यक्ति प्राकृतिक स्वतन्त्रता खोकर नागरिक स्वतन्त्रता प्राप्त कर समष्टिवादी रहकर भी व्यक्तिवादी बना रहता है। रूसो स्वतन्त्रता का अग्रदूत था। उसने जिस ओज से स्वतन्त्रता का महत्त्व बताया है उसका मानव इतिहास पर सर्वकालिक प्रभाव पड़ा है।

रूसो 'सोशल कांट्रेक्ट' में इस बात की घोषणा करता है कि स्वतन्त्रता मानव का परम आवश्यक तत्त्व है।[2] यही मानवता का प्राण एवं नैतिकता का आधार है। विधि का पालन करने से हमारी स्वतन्त्रता का हनन नहीं होता अपितु इससे हम अपनी ही आज्ञा का पालन करते हैं। रूसो का मत है कि प्रवृत्तियों की आज्ञानुकारिता दासता है, जबकि आत्म-निर्दिष्ट नियमों की आज्ञाकारिता ही स्वतन्त्रता है।[3] स्वतन्त्रता को छोड़ना मनुष्यता को नकारना है। रूसो का कहना है कि 'अपनी स्वतन्त्रता को त्यागने का अर्थ यह होता है कि व्यक्ति अपने मनुष्यत्व एवं मनुष्यता के अधिकारों तथा कर्त्तव्यों का परित्याग कर रहा है।'[4] क्योंकि पारस्परिक स्वतन्त्रता मानव प्रकृति का परिणाम है। प्राकृतिक स्वतन्त्रता की सीमा की परिधि व्यक्ति की शक्ति एवं सामाजिक स्वतन्त्रता की सीमा सर्वसाधारण की प्रेरणा से निश्चित होती है।[5]

रूसो लाक के समान इन अधिकारों को प्राकृतिक न मान राज्यप्रदत्त मानता है। सहमति पर आधारित समझौता होने से यह वैयक्तिक स्वतंत्रता का ही अनुमोदन है। भौतिक एवं सामाजिक संदर्भ में सापेक्षतावाद को लेकर राजनीतिक स्वतंत्रता के प्रति अपूर्व उत्साह दिखाने वाले चिंतक मांटेस्क्यू वैयक्तिक स्वतंत्रता के लिए सरकार के अंगों का पृथक्करण करने की अभूतपूर्व योजना प्रस्तुत करते हैं। इंग्लैंड के स्वतंत्रताप्रिय वातावरण में मांटेस्क्यू 'स्पिरिट आफ लाज' की रचना करते हैं। इस कृति में वे स्वतंत्रता की महत्ता को स्वीकारते हुए उसके दो भेद करते हैं, राजनैतिक एवं नागरिक। कानूनी मर्यादा में रहकर कार्य करने की

1. लास्की : एसे आन रूसो, 1921
2. रूसो : सोशल कांट्रेक्ट, पृ० 17
3. रूसो : वही, पृ० 22
4. वही, (हिन्दी अनुवाद), पृ० 10
5. वही, पृ० 23

आजादी ही राजनैतिक स्वतंत्रता है जब कि नागरिक स्वतंत्रता के सम्बन्ध में उनका मत है कि यह एक व्यक्ति के दूसरे के साथ सम्बन्ध का परिणाम है। एक के दूसरे के अधीन हो जाने से उसकी नागरिक स्वतंत्रता समाप्त हो जाती है। यही कारण है कि मांटेस्क्यू दासता की प्रथा पर अनेक कुठाराघात करता है।

सामाजिक अनुबंधवाद को नकारने वाले संशयवादी विचारक डेविड ह्यूम नागरिक स्वतंत्रता के साथ व्यापार-स्वातंत्र्य, धार्मिक सहिष्णुता तथा प्रेस की स्वतन्त्रता के समर्थक हैं। अनुदारवादी होने से वे लोकतंत्र के विरोधी भी हैं।

अनुदारवादी चिंतक एडमंड बर्क फ्रांसीसी क्रांति के विरोधी हैं, उनका मत है कि फ्रांसीसी जिस स्वतंत्रता के लिए व्यग्र थे, वह स्वछंदता एवं अराजकता थी। वस्तुतः बर्क स्वतंत्रता पाने के विरोधी नहीं, अपितु इसकी प्राप्ति हेतु हिंसक साधनों के विरोधी हैं। उपयोगितावादी चिंतक जेरेमी बेंथम उस स्वतंत्रता के विरोधी हैं, जिसका कि उद्घाटन लाक, मांटेस्क्यू तथा रूसो ने किया था। वे स्वतंत्रता का सुख के सामने समर्पण कराते हैं। उनके लिए सुख ही एकमात्र कसौटी है और स्वतंत्रता को वे उसी कसौटी पर कसते हैं। उनका मत है कि राज्य का ध्येय अधिकतम सुख है, अधिकतम स्वतंत्रता नहीं।[1]

जे० एस० मिल उपयोगितावादी साहित्य को नया परिवेश देते हैं, वे स्वतंत्रता की सर्वोत्तम प्रतिरक्षा करने वाले विचारकों में से एक हैं।[2] जो स्वतंत्रता को जीवनदायिनी शक्ति मानते हैं। उनका मत है कि यदि केवल एक व्यक्ति के अलावा सम्पूर्ण मानव जाति का एकमत है, तो जिस व्यक्ति का प्रतिकूल मत है, तो मानव जाति को उसे चुप करने का अधिकार उसी भांति न्यायसंगत नहीं है, जिस भांति यदि उसके पास शक्ति हो तो उस अकेले व्यक्ति को मानव जाति को चुप करने या दबाने का अधिकार नहीं होगा।[3]

अपने स्वतंत्रता सम्बन्धी विचारों का विश्लेषण करते हुए मिल का मत है कि जिन बातों का केवल व्यक्ति विशेष से ही सम्बन्ध है, उसकी पूरी स्वतंत्रता व्यक्ति को मिले। जिन बातों का दूसरों से भी सम्बन्ध है, उसके लिए व्यक्ति को आचरण एवं व्यवहार के सामान्य नियमों का ज्ञान होना चाहिए। उनका पालन भी उसे करना चाहिए।[4] व्यक्ति अपने शरीर एवं मस्तिष्क का स्वयं स्वामी है, अतः उसे सोचने-समझने, विचार व्यक्त करने तथा कार्य करने की पूरी स्वतंत्रता

1. वेपर : पोलिटिकल थाट, पृ० 96
2. सेवाइन : ए हिस्ट्री आफ पोलिटिकल थ्योरी, पृ० 594
3. जे० एस० मिल : आन लिबर्टी एंड रिप्रेजेन्टेटिव गवर्नमेंट (हिन्दी अनुवाद), पृ० 19
4. वही, पृ० 102

मिलनी चाहिए बशर्ते कि उसकी क्रिया से दूसरों को क्षति न पहुंचे । मिल के द्वारा इस प्रकार की शर्त लगा देने के कारण प्रो० बार्कर उसे थोथी स्वतंत्रता का पैगम्बर कहते हैं ।[1]

आदर्शवादी चिंतक कांट नैतिक रूप से स्वाधीन व्यक्ति को ही स्वतंत्र मानते हैं । स्वतंत्रता को अंतःकरण की आवाज कहते हुए वे इसे सापेक्ष वस्तु मानते हैं। उनका मत है कि जब मानव-स्वतंत्रता की क्रीड़ा का मानव-इतिहास के बड़े पैमाने पर परीक्षण किया जाता है, तो उसकी गति में एक नियमित धारा के दर्शन होते हैं । इस प्रकार से जो चीज व्यक्तियों की स्थिति में उलझी हुई है एवं अनियमित दिखाई देती है, वही सम्पूर्ण इतिहास में अपनी मूल शक्तियों की निरंतर प्रगति के रूप में जानी जाएगी ।[2]

जर्मन आदर्शवादी हीगेल का स्वतंत्रता विषयक चिंतन विवादास्पद है । यद्यपि वे स्वतंत्रता को जीवन-सत्व मानते हैं, फिर भी राज्य में ही उसका प्रत्यक्षीकरण पाते हैं । उनका मत है कि स्वतंत्रता व्यक्तिगत इच्छा और क्षमता को महत्त्वपूर्ण सामाजिक कार्य के निष्पादन में ही लगा देने में है ।[3] कांट यदि स्वतंत्रता को व्यक्ति की मनःस्थिति मानता है तो हीगेल इसे सामाजिक घटना मान सामाजिक संस्थाओं में इसकी अभिव्यक्ति मानता है । तथा राज्याज्ञा के परिपालन को भी स्वतंत्रता का रूप मानता है ।

टी० एच० ग्रीन जैसे उदार आदर्शवादी विचारक स्वतंत्रता को महानतम वरदान मानते हुए समस्त मानवीय प्रयासों का अन्तिम ध्येय इसकी प्राप्ति करना स्वीकारते हैं । उनका विश्वास इस बात में है कि मानव-चेतना स्वतंत्रता चाहती है, स्वतंत्रता में अधिकार निहित होते हैं तथा अधिकारों के लिए राज्य आवश्यक है ।[4] उनका मत है कि स्वतंत्रता कार्य करने, किसी वस्तु के उपभोग करने की सकारात्मक शक्ति है, जो कि करने योग्य कार्य अथवा उपभोग करने योग्य वस्तु है । ग्रीन उच्चादर्श को प्राप्त करने, नियमों का पालन करने तथा आत्मोन्नति को भी स्वतंत्रता मानते हैं ।

जीवशास्त्रीय सिद्धांतों के आधार पर व्यक्तिवादी विचारधारा के प्रतिपादक हर्बर्ट स्पेन्सर के स्वतंत्रता सम्बन्धी विचार स्वच्छंदता के काफी निकट प्रतीत होते हैं । उनका मत है कि व्यक्ति का विकास निर्बाध रूप से उसी तरह स्वच्छंदता-पूर्वक हो जैसा अन्य प्राणियों का होता है । प्रत्येक की स्वतंत्रता दूसरे की समान स्वतंत्रता से ही सीमित होती है, अतः राज्य व्यक्तियों पर अनावश्यक अंकुश न

1. बार्कर : प्रिंसिपल्स आफ सोशल एंड पोलिटिकल थ्योरी, पृ० 243
2. कांट : क्रिटिक आफ पोलिटिकल रीजन, पृ० 17
3. सेवाइन : ए हिस्ट्री ऑफ पोलिटिकल थ्योरी, पृ० 616
4. **बार्कर : पोलिटिकल थाट इन इंग्लैंड, पृ० 33**

लगाए। 'अस्तित्व के लिए संघर्ष एवं योग्यतम की विजय' के अन्तर्गत व्यक्तिवादी स्वतंत्रता की प्रतिक्रिया स्वरूप यूरोप के भाववादी समाजवादियों के साहित्य से जो गूंज निकलती है, उसमें स्वच्छंदता के दुष्परिणामों की भयावहता के साथ-साथ यथार्थवादी चित्रण किया गया है।

अराजकतावादी-समाजवादी संघों का मत है कि राज्य में व्यक्तिगत स्वतंत्रता का निषेध है, क्योंकि उसमें एक का दूसरे पर शासन होता है। अत: राज्यविहीन आदर्श समाज में ही स्वतंत्रता एवं व्यवस्था साथ-साथ रह सकती हैं। बाकुनिन का मत है कि मनुष्य स्वभावतः स्वतंत्रताप्रेमी है। स्वतंत्रता ही मनुष्यता का दर्पण है क्योंकि व्यक्ति के सारे अधिकार उसकी चेतना मात्र ही तो हैं। क्रोपाटकिन के विचार से राज्य सदैव व्यक्ति की स्वतंत्रता का शत्रु रहा है। यदि जनता को विचार अभिव्यक्ति तथा समुदाय बनाने की स्वतंत्रता दी भी गई तो भी उसका प्रयोग राज्य में शोषक वर्ग के विरुद्ध नहीं हो पाता।

प्रबुद्ध अराजकतावादी गांधी भी व्यक्ति-स्वातंत्र्य के लिए राज्य का तिरोहण चाहते हैं। उनका मत है कि सच्ची स्वतंत्रता आत्मानुशासन, आत्मसंयम एवं स्वराज्य से ही संभव है अत: राज्यविहीन अहिंसक समाज में ही वास्तविक स्वतंत्रता का लोग इस्तेमाल कर सकते हैं। यही कारण था कि गांधीजी कहा करते थे कि हमें व्यक्तिगत स्वतंत्रता एवं सामाजिक संयम के बीच के रास्ते पर चलना सीखना होगा।[1]

पूंजीवाद ने तार्किकता एवं बौद्धिकता के आधार पर स्वतन्त्रता के मार्ग को प्रशस्त किया है। यहां तार्किकता से तात्पर्य प्राकृतिक एवं आर्थिक शक्तियों का जनकल्याण के लिए तार्किक प्रयोग, एवं बौद्धिकता का अर्थ है ज्ञानात्मक शक्ति का प्राकृतिक शक्तियों के साथ संघर्ष में कौशलपूर्ण प्रयोग।[2] स्वतन्त्र प्रतियोगिता पूंजीवाद की नियामिका है। मार्क्स भी पूंजीवाद की बुद्धिशीलता का खंडन नहीं करते, बल्कि उसका व्यापक प्रयोग करते हैं। हीगेल से प्रभावित होकर वे स्वतंत्रता को नियति का ज्ञान समझते हैं![3] उनका मत है कि ज्ञान ही स्वतन्त्रता का जनक है। नियति का ज्ञान ही हमें व्यावहारिक क्षेत्र में आवश्यक स्वतन्त्रता प्रदान करता है। पूंजीवादी अर्थव्यवस्था ने स्वतन्त्रता के उत्कर्ष में योगदान दिया है। यह तरह-तरह से स्वतन्त्रता का पोषण करती है। एक तो कर्मकारों की वैधिक स्वतन्त्रता का समर्थन कर व्यक्ति-स्वातन्त्र्य का अनुमोदन करता है दूसरे यह एक नये आर्थिक वर्ग का हिमायती भी है जो सामन्तवाद के विरोध में खड़ा हुआ था।

---

1. गांधी : हरिजन, 25 मई, 1939
2. वी० पी० वर्मा : राजनीति और दर्शन, पृ० 305
3. कार्ल मार्क्स : कैपिटल, भाग 3, पृ० 954-55

मार्क्स का मत है कि 'पूंजीवाद ने स्वतन्त्रता का भले ही जोरों के साथ समर्थन किया हो किंतु इसकी भयंकर कमजोरियां भी हैं ।[1] जिनके कारण इस व्यवस्था में स्वतन्त्रता केवल नाममात्र के लिए रह जाती है । यद्यपि श्रमिकों को क्रय-शक्ति बेचने की कानूनी स्वतन्त्रता प्राप्त है फिर भी उनमें व पूंजीपतियों में शक्ति स्तर में जो बड़ा अन्तर है इससे यह स्वतन्त्रता का वास्तविकीकरण नहीं हो पाता ।[2]

मार्क्स पूंजीवादी समाज के आधारभूत तत्त्वों की निंदा करते हुए कहते हैं कि यह समाज केवल धनी-वर्ग की स्वतन्त्रता सुनिश्चित करता है । मार्क्स स्वतन्त्रता को दो भागों में बांटते हैं । औपचारिक जो केवल बुर्जुआ पूंजीपति समाज का लक्षण है, दूसरा प्रभावी जो भविष्य का सुंदर आश्वासन है और जिसकी उपलब्धि निजी संपत्ति की समाप्ति एवं वर्गोन्मूलन के बाद ही हो सकती है । दासता की जंजीरें तोड़कर श्रमजीवी स्वतन्त्रता का उपभोग कर सकेंगे, यह पूंजीपतियों हेतु तानाशाही किंतु श्रमिकों हेतु स्वतन्त्रता होगी ।

मार्क्स विचाराभिव्यक्ति की स्वतन्त्रता पर अंकुश को बुराई मानते हैं । मनुष्य एवं पशु में भेद करने वाली वस्तु स्वतन्त्रता ही है । यही मनुष्यों को ऊंचा उठाती है । मार्क्स को पराधीनता के जीवन से घृणा है ; पूंजीवादी समाज में श्रमिक वर्ग की यही स्थिति है । इस समाज में विभिन्न सामाजिक, राजनैतिक संस्थाएं वर्ग स्वार्थ से दूर लोकतांत्रिक प्रणाली से संचालित होती हुई निम्नवर्गीय लोगों को स्वतन्त्र करने का प्रयास करती हैं इसीलिए स्वतन्त्रता एक अविभाज्य वृत्त है क्योंकि समाज में वर्गों का द्विध्रुवीकरण राजनैतिक स्वतन्त्रता को निगल जाता है, क्योंकि ऐसी स्थिति में स्वतन्त्रता आर्थिक रूप से सुदृढ़ वर्ग की निजी सम्पत्ति हो जाती है । निम्न वर्ग ऐसी स्थिति में न इसका महत्त्व जानता और न इसकी प्राप्ति हेतु आत्म-बलिदान के आदर्श को समझता है । अतएव वर्ग-शोषण एवं पूंजी के एकाधिकार के कुप्रभावों को मिटा देने पर ही स्वतन्त्रता का सामाजिक परिप्रेक्ष्य में अर्थ होगा ।[3] तभी स्वतन्त्रता संसर्जन की शक्ति बन सकेगी । साम्यवादी विचारक सर्वहारा तानाशाही की स्वाभाविक रूप से तरफदारी करते हैं । अतः इनकी स्वतन्त्रता सम्पन्न, पूंजीपति वर्ग के लिए तानाशाही, लेकिन श्रमजीवी सर्वहारा वर्ग की सच्ची स्वतन्त्रता कहलाती है । इनके सम्मुख मुख्य समस्या असमानता है । पूंजीवाद में एक वर्ग स्वतन्त्रता का भरपूर उपभोग कर पाता है, दूसरा वर्ग स्वतन्त्रता के इस पूंजीवादी षड्यन्त्र का शिकार बना रहता है ।

---

1. मार्क्स एंड एंजिल्स : कम्युनिस्ट मैनीफेस्टो, पृ० 117
2. कार्ल मार्क्स : कैपिटल, पृ० 591-92
3. कार्ल बेकर : फ्रीडम एंड रेस्पांसिबिलिटी इन दि अमरीकन वे आफ लाइफ, पृ० 242

लेनिन का मत है कि पूंजीपतियों के राज्य में न स्वतन्त्रता होती है और न लोकतन्त्र। इसलिए राजनैतिक स्वतन्त्रता को उस समय तक के लिए स्थापित किया जा सकता है जब तक साम्यवादी स्थापना न हो जाए और वर्ग संघर्ष लुप्त न हो जाए।

सी० ई० एम० जोड ने अपनी पुस्तक लिबर्टी टुडे में आर्थिक न्याय के जोश में राजनैतिक स्वतन्त्रता की बलि दे देने की दलील दी है। साथ ही वे ये स्वीकार करते हैं कि आर्थिक संरक्षण के अभाव में राजनीतिक स्वतन्त्रता बेमानी हो जाती है। पर साथ ही वे यह भी कहते हैं कि राजनैतिक स्वतन्त्रता स्वयं अपने आप में महत्त्वपूर्ण है। पर आर्थिक स्वतन्त्रता के न पा सकने के कारण हम राजनैतिक स्वतन्त्रता की उपेक्षा कर दें, यह उचित नहीं।[1]

सर्वाधिकारवादी राज्यों के निवासी भी इस बात को महसूस करते हैं कि राजनैतिक स्वतन्त्रता कितनी प्रिय व कीमती चीज है।

राजनीति में मनोविज्ञान का प्रयोग करने वाले विद्वानों के लिए स्वतन्त्रता एक गौण चीज है। जनता के व्यवहार व कार्य की पृष्ठभूमि में मनोवैज्ञानिक गुत्थियों को खोलने का सफल प्रयास इन्होंने किया है। स्वतन्त्रता की चाह अपने आप में एक बड़ी आदर्श है, जो जनता द्वारा बड़ी कीमत ले सकने में समर्थ है।

प्रो० बार्कर स्वतन्त्रता को इस सापेक्ष एवं विनियमित स्वरूप दिए जाने के पक्षधर हैं। उनका मत है कि प्रत्येक व्यक्ति को दूसरे के प्रति वैसी ही स्वतन्त्रता की जरूरत होती है वे विशेष क्षमताओं के लिए विशेष प्रकार की स्वतन्त्रता की मांग करते हैं।[2] बार्कर मिल की स्वतन्त्रता की कटु आलोचना मुख्यतः व्यक्ति के आचरण के दो भागों को लेकर करते हैं जबकि मानव-व्यवहार एक सम्पूर्ण क्रिया है। बार्कर इसे बहुमुखी मानते हैं। उनका मत है कि स्वतन्त्रता एक पेचीदी धारणा है। एक ओर यदि वह लोगों को स्वतन्त्रता हेतु विभक्त करती है तो दूसरी ओर इनमें एकता के भाव भरती है। अतएव बार्कर का मत है कि व्यक्तियों की स्वतन्त्रता में तालमेल उत्पन्न किया जाना चाहिए क्योंकि स्वतन्त्रता मात्र न्याय के नियमों में से एक है और इसी आधार पर राज्य एवं उसकी विधि कार्य करें।[3]

उदारवादी हाबहाउस परिपूर्ण आर्थिक विकास के लिए स्वतन्त्रता को सामाजिक परिप्रेक्ष्य में अपरिहार्य मानते हैं।[4] उनका मत है कि विधि एवं स्वतन्त्रता में किसी प्रकार का अन्तर्विरोध नहीं है। बल्कि विधि के माध्यम से यह

1. सी० ई० एम० जोड : लिबर्टी टुडे, पृ० 72
2. अर्नेस्ट बार्कर : प्रिंसिपल्स आफ सोशल एंड पोलिटिकल थ्योरी, पृ० 145-46
3. वही, पृ० 140-41
4. हाबहाउस : लिबरलिज्म, पृ० 23

सुरक्षित एवं सुदृढ़ बनती है। हाबहाउस स्वतन्त्रता के विभिन्न प्रकारों की विवेचना कर उसका समानता के साथ सम्बन्ध मानते हैं।

ए० डी० लिंडसे स्वतन्त्रता व समानता को एक सिक्के के दो पहलू मानते हुए, इन्हें आधुनिक लोकतन्त्र की बुनियाद बताते हैं। इसकी प्राप्ति के लिए लिंडसे समाज में धार्मिक एवं आर्थिक समुदायों की जागृति को प्रोत्साहित करना चाहते हैं।[1]

बर्ट्रेंड रसेल मानव स्वतन्त्रता के बड़े समर्थक हैं। वे स्वतन्त्रता का अर्थ कार्य करने की योग्यता मानते हैं। उनका मत है कि मानव विकास में सामाजिक परम्पराएं सबसे बड़ी बाधा है। अतः ऐसी परम्पराओं को अस्वीकार किया जाना चाहिए। रसेल स्वतन्त्रता के विचारों से प्रेरित हो फासीवाद का खुलकर विरोध करते हैं। उनका मत है कि लोकतांत्रिक समाजवादी व्यवस्था में ही स्वतन्त्रता कामय की जा सकती है। रसेल स्वतन्त्रता की मूल आत्मा का विश्लेषण करते हुए कहते हैं कि यह वह स्थिति है, जिसमें किसी प्रकार की भूल, भय, दमन एवं शोषण नहीं रहता, स्वतन्त्रता के बिना नैतिकता संभव नहीं और नैतिकता के बिना सामाजिक जीवन का कोई महत्त्व नहीं। रसेल का मत है कि स्वतन्त्रता ही सर्वोच्च राजनैतिक श्रेष्ठता है और सभी श्रेष्ठ सामाजिक व्यवस्थाओं का यही सर्वोच्च उद्देश्य होता है।[2]

स्वतन्त्रता की रक्षा वर्तमान युग का सबसे महान् प्रश्न है। उत्पीड़न, शोषण, सत्ता का अतिनियंत्रण, तानाशाही—इनका विनाश किए बिना रचनात्मक एवं क्रियात्मक स्वतन्त्रता की व्यवस्था व रक्षा करना संभव नहीं।

2. प्रो० लास्की के स्वतंत्रता विषयक विचार

स्वतन्त्रता, समानता तथा अधिकारों का प्रबल समर्थक लास्की मानवता को निर्धनता, अज्ञान, शोषण आदि विविध बुराइयों से मुक्त कराना राजनीतिक-समाज का महान् उद्देश्य मानता है। जिससे व्यक्ति अपने व्यक्तित्व का विकास करता हुआ, अन्य व्यक्तियों के साथ सहानुभूतिपूर्ण आचरण करता रहे। इसी अभिप्राय से लास्की के विचारों में राज्य की निरंकुशतावादी प्रभु-सत्ता के सिद्धांत के विरुद्ध बहुलवाद का, शोषण के विरुद्ध समाजवाद का एवं वैयक्तिक विकास के निमित्त अनेकानेक व्यक्तिगत अधिकारों का समर्थन किया गया है।

लास्की के राजनीतिक-चिंतन का सर्वोपरि लक्ष्य चूंकि मानव का सर्वांगीण विकास रहा, अतः वे व्यक्ति को अनावश्यक प्रतिबंधों से मुक्त रखने के प्रबल

---

1. ए० डी० लिंडसे : दि इसेंशियल्स आफ डेमोक्रेसी, 1929, पृ० 251
2. बर्ट्रेंड रसेल : रोड्स टू फ्रीडम, 1919, पृ० 121

समर्थक रहे। चिंतन की इसी शृंखला में उन्होंने स्वतन्त्रता सम्बन्धी अपने विचार प्रस्तुत किए।

स्वतन्त्रता को आत्मानुभूति का धनात्मक तथा समान अवसर कहने वाले चिंतक प्रो० लास्की के स्वतन्त्रता सम्बन्धी विचार प्रायः सदा परिवर्तनशील एवं विवादास्पद रहे हैं। लास्की ने कभी भी अधिकारों व स्वतन्त्रता के परमाणुवादी-विश्लेषण को स्वीकार नहीं किया, जो एकाकी व्यक्ति की आत्मपूर्णता के सिद्धान्त पर आधारित है। बेंथम, एडमस्मिथ एवं हर्बर्ट स्पेंसर द्वारा प्रस्तुत नकारात्मक स्वतन्त्रता की परिकल्पना के वे सदा विरोधी रहे हैं। लेकिन जहां तक बौद्धिक स्वाधीनता का प्रश्न है, वे उसके समर्थन में उतना ही उत्साह दिखाते हैं, जितना जान स्टुअर्ड मिल ने दिखाया था।[1] उदारवादी विचारक टी० एच० ग्रीन के व्यक्तिवादी दृष्टिकोण से प्रभावित होकर स्वतन्त्रता की इस नकारात्मक परिभाषा कि 'स्वतन्त्रता प्रतिबन्धों का अभाव है' से वे अपनी असहमति व्यक्त करते हैं।

विद्वानों ने सदा लास्की के स्वतन्त्रता व अधिकार सम्बन्धी विचारों में तार्किक सामंजस्य का अभाव पाया है। लास्की के वक्तव्यों में परस्पर अन्तर्विरोध है। विभिन्न दृष्टिकोणों एवं धारणाओं के अनुरूप वे स्वतन्त्रता सम्बन्धी अपना दृष्टिकोण समय-समय पर परिवर्तित करते रहे हैं।

अपने ग्रंथ 'ए ग्रामर आफ पालिटिक्स' में लास्की अपने स्वतन्त्रता व समानता सम्बन्धी लेखों में कहते हैं कि 'स्वतन्त्रता से मेरा तात्पर्य उस वातावरण को बनाए रखने की उत्कृष्टता से है, जिसमें लोगों को अपने सर्वोत्कृष्ट स्वरूप की सिद्धि का अवसर हो। अधिकारों के अभावों में स्वतन्त्रता नहीं हो सकती, क्योंकि बिना अधिकारों के मनुष्य व्यक्तित्व की आवश्यकताओं से असम्बद्ध होकर कानून के अधीन रह जाएंगे।'[2]

'अथारिटी इन दि मार्डन स्टेट' ग्रंथ में वे मानते हैं कि स्वतन्त्रता बंधनों का अभाव नहीं है। आगे उनकी धारणा बदल जाती है। वे कहते हैं 'स्वतन्त्रता को प्रतिबन्धों का अभाव नहीं माना जा सकता परन्तु 1930 में फासीवाद के बढ़ते हुए प्रभाव के संदर्भ में स्वीकार किया कि स्वतन्त्रता वस्तुतः प्रतिबन्धों का अभाव ही है।'[3] लेकिन 1940 में हाबहाउस मेमोरियल भाषण देते हुए उन्होंने इस नकारात्मक परिभाषा को पुनः अस्वीकार कर दिया और कहा कि 'स्वतन्त्रता को प्रतिबन्धों का अभाव समझना, आज के जन-कल्याणकारी राज्य के निर्माण के संदर्भ में उचित नहीं है।'[4]

---

1. लास्की : लिबर्टी इन दि माडर्न स्टेट, पृ० 94-122
2. लास्की : ए ग्रामर आफ पालिटिक्स, (हिन्दी अनुवाद), पृ० 112
3. हर्बर्ट डीन : दि पालिटिकल आइडियाज आफ हेराल्ड जे० लास्की, पृ० 109
4. वही, पृ० 253-54

जैसा कि लास्की स्वयं स्वीकार करते हैं कि स्वतन्त्रता एक भावात्मक वस्तु है। शायद इसीलिए उन्होंने अपने स्वतन्त्रता सम्बन्धी विचारों में आदर्शवादी शब्दावली का भरपूर उपयोग किया है। लास्की जहां एक ओर मानते हैं कि राज्य मनुष्यों के सर्वतोन्मुखी-विकास का साधन है, वहीं और इसी कथन में अधिकारों की परिकल्पना सन्निहित है, वहीं दूसरी ओर वे कहते हैं, कि मनुष्यों के सर्वतोन्मुखी विकास के लिए स्वतन्त्र ऐच्छिक समुदायों की आवश्यकता है। अतः राज्य को अपने क्षेत्राधिकार को बहुत ही संकुचित रखना चाहिए। लास्की की स्वतन्त्रता का आदर्शवादी स्वरूप उन्हीं के इन शब्दों में प्रखर रूप में स्पष्ट होता है कि 'हम राज्य के सैद्धान्तिक उद्देश्यों से प्रारम्भ करते हैं। यह अपने सदस्यों की सदाचार की दिशा में प्रगति करने की सामर्थ्य का पूर्ण-विकास करना चाहता है, इसका तुरन्त अभिप्राय स्वतन्त्रता और समानता है।'[1]

आगे वे स्वतन्त्रता की परिभाषा आत्म-विकास के रूप में करते हैं, जो वस्तुतः टी० एच० ग्रीन की है। आत्म-विकास से लास्की का अभिप्राय मनुष्यों की स्वाभाविक सृजनात्मक प्रवृत्तियों के विकास से है। एक बात यह तो स्पष्ट है कि लास्की के हृदय में स्वतन्त्रता के प्रति अगाध निष्ठा है, और उसके विशुद्ध स्वरूप की प्राप्ति के प्रति वे सदा प्रतिबद्ध रहे। कुछ विद्वान लास्की की स्वतन्त्रता सम्बन्धी धारणा को मात्र भावनात्मक बुद्धि-विलास मानते हैं, वस्तुतः ऐसा है नहीं। लास्की की स्वतन्त्रता जितनी भावनात्मक सभ्यता के कारण आदर्शोन्मुखी है, उससे कहीं ज्यादा वह अपनी विवेकपूर्ण प्रतिबद्धता के कारण एकदम यथार्थ के निकट है।

लास्की स्वतन्त्रता को प्रतिबन्धों के अभाव की स्थिति में नहीं पाते हैं, बल्कि लोक-कल्याणकारी राज्य-व्यवस्था के सन्दर्भ में सार्वजनिक हित के उद्देश्य से वे कतिपय नियमों व प्रतिबन्धों को आवश्यक मानते हैं। आत्म-रक्षा, आत्म-विकास, सामाजिक-उत्थान एवं सार्वजनिक स्वास्थ्य जैसे कई विषयों पर राज्य द्वारा प्रतिपादित नियमों को वे न केवल अपनी स्वीकृति प्रदान करते हैं, बल्कि वास्तविक स्वतन्त्रता की स्थापना के लिए वे इसे आवश्यक भी मानते हैं। जैसे कि स्वयं उन्होंने स्वीकार किया है कि 'प्रकटतः व्यवस्था समन्वय वृत्ति का परिणाम है क्योंकि बिना सामान्य नियमों के हम साथ-साथ नहीं रह सकते। हमारे ऐतिहासिक अनुभवों ने हमारे लिए ऐसे नियम बना दिए हैं जो हमें समुचित जीवन की सुविधा देते हैं। उनका पालन करने के लिए विवश करना मनुष्य को परतंत्र करना नहीं है। जब भी आचार-व्यवहार के ऐसे भागों को जो सामान्य-हित में न हों, प्रतिबंधित करना आवश्यक हो जाए, तो उनका स्वच्छन्द कार्यक्षेत्र

---

1. लास्की ; फाउंडेशन्स आफ सावरेंटी, पृ० 88

से हटाया जाना स्वतन्त्रता पर आक्रमण नहीं समझा जाना चाहिए ।'[1]

स्पष्ट है, लास्की मिल की इस धारणा को नहीं स्वीकार करते कि व्यक्ति के आत्म-परक तथा पर-परक दो प्रकार के कार्य होते हैं । और आत्म-परक कार्यों में व्यक्ति के ऊपर कोई प्रतिबंध नहीं होना चाहिए । प्रत्युत लास्की यह मानते हैं कि व्यक्ति का प्रत्येक आचरण सामाजिक होता है, अतः जहां पर व्यक्ति का कोई आचरण दूसरों के अधिकारों का अतिक्रमण करे वहां पर समाज की सत्ता स्वस्थ सामाजिक-जीवन की परिस्थितियों को बनाए रखने के लिए हस्तक्षेप करे तो यह व्यक्ति की स्वतन्त्रता का हनन नहीं है ।

स्वतन्त्रता सम्बन्धी अपनी धारणा को स्पष्ट करने के लिए लास्की ने जिन तीन विभिन्न पहलुओं की कसौटी पर स्वतन्त्रता के अस्तित्व को परखा है, वे इस प्रकार हैं—

1. वैयक्तिक स्वतन्त्रता
2. राजनीतिक स्वतन्त्रता
3. आर्थिक स्वतन्त्रता

1. वैयक्तिक स्वतन्त्रता

वैयक्तिक अथवा व्यक्तिगत स्वतन्त्रता का अभिप्राय मनुष्य के वैयक्तिक (व्यक्तिगत) जीवन से सम्बन्ध रखने वाले कार्यों से है । लास्की धार्मिक विश्वास की स्वतन्त्रता को व्यक्तिगत स्वतन्त्रता के अन्तर्गत स्वीकार करते हैं । यह मिल के आत्मपरक कार्यों के सदृश स्वतन्त्रता की धारणा के तुल्य है । यदि कोई कानून धर्म, जाति, लिंग अथवा सम्पन्नता या निर्धनता के आधार पर सार्वजनिक स्थलों में आने-जाने या सार्वजनिक पदों पर नियुक्ति पाने जैसे विषयों पर भेदभाव करे या पक्षपातपूर्ण रवैया अपनाए तो इससे स्पष्टतः वैयक्तिक स्वतन्त्रता पर आक्रमण होता है ।

इस सम्बन्ध में लास्की स्वयं स्वीकार करते हैं कि—'निजी स्वतन्त्रता से मेरा तात्पर्य है, जीवन के उन क्षेत्रों में पसंद करने की स्वतन्त्रता को उपयोग करने का अवसर जहां कि मेरे प्रयत्नों के परिणाम मुख्यतः मुझे उस एकान्तिकता में प्रभावित करते हैं, जिससे कि कम से कम अन्ततः मैं सदैव घिरा रहता हूं । धर्म इस पहलू का एक अच्छा उदाहरण है ।'[2]

यदि न्यायालय निर्धन व्यक्तियों को पर्याप्त कानूनी बचाव प्रदान नहीं करता तो यह भी निजी स्वतन्त्रता का निषेध होगा । इस सम्बन्ध में लास्की चाहते हैं

---

1. लास्की : ए ग्रामर आफ पालिटिक्स, (हिन्दी अनुवाद), पृ० 112
2. वही, पृ० 115

कि कानून और कानूनी-प्रक्रिया दोनों इस प्रकार हो कि धनी अथवा निर्धन दोनों व्यक्ति समान रूप से लाभान्वित हों। केवल अमीरों को लाभान्वित करने वाले कानूनों के निर्माण को लास्की व्यक्ति की निजी स्वतन्त्रता पर प्रहार मानते हैं। इस प्रकार सिद्ध होता है कि निजी स्वतन्त्रता वह सामर्थ्य है, जिसको पाने पर व्यक्ति राज्य से अपनी निजी संपूर्णता को प्राप्त करता है। जैसा कि व्यक्ति की इस स्थिति के सम्बन्ध में स्वयं लास्की ने अपने ग्रंथ 'ए ग्रामर आफ पालिटिक्स' में अपने स्वतन्त्रता एवं समानता सम्बन्धी लेखों में स्वीकार किया है कि 'निजी स्वातन्त्र्य वह पहलू है, जिसका सार-तत्त्व किसी मनुष्य के लिए मुख्यतः व्यक्तिगत है, यह जीवन के निजी सम्बन्धों में अपने आपको पूर्णता पर पहुंचाने का अवसर है।'[1]

2. राजनीतिक स्वतन्त्रता

राजनीतिक स्वतन्त्रता से लास्की का सीधा अभिप्राय राज्य के कार्यकलापों में व्यक्ति की सक्रिय भागीदारी से है। व्यक्ति को यह स्वतन्त्रता हो कि वह राज्य की गतिविधियों एवं राज्य की कार्य-प्रणाली में स्वयं हिस्सा ले सके। स्वयं लास्की का कथन है कि 'राजनीतिक स्वतन्त्रता का अर्थ राज्य के मामलों में सक्रिय हो पाने की शक्ति है।'[2]

राज्य के मामलों में सक्रिय होने की प्रथम आवश्यकता के रूप में लास्की का कथन है कि व्यक्ति को विचार व्यक्त करने व निर्वाचित होने की स्वतन्त्रता हो। वास्तविक राजनीतिक स्वतन्त्रता प्राप्त करने के लिए वे दो शर्तों को मूल रूप में अनिवार्य मानते हैं—शिक्षा की सुविधा व प्रेस की स्वतन्त्रता।

लास्की का विचार है कि व्यक्ति को इतनी शिक्षा मिलनी चाहिए कि वह अपने विचार उस रूप में प्रकट कर सके जिस रूप में दूसरे उसे आसानी से समझ सकें। वे निर्दोष शिक्षा-पद्धति के पक्षधर हैं। उनका मत है कि यदि किसी शिक्षा-प्रणाली के अन्तर्गत सम्पन्न-वर्गों के बालकों को सत्ताधारी बनने और निर्धन-वर्ग के बालकों को अधीनस्थ रहने की दयनीय विनयशीलता का प्रशिक्षण दिया जाए तो यह राजनीतिक स्वतन्त्रता का दमन है।

राजनीतिक स्वतन्त्रता की द्वितीय शर्त के रूप में, लास्की प्रेस की स्वतन्त्रता पर बल देते हैं। वे चाहते हैं कि समाचारों का सही-सही व सीधा-सच्चा प्रकाशन होना नितान्त अनिवार्य है। चूंकि 'साधारणतया हमें अपने तथ्यों पर विश्वास करना पड़ता है, परंतु यदि तथ्य जान-बूझकर तोड़े-मरोड़े जाएं तो हमारा निर्णय सत्य से असंबद्ध होगा। जिस जनता को विश्वसनीय समाचार प्राप्त नहीं होते, वह

1. लास्की : ए ग्रामर आफ पालिटिक्स, (हिन्दी अनुवाद), पृ० 116
2. वही, पृ० 116

देर-सबेर स्वतन्त्रता का आधार खो बैठती है, क्योंकि तोड़-मरोड़कर पेश किए गए सदोष तथ्यों के आधार पर निर्णय करना अन्ततः दुर्भाग्यपूर्ण ढंग से भटक जाता है।'[1]

स्पष्ट है, यदि आज नागरिक को प्रेस की स्वतन्त्रता नहीं मिलती और यदि प्रेस राज्य के दबावों के कारण निर्भीक व स्वतन्त्र नहीं है तथा वह तथ्य-सहित वास्तविक-सूचना नहीं दे सकता है, तो व्यक्ति की राजनीतिक स्वतन्त्रता पर यह राज्य का सीधा आक्रमण है। संक्षेप में कहा जा सकता है कि लास्की के मतानुसार पर्याप्त शिक्षा के अभाव और प्रेस की स्वतन्त्रता के अभाव में नागरिक की राजनीतिक स्वतन्त्रता के अस्तित्व की कल्पना निराधार एवं निःसार है।

3. आर्थिक स्वतन्त्रता

आर्थिक स्वतन्त्रता से लास्की का अभिप्राय उद्योगों की स्वायत्तता से है। आर्थिक कार्य-कलापों में व्यक्ति को न केवल स्वतन्त्रतापूर्वक भागीदारी मिलनी चाहिए बल्कि उसे बेरोजगारी के भय से मुक्त भी होना चाहिए। श्रमिक और उद्योगपति के सम्बध मालिक और दास के सम्बन्ध न हों। स्वयं लास्की के शब्दों में 'आर्थिक स्वतन्त्रता से मेरा तात्पर्य यह है कि किसी आदमी को इतनी सुरक्षा व अवसर हो कि वह अपने जीविकोपार्जन को पर्याप्त अर्थवत्ता दे सके, अर्थात् मुझे बेकारी और अभाव के सतत भय से मुक्ति हो।'[2] जो अन्य किन्हीं कमियों से कहीं अधिक व्यक्तित्व की शक्ति का ह्रास करती है।

आर्थिक स्वतन्त्रता का आधार आगामी कल की आवश्यकताओं के दानव से मानव को सुरक्षित होना चाहिए। लास्की का विचार है कि श्रमिकों के लिए औद्योगिक निर्देशन बाध्यता पर आधारित नहीं हो, बल्कि परस्पर सहयोग व समझौते की भावना पर आधारित हो। यदि अर्थ-व्यवस्था के अन्तर्गत कुछ लोग भय की स्थिति में बने रहे तो ऐसी व्यवस्था आर्थिक स्वतन्त्रता के उद्देश्य में बाधक है। इस प्रकार आर्थिक स्वतन्त्रता का अर्थ है, उद्योग में लोकतन्त्र का समावेश अर्थात् उद्योग की सुरक्षा काम करने व चेतन प्राप्त करने की स्वतंत्रता। लास्की का मत है कि 'औद्योगिक प्रबंध अधिकारों की उस प्रणाली पर निर्भर है, जो व्यक्तियों को नागरिकों के रूप में प्राप्त हैं।' स्पष्ट है कि लास्की चाहते हैं उद्योगों का संयोजन ऐसा हो कि वह अपने नियमों व कानूनों का निर्धारण पारस्परिक सद्भाव व सह-सम्मति के आधार पर बनाएं न कि जोर-जबरदस्ती। इसके साथ ही लास्की अपेक्षा करते हैं कि साधारण नियम ऐसे हों कि जिनका

1. लास्की : ए ग्रामर आफ पालिटिक्स, (हिन्दी अनुवाद), पृ० 117
2. वही, पृ० 117

पालन शासक व शासित दोनों वर्गों के लोग समान रूप से कर सकें। वे राजनीतिक स्वतन्त्रता की प्राप्ति के लिए भी व्यक्ति की आर्थिक स्वतंत्रता को आवश्यक मानते हैं।

स्वतंत्रता के उपर्युक्त रूपों की विस्तृत-विवेचना के उपरान्त लास्की स्वतंत्रता के रक्षा-कवचों के बारे में भी स्पष्ट संकेत देते हैं। लास्की का विचार है यदि समाज में कुछ लोगों को विशेष स्थिति प्राप्त रहे तो व्यक्तिगत स्वतंत्रता की रक्षा नहीं हो सकती। क्योंकि विशेष स्थिति प्राप्त व्यक्ति या वर्ग के सदस्य अपने दायरे से बाहर वालों को अपने से हीन समझते रहेंगे और अपनी उच्चतर स्थिति को नैसर्गिक मानते हुए उसे बनाए रखने के लिए विशेष प्रयास भी करेंगे। यह धारणा कि स्वतंत्रता प्रत्येक मानव का समान विशेषाधिकार है, अतएव वास्तविक स्वतंत्रता की प्राप्ति व उसकी रक्षा के लिए जहां यह आवश्यक है कि राज्य के कानून सभी व्यक्तियों पर समान रूप से लागू हों, वहीं यह भी जरूरी है कि स्वतंत्रता की रक्षा के उद्देश्य से संघर्ष करने का निर्णय व अधिकार जनता के पास सुरक्षित हों।

सार रूप में कहा जा सकता है, कि स्वतंत्रता की रक्षा तभी संभव है, जब कि सामाजिक-व्यवस्था का संगठन समानता की धारणा पर आधारित हो, और इसी आधार पर जनता को कुछ अधिकार प्रदान किए जाएं तथा राज्य के द्वारा उनको संरक्षण देने की गारंटी दी जाए। जैसा कि इस संदर्भ में स्वयं लास्की का कथन है कि, "स्वतंत्रता को बनाए रखने के लिए हम अधिक से अधिक यह कर सकते हैं, कि ऐसी प्रणाली तलाश करें, जो पक्षपात की भावना को जितना संभव हो, कम कर सके।"

उपरोक्त विवेचना के बाद स्पष्ट हो जाता है कि लास्की मनुष्य की स्वतंत्रता की प्राकृतिक इच्छा के कितने बड़े समर्थक हैं और इसकी प्राप्ति के लिए वे कितने व्याकुल हैं। स्वत्रतंता के अधिकार के प्रति उनका आकर्षण उनके द्वारा की गई फासीवादी सिद्धांत की कटु आलोचना से सिद्ध हो जाता है। वे फासीवाद की भर्त्सना इसलिए करते हैं क्योंकि उसमें नागरिक-स्वतंत्रताओं का हनन कर दिया जाता है। वे एक फासिस्ट तानाशाह की तुलना निर्मम जल्लाद से करते हुए सचेत करते हैं कि, "मानव स्वभाव के प्रति उनके (फासिस्टों) दृष्टिकोण का परिचय मुसौलिनी के इस कथन से होता है कि स्वतंत्रता एक सड़ी हुई लाश है।" व विकास एवं उसका सम्मान नहीं करते, वे उसके द्वारा आत्म-विकास की संभावना को अस्वीकार करते हैं। उनका विश्वास है कि जनता भेड़ों का खेड़ है, जिसका उपयोग वे निर्धारित उद्देश्यों के लिए करते हैं। वे ऐसे विश्वास और अभिलाषा के जो उनकी सत्ता के अधिकार को चुनौती दे, औचित्य से इनकार करते हैं। उनका आग्रह है कि लोग दासों की तरह उनकी आज्ञा का पालन करें, जिसका

अच्छे से अच्छा नतीजा उन्हें धूर्त और चापलूस बनाना है, और बुरे से बुरा परिणाम आत्म-गौरव की भावना का ह्रास तथा उनकी निर्दयता का अनुकरण है।'[1] लास्की का विचार है कि जो शासन-प्रणाली व्यक्ति को नागरिक-अधिकारों से वंचित करती है, वह मनुष्यों को यंत्रचालित पुतलों में बदल देती है। तात्पर्य यह कि व्यक्ति के व्यक्तित्व का समुचित विकास हो सके, इसके लिए अधिकारों की सुलभ उपस्थिति एक अनिवार्य शर्त है।

लेकिन आधुनिक युग के संदर्भ में लास्की का विचार है कि आज केवल फासीवाद ही मानव के अधिकारों की परिकल्पना के अस्तित्व के लिए एकमात्र संकट नहीं है। चूंकि स्वतंत्रता जो वस्तुत: अधिकारों का सार है न तो अमरीका जैसे पूंजीवादी लोकतंत्र में सुरक्षित है, और न ही रूस जैसे समाजवादी अधिनायक तंत्र में। उनका कथन है कि, "राष्ट्रों के एक गुट में साम्यवादी का दैनिक जीवन चारों ओर से खतरों से घिरा होता है, दूसरे गुट में जो जीवन नागरिक साम्यवादी जीवन-पद्धति को अस्वीकार करता है, वह मौत या गिरफ्तारी का खतरा उठाता है।"[2] अपने इसी विचार की विस्तारपूर्वक व्याख्या करते हुए वे स्पष्ट करते हैं कि "जब स्वतंत्रता पर राजनीतिक या आर्थिक प्रहार होते हैं, तो उनके उद्देश्य में न कि उनके चरित्र में अन्तर होता है। राजनीतिक विचारधारा का अपने अनुयायियों पर वही प्रभाव होता है, जो धर्म का। मास्को एवं वाशिंगटन के पुजारी दो भिन्न प्रतिमाओं की पूजा अवश्य करते हैं, पर दोनों की अंध-भक्ति समान है। आर्थिक-प्रणाली भी अपनी आत्म-रक्षा इसी प्रकार करती है। उग्र मार्क्सवादी के भक्त विरोधियों पर अपने विचारों को थोपने के अधिकार को कभी संशय की दृष्टि से नहीं देखते, चाहे इसकी कीमत खून से देनी पड़े। अमरीका जैसे संवैधानिक राज्य में स्वतंत्रता के दमन को उच्छृंखलता का नियंत्रण कहते हैं। मास्को के अधिनायकतंत्र में इसे गलत बुर्जुआ की स्वीकृति के प्रतिरोध की संज्ञा दी जाती है।"[3] यहां शायद यह कहना आवश्यक नहीं है कि लास्की इन बहानों को दोनों गुटों की स्वार्थ-निहित शुद्धता मानते हैं तथा इस प्रवृत्ति को वे स्वतंत्रता के अस्तित्व के लिए अत्यंत घातक घोषित करते हैं।

---

1. लास्की : रिफ्लेक्शंस आन दि रिवोल्यूशन आफ अवर टाइम, पृ० 107
2. लास्की : डिलेमा आफ अवर टाइम्स, पृ० 16-17
3. लास्की : लिबर्टी इन दि माडर्न स्टेट, पृ० 213

अध्याय चतुर्थ

समानता की अवधारणा

1. समानता पर प्रो० लास्की के पूर्ववर्ती चिंतकों के विचार

समानता को एक तथ्य विचार, मूल्य अथवा आदर्श, किसी भी रूप में अनादिकाल से देखा-समझा जाता रहा है किंतु किसी भी दृष्टि से समानता की धारणा को स्पष्ट एवं सिद्ध नहीं किया जा सकता है।'[1] जैसा कि सारतोरी का मत है कि यह एक प्रतिवादी आदर्श (प्रोटेस्ट आइडिया) है, जो दैव योग, आकस्मिक असमानता, न्यायपूर्ण शक्ति एवं रूढ़िगत विशेषाधिकारों के विरुद्ध एक विद्रोह के रूप में प्रकट होता है।[2] विश्व में आज हर तरफ असमानता दृष्टिगोचर हो रही है। मनुष्यों में शक्ति एवं गुण में विभिन्नता एक जबर्दस्त सच्चाई है और इसके उन्मूलन की आशा नहीं मालूम पड़ती है फिर भी समानता का आदर्श शताब्दियों से विश्व में प्रचारित हो रहा है। "बाहरी दृष्टि से असमान रहते हुए भी मानवता की दृष्टि से सब समान है।"[3] विभिन्न धर्म-ग्रन्थों में यह बात उच्चारित की गई है कि समस्त मानव समान हैं। इस प्रकार के प्राचीन वक्तव्य की आज राजनैतिक सामाजिक, आर्थिक, वैज्ञानिक एवं सांस्कृतिक सभी दृष्टियों से भी समर्थित करना नितांत जरूरी हो गया है। बाहरी अनेक प्रकार की विषमताओं के बावजूद मानव मात्र में आत्मिक एवं तात्विक दृष्टि से कुछ मौलिक समानताएं अवश्य विद्यमान होती हैं। जैसे कि मानव विकास के लिए आवश्क संसाधनों का समान विभाजन अर्थात् व्यस्त-स्वार्थों अथवा वर्ग-स्वार्थों का विनाश एवं सामाजिक जीवन में अतार्किक एवं असंगत समस्त रूढ़िवादिता का उन्मूलन। सभ्यता एवं संस्कृति के द्वारा उपस्थित अवसरों एवं सुविधाओं का समान विभाजन एवं सर्वोपलब्धिकरण इसका उद्देश्य है।'[4]

---

1. अर्नाल्ड ब्रेष्ट : पोलिटिकल थ्योरी, 1959, पृ० 313-15
2. जी० सारतोरी : डेमोक्रेटिक थ्योरी, पृ० 215
3. स्पाईगवर्ज : ए डिफेंस आफ ह्यूमन इक्वेलिटी, 1944, पृ० 124
4. जे० एफ० स्टीफन : लिबर्टी इक्वालिटी : फ्रेटरनिटी, 1973, (राजनीति और दर्शन, वी० पी० वर्मा से उद्धृत), पृ० 333

विश्व में असमानता का राज्य होने पर भी प्रारम्भ से समानता का आदर्श उद्‌घोषित होता रहा है। वेदांत में मानव मात्र को आत्मिक रूप से समान माना गया है। गीता की शिक्षा के अनुसार समानता एक विशाल वृत्ति है, जिनमें मानसिक वृत्तियों का संशोधन एवं सामंजस्य तथा सब जीवों में समान दृष्टि का समावेश हो जाता है।'[1] बाइबिल में भी इसी आधार पर समानता स्वीकृत की गई है कि सभी ईश्वर की संतान हैं। यूनानी नाटककार यूरोपिड्स समानता को मनुष्य का प्राकृतिक नियम मान, इसे वह शक्ति मानते थे जिसके अंतर्गत मित्र-नगर एवं मित्र-राष्ट्र एक सूत्र में बंधे रहते हैं।'[2]

आज उन्नत विज्ञान एवं तकनीक के इस भौतिकतावादी युग ने मानव के बीच के विभेदों का अंत कर दिया है। मानव मात्र की समानता की धारणा की कशमकश शताब्दियों पूर्व से विचारकों, राजमर्मज्ञों में होनी प्रारम्भ हुई थी।

राजनैतिक दृष्टि से यूनानी राज्य को सब कुछ करने का अधिकार देते हुए भी सुकरात एवं एक दास के वैयक्तिक मूल्य में बहुत अन्तर मानते थे। वे समानता के ज्यादा प्रेमी न होकर स्वाधीनता के प्रेमी थे।

प्लेटो का साम्यवादी विचार, मनुष्यों में तीन गुणों के आधार पर विभेद करता है एवं अरस्तू द्वारा दास प्रथा का समर्थन इन्हीं असमानता के आधार पर किया गया है। अरस्तू के मतानुसार "प्रकृति स्वतंत्र पुरुष और दास के शरीरों में भेद करना चाहती है। अतः वह एक शरीर को आवश्यक सेवा-कार्यों के लिए बलवान बनाती है। तथा स्वतंत्र पुरुष के शरीर को सरल और सीधा बनाती है और वह शारीरिक श्रम के लिए बेकार होता है।'[3] अरस्तू दास और स्वामी—दोनों के हितों में समानता बताकर उसका औचित्य सिद्ध करने का तार्किक प्रयास भी करता है। अरस्तू का मत है कि सभी व्यक्ति समान नहीं होते, कुछ योग्य होते हैं और कुछ अयोग्य, कुछ शारीरिक रूप से बलवान होते हैं और कुछ निर्बल, कुछ व्यक्ति विद्वान होते हैं और कुछ नासमझ। दुर्बल लोग सर्वदा समता और न्याय के लिए अनुसंधान करते रहते हैं पर बलवान लोग इन दोनों में से किसी की तनिक भी चिंता नहीं करते।'[4] अरस्तू इस बात को भी मानते हैं कि लोकतांत्रिक न्याय की भावना योग्यता के अनुपात में समानता पाना नहीं वरन् संख्यानुसार समानता पाना है।'[5] अर्थात् संख्या के आधार पर सत्ता सबमें बराबर बंटी होनी

1. गीता : अध्याय 12, श्लोक 18-19
2. दलेर दिओल : लिबरलिज्म एंड मार्क्सिज्म से उद्धृत, पृ॰ 140
3. अरिस्टोटल : पालिटिक्स, पृ॰ 10
4. अरस्तू की राजनीति, (हिन्दी अनुवाद), भोलानाथ शर्मा पृ॰ 426
5. वही, पृ॰ 423

चाहिए ।[1] अरस्तू आज के अहं प्रश्न में निहित सत्य का अन्वेषण करता हुआ कहता है कि वह आदर्श राज्य एवं संवैधानिक शासन का आदर्श सभी की भलाई (समानता) को स्वीकार करता है ।

एपिक्यूरियन विचारधारा मानव प्रकृति में समानता की हामी भरकर उनको समान रूप से न्याय देने का समर्थन करती थी । स्टोइक विचारधारा भी समानता को मानव प्रकृति का नियम मान, मानव-मानव में कोई अन्तर नहीं मानती अर्थात् ये भी मानव प्रवृत्ति में समानता को दुहराती है ।[2] स्टाइक समूचे विश्व में एक ही सार्वभौम सत्ता का शासन मानते हुए इस परिभाषा पर पहुंचते हैं कि विभिन्न जातियों और राष्ट्रीयताओं के होते हुए भी सब मनुष्य समान हैं और इन्हें पृथक्-पृथक् राज्यों के स्थान पर एक ही प्रभु के शासन का अंग बनाना चाहिए ।

सिनिक विचारकों ने भी मानवीय समानता का उपदेश दिया था किन्तु सेबाइन का मत है कि उनकी समानता शून्यवाद (निहिलिज्म) की समानता थी क्योंकि यह सम्प्रदाय मानवप्रेम एवं सुधारवाद के सामाजिक दर्शन का आधार कभी नहीं बना ।[3]

रोमन कानून ने प्राकृतिक विधि के अंतर्गत मानव मात्र ही नहीं अपितु समस्त प्राणी-जगत को समान रूप से इसका अंग बताया है। रोमन साम्राज्य के चरमोत्कर्ष पर पश्चिम यूरोप में ईसाईयत का उदय भी मानवता को उठाने में महत्त्वपूर्ण संबल बनकर सामने आया । संतपाल का मत था कि न कोई यहूदी है, और न कोई दास है और न स्वतंत्र, न कोई स्त्री है और न कोई पुरुष । ईसा की दृष्टि में सब बराबर हैं । संतपाल यदि समतावादी थे तो अगस्ताइन असमानता-वादी हैं । वे इसके पीछे मनुष्य के पापों को कारण मानते हैं । फिर भी अनेक चर्च के संस्थापक प्राकृतिक विधि, मानव समानता एवं राज्य के न्याय की आवश्यकता के सम्बन्ध में सिसरो एवं सेनेका से सहमत थे ।

रोमन प्रवक्ता सिसरो का विश्वास था कि सभी मनुष्यों एवं राष्ट्रों पर प्रकृति का सर्वव्यापी नियम लागू होता है, इसीलिए वे किसी न किसी अर्थ में समान अवश्य हैं ।

ईसाईयत सब मनुष्यों को ईश्वर का पुत्र और समान मानती है किन्तु विचित्र बात ये है कि तात्कालिक दास-प्रथा का उन्मूलन ईसाईयत नहीं कर सकी और इसके पक्ष में उन्होंने दो तर्क दिए कि दासता पापों का फल एवं दासता

1. अरस्तू की राजनीति (हिन्दी अनुवाद), भोलानाथ शर्मा, पृ० 424
2. सेबाइन : हिस्ट्री आफ पोलिटिकल थ्योरी, (हिन्दी अनुवाद), खंड 1, पृ० 25
3. वही, पृ० 126

भौतिक बंधन है, आत्मिक नहीं। यूनानी एवं रोमन काल में समानता का विचार सब पर समान रूप से लागू होने वाले उच्च-विश्वव्यापी नियमों पर आधारित था।

इटली के कुशल राजमर्मज्ञ मेकियावेली ने अपनी पुस्तक डिसकोसेंज में गणतंत्र की प्रस्तुति की है परन्तु उसकी सफलता के लिए उन्होंने संपत्ति की समानता की प्रथम शर्त भी जोड़ दी है।

बौदां सम्पत्ति की विषमता स्वीकार करता है। वह नागरिकों की समानता के विचार को गलत बताता है। बौदां की दृष्टि में थोक व्यापारी नागरिकता प्राप्त कर सकते हैं किन्तु छोटे व्यापारी नागरिकता पाने का अधिकार नहीं रखते। उसका स्पष्ट मत है कि वैभव, शक्ति, पद की दृष्टि से मानव असमान हैं किन्तु एक सामान्य प्रभु-सत्ता के प्रति अधीनता के नाते वे सभी समान हैं।

मनोवैज्ञानिक व्यक्तिवादी हाब्स के मत से प्रकृति ने सभी मनुष्यों को शारीरिक शक्तियों और मानसिक बुद्धि आदि में समान बनाया है। अतः जिस लाभ विशेष की मांग एक व्यक्ति करता है, उसे दूसरा भी करता है। शारीरिक शक्ति में एक मनुष्य दूसरे से शक्तिशाली हो सकता है परन्तु और लोग गुप्त छल से या गुटबंदी करके उसे मार सकते हैं।[1] वे परस्पर विश्वास नहीं करते। हाब्स का मत है कि लक्ष्य पाने की योग्यता सभी में समान है और बौद्धिक योग्यता की कमी की पूर्ति शरीर बल द्वारा हो जाती है। सामर्थ्य की इसी क्षमता के कारण लक्ष्य-प्राप्ति की समानता का उदय होता है। निरंकुश राजतंत्र में मानव-मानव में समानता का विचार कभी स्वीकार नहीं किया गया।

आशावादी लाक मनुष्य को सामाजिक एवं सहयोगी मानता हुआ कहता है कि सर्वमनुष्य प्रकृतितः एक समानता की अवस्था में हैं जिसमें सम्पूर्ण शक्ति और अधिकार क्षेत्र पारस्परिक हैं तथा किसी को एक-दूसरे से ज्यादा प्राप्त नहीं हैं क्योंकि इससे अधिक स्पष्ट और कोई बात नहीं है कि एक ही नस्ल एवं वेश की संतान जिन्हें प्रकृति के सब लाभ सामान रूप से प्राप्त होते हैं बिना किसी आधिपत्य तथा अधीनता के परस्पर भी समान हों।[2]

लाक के इस कथन का अर्थ मानव का दिमागी एवं शारीरिक रूप से समान क्षमतावान होना नहीं बल्कि मानव होने के नाते सभी नैतिक दृष्टि से समान हैं और उन्हें समान अधिकार प्राप्त है। लाक के मत से भौतिक एवं बौद्धिक असमानता से मनुष्यों की नैतिक समानता पर प्रभाव नहीं पड़ता। उनका मत है कि धरती पर मानव के अवतरण के साथ ईश्वर ने उसे विवेक जैसी अमूल्य पूंजी

---

1. हाब्स : लेवियाथन, खंड 2, अध्याय 6, पृ० 38
2. लाक : सिविल गवर्नमेंट, पृ० 152

दी है। यही समस्त मनुष्यों को समान, स्वतंत्र और समाजप्रिय बनाती है।[1] लाक जीवन-सम्पत्ति एवं स्वतंत्रता के प्राकृतिक एवं स्वाभाविक अधिकार समान रूप से प्रत्येक को प्रदान करता है। प्राकृतिक अवस्था की समानता के सम्बन्ध में लाक का मत है कि इसमें प्रत्येक को समान अधिकार, समान रूप से होते हैं, किसी को अन्य से अधिक नहीं।[2]

घोषित विधानों द्वारा शासन के समक्ष समानता पर वह कहता है कि केवल स्वार्थ-साधन के लिए इनमें संशोधन न किए जाएं और दरिद्र तथा धनी राजदरबार प्रिय दरबारियों और हल चलाने वाले किसान के लिए यह समान हों।[3]

युग-निर्माता संवेदनशील चिंतक रूसो आधुनिक युग की उलझी हुई सामाजिक, राजनैतिक प्रवृत्तियों एवं गुत्थियों के सुलझाने में निर्भीकता से अपनी भूमिका निभाते हैं। श्रमिक बस्तियों में जीवन गुजारने तथा दूसरी ओर भद्र, धनाढ्य, कुलीन घराने से भी अपने को सम्बद्ध रखना रूसो का यह दुहरा व्यक्तित्व विषमताओं से ओत-प्रोत प्रतीत होता है। 1754 ई०में रूसो ने डीजान अकादमी द्वारा आयोजित निबन्ध प्रतियोगिता में दूसरी बार भाग लिया। इसका विषय था मनुष्यों में विषमता उत्पन्न होने का क्या कारण है? क्या प्राकृतिक कानून इसकी हिमायत करता है? इसमें रूसो ने समानता एवं सामंजस्य की स्थिति में रहने वाले आदिम मानब-समाज का विस्तार से प्रतिपादन करते हुए उसमें वैयक्तिक संपत्ति तथा आर्थिक विषमता उत्पन्न होने की प्रक्रिया और कारणों पर प्रकाश डाला।

'डिसकोसेंज आन दि ओरीजिन एंड फाउंडेशन आफ इनइक्वालिटी' नामक इस निबन्ध में रूसो ने निजी सम्पत्ति एवं फ्रांस के तात्कालीन आडम्बरयुक्त जीवन पर करारे प्रहार किये, जिसमें उसने सामाजिक विषमता के फलस्वरूप उत्पन्न निराशा, भय, अभाव, भूख एवं अनैतिकता भरी जिन्दगी को नजदीक से देख अपने अनुभव लिखे थे। स्वयं अन्याय, अत्याचार, शोषण एवं अपमान का शिकार रूसो विषमता की आग में झुलसा हुआ असाधारण कष्ट भोगने वाला रहा था।

प्रारंभिक प्राकृतिक अवस्था के स्वर्णिम युग का आदमी मासूम, प्राकृतिक सौंदर्य एवं पूर्ण स्वच्छतापूर्वक जीवन गुजारता था किन्तु सम्पति रूपी सांप ने सामाजिक जीवन में प्रवेश किया वैसे ही विषमता जन्मी। मानवीय समानता नष्ट

1. लाक : टू ट्रीटाइज आन दि गवर्नमेंट, (हिन्दी अनुवाद), अध्याय 2, पृ० 203
2. वही, पृ० 129
3. वही, पृ० 213-14

होने लगी, मेरे-तेरे के भाव जगे, इससे तर्क-वितर्क होने लगे। रूसो के मत से वह प्रथम मनुष्य ही नागरिक समाज का वास्तविक संस्थापक था, जिसने भूमि के एक टुकड़े को घेर लेने के बाद ये कहा था कि यह मेरा है। शक्ति सामर्थ्य के आधार पर इसका अनुकरण अन्य लोगों ने भी किया फलस्वरूप असमानता पैदा होने लगी। अपने राजनैतिक अर्थशास्त्र निबन्ध में रूसो का मत है कि मनुष्यों की प्राकृतिक समानता को कानून द्वारा ही नागरिक अधिकार का रूप प्राप्त होता है। कानून ही समाज में समानता स्थापित करता है।

रूसो का मत है कि समस्त सामाजिक पद्धति की आधारभूत अभिव्यक्ति यह है कि प्राकृतिक समानता को नष्ट करने की अपेक्षा, बुनियादी बन्धन अर्थात् प्रकृति द्वारा आरोपित भौतिक असमानता को नैतिक एवं न्यायिक समानता से प्रतिस्थापित कर दिया जाये। इससे बल और बुद्धि में असमान होते हुए भी मनुष्य रूढ़ि और न्यायिक अधिकारों के द्वारा समान हो जाता है।[1] रूसो की दृढ़ मान्यता थी कि पद और संपत्ति की पर्याय समानता के बगैर अधिकार स्वतंत्रता और प्रभुत्व की समानता देर तक निर्वाहित नहीं हो सकती।[2]

रूसो की मान्यता है कि प्रकृति में दिखने वाली असमानता के स्थान पर हमें सामाजिक अनुबन्धजनित नैतिक एवं विहित समानता प्राप्त होती है। यद्यपि भौतिक असमानताएं विनष्ट नहीं हो सकतीं। फिर भी कानूनी दृष्टि से सभी समान हैं। इसका मतलब ये नहीं कि शक्ति एवं धन में समस्त नागरिक समान होंगे। रूसो शक्ति एवं धन का प्रयोग कानून एवं पद के अनुरूप होने का पक्षपाती है। उसका विश्वास है कि राज्य का आर्थिक स्वास्थ्य तभी बना रह सकता है जब न कोई नागरिक इतना धन-सम्पन्न हो कि वह दूसरे को खरीद ले और न कोई इतना गरीब एवं साधनहीन हो कि वह स्वयं को बिक जाने दे। धन की भयानक विषमताओं के प्रति वह आतंकित होकर घृणा के भाव लिये था। आर्थिक असमानताओं का पक्षपोषक रूसो श्रम द्वारा अर्जित सम्पत्ति के समान वितरण में आस्थावान है पर आज की बदलती परिभाषाओं में वह उपभोग में समानता की ओर प्रवृत्त था, उत्पादक वस्तुओं में नहीं। 'इमाइल' में तभी वह निजी संपत्ति का हरण न होने देने की बात करता है।

मांटेस्क्यू समानता को लोकतंत्र की मौलिक भावना सिद्ध करते हुए बताता है कि यदि यह लुप्त हो जाये, तो लोकतंत्र का अस्तित्व ही मिट जायेगा।

अनुदारवादी बर्क फ्रांसीसी क्रांति-विरोधी था। उसका मत है कि हिंसा प्रयोग से कृत्रिम समानता नहीं लादी जाये। समानता के विचार को वह भयानक मानता

---

1. रूसो : सोशल कांट्रेक्ट, (हिन्दी अनुवाद), अनुच्छेद 9, पृ० 27
2. वही, पृ० 85

है । बर्क का मत है कि लोकतन्त्र विरोधी मानसिकता लिये संपत्ति के क्षेत्र में समानता का इतिहास मनुष्य में अभी तक दुर्भाग्यवश साकार रूप नहीं ले पाया है ।

उपयोगितावादी बेंथम को आदर्शवादी एवं काल्पनिक विचारों से चिढ़ थी यही कारण था कि वह समान अधिकार वाले सिद्धांत का विरोधी था । उसके मत से पूर्ण समानता नितांत असंभव चीज है । फिर भी राजनैतिक सम्बन्धों में बेंथम का यह तार्किक सूत्र व्यापक तौर पर माना जाता है कि हर व्यक्ति का मूल एक इकाई है, एक इकाई से अधिक किसी का नहीं अर्थात् इसमें हमें हर मनुष्य के बराबर होने की ध्वनि सुनाई देती है ।

जे० एस० मिल मताधिकार हेतु स्त्री-पुरुषों को समान अधिकार देता है परन्तु सम्पत्ति एवं शिक्षा में अंतर स्थापित कर उन्हें अतिरिक्त मत देने का भी अधिकार प्रदान करता है । उसका मत है कि हर आदमी से ऐसा व्यवहार किया जाये जैसा हम दूसरों से अपने लिए चाहते हैं । इस बात में समानता का भाव निहित है । वह मानव समानता के सिद्धान्त में आस्था प्रकट करता है किन्तु एकरसता विरोधी है । वैयक्तिकता के अस्तित्व की रक्षा हेतु मिल चिंतित है । इस हेतु उसका परिस्थितियों की विभिन्नता में विश्वास है । समान सुनने, देखने, पढ़ने एवं समान स्थान में रहने से उनका भय एवं आशाएं लगभग समान रूप से समन्वित हो जाती हैं ।[1] जबकि असमानता में ही मानव-विकास संभव है ।

व्यक्तिवादी विचारक स्पेंसर अपनी अधिकार विषयक धारणा का विश्लेषण करते समय असमानता पर जोर देते हैं । वे स्त्री एवं पुरुषों को समान आधार पर अधिकार प्रदान करना चाहते हैं ।[2] स्त्रियों को मतदान का अधिकार देने कि वकालत में स्पेंसर ने जे०एस० मिल का मार्ग प्रशस्त किया है । वे बालकों की भी समान स्वतन्त्रता के समर्थक हैं ।

आदर्शवादी कांट का मत है कि बाहरी रूप में मनुष्यों में समानता भले ही हो परन्तु उनकी प्रवृत्तियों में बहुत अधिक असमानता है । राज्य ही एकमात्र ऐसी संस्था है जहां प्रत्येक को उन्नति के समान अवसर मिलते हैं । कांट समूची मानवता को एक इकाई के रूप में देखा करता है । उसका मत है कि मानवता के नाते जो एकमात्र मूलाधिकार प्रत्येक को समान रूप से प्राप्त है, वह है स्वाधीनता अर्थात् ऐसा कोई भी कार्य करने की शक्ति जिससे अपने पड़ोसी पर कोई आघात न पहुंचे ।[3]

उदार आदर्शवादी ग्रीन अपनी स्वतन्त्रता विषयक विचारों में समानता को

---

1. जे० एस० मिल : आन लिबर्टी, पृ० 96
2. स्पेंसर : प्रिंसिपल्स आफ सोशिय, लाजी, पृ० 116
3. मैकगर्बन : फ्राम लूथर टू हिटलर, पृ० 142

भी अन्तर्निहित मानते हुए कहता है कि यदि अन्य नागरिकों को उनके अधिकारों से वंचित करके किसी असामान्य व्यक्ति अथवा वर्ग विशेष की सर्वोच्च उन्नति भी हो तो हम उसे मानव स्वतन्त्रता की ओर प्रगति नहीं मानने में ही न्याय करेंगे। यदि सच्ची स्वतन्त्रता का आदर्श यह है कि समाज के प्रत्येक नागरिक को अपने व्यक्तित्व की सर्वोच्च उन्नति करने का समान अधिकार प्रदान किया जाए तो हमारा एक ऐसे राज्य को स्वतंत्रता का श्रेय देने का विरोध करना न्यायपूर्ण है, जिसमें थोड़े से व्यक्तियों के प्रकट उत्थान की नींव बहुतों के पतन पर आधारित है।

ग्रीन सम्पत्ति की असमानता को संभव एवं उचित मानते हुए कहता है कि सामाजिक हित के लिए यह जरूरी है कि समाज में भांति-भांति के व्यक्ति भांति-भांति की स्थितियों में रहें। इस हेतु अलग-अलग साधनों की आवश्यकता है और इस प्रकार सम्पत्ति सम्बन्धी असमानताएं सामान्य रूप से समाज के हित में हैं।[1]

ग्रीन कहता है कि स्वतन्त्र व बुद्धिमान संपत्ति भारी नागरिकों की सहायता से हम प्रकृति को जीत सकते हैं। ऐसी स्थिति में विभिन्न नागरिकों के साथ विभिन्न मात्रा में संपत्ति होना चाहिए।[2] ग्रीन निजी संपत्ति का आदर करते हुए संपत्ति की असमानता को उचित बताते हुए भी अनियंत्रित धन-संचय को ठीक नहीं मानते। इसका दुरुपयोग होने पर राज्य मर्यादा स्थापित कर सकता है।

20वीं शताब्दी की हलचल पैदा करने वाली समाजवादी चिंतनधारा के इर्द-गिर्द घूमता समानता का विचार, जिसने बहुसंख्यक लोगों के दिल एवं दिमाग में अपना स्थान बनाकर हलचल पैदा की है। किन्तु मनुष्य की समानता से ही इसका अर्थ नहीं है, क्योंकि ऐसे विचार तो मानव हेतु पुरातन काल से मान्य हैं कि प्रत्येक के मूल्य एवं महत्त्व समान हों। परन्तु इस नई विचारधारा का उदय आधुनिक औद्योगिक क्रांति से उत्पन्न हुए वर्ग-भेद एवं आर्थिक असमानताओं का परिणाम है। उन्नीसवीं शताब्दी के अन्तिम दौर में ही व्यक्तिवाद में दरारें तब उभरकर आईं जब दो वर्ग एक-दूसरे के आमने-सामने खड़े परिलक्षित हुए शोषक एवं शोषित रूप में। इस व्यक्तिवादी विचारधारा के विरुद्ध लोहा लेने एवं विषमता को मिटाने हेतु टामस मूर ने सैद्धांतिक भूमिका निभाई। जो उसके ग्रन्थ यूटोपिया में उल्लिखित है।

सेंट साइमन वर्ग-संघर्ष में आस्था रखते हैं, परन्तु वस्तुओं के समान उपभोग एवं बिना श्रम मूल्य आंके प्रत्येक को प्रत्येक वस्तु में समान हिस्सा दिये जाने के

---

1. बार्कर : पोलिटिकल थाट इन इंग्लैंड, पृ० 55
2. ग्रीन : लेक्चर्स आन दि प्रिंसिपल्स आफ पोलिटिकल ओब्लीगेशन, पृ० 221

विरोधी हैं। स्वप्नलोकीय समाजवादी विचारक फोरियर ने संपत्ति, दरिद्रता, सामाजिक असमानता, युद्ध आदि की भर्त्सना की। शोषण एवं प्रतिस्पर्धा वाले इस विषम समाज ने गरीबों को पीड़ित किया है। फोरियर समानता में विश्वास न करते हुए भी अव्यवस्था एवं अमर्यादित व्यक्तिवाद से उत्पन्न व्यर्थ की बर्बादी के विरुद्ध था।

राबर्ट ओबेन भूमि, मिलों एवं उत्पादन साधनों पर सबका समान अधिकार होने के पक्ष में थे। सबका भोजन एक ही चूल्हे पर बने, सब एक साथ मिलकर भोजन करें। निजी संपत्ति का विरोध कर वितरण में समानता पर उसने जोरदार दलीलें दी थीं।[1] इस प्रकार से स्वप्नलोकीय समाजवादी सितारा तात्कालिक परिस्थितियों में आसमान पर ऊंचे चढ़कर अतिशीघ्र अस्त भी हो गया फिर भी आगे बढ़ाने में इसकी महत्त्वपूर्ण भूमिका रही है। आगे चलकर कार्ल मार्क्स ने समाजवादी समानता के विचार को कल्पनालोक की भूल-भुलइयों से निकालकर जनक्रांति के रूप में स्थापित किया। भले ही उसके विचारों का निर्माण करने वाले अनेक तत्त्व थे किन्तु उसने ईंटों को बहुत से स्थानों से एकत्र किया था।[2]

पूंजीवादी अव्यवस्था की असंगतियों एवं बुराइयों के कारण समाजवादी समानता का विचार विकसित हुआ। जिस न्याय एवं मानवमात्र की समानता का संदेश धार्मिक धरातल पर यहूदी पैगम्बरों ने दिया था, उस न्याय को आर्थिक जगत में क्रियान्वित करने का संकल्प यहूदी परिवार में जन्मे वैज्ञानिक समाज के जनक कहे जाने वाले मार्क्स ने किया। भले ही उनके विचारों में समाजशास्त्रीय या दार्शनिक दृष्टि से कुछ असंगतियां हों फिर भी यह निर्विवाद है कि मार्क्सवाद को यूरोप एवं एशिया में जो अप्रत्याशित सफलता मिली है, उसका मुख्य कारण यह है कि उसने सामाजिक न्याय, समानता का पक्ष प्रबल किया है। किसी आन्दोलत का प्रभाव उसके सिद्धान्तों के दार्शनिक गाम्भीर्य एवं तार्किकता से नहीं वरन् जनाकांक्षाओं के साथ तादात्म्य प्राप्त करने वाली संदेश-वाहिता से होता है। यही कारण है कि गेहरलिख, सोम्वार्ट, ट्वोयनवी, बर्जाइम आदि ने मार्क्सवाद को नये युग का एक नया धर्म कहा था।[3]

एंजिल्स पूंजीवादी समानता का उल्लेख करते हुए मानते हैं कि यह फ्रांसीसी भाववादी कल्पनावाद मात्र है।[4] उनका मत है कि इसमें समान कार्य के

---

1. राबर्ट ओबेन : न्यू व्यू आफ सोसाइटी, 1813, पृ० 89
2. एलेक्जेंडर ग्रे : दि सोशिलिस्ट ट्रेडीशन, पृ० 299
3. वी० पी० वर्मा : राजनीति और दर्शन, पृ० 330-32
4. मार्क्स एंड एंजिल्स : सेलेक्टेड करेसपांडेंश, 1875, में बेबेल को लिखे पत्र से उद्धृत

लिए समान वेतन से वितरण होगा जबकि साम्यवादी समानता में वितरण आवश्यकतानुसार होगा। मार्क्स केवल समानता के पोषक ही नहीं, वरन् वे समानतावाद को वर्ग-संघर्ष की पृष्ठभूमि में समझकर उसका विश्लेषण करते हैं। इस वर्ग-संघर्ष की परिणति ही साम्यवाद का लक्ष्य है, इसलिए शोषक वर्गों का उन्मूलन ही समानता का मायने रखता है।[1] इस समानता का आदर्श वर्गविहीन समाज में ही सम्भव है। उदारवादी विचारधारा अथवा पूंजीवादी समानतावादी समानता के लिए वैधानिक एवं शान्तिपूर्ण सामान्य प्रक्रिया द्वारा संघर्ष करने में आस्था रखते हैं जबकि मार्क्सवादी हिंसक क्रांति के बाद सभी वर्ग-भेद तथा असमानताएं समाप्त हो जाने के प्रति आशावादी हैं।

आधुनिक युग के अनेक विचारक समानता के सिद्धान्त को अधिकार, न्याय एवं स्वतन्त्रता के सिद्धान्त के साथ जोड़ने का प्रयास करते हैं। उनका मत है कि समानता के पोषण का अर्थ, पूर्ण समानता का पोषण नहीं क्योंकि कुछ समानताएं मनुष्यों को पतन की ओर ले जायेंगी। जैसे दरिद्रता में समानता, या दुष्कृत्य में समानता।[2] समानता सद्‌गुणों में हो न कि मानवता को पतित, तिरस्कृत करने वाले विषयों में। अर्नेस्ट बार्कर का मत है कि समानता के सिद्धान्त का अर्थ यह है कि जो परिस्थितियां अधिकारों के रूप में मुझे दी गई हैं वे वैसे ही उसी अनुपात में दूसरों को भी प्रदान की जाएं और जो अधिकार दूसरों को दिये गये हैं, वे मुझे भी दिये जाएं।[3]

वर्तमान समय में वैधानिक व्यवस्था का प्रयोग कर अवसर की समानता की नीति को अपनाया जाने लगा है। नागरिक एवं राजनैतिक अधिकारों की समानता तो लोकतन्त्र की बुनियाद ही है, क्योंकि लोकतन्त्र एवं नागरिक असमानता का सह-अस्तित्व संभव नहीं। लोकतंत्र की सफलता के लिए कानूनी समानता नितान्त जरूरी है। इसका अर्थ है कि जो सर्वव्यापक नियम हैं, उनका पक्षपातरहित प्रयोग होना चाहिए।[4]

जब तक कानून की दृष्टि में सब लोग समान नहीं समझे जाते, तब तक कोई व्यवस्था स्थापित नहीं हो सकती। कानून के प्रति आदर सब में हो, कानून का समान भय प्रत्येक को अपने कर्त्तव्य पर नियुक्त करता है। इस प्रकार लोकतांत्रिक पद्धति में तीन तरह की समानताओं की नितांत आवश्यकता है

1. लेनिन : सेलेक्टेड वर्क्स, खंड 2, भाग 2, पृ० 298
2. डेविड रिची : इक्विलिटी, स्टडीज इन पालिटिकल एंड सोशल इथिक्स, पृ० 41
3 अर्नेस्ट बार्कर : प्रिंसिपल्स आफ सोशल एंड पोलिटिकल थ्योरी, पृ० 151
4. एल० टी० हाबहाउस : एलीमेंट्स आफ सोशल जस्टिस, पृ० 10

अवसर की, नागरिक एवं राजनैतिक अधिकारों की एवं कानून की। ये उदारवाद के बहुत सम्मानित आदर्शों में गिने जाते हैं। कानून के समक्ष समानता एक संवैधानिक नियम के रूप में आज समूचे लोकतंत्रीय संविधान में पाया जाता है जैसा कि डाइसी का मत है कि यह ब्रिटिश संविधान का मूलमंत्र है। भारतीय संविधान की प्रस्तावना में भी यही बात अंतर्निहित है।

मानव समानता को व्यावहारिक रूप देने के प्रयास वर्तमान युग की विशेषता है। फ्रेंच क्रांति से ये प्रयास शुरू हुए थे और समाजवाद के प्रचार-प्रसार से इन्हें प्रश्रय मिला है।[1] गांधीजी ने भारतीय परिवेश में सामाजिक, आर्थिक विषमता मिटाने हेतु अपने जीवन एवं शिक्षा से समानता के विचार को उन्नत किया है, उन्होंने मानव मात्र को समान समझने का जो संदेश दिया है वह इतिहास में अनोखा ही है, क्योंकि यूरोप के विचारक समानता का उल्लेख करते थे तब वे गौरांग मानवता को समीचीन मानते थे।[2]

आधुनिक युग के अनेक विचारक जैसे हाब्सन, जोड, स्मिथ इत्यादि मानते हैं कि समानता और स्वतन्त्रता परस्पर सहयोगी होकर ही मानव समाज को समृद्ध कर सकती हैं। आज स्वतन्त्रता और समानता की महती आवश्यकता है।[3] समानता का मुख्य अर्थ दूसरों से बराबरी है किन्तु इसके पीछे कोई ईर्ष्या, द्वेष नहीं छिपे होते। कुछ विचारक स्वतन्त्रता व समानता में परस्पर विरोध मानते हैं।

लार्ड एक्टन का मत है कि स्वतन्त्रता व्यक्तित्व का अनुसंधान करती है। लोकतन्त्र एवं समानता की बाढ़ प्रत्येक नागरिक हेतु एक ही प्रकार की बाह्य अवस्था ही को समर्थित कर व्यक्तित्व का नारा करती है। फ्रांसीसी विचारक टाकविले का भी यह मत है कि लोकतन्त्र एवं समाजवाद न केवल भिन्न हैं, वरन् वे एक-दूसरे के विरोधी भी हैं।[4] इटली के चिंतक क्रोचे की मान्यता है कि स्वतन्त्रता एवं न्याय परस्पर विरोधी विचारधाराएं हैं।[5] मेकाइवर का मत है कि एक निश्चित सीमा के परे स्वतन्त्रता समानता परस्पर विरोधी हैं।[6] चूंकि मनुष्य साधारण तौर पर भिन्न योग्यता एवं स्वभाव वाले होते हैं, इस पर भी कृत्रिम उपायों द्वारा उन्हें आर्थिक रूप से पूर्णतया समान बनाने का अर्थ होगा अतिरंजित सत्तावाद एवं अधिनायकवाद। क्योंकि इस प्रकार का अप्राकृतिक आदर्श प्रचंड दंड शक्ति के माध्यम से ही लागू हो सकता है। इसीलिए असंभाव्यता पर

---

1. ओस्वाल्ड स्पेंगलर : डिक्लाइन आफ दि वेस्ट, खंड 2, पृ० 449
2. वी० पी० वर्मा : राजनीति और दर्शन, पृ० 347
3. मुरियल जेजर : लिबर्टी वर्सेज इक्विलिटी, 1873, पृ० 71
4. आर० एम० मेकाईवर : दि रेम्पर्ट्स ह्वी गार्ड, पृ० 34 में उद्धृत
5. क्रोचे : माई फिलासफी, पृ० 106
6. आर० एम० मेकाईवर ; दि रेम्पर्ट्स ह्वी गार्ड, पृ० 14-15

मेकाइवर की मान्यता है कि लोकतन्त्र को मानव-मानव में आर्थिक दृष्टि से समानता स्थापित करने का आदर्श त्याग देना चाहिए। फिर भी राजनैतिक स्वतन्त्रता को क्रियात्मक बनाने हेतु विकराल आर्थिक पिरामिडों को ढहाना जरूरी होगा, क्योंकि चंद लोगों का कलात्मक एवं अभिजातीय विकास, यही स्वतन्त्रता नहीं है। विचारों की दुनिया में स्वतन्त्रता एवं समानता को एक-दूसरे का विरोधी कहना सरल है। यह उनके लिए है जो स्वतन्त्रता को कोरा आत्म-चिंतन एवं बौद्धिक विलास मानते हैं। जबकि स्वतन्त्रता मानवशक्ति की देन का सृजनात्मक उपयोग है। यह तब तक संभव नहीं जब तक समाज में भीषण विषमता का बोल-बाला रहेगा। जहां एक तरफ धन का अपार केन्द्रीकरण और दूसरी ओर उत्पीड़न एवं शोषण हैं, इस दशा में बहुसंख्यक व्यक्तियों के लिए स्वतंत्रता एवं समानता अनबूझ पहेली बन जाती है।

वर्तमान में समानता की वैधानिक एवं राजनैतिक विश्लेषण की तुलना में आर्थिक-सामाजिक समानता का पक्ष सर्वाधिक आकर्षण का केन्द्र-बिन्दु बन गया है। स्त्री-पुरुष में समानता के बारे में जो राजनैतिक महत्त्व मिला, वैसा ही जातीय भेदभाव के व्यवहार को मिटाने हेतु अनेक राष्ट्रों में संघर्ष चल रहा है। सामाजिक जीवन में समान अवसरों के सिद्धांत का अर्थ यह है कि योग्यतम व्यक्ति अथवा न्यूनतम योग्यता वाले व्यक्ति को सफलता की दौड़ में बिना भेदभाव के समान अवसर दिये जाएं। अवसर की समानता तभी सुलभ हो सकती है जब सभी को यथायोग्य अवसर प्रदान किये जाएं।[1]

आर्थिक समानता के बिना सामाजिक समानता अर्थहीन ही साबित होगी जहां न जन्मसिद्ध अभिजातीयपन को, और न ही कुबेरतंत्र को योग्यता का आधार माना जाये बल्कि व्यक्ति में अन्तर्निहित गुणों को योग्यता माना जायेगा तभी समानता का आदर्श सफलीभूत होगा। पुनः रूसो की यह मान्यता कि कोई इतना अमीर न हो कि वह दूसरों को खरीद सके और न कोई इतना गरीब हो कि वह स्वयं बिकने को विवश हो तभी समानता का सपना साकार हो सकेगा, और जहां एक मार्क्सवादी आशा कि वर्ग-भेद मिटने पर ही सभी तरह की राजनैतिक एवं सामाजिक असमानता दूर हो जायेगी, पूर्ण होती है।

स्वतन्त्रता समानता का लोकतांत्रिक सन्तुलन है। इसे असमानताओं के मध्य पारस्परिक प्रतिकर, व्यवस्था भी कहा जा सकता है जबकि समानता एक अपेक्षाकृत व्यापक स्वतन्त्रता ही है। बिना स्वतन्त्रता के समानता दासता का बंटवारा है।[2] इसीलिए राजनैतिक स्वतन्त्रता की सम्पूरिका समुचित आर्थिक समानता

1. बैन एंड पीटर्स : सोशल प्रिंसिपल्स एंड दि डिमोक्रेटिक स्टेट, पृ० 119
2. जी० सारतोरी : डेमोक्रेटिक थ्योरी, पृ० 224

को क्रियान्वित करना होगा जो कि वांछनीय इसीलिए है क्योंकि दोनों एक ही आदर्श के दो पहलू हैं।

2. प्रो० लास्की के समानता संबंधी विचार

राजनीति विज्ञान का प्रत्येक प्रबुद्ध पाठक इस तथ्य से तो अवश्य ही सहमति प्रकट करेगा कि लास्की के राजनीतिक चिंतन का सर्वोपरि लक्ष्य व्यक्ति की स्वतंत्रता है, जिसके अभाव में राज्य द्वारा प्रदत्त समस्त सुविधाओं के बावजूद व्यक्ति अपने व्यक्तित्व के सर्वोत्तम स्वरूप को प्राप्त नहीं कर सकता। यहां एक विशेष पहलू पर ध्यान देने की आवश्यकता है कि—राज्य द्वारा स्वतंत्रता की व्यवस्था एवं घोषणा एक अलग बात है, और स्वतंत्रता की समस्त व्यावहारिक परिस्थितियों की उपलब्धि एक अलग स्थिति है। व्यक्ति को वास्तविक स्वतंत्रता प्रदान करने के उद्देश्य से ही लास्की ने अपनी समानता संबंधी धारणा प्रस्तुत करते हुए, उन स्थितियों के निर्माण एवं अवसर को रेखांकित किया, जिनके अभाव में स्वतंत्रता की उपलब्धि अर्थहीन है।

लास्की ने स्वतंत्रता तथा समानता के सिद्धांतों को परस्पर असंगत बताने के कारण डी० टाकविल एवं लार्ड एक्टन की तीव्र आलोचना की। लास्की के अनुसार स्वतंत्रता और समानता के सिद्धान्तों में कोई मौलिक अन्तर्विरोध नहीं है। इस गलत धारणा का कि 'समानता का अर्थ समान व्यवहार होता है' खंडन करते हुए लास्की कहते हैं कि 'जब तक मनुष्यों की अपनी मांगों, क्षमता और आवश्यकताओं में भिन्नता है तब तक उसे समान व्यवहार नहीं दिया जा सकता।'[1]

लास्की के अनुसार समानता के दो अर्थ होते हैं। प्रथम अर्थ है—विशिष्ट अधिकारों का अभाव। लास्की वंशानुगत आधार पर द्वितीय सदन का अस्तित्व औचित्यपूर्ण नहीं मानते। उनके अनुसार यह न्यायसंगत व्यवस्था नहीं है। समानता के द्वितीय अर्थ से लास्की का अभिप्राय अवसर की पर्याप्तता से है। लास्की समानता के इस द्वितीय पहलू के संदर्भ में, व्यक्ति को अपनी प्रतिभा और क्षमता के विकास के पर्याप्त अवसर (समान नहीं) मिलने का समर्थन करते हैं।

समानता शब्द को व्यापक संदर्भ में लेते हुए, लास्की मानते हैं कि सभी मनुष्य प्रत्येक संदर्भ में समान नहीं हो सकते और न ही उनकी आवश्यकताएं ही समान हो सकती हैं। अतः लास्की की समानता की धारणा 'विधि के समक्ष समानता, तथा 'प्रत्येक व्यक्ति द्वारा समान अधिकारों के उपभोग' की स्थिति पर आधारित है। लास्की कहते हैं कि 'समाज में किसी व्यक्ति को ऐसी स्थिति में

---

1. लास्की : ए ग्रामर आफ पालिटिक्स, पृ० 152

नहीं रखा जाए कि वह अपने पड़ोसी के ऊपर इस सीमा तक छा जाए कि पड़ोसी के लिए नागरिकता की ही अस्वीकारोक्ति सिद्ध हो।'[1]

समानता की धारणा की मुख्य शर्त प्रत्येक व्यक्ति को अपने विकास के लिए न्यूनतम अवसर प्राप्त होने की अनिवार्यता है। न्यूनतम अधिकारों के उपभोग के अवसर भी प्रत्येक नागरिक को प्राप्त होने चाहिए। लास्की की समानता की धारणा 'निरपेक्ष समानता' की धारणा न होकर आनुपातिक समानता की धारणा है। इसीलिए लास्की समानता को सामाजिक न्याय के व्यापक रूप में ग्रहण करते हैं। वे व्यक्ति की गरिमा एवं सामाजिक उपयोगिता में आस्था रखते हैं। उनकी इसी आस्था का दर्शन उनके इस कथन में स्पष्ट होता है कि 'सबको पहले भोजन प्राप्त होना चाहिए तभी कुछ लोग विलासपूर्ण दावतों का आयोजन कर सकते हैं।[2] अपने इसी अभिप्राय की पूर्ति के लिए लास्की कुछ प्रतिबिम्बों की आवश्यकता महसूस करते हैं। उनके विचारानुसार सबको आत्म-विकास के समुचित अवसर प्रदान करना ही समानता है, भले ही उसके लिए कुछ लोगों की स्वतंत्रता को सीमित करना आवश्यक पड़े।

समानता को सामाजिक आधार पर संतुलित करने के अभिप्राय से लास्की संदर्भों की असमानता का अनुरक्षरण करते हैं। उनके 'अनुसार इसमें कोई असंगति नहीं यदि राज्य कार्य के गुण के आधार पर भिन्न-भिन्न व्यक्तियों को भिन्न-भिन्न वेतन दे'''यद्यपि यह अन्तर इतना अधिक कदापि नहीं होना चाहिए कि कुछ लोग असमान दबाव डालने के योग्य हो जाएं।'[3] समानता संबंधी अपनी अवधारणा को स्पष्ट करते हुए लास्की समानता की स्थापना के लिए आवश्यक दो प्रमुख शर्तों की चर्चा अपने प्रसिद्ध ग्रंथ 'ए ग्रामर ऑफ पॉलिटिक्स' के स्वतंत्रता एवं समानता विषयक लेखों में करते हैं। उनके अनुसार समानता की वास्तविक उपलब्धि के लिए आवश्यक दो शर्तें इस प्रकार हैं—

(1) आर्थिक समानता

(2) राजनीतिक समानता

आर्थिक समानता—आर्थिक समानता से लास्की का आशय वेतन की समानता से नहीं है। यह तो पूर्व में ही स्पष्ट हो चुका है। यहां लास्की आर्थिक असमानता के उस पक्ष पर विचार करते हैं जो छद्म रूपों में समाज में व्याप्त है अर्थात् जिसका प्रभाव प्रत्यक्षतः कुछ और परोक्षतः कुछ होता है। लास्की का मानना है कि 'समुदाय में ऐसे मनुष्य हैं जिनकी शक्ति जो वे हैं, या जो वे करते

1. लास्की : ए ग्रामर आफ पालिटिक्स, पृ० 152-54
2. वही, पृ० 158
3. वही, पृ० 156-58

हैं, इस कारण नहीं बल्कि उन चीजों पर निर्भर है जिनके वे स्वामी हैं।'[1] इस प्रकार लास्की की राय में कुछ लोगों का वह प्रभाव जिसका वे प्रयोग करते हैं, अपने निजी कारणों से नहीं बल्कि संपत्ति के कारण होता है। संपत्ति की असमानताएं व्यवहार में समाज के कई स्तरों पर विविध असमानताओं को जन्म देती है, अतएव लास्की नियोजन द्वारा विशेष उपबंधों के अन्तर्गत संपत्ति की असमानता को समाप्त करने का जोरदार समर्थन करते हैं।

राजनीतिक समानता—व्यक्ति की राजनीतिक शक्ति नि:संदेह आर्थिक शक्ति से संबंधित होती है। इसलिए राजनीतिक समानता तब तक यथार्थ नहीं, जब तक उसे आर्थिक समानता नहीं प्राप्त हो जाती। इस राजनीतिक समानता के लिए लास्की उन समस्त बुनियादी आधारों की जरूरत को भी रेखांकित करते हैं जिनके अभाव में व्यक्ति न तो समानता का अधिकार पा सकता है, और न ही स्वतंत्रता का। राजनीतिक समानता का अधिकार लास्की धर्म, जाति, लिंग या अन्य किसी भेद के अभाव में व्यक्ति को राज्य द्वारा प्रदत्त निम्नलिखित तीन सुविधाओं में पाते हैं।

(1) मताधिकार, (2) निर्वाचन में प्रत्याशी होने का अधिकार तथा (3) शासकीय तंत्र में नियुक्ति पाने का अधिकार।

उपरोक्त तीन अधिकारों की प्राप्ति व्यक्ति को राजनीतिक समानता प्रदान करने के लिए लास्की आवश्यक मानते हैं। उनका कथन है 'ज्यों ही हम सभी को मताधिकार का तर्क मान लेते हैं, हम इस अधिकार की प्राप्ति के लिए प्रयत्न के प्रति बंध जाते हैं, क्योंकि चरम राजनीतिक शक्ति का नियंत्रण जनसाधारण को सौंप देने का अर्थ मोटे तौर पर इस बात को स्वीकार कर लेना है कि राज्य के अधिकारियों का उपयोग अपनी जरूरतें पूरी करने के लिए होना चाहिए। इसमें यह सम्मिलित है कि सत्ता पर प्रभाव का वितरण इस प्रकार करना है कि जिसके परिणामों से जीवित-स्थितियों के समाज के सदस्यों में संतुलन बना रहे।'[2] लास्की व्यक्ति की सामाजिक आवश्यकता एवं समाज-कल्याण के आनुपातिक समन्वय को राजनीतिक समानता की एक विशिष्ट शर्त निरूपित करते हुए कहते हैं कि 'मुझे अपनी सामाजिक आवश्यकताओं को समाज कल्याण के साथ इस प्रकार तोलना चाहिए कि उस मूल्यांकन में नागरिक की प्राथमिक जरूरतों को समान महत्त्व मिले।'[3] प्रो० लास्की चूंकि आर्थिक समानता यानी आर्थिक-शक्ति के अभाव में राजनीतिक शक्ति का कोई औचित्य नहीं मानते, और यह मानते हैं कि

1. लास्की : ए ग्रामर आफ पालिटिक्स (हिन्दी अनुवाद), पृ० 128
2. वही, पृ० 130
3. वही, पृ० 157-59

प्राय: राजनीतिक शक्तियां आर्थिक शक्तियों की चेरी होती हैं, अतएव वे आर्थिक शक्ति को राजनीतिक नियंत्रण में रखने का समर्थन करते हैं। स्वयं लास्की के शब्दों में हम इस प्रकार कहेंगे—'औद्योगिक संसार में निर्बन्ध और अनुत्तरदायी संकल्पना को भंग करना' ही समानता है।[1]

समानता का अन्तर्राष्ट्रीय पक्ष—लास्की ने समानता के सिद्धांत का निरीक्षण अन्तर्राष्ट्रीय संबंधों के संदर्भ में भी किया है। उनका कथन है कि बड़े और छोटे राज्यों में समानता की बात करना कल्पना मात्र है। उदाहरण के लिए संयुक्त राज्य, बेंजुएला और इंग्लैंड वास्तव में समान स्तर पर एवं समान शर्तों पर वार्ता नहीं कर सकते। लास्की के विचारानुसार राज्यों के मध्य समानता की संभावना दो बातों पर आधारित है। पहली यह कि युद्ध अवैध घोषित किये जाएं। अपनी इस शर्त के समर्थन के संबंध में लास्की तर्क देते हैं, यदि एक राज्य बल-प्रयोग द्वारा अपनी इच्छा दूसरे राज्य पर थोप सकता है तो फिर न स्वतंत्रता का कोई अर्थ रह जाता है और न ही समानता का। विश्व के विभिन्न राज्यों के मध्य समानता की संभावना की द्वितीय शर्त का उल्लेख करते हुए लास्की कहते हैं कि 'कुछ अन्तर्राष्ट्रीय संस्थाएं ऐसी होनी चाहिए जो शेष विश्व की शक्ति को किसी भी लड़ाकू अथवा युद्धक देश के विरुद्ध तैयार कर सके।'[2]

संक्षेप में, लास्की की समानता सम्बन्धी धारणा की तीन प्रमुख स्थितियां हैं, जिनकी व्यवस्था द्वारा राज्य व्यक्ति को समानता का अधिकार उपलब्ध करने का दावा कर सकता है। ये तीन स्थितियां इस प्रकार हैं, प्रथम—विशेष सुविधाओं के अधिकारों का अभाव, द्वितीय—समान अवसरों का सुयोग और तृतीय—सब की प्राथमिक आवश्यकताओं की पूर्ति की प्राथमिकता।

समानता विषयक लास्की की उपर्युक्त धारणा यद्यपि उनके लोकतांत्रिक समाजवादी विचारक होने की परिचायक है, तथापि वह विरोधाभासों से सर्वथा मुक्त नहीं है। वे आर्थिक क्षेत्र में व्याप्त वर्तमान विषमताओं को समाप्त करना चाहते हैं, जो केवल समाजवादी व्यवस्था के अंतर्गत संभाव्य है। यहां वे स्वतंत्रता और समानता की परिकल्पनाओं का न्यायोचित सामंजस्य करते हुए एक सच्चे लोकतांत्रिक समाजवाद के पक्षधर के रूप में हमारे सामने आते हैं। लेकिन अधिकाधिक समानता की स्थापना की आवश्यकता के संदर्भ में जब वे कुछ व्यक्तियों की स्वतंत्रता को प्रतिबंधित करने की राय देते हैं, तो यहां वे अपने स्वयं के इस कथन के विरोधी जान पड़ते हैं कि, "स्वतंत्रता और समानता एक ही आदर्श के दो पहलू हैं।" इसके साथ ही जबकि प्रतिबंधों के इस स्थिति द्वारा

1. लास्की : ए ग्रामर आफ पालिटिक्स, (हिन्दी अनुवाद), पृ० 130
2. वही, पृ० 152

स्वतंत्रता का क्षेत्र संकुचित हो जाता है, तो इस स्थिति में लास्की के इस विचार से भी सहमति प्रकट करने में कठिनाई होती है कि, "समानता की ओर अग्रसर होना स्वतंत्रता को प्राप्त करने का ही एक प्रयास है।"

लास्की की समानता सम्बन्धी धारणा के कतिपय विरोधाभासों की आलोचना कई विद्वान राजनीतिक चिंतकों द्वारा की गई। हर्बर्ट डीन लास्की के समानता सम्बन्धी विचारों की आलोचना करते हुए कहते हैं, "लास्की की यह मान्यता कि समाज में समानता के लिए सार्वभौम प्रवृत्ति विद्यमान है, अनुभवों द्वारा गलत सिद्ध होती है। अधिकांश लोगों की यह प्रवृत्ति देखी गई है कि वे असमानता की स्थिति को यथावत् बनाए रखकर अपनी उन्नति करने की इच्छा भर रखते हैं। लास्की की दूसरी मान्यता की आर्थिक असमानता अन्य क्षेत्रों की असमानता को उत्पन्न करती है, यह भी सही नहीं है, और न ही उत्पादन के साधनों पर सामाजिक स्वामित्व की स्थापना द्वारा समाज में समता की स्थापना की जा सकती है। इस संदर्भ में बर्ट्रेण्ड रसेल ने भी स्वीकार किया है कि राजनीतिक शक्ति की असमानता धन की अर्थात् आर्थिक असमानता से बड़ा दुर्गुण है, सोवियत-संघ का साम्यवादी समाज इसका ज्वलंत उदाहरण है। इसी प्रकार लास्की की यह मान्यता कि आधुनिक औद्योगिक प्रणाली में सत्ता और वेतनों की सोपानात्मक व्यवस्था का अन्त संभव है, सोवियत-संघ और अमरीका के अनुभवों से गलत सिद्ध हो चुकी है।[1] फिर भी लास्की का समानता सम्बन्धी दृष्टिकोण मानवीय प्रतीत होता है।

---

1. हर्बर्ट डीन : दि पालिटिकल आइडियाज आफ हेराल्ड जे० लास्की, पृ० 187-89

अध्याय पंचम

अधिकारों की अवधारणा

1. अधिकारों पर प्रो० लास्की के पूर्ववर्ती चिंतकों के विचार

वर्तमान अधिकार सम्बन्धी अवधारणा का विकास फ्रांसीसी क्रांति के बाद तीव्र गति से हुआ है। प्रारम्भ में अधिकार प्राकृतिक उपहार के रूप जाने जाते रहे किन्तु धीरे-धीरे इन्हें समाज एवं राज्य की ओर से दी गई सुविधा के रूप में माना जाने लगा। ऐसी सुविधा जो मनुष्यों के हित के निमित्त कार्य विशेष को सम्पन्न करने के लिए अपेक्षित होती है। अधिकारों की संस्वीकृति समाज एवं राज्य के द्वारा होती है।[1] किन्तु इनका वाहक सदैव व्यक्ति ही हो सकता है। संस्थाएं, परिषदें, कंपनियां अथवा कोई वर्ग विशेष भी अधिकारों का वाहक हो सकता है।

सामाजिक जीवन अलग-अलग मनुष्यों की समष्टि होता है, इनके बीच होने वाली प्रतिस्पर्धाओं एवं संघर्ष को केन्द्रित नियमित तथा जनकल्याणकारी बनाने के लिए राज्य भिन्न-भिन्न व्यक्तियों के अधिकारों में सामंजस्य स्थापित करता है। राज्य संस्था में ही व्यक्तियों के अधिकारों की प्रतिध्वनि हमें सुनाई देती है अतः उसके द्वारा ऐसी स्थिति निर्मित की जाती है, जिसमें व्यक्ति एवं समष्टि के सम्यक हितों की परिपूर्ति हेतु उचित अधिकार क्रियान्वित किए जा सकें। अधिकारच्युत व्यक्ति सम्यक् रूप से अपने व्यक्तित्व का विकास एवं प्रसारण नहीं कर सकता और इसीलिए मानव कल्याण की विराट धारा में अपने विलक्षण व्यक्तित्व का योगदान नहीं कर सकता। अपनी अनुभव राशि की समुचित व्याख्या और आलोचना द्वारा किस प्रकार अन्य अनुभव राशियों से उनका सामंजस्य कर व्यापक कल्याण सिद्ध हो, इसके लिए अधिकार अभिवांछित है।[2]

सुव्यवस्थित राजनैतिक चिंतन के आविष्कारक यूनानी नगर राज्य के दार्शनवेत्ताओं के अनुसार अधिकार का अर्थ सामूहिक जीवन का ऐसा संगठन है

---

1. टी० एच० ग्रीन : लेक्चर्स आन दि प्रिंसिपल्स आफ पोलिटिकल आब्लीगेशन, पृ० 44
2. वी० पी० वर्मा : राजनीति और दर्शन, पृ० 254

जिसमें सब भाग ले सकें, अर्थात् राजनैतिक जीवन में भाग लेने का नगर राज्य के सदस्यों को अधिकार था। यूनानियों के सामने मुख्य समस्या यह नहीं थी कि मनुष्य को उसके अधिकार प्राप्त हों, बल्कि यह समस्या थी कि उन्हें योग्य स्थान प्राप्त हो।[1] नागरिकों के अधिकार अवश्य हैं लेकिन उनके ये अधिकार उनकी अपनी निजी अस्मिता के अंग न होकर उनकी स्थिति के परिणाम थे। साथ ही उनके दायित्व भी थे। वे इन दायित्वों का पालन इसलिए करते हैं ताकि वे अपनी क्षमताओं का विकास कर सकें। यूनानियों को न तो यह गलतफहमी थी कि उन्हें मनवांछित कार्य करने का जन्मसिद्ध अधिकार है और न यह भ्रम था कि उनका कर्त्तव्य दैवीय प्रेरणा से ओत-प्रोत है।

यूनानी लोग आत्म-गौरव की भावनाओं से भरे होते थे। राजनैतिक कार्यों में वे भाग लेते तथा अपने अधिकारों के प्रति सजग रहते थे। सी० एल० वेपर का मत है कि अपने स्वयं के विचारों पर सोचने का अधिकार, सार्वजनिक रूप से भाषण करने का अधिकार और दूसरों के कल्याण का ध्यान करते हुए अपने सद्विवेक के अनुसार कार्य करने का अधिकार यूनानियों के लिए समस्त अधिकारों में सर्वाधिक बहुमूल्य थे।[2] परन्तु दास इन अधिकारों से वंचित थे। प्लेटो का मत था कि नागरिकों के व्यक्तिगत अधिकार होते हैं किन्तु मात्र रूढ़ि पर आधारित अधिकार सबसे भयानक सामाजिक विषय हैं।[3] उसके शिक्षा संबंधी एवं साम्यवादी विचार अधिकारों की भावना से ओत-प्रोत हैं। स्त्री एवं पुरुषों को वह समान अधिकार प्रदान करता है। परन्तु संपत्ति एवं परिवार उत्पादक वर्ग की मूल कमजोरियां थीं अत: उनको इनके धारण के अधिकार सौंप कर बाकी को इनसे वंचित कर देता है और बदले में वे राजनैतिक एकाधिकार भी प्रदान करता है, जिससे उत्पादक वंचित थे। ऐसा करके प्लेटो में हमें क्षति पूर्ति एवं सन्तुलन के सिद्धान्त की याद हो जाती है। वेपर ने लिखा है कि एक ही हाथों में राजनैतिक व आर्थिक शक्तियों के एकीकरण ने विश्व में अनेक कष्टों को जन्म दिया है।

मानव-जीवन को सम्भव एवं सुखी बनाने हेतु राज्य के उदय की कल्पना करने वाला अरस्तू सम्पति के व्यापक एवं महत्त्वपूर्ण अधिकार की चर्चा करते हुए कहता है कि दास इससे वंचित रखे जाते हैं, जिन पर तात्कालीन अर्थव्यवस्था टिकी हुई थी। प्राकृतिक दासों पर साथ ही विजित राज्यों के निवासियों की देह एवं सम्पदा पर विजेताओं का अधिकार होता है। सम्पत्ति के

1. सेवाइन : ए हिस्ट्री आफ पालिटिकल थ्योरी (हिन्दी अनुवाद), विश्व प्रकाश०, पृ० 4
2. वेपर : पालिटिकल थाट, पृ० 89
3. सेवाइन : ए हिस्ट्री आफ पालिटिकल थ्योरी (हिन्दी अनुवाद), विश्व प्रकाश०, पृ० 17

जिस व्यक्तिगत अधिकार, साथ ही उसके सामूहिक उपभोग की भी व्यवस्था ट्रस्टीशिप के समान अरस्तू ने की है, उसमें एक संपत्तिधारी संपत्ति का स्वामी होते हुए भी उसके उपभोग का अधिकार नहीं रखता। अरस्तू ने आदर्श राज्य की नागरिकता के संदर्भ में नागरिकों के कर्त्तव्यों पर ज्यादा ध्यान केन्द्रित किया है परन्तु उनके अधिकारों का स्पष्टीकरण नहीं किया बल्कि उपेक्षा की है। जबकि ये सिक्के के दो पहलू हैं। अरस्तू के अधिकार सम्बन्धी विचार नैतिकता की ओर इंगित करते हैं। वह उसी व्यक्ति को नागरिकता का अधिकारी मानता है जिसमें शासन करने एवं शासित होने की योग्यता हो।[1]

स्टाइको का मत था कि विवेकसम्पन्न होने के नाते सब मनुष्य समान हैं और समान अधिकारों का उपयोग करते हैं। इस तरह उन्होंने अधिकारों से वंचित यूनानी दासों को भी महत्त्व प्रदान किया।[2] रोमन विचारधारा ने अधिकार सम्बन्धी विचारों का स्वागत किया। उन्होंने कानून के समक्ष सभी को समानता का अधिकार प्रदान किया, जिनकी प्रतिष्ठा का दायित्व राज्य ने लिया है। यूनानी जिन अधिकारों को कानून से पूर्ववर्ती एवं स्वतन्त्र मानते थे रोमनों ने इसे कानून का वशवर्ती बनाया। गेटिल का मत है कि रोमन लोगों ने राज्य और व्यक्ति को पृथक् करते हुए प्रत्येक को कुछ निश्चित अधिकार और कर्त्तव्य प्रदान किये, राज्यसत्ता का मुख्य प्रयोजन इन्होंने व्यक्ति के अधिकारों की रक्षा करना रखा था। इस तरह सुनिश्चित दायरों में ही राज्य अपनी सत्ता का इस्तेमाल कर सकता था एवं नागरिक भी ऐसे अधिकार रखने वाले व्यक्ति माने जाते थे जिनकी रक्षा अन्य लोगों से एवं सरकार के अवैध अपहरण से की जानी चाहिए।[3]

प्रारंभिक ईसाईयत ने भी समानता के विश्वबन्धुत्व के विचारों के साथ ही सम्पत्ति का अधिकार भी व्यक्तियों को दिया। धनिकों के दिल में समानता के भाव दान एवं दया पर आधारित होना ये सामते हैं। प्रारंभिक ईसाई विचारकों ने परिवार एवं पैतृक अधिकार के विचार का पुनरुद्धार भी किया।[4]

मध्ययुगीन सामंतवादी युग में अधिकार एवं कर्त्तव्य उभयपक्षी होते थे अर्थात् स्वामी के अधिकार सेवक के कर्त्तव्य थे, तथा सेवक के अधिकार स्वामी के कर्त्तव्य। अधिकार विषयक प्रश्नों को लेकर ही 11वीं शताब्दी से चर्च एवं राज्यसता में शक्ति-संघर्ष लगभग 400 वर्ष तक चलता रहा है। पहले पोप का, बाद में राज्यसत्ता का पांसा प्रबल होता गया। 15वीं शताब्दी में

1. गेटिल : हिस्ट्री आफ पालिटिकल थाट, पृ० 80
2. वही, पृ० 86
3. वही, पृ० 68
4. डायल : ए हिस्ट्री आफ पालिटिकल थाट, पृ० 58

अधिकार क्षेत्र निर्धारण हेतु कंसीलियर आन्दोलन ने महत्त्वपूर्ण भूमिका निभाई।

15वीं शताब्दी में यूरोप में बौद्धिक पुनर्जागरण ने लोगों के सोचने-समझने के तौर-तरीकों में व्यापक परिवर्तन किया। मध्ययुगीन परलोकप्रियता इहलोकप्रियता में बदली और 'मनुष्य ही प्रत्येक वस्तु का मापदंड है' वाला सिद्धांत आस्था में आया। इसी काल में मैकियावेली, जिसका पोप एवं सम्राट के संबंधों से लगाव न होकर तात्कालिक देशकाल एवं समाज की अहं समस्याओं की ओर था, मानव में अहंवाद एवं स्वार्थ की दुर्बलताओं को पहचानकर उसने उसे जीवन-रक्षा, संपत्ति एवं परिवार के अधिकार प्रदान किये तथा संपत्ति के अपहरण को एक गंभीर अपराध बताया।[1]

धर्म-सुधार आंदोलन ने मध्ययुगीन विचारों का पुनरुद्धार करने का प्रयास किया। उन्होंने चर्च एवं राज्यसत्ता के बीच एक अधिकार संबंधी सीमा-रेखा खींचने का भी प्रयास किया। पर राज्यभक्ति ईश्वर के प्रति निष्ठा के द्वारा सीमित कर दी गई। लूथर ने राजाओं के दैवीय अधिकार का पोषण किया। काल्विन ने भी राजाओं के दैवीय अधिकार की हिमायत की तथा प्रजाजनों के प्रति राजाओं के कर्त्तव्यों का भी परिपोषण किया। जिसे राजधर्म माना गया, जिसमें राजा के विमुख एवं असमर्थ होने पर प्रजा के आज्ञा-पालन के अधिकार से वंचित कर दिया जायेगा।

धर्म-सुधार आंदोलन का एक तात्कालिक परिणाम राजसत्ता के निरंकुश अधिकारों में वृद्धि होना था किंतु अंत में लोकतंत्रीय प्रवृत्तियों ने इसका भी अंत कर दिया।

सम्प्रभुता पर सर्वप्रथम सुलझे हुए विचार देने वाला बोदां सम्प्रभुता को परिसीमित करते हुए संपत्ति के अधिकार को प्राकृतिक एवं अलंघनीय मानता है जो कि परिवार का गुण है। इस अधिकारों के विषय में बोदां इतना विश्वस्त था कि इनके बारे में तर्क देना जरूरी नहीं मानता था।[2]

अधिकारों को नैतिक आधार देने वाला ग्रोशियस पहला राजनैतिक दार्शनिक था जिसने प्राकृतिक नियमों पर आधारित प्राकृतिक अधिकारों का क्रमबद्ध प्रतिपादन किया। ग्रोशियस, जो कि जनता की प्रभुसत्ता का घोर विरोधी था, राजा की निरंकुश अधिकार-शक्ति का हिमायती है। उसका स्पष्ट मत है कि प्रजा को राजा के विरुद्ध विद्रोह करने का कोई अधिकार नहीं है, उसे अत्याचारों को मौन रूप से सहन करना चाहिए।[3]

हाब्स अपने ग्रंथ लेवियाथन के 14वें अध्याय में प्राकृतिक अधिकारों का

---

1. सेवाइन : ए हिस्ट्री आफ पालिटिकल थ्योरी, पृ० 307-16
2. वही, पृ० 372
3. गेटिल : हिस्ट्री आफ पालिटिकल थाट, पृ० 231-32

जिक्र करते हुए कहता है कि ये अधिकार आदिकालीन अवस्था से ही व्यक्ति के स्वभाव में निहित थे। उसे जीवन रक्षार्थ लूटने-पीटने तथा मार डालने की स्वतंत्रता थी। टी० एच० हक्सले इसे शेर का अधिकार मानते थे। प्राकृतिक अधिकार समान होने से सबको परस्पर लूट-पाट, हत्या का अधिकार मिला है पर जीवन-रक्षा हेतु सभी कुछ प्राकृतिक नियम (शांति धाराओं) का निर्माण कर लेते हैं जो कि प्राकृतिक दशा की अराजकता से व्यक्ति को बचाते हैं। परस्पर अधिकार समर्पण के बाद समझौता हुआ, जिसमें सभी परस्पर ऐसा कहते प्रतीत होते हैं—मैं इस व्यक्ति को या व्यक्ति-समूह को अपना शासन स्वयं कर सकने का अधिकार एवं शक्ति इस शर्त पर समर्पित करता हूं कि तुम भी अपने इस अधिकार को इसी तरह समर्पित कर दो।[1] उन्हें, जिन्हें प्राकृतिक अधिकार समर्पित करते हुए प्रभुसत्ता का अधिकार मिला, प्रभुसत्ता प्रजा को कोई वचन नहीं देती अतः उसके विरुद्ध बोलने का अधिकार प्रजा को नहीं है। क्योंकि ऐसा करना प्राकृतिक दशा को लौटना है। परन्तु हाब्स जीवन-रक्षा के मुख्य प्राकृतिक अधिकार को राजा के विरुद्ध भी सुरक्षित रखता है। प्रजा उन्हीं अधिकारों का उपभोग कर सकती है, जिनका त्यागना उनके लिए संभव ही नहीं हो सकता, उदाहरण के लिए आत्म-रक्षा और आत्म-अभियोग।[2] हाब्स का मत है कि सम्प्रभु शासक ही संपत्ति का सृजनहार होने से उसे कर लगाने एवं प्रजा की सम्पत्ति लेने का भी अधिकार है। यही सभी अधिकारों की सत्ता का मूल स्रोत है। यही देश में संधि-युद्ध का तथा प्रजा के सभी साधनों पर नियंत्रण का अधिकार रखता है अतः उसके अधिकार अपरिवर्तनीय एवं अहस्तांतरणीय तथा अविभाज्य हैं।

व्यक्तिवादी हाब्स में विचित्रता यह है कि वह व्यक्ति को निजी संपत्ति, अभिव्यक्ति एवं विश्वास की स्वतंत्रता का अधिकार एवं ऐसे ही अन्य अधिकार लगभग बिल्कुल ही नहीं देता जिन पर लोकतंत्र खड़ा है। इस तरह से दैवीय अधिकारवाद का निराकरण करने में बलवान खड्ग के रूप में हाब्स का दर्शन प्रकट होता है।

अधिकारों की उदारवादी विचारधारा में लाक ने काफी महत्त्वपूर्ण योगदान दिया है। उन्होंने यह बात स्पष्ट की कि जिन प्राकृतिक अधिकारों के लिए राज्य का निर्माण हुआ है वे जीवन स्वतंत्रता एवं संपत्ति के अधिकार हैं। व्यक्तिगत अधिकारों को आदर्श रूप में ढालने वाले लाक का मत है कि नैतिक दृष्टि से सभी समान हैं और उन्हें समान अधिकार प्राप्त हैं। प्राकृतिक विधि मानवीय अधिकारों एवं कर्त्तव्यों की पूरी तरह से व्यवस्था करती थी। इस व्यवस्था में उसे अधिकार

1. हाब्स : लेवियाथन, अध्याय 14
2. गेटिल : हिस्ट्री आफ पालिटिक थाट, (हिन्दी अनुवाद), पृ० 264

होता है कि वह अपनी चीज की तो रक्षा करे, साथ ही कर्त्तव्य होता है कि वह दूसरे की चीज का सम्मान करे।[1]

लाक के मतानुसार प्रत्येक व्यक्ति को जन्मतः दो अधिकार प्राप्त होते हैं। एक अपने शरीर की स्वतंत्रता का अधिकार जिस पर किसी का अधिकार नहीं हो सकता और वह स्वयं उसकी व्यवस्था करने को स्वतंत्र होता है और दूसरा प्रत्येक व्यक्ति को किसी अन्य व्यक्ति के पहले अपने पिता की संपत्ति के अपने भाइयों के साथ उत्तराधिकार में प्राप्त करने का अधिकार होता है।[2] लाक के अनुसार मनुष्य का जन्म पूर्ण स्वाधीनता के अधिकार के साथ प्राकृतिक विधि के अंतर्गत समस्त अधिकारों एवं विशेषाधिकारों के अनियंत्रित उपभोग के अधिकार के साथ हुआ है।[3]

लाक ने अपनी ट्रीटाइज आफ दी गवर्नमेंट के प्रथम खंड में राजा के दैवीय अधिकार का खंडन किया है। यद्यपि लाक के सिद्धांतों में ऐसे तत्त्व बहुत कम थे, जिनका उनके पूर्वगामी विचारकों ने विकास न कर लिया हो, फिर भी उसने प्राकृतिक अधिकारों, लोक नियंत्रण, और प्रतिरोध के अधिकार के विचारों को निश्चित रूप प्रदान किया।[4] उसके सिद्धांत ने सामाजिक संविदा के विचार में निहित व्यक्तिवादी धारणा पर भी बल दिया एवं राजसत्ता को सीमित कर सम्पत्ति के महत्त्व को बढ़ाया।

लाक के ये अधिकार उतने ही पूर्ण हैं, जितने कि किसी शासन के अन्तर्गत सबको परस्पर अधिकारों पर से आक्रमण रोकने के अधिकार हैं। लाक का मत है कि प्राकृतिक नियमों की छत्रछाया में प्राकृतिक अधिकार सामाजिक बनते हैं शासन के निर्माण का उद्देश्य भी इनकी रक्षा करना है। लाक जनता को विद्रोह का अधिकार देता है। जब जनता यह अनुभव करे कि व्यवस्थापिका उसमें रखे जाने वाले विश्वास के प्रतिकूल कार्य कर रही है तो जनता को यह सर्वोच्च अधिकार प्राप्त है कि वह व्यवस्थापिका को हटा दे या बदल डाले।[5]

व्यक्ति केंद्रित लाक की व्यवस्था में तीनों अधिकार जन्मसिद्ध, स्वाभाविक एवं प्राकृतिक हैं। संपत्ति के अधिकार में ही व्यक्तित्व का अधिकार समाहित है। यही जीवन स्वतंत्रता के अधिकार का अभाव है। इस प्रकार से डनिंग ने लाक के व्यक्तिवादी विचारों एवं उसके प्राकृतिक अधिकारों को राजनैतिक चिंतन के

---

1. सेवाइन : ए हिस्ट्री आफ पालिटिकल थ्योरी, पृ० 487
2. लाक : टू ट्रीटाइज आफ दि गवर्नमेंट, (हिन्दी अनुवाद), अध्याय 16
3. लाक : सिविल गवर्नमेंट, अध्याय 7, पृ० 87
4. गेटिल : हिस्ट्री आफ पालिटिकल थाट, पृ० 272
5. लाक : टू ट्रीटाइज आफ दि गवर्नमेंट, (हिन्दी अनुवाद), अध्याय 2, पृ० 149

इतिहास में सर्वाधिक महत्त्वपूर्ण देन माना है ।[1]

अपने चिंतन में रूमानियत के धनी प्रकृतिवादी चिंतक रूसो के विचार अधिकारों के विषय में स्पष्ट नहीं हैं चूंकि संविदा के दौरान मनुष्य अपने शरीर, शक्ति एवं अधिकारों को जिस सार्वजनिक सत्ता को समर्पित करते हैं वह सबसे मिलकर निर्मित होती है । ऐसा करके व्यक्ति उन्हें पुन: नये रूप में प्राप्त कर लेते हैं । रूसो लाक के द्वारा वर्णित अधिकारों को प्रकृतिप्रदत्त नहीं, राज्य प्रदत्त नागरिक अधिकार मानता है । रूसो स्वतन्त्रता एवं अधिकार में अंतिम रूप से सामंजस्य असंभव मानता है । अपनी पुस्तक के प्रथम भाग में रूसो का मत है कि सामाजिक सुव्यवस्था एक पवित्र अधिकार होता है जो अन्य सभी अधिकारों के आधार का कार्य करता है ।[2] संविदा के अन्तर्गत रूसो ने इस बात की पुष्टि की है कि प्रत्येक व्यक्ति अपने सम्पूर्ण प्राकृतिक अधिकार समग्र समाज को अर्पित कर देते हैं । उन्होंने जो अधिकार त्यागे हैं, उनके बराबर ही अधिकार उन्हें बदले में मिल जाते हैं, और अपने पास जो कुछ है उसकी रक्षार्थ उन्हें पहले से ज्यादा शक्ति प्राप्त हो जाती है ।[3]

रूसो प्रभुत्वसम्पन्न जनता के आलोप्य अधिकारों के सम्बन्ध में इतना आश्वस्त था कि वह सरकार को वे शक्तियां देने को तैयार था, जिनका दिया जाना लाक एवं मांटेस्क्यू तक खतरनाक समझते थे । फ्रांस में 1989 की क्रांति के दौरान हुई मानव घोषणा में रूसो के अनेक सिद्धांतों को लागू किया गया ।[4]

रूसो की यह धारणा थी कि शक्तिशालीनतम मनुष्य सदा अधिकारसंपन्न होता है इसीलिए व्यक्ति को स्वयं शक्तिशालीनतम बनने के लिए ही क्रियाशील होना चाहिए ।[5] वह नागरिक एवं प्राकृतिक अधिकारों में स्पष्ट भेद किए जाने पर भी बल देता है ।[6]

फ्रांसीसी विचारक मांटेस्क्यू नागरिकों की स्वतन्त्रता के लिए अधिक चिंतित प्रतीत होते हैं, इसीलिए उन्होंने नागरिक अधिकारों से सम्बन्धित सिद्धांतों का विस्तृत विवेचन नहीं किया । स्वतंत्रता का स्वभाव एक ऐसा विषय था जिसकी ओर मांटेस्क्यू ने विशेष ध्यान दिया । इस संबंध में उन्होंने लाक के विचार लिये, किंतु उनका विकास भिन्न दशा में करके प्राकृतिक अधिकारों पर कम जोर दिया। उन्होंने स्वतन्त्रता का रहस्य शक्ति के पृथक्करण में पाया, प्राकृतिक अधिकारों में

1. डनिंग : पालिटिकल थ्योरी फ्राम लूथर टू मान्टेस्क्यू, पृ० 364
2. रूसो : सोशल कांट्रेक्ट (हिन्दी अनुवाद), अध्याय 1, पृ० 3
3. वही, अध्याय 6, पृ० 107
4. गेटिल : हिस्ट्री आफ पालिटिकल थाट, पृ० 306-07
5. रूसो : सोशल कांट्रेक्ट, अध्याय 3, पृ० 307
6. वही, अध्याय 4, पृ० 38

नहीं। वह स्वतन्त्रता को विधिसम्मत कार्य करने का अधिकार मानता है। सरकार की सीमित शक्तियों में ही वह उसकी विद्यमानता स्वीकार करता है।[1]

रूसो के समकालीन ब्रिटिश विचारक डेविड ह्यूम का मत था कि समाज की पूर्णता के लिए स्वतन्त्रता अभिवांछित है इसीलिए अधिकारों के विशेषकर संपत्ति के अधिकार के साथ-साथ राजशक्ति भी सामाजिक सुरक्षा हेतु जरूरी है।

फ्रांसीसी क्रांतिकारियों के स्वतंत्रता, समानता एवं भ्रातृत्व के आदर्शों को पाने के प्रयासों को पागलपन की संज्ञा देने वाले ब्रिटिश राज्यमर्मज्ञ अनुदारवादी बर्क प्राकृतिक अधिकारों को अराजकता के प्रचारक कहकर उनके अस्तित्व को नहीं मानते अपितु उन्हीं अधिकारों को वैध मानते हैं कि जो राज्यप्रदत्त हैं। संविदावादियों के इस मत से वे सहमत नहीं हैं कि अधिकार राज्य से पूर्व भी थे।

बर्क व्यक्ति के अधिकारों की परिस्थितियों से प्रतिबद्धता स्वीकारते हुए उनके अनुकूल व्यक्तियों को अधिकार दिये जाने के हिमायती हैं। नागरिक अधिकार सभी को समान रूप से परन्तु राजनैतिक अधिकार थोड़े ही योग्य व्यक्तियों को दिये जायें। बर्क का यह दृष्टिकोण इसीलिए है क्योंकि वह असमानता एवं अप्रजातांत्रिकता का पोषक है। अधिकारों में हालातों के अनुसार परिवर्तन करने का बर्क समर्थक है। बर्क ने शक्तिवाद पर नैतिक प्रतिबंध लगाने का जो समर्थन किया इससे उदारवाद के नैतिक अधिकार को बड़ा संबल मिला था।[2]

उपयोगितावादी बेंथम राज्य का अस्तित्व व्यक्ति के लिए मानते हुए कहता है कि अधिकतम लोगों का अधिकतम कल्याण न करने वाली सरकार की आज्ञाओं की अवहेलना करने का जनता को अधिकार है। अधिकारों को बेंथम सुखी जीवन के नियम एवं उपनियम कहता है जिन्हें राज्य के कानूनों द्वारा मान्यता दी गयी है अर्थात् वह कानूनसम्मत अधिकारों में आस्थावान् हैं। प्राकृतिक अधिकार को कोरी बकवास कहते हुए बेंथम कहता है कि व्यक्तियों के कोई प्राकृतिक अधिकार नहीं होते।[3] वह निजी संपत्ति के अधिकार की उपेक्षा करने का नैतिक साहस नहीं कर सका है। बल्कि उसे उपयोगिता की कसौटी पर कसता है। लाक के समान ही वह प्राकृतिक अधिकार की कसौटी पर नहीं कसता। कर्त्तव्यरहित अधिकारों को बेंथम निर्जीव मानता है एवं अधिकारों का निर्धारण सामयिक परिस्थितियों पर आधारित करता है। इस तरह से दैविक, ऐतिहासिक एवं प्राकृतिक संविदात्मक सभी अधिकारों को वह मूर्खतापूर्ण करार देता है।

---

1. गेटिल : हिस्ट्री आफ पालिटिकल थाट, पृ० 300-01
2. लास्की : पालिटिकल थाट फ्राम लाक टू बेंथम, पृ० 214
3. गेटिल : हिस्ट्री आफ पालिटिकल थाट, पृ० 369

बेंथम के उत्तराधिकारी जे० एस० मिल स्वतंत्रता के पीछे भटकते हुए अधिकारों के प्रति लगभग उदासीन-से रहे। स्वतंत्रता के इस व्यापक स्वरूप में अधिकारों का स्थान गौण बन गया है। स्वतंत्रता का हनन करने का अधिकार न राज्य को है, न समाज को जो कि एक पवित्र अधिकार है। मताधिकार संबंधी विचारों में मिल सभी को मताधिकार नहीं देता। महिलाओं को मताधिकार देने तथा विद्वानों को अनपढ़ों से ज्यादा वोट देने का अधिकार का मिल समर्थक है।[1] मिल समाज के सभी नागरिकों को सार्वजनिक कार्यों में भाग लेने का अधिकार देता है।

अधिकारों को नैतिक शब्दावली में गढ़ने वाले दार्शनिक कांट के शब्दों में मनुष्य को मानवता के नाते जो एकमात्र मौलिक अधिकार प्रत्येक व्यक्ति को प्राप्त है, वह है स्वाधीनता। अधिकारों से ज्यादा बल कांट कर्त्तव्यों पर देता है, इनसे अधिकारों की प्राप्ति स्वतः हो जाती है। निरंकुश शासन के प्रति विरोध का अधिकार कांट जनता को नहीं देता। राज्य में ही व्यक्ति अपने नैतिक लक्ष्य की प्राप्ति कर सकता है। अपने कर्त्तव्य-पथ पर चलते-चलते ही उसे अधिकारों का अनुभव होता रहता है। कांट संपत्ति के अधिकार को प्राकृतिक न मानकर समाजप्रदत्त मानते हैं।[2] वह व्यक्ति को शासन के प्रति विद्रोह का अधिकार नहीं देता भले ही शासनतंत्र कितना ही अत्याचारी क्यों न हो।[3]

राज्य को पृथ्वी पर ईश्वर की गति मानने वाले हीगेल राज्य ही को अधिकारों का जन्मदाता कहते हैं। चूंकि व्यक्ति राज्य हेतु जीता है अतः वह राज्य के विरुद्ध कोई अधिकार नहीं मांग सकता। राज्य एवं व्यक्ति के बीच अधिकार विषयक संघर्ष में राज्य व्यक्ति के अधिकारों का अतिक्रमण कर सकता है। पर हीगेल कहता है कि ऐसा संघर्ष असंभव है क्योंकि व्यक्ति के वे ही अधिकार होंगे, जिन्हें राज्य प्रदान करता है। प्राकृतिक अधिकारों को वह बौद्धिक विलास का दर्शन मानता है। स्वतंत्रता के दर्शन हीगेल को अधिकारों एवं कर्त्तव्यों की तिलांजलि के बाद होते हैं। इस प्रकार से वह फिलासफी ऑफ राइट्स में राज्य के विरुद्ध आलोचना का अधिकार न देकर राज्य के दैवीय अधिकार की स्थापना करता है।[4] हीगेल व्यक्तियों को ईश्वरीय शक्ति के हाथ की बांसुरी मान उनकी स्वतंत्रता, समानता, अधिकार सभी उसके जादुई डंडे में विलोप कर देता है।[5]

अंग्रेजी उदार आदर्शवाद का जनक ग्रीन द्वारा प्रतिपादित मानव-चेतना, जो

---

1. जे० एस० मिल : आन दि इलेक्शन आफ रिप्रेजेंटेटिव, (निबंध), 1859
2. मेकगवर्न : फ्राम लूथर टू हिटलर, पृ० 146
3. कांट : फिलासफी आफ ला, पृ० 176
4. बार्कर : पालिटिकल थाट इन इंग्लैंड, पृ० 20-21
5. वेपर : पालिटिकल थाट, पृ० 192-93

स्वतंत्रता के लिए बेचैन रहती है, इसी धारणा में वे अधिकारों को अन्तर्निहित मानते हैं। अधिकार मनुष्य के आंतरिक विकास के लिए आवश्यक बाह्य परिस्थितियों एवं नैतिक लक्ष्य की सिद्धि की आवश्यक शर्तें हैं।[1] प्रत्येक विवेकशील व्यक्ति को यह चरम अधिकार है कि वह वैसा बन सके जैसा मनुष्य को होना चाहिए। अन्य सभी अधिकार इसी अधिकार से जनमते हैं। प्राकृतिक अधिकारों की शब्दावली अपनाकर भी वह उनकी अन्तरात्मा में आदर्शवादी एवं नैतिकतावादी सिद्धांत भर देता है। उनका मत है कि ये अधिकार नैतिक एवं विवेकी मनुष्य द्वारा ही भोगे जाने चाहिए। ग्रीन भी अधिकारों एवं कर्त्तव्यों को दो नदी के किनारों की भांति मानता है, जब एक का अधिकार दूसरे का कर्त्तव्य बन जाता है। एक ओर जहां अधिकारों के क्रियान्वयन हेतु ग्रीन राज्य के हस्तक्षेप की बात करता है तो दूसरी ओर व्यक्तियों को कुछ दशाओं में राज्य की अवज्ञा का अधिकार भी देता है। वह दशा है जब राज्य अपने उच्च नैतिक उद्देश्यों की पूर्ति नहीं करता।[2]

ग्रीन के मत से समस्त अधिकार मनुष्य की उस योग्यता पर निर्भर होते हैं जो उसके अपने लिए तथा अन्य मनुष्यों के लिए एक साथ कल्याण की संकल्पना को निश्चित कर देती है। अधिकार विधान-सापेक्ष न होकर नैतिकता से सम्बद्ध होते हैं। राज्य मूलतः अधिकारों का स्रष्टा न होकर भी अधिकार का स्रोत है। क्योंकि राज्य समाजों का समाज होने से एक विशाल वृत्त है। राज्य के पूर्व जो संस्थाएं थीं, वे अधिकार संश्रित थीं, किंतु राज्य के उदय के बाद वे सारी संस्थाएं राज्य में समन्वित एवं अंतर्निहित हो गईं अतः अब उनके अधिकार राज्य से ही निकलते हैं।[3] समाज से पूर्व के एवं समाज से स्वतंत्र कोई अधिकार नहीं होता।[4]

ग्रीन का मत है कि नागरिकों का यह सम्यक् अधिकार है कि उन्हें अपने समाज की समृद्धि एवं कल्याण में सांझा मिले। क्योंकि भौतिक दरिद्रता से नैतिक पतन होता है और अधिकारों से वंचित नागरिक अपने सामाजिक उत्तरदायित्व का पालन नहीं कर सकते और न समाज कल्याण में ही योग दे सकते हैं।[5]

आदर्शवादी ब्रेडले एवं बोसांके अधिकारों के संबंध में हीगेलवादी हैं, किंतु हीगेल से कुछ कम उग्र एवं कर्त्तव्यमुखी प्रतीत होते हैं। बोसांके का मत है कि राजनैतिक समाज वैसा ही होता है जैसा व्यक्ति चाहते हैं।[6] राज्य वही है जैसा

1. बार्कर : पालिटिकल थाट इन इंग्लैंड, पृ० 37
2. ग्रीन : प्रिंसिपल्स आफ पालिटिकल ओब्लीगेशन (हिन्दी अनुवाद), अध्याय 9, पृ० 148
3. वही, पृ० 141
4. कोकर : रीसेन्ट पालिटिकल थाट, पृ० 429
5. ग्रीन : प्रिंसिपल्स आफ पालिटिकल ओब्लीगेशन, (हिन्दी अनुवाद), पृ० 155
6. बोसांके : सोशल एंड इन्टरनेशनल आइडियल्स, पृ० 310

होने का वास्तविक दावा राज्य करता है। समाज से पृथक् व्यक्ति मृतक-सा है वह अपनी संभावना की सिद्धि अपने कर्त्तव्यों का पालन करके ही कर सकता है। वह अपनी स्थिति के अधिकारों एवं कर्त्तव्यों का स्वयं निर्धारण नहीं करता।[1]

ब्रिटिश व्यक्तिवादी स्पेंसर के प्रसिद्ध ग्रंथ प्रिंसिपल्स आफ सोशियालाजी का अंत एवं दि मेन वर्सेज दि स्टेट का आदि और अंत अधिकार विषयक विचारों से होता है। प्राकृतिक अधिकार स्पेंसर के विचारों की आत्मा है। इन्हीं अधिकारों द्वारा व्यक्ति को स्वतंत्रतापूर्वक जीवित रहने का अधिकार मिला है ताकि वह अपनी नैसर्गिक शक्तियों का पूर्ण विकास कर सके।

लाक के समाज को वह प्राकृतिक अधिकारों से चिरंतन एवं स्थायी नहीं मानता वरन् सावयवी कारण एवं अधिकारों के विकास में आस्था रखता है। स्पेंसर स्वतंत्रता, जीवन एवं सुख-सुविधा के तीन अधिकार व्यक्ति को देकर राज्य को इनकी रक्षा का दायित्व सौंपता है। सरकार को बुरी एवं अनैतिक संस्था मानकर वह उसकी उपेक्षा करना भी एक अधिकार मानता है। मिल की तरह स्पेंसर भी नारी को पुरुष के समान समानता के अधिकार प्रदान किए जाने पर जोर देता है। स्पेंसर का मत है कि समाज एवं अधिकारों का विकास एक साथ ही होता है।

वह भावी अधिकारों की कल्पना भी करते हैं, वर्तमान की नहीं। इससे उनके विचार भ्रमात्मक प्रतीत होते हैं क्योंकि अधिकारों के संबंध में पूर्वधारणा बनाना परिवर्तनवाद के अनुकूल वे इसे नहीं बना पाते इसलिए इस संबंध में बार्कर कहते हैं कि उसका सम्पूर्ण दर्शन प्राकृतिक अधिकारों एवं शारीरिक रचना संबंधी रूपकों का बेमेल मिश्रण-सा होकर रह गया है।[2] स्पेंसर ने अधिकार संबंधी विवेचन में भूतकालीन विशेष-अधिकारों की भी आलोचना की है। उनका मत है कि भूतकाल का महान् राजनैतिक अंधविश्वास राजाओं का दैवीय अधिकार था। वर्तमान-काल का महान् राजनैतिक अंधविश्वास सांसदों के दैवीय अधिकार हैं।[3] इस प्रकार स्पेंसर के विचारों में हमें व्यक्तिवादिता के स्पष्ट दर्शन होते हैं।

काम्टे की भी स्पेंसर पर गहरी छाप थी। काम्टे अधिनायकतंत्र एवं मानवीय स्वतंत्रता के बीच सामंजस्य स्थापित किए जाने हेतु जोर देता था।

अधिकारों के संबंध में समाजवादी, साम्यवादी एवं अराजकतावादी विचारकों ने भी अपने विचार प्रतिपादित किए हैं। एक ओर समाजवादी मनुष्य की समानता के आदर्श से प्रेरित हो व्यक्तिवादी प्रवृत्तियों पर राज्य का अंकुश लगाना चाहते हैं तो अराजकतावादी व्यक्ति की स्वाधीनता की रक्षार्थ राज्य विरोधी हैं।

---

1. ब्रेडले : इथिकल स्टडीज, पृ० 159-82
2. बार्कर : पालिटिकल थाट फ्राम 1848 टु 1914, पृ० 71
3. स्पेंसर : दि मेन वर्सेज दि स्टेट, पृ० 521

साम्यवादी चिंतक वर्गविहीन समाज की स्थापना होने पर ही अधिकारों के सिद्धांत की सार्थकता स्वीकार करते हैं।

एक ओर कार्ल मार्क्स के पूर्ववर्ती विचारक सर टामस मूर, सेंट साइमन, चार्ल्स फोरियर, राबर्ट ओवेन इत्यादि, जिन्हें कि भाववादी एवं कल्पनावादी समाजवादी विचारक माना जाता है, सभी वर्तमान पूंजीवादी व्यवस्था के स्थान पर आदर्शवादी समाजवादी राज्य की स्थापना पर बल देते हुए मानव मात्र की समानता को स्वीकार करते हैं तो दूसरी ओर कार्ल मार्क्स उनके समाजवाद को स्वप्नलोक से निकालकर एक जनक्रांति के रूप में स्थापित करते हैं।

मार्क्स का वर्ग सिद्धांत असमानता की परिकल्पना पर आधारित है। पूंजीवादी समाज में वर्गों में असमानता होने से मनुष्यों के अधिकार और कर्त्तव्य भी समान नहीं होते। इस व्यवस्था में विशिष्ट लोगों को सभी अधिकार प्राप्त रहेंगे, जबकि श्रमजीवी वर्ग असमानता एवं शोषण का सामना करता रहेगा।

मार्क्स का मत है, कि यद्यपि धनिक पूंजीपति वर्ग ने ऐसे विचारों को शाब्दिक समर्थन प्रदान किया है, समानता सबका जन्मसिद्ध अधिकार है और सभी को समान अधिकार मिलना चाहिए, फिर भी उन्होंने संपत्ति-प्रणाली इस ढंग की कायम की है जिससे संपत्तिहीन लोग अधिकारों से वंचित रहें। आर्थिक अधिकारों के बिना राजनैतिक अधिकारों की कोई वास्तविकता नहीं होती। इसीलिए मार्क्स की मान्यता है कि केवल वर्गविहीन समाज में ही सबको समान अधिकार मिल सकते हैं। साम्यवादी घोषणा-पत्र में वे कहते हैं कि सर्वहारा वर्ग के पास अपनी दासता की जंजीरों के अलावा खोने को कुछ नहीं है और जीतने के लिए उनके पास सारा संसार है। मार्क्स का मत है कि अब तक जितने समाज हुए हैं, उन सबका इतिहास वर्ग-संघर्ष का इतिहास रहा है।[1] उनकी मान्यता है कि श्रमिक-वर्ग अन्ततोगत्वा अपने जन्मसिद्ध अधिकारों को प्राप्त कर लेता है।[2]

मार्क्स ने पूंजीवादी व्यवस्था का बलपूर्वक उन्मूलन करने के बाद जो भविष्य के समाज का चित्र खींचा है उसमें उन्होंने यह आशा व्यक्त की है कि जब परिश्रम जीवन की उच्चतम आवश्यकता बन जाएगी, व्यक्ति की भी सभी शक्तियों के विकास के साथ-साथ उत्पादन शक्तियों में तदनुरूप वृद्धि होगी और सामाजिक संपत्ति के स्रोत पहले से ज्यादा प्रचुरता के साथ बहने लगेंगे तभी कहीं पूंजीवादी अधिकारों का सीमित दृष्टिकोण पूर्णतया नष्ट होगा और समाज अपनी विजय-पताका पर इन शब्दों को अंकित करेगा कि प्रत्येक को उसकी योग्यतानुसार काम एवं प्रत्येक को उसकी आवश्यकतानुसार (उपभोग सामग्री)।[3]

---

1. कार्ल मार्क्स : कम्युनिस्ट मैनीफेस्टो, 1818, पृ० 8
2. गेटिल : हिस्ट्री आफ पालिटिकल थाट, (हिन्दी अनुवाद), पृ० 471
3. मार्क्स : क्रिटिक आफ दि गोथा प्रोग्राम, 1891, पृ० 31

इस प्रकार से मार्क्सवाद 17वीं और 18वीं सदी में हुए लोकतांत्रिक प्रयासों का ही ऐतिहासिक क्रम है। यह क्रम समाजवादियों के मानवतावादी प्रयासों को और भी व्यापक पैमाने पर आगे ले जाता है।[1] मार्क्स के आलोचक इस बात से सहमत नहीं हैं कि जब तक समाज में आर्थिक विषमता है तब तक समान अधिकार शाब्दिक और औपचारिक हैं, उनका तर्क यह है कि वर्गहीन समाज में भी कार्यों में भिन्नता होने के कारण अधिकारों एवं कर्त्तव्यों में भी अन्तर होना आवश्यक है। उनका मत है कि मार्क्स सर्वहारा राज्य के विपरीत किसी भी प्रकार के अधिकारों को अस्वीकारता है, इसीलिए वह राज्य के विपरीत व्यक्तियों के अधिकारों के संबंध में मौन है।

इसके फलस्वरूप जहां सर्वहारा बहुमत राजनैतिक एवं आर्थिक अधिकारों का उपभोग करेगा, वहां बुर्जुआ अल्पमत को इन अधिकारों से वंचित रखा जाएगा। इससे शोषण का अधिकार नये अर्थ में फिर भी यथावत् रहेगा। अर्थात् एक ऐसी तानाशाही जन्मे, जिसका साम्यवादी आदर्शों से कोई संबंध न हो।[2]

ऐसा प्रतीत होता है कि मार्क्स के विचारों को संदेह की दृष्टि से देखने वाले विचारक पूर्वाग्रहों एवं पूर्व धारणाओं से पूरी तरह मुक्त नहीं हैं। वास्तव में मार्क्स के समाजवाद का लक्ष्य दूसरे क्रांतिकारी अथवा स्थितिपालक नाजनैतिक सिद्धांतों की भांति ही एक ऐसा समाज है, जिसमें प्रत्येक व्यक्ति का पूर्ण एवं स्वतंत्र विकास ही प्रमुख सिद्धांत है।[3] दूसरी ओर व्यक्ति के प्राकृतिक व अदेय अधिकारों का विचार उदारवादी सिद्धांतों का केंद्रीय विषय रहा है। वे विचारक शासन को स्वतंत्रता के अधिकार का शत्रु भी मानते रहे हैं। इससे उदारवादियों को एक उलझन का सामना करना पड़ा, वह यह है कि लोगों के अधिकारों को शासन के बिना सुरक्षित नहीं रखा जा सकता और शासन स्वयं इन अधिकारों का शत्रु है। इस उलझन से बचने हेतु उन्होंने राष्ट्र में लिखित, कठोर संविधान की आवश्यकता पर जोर दिया, जिसमें नियंत्रण व संतुलन की प्रणाली प्रचलित हो। संविधान में लोगों के अधिकारों का वर्णन हो और सरकार का कर्त्तव्य इन अधिकारों को सीमित किए बिना शांति-व्यवस्था बनाए रखना हो। आधुनिक उदारवादी शासकीय हस्तक्षेप को ही अधिकारों के लिए बड़ा खतरा नहीं मानते बल्कि अन्य खतरों की भी विवेचना करते हैं जैसे गरीबी, बुढ़ापा, बीमारी, अशिक्षा, व्यक्ति के द्वारा व्यक्ति के अधिकारों का अतिक्रमण आदि।[4]

---

1. ए० लेंडी : मार्क्सिज्म एंड दि डेमोक्रेटिक ट्रेडीशन, पृ० 24-29
2. लास्की : कम्युनिज्म, पृ० 87-88
3. कोकर : रीडिंग्स इन पालिटिकल फिलासफी, (हिन्दी अनुवाद), डॉ० वी० एन० मेहता, पृ० 58
4. आस्टिन रेने : गवर्निंग ए ब्रीफ इंट्रोडक्शन टु पालिटिकल साइंस, पृ० 246

साम्यवाद एवं समाजवादी विचारों के प्रभाव के कारण ही उदारवाद की इस प्रकृति में परिवर्तन हुए हैं। इससे अधिकारों के सिद्धांत में भी भारी परिवर्तन हुए हैं।

बार्कर का मत है कि किसी सुसंगठित समुदाय के सदस्यों में अधिकारों के विभाजन को नियमित करने वाले तीन नियम होते हैं। स्वतंत्रता, समानता एवं बंधुत्व।[1] उनके आधार पर वे अधिकारों की विस्तृत विवेचना कर उन्हें विभिन्न वर्गों में बांटते हैं। उनका मत है कि एक आदर्श अधिकार एक साथ दो स्रोतों से निकलता है व्यक्तित्व का स्रोत तथा राज्य एवं उसके कानूनों का स्रोत।[2] बार्कर का मत है कि अधिकार न्याय की उस सामान्य व्यवस्था का परिणाम है जिस पर राज्य और उनके कानून आधारित होते हैं।[3] न्याय-भावना से पृथक् इनका न कोई महत्त्व है और न ही न्यायविहीन अधिकारों को कानूनी संरक्षण मिलना चाहिए।

हालैंड का मत है कि अधिकार एक व्यक्ति में निहित ऐसी योग्यता है जिससे वह राज्य की मान्यता और सहायता से अन्य व्यक्तियों के कार्यों को नियंत्रित कर सकता है। इससे यह प्रतीत होता है कि अधिकारों का स्रोत, रक्षक राज्य है और अधिकार गतिशील होते हैं, एवं वैधानिक परिवर्तनों के साथ वे भी बदलते हैं।

आधुनिक युग के अनेक बहुवादी विचारकों ने व्यक्ति की विविधामयी सत्ता को स्वीकार करके राज्य की सत्ता के एकाधिकार को चुनौती दी है। वे व्यक्ति की स्वतंत्रता एवं आत्म-नियंत्रण के विस्तृत अधिकारों का दावा सफलतापूर्वक प्रस्तुत करते हैं। इन विचारकों में लिंड्से, कोल, सिडनी वेब, बार्कर, फिगिस, डुग्वे, क्रेब, मेटलैंड, गिर्के एवं लास्की इत्यादि प्रमुख हैं। जो राज्यसत्ता को विकेंद्रीकृत कर व्यक्ति के बहुमुखी व्यक्तित्व को निरंकुशता से बचाकर स्वतंत्रता के वातावरण में पल्लवित एवं उन्नत करने के पक्षधर हैं।[4]

ये बहुलवादी नागरिकों में अधिकार-बोध एवं अधिकार चैतन्य की अपेक्षा करते हुए इस बात को स्वीकार करते हैं कि मनुष्यों के नैतिक अधिकारों को स्वीकारा जाए एवं उन्हें अधिकतम मात्रा में वैधिक रूप प्रदान किया जाए। वर्तमान लोकतांत्रिक समाजवाद एवं लोककल्याणकारी राज्य की अवधारणा भी मनुष्यों की स्वतन्त्रता, समानता एवं अधिकारों की भावना से ओत-प्रोत मानी जाती है।

---

1. बार्कर : प्रिंसिपल्स आफ सोशल एंड पालिटिकल थ्योरी, पृ० 228
2. वही, पृ० 139
3. वही, पृ० 137
4. कोकर : रीडिंग्स इन पालिटिकल फिलासफी, पृ० 491

2. प्रो० लास्की के अधिकार सम्बन्धी विचार

प्रो० लास्की की अधिकार विषयक धारणा एवं उसके समग्र स्वरूप को जानने के पूर्व यह आवश्यक हो जाता है कि हम इस प्रश्न पर विचार करें कि स्वतंत्रता जैसे परम-प्राकृतिक अधिकार के समर्थक लास्की को पृथक् से अपनी अधिकार संबंधी धारणा विस्तृत रूप से क्यों प्रस्तुत करनी पड़ी ?

यह तो निर्विवाद सत्य है कि लास्की के मन में व्यक्ति की स्वतंत्रता के प्रति अगाध प्रेम और निष्ठा है और इस स्वतंत्रता की प्राप्ति के लिए वे हर वांछनीय प्रयास करने के समर्थक हैं। यह तो निश्चित है कि किसी भी वस्तु को प्राप्त करने के लिए साधनों अथवा उपायों की आवश्यकता होती है और उनके प्रयासों के उपरांत वस्तु को प्राप्त किया जाता है। साधन और उसके प्रयोग को आजमाने की सम्पूर्ण प्रक्रिया को ही प्रयास कहा जाता है। शायद इसीलिए लास्की स्वतंत्रता के वास्तविक स्वरूप को प्राप्त करने के लिए जहां प्रयास करने की चर्चा करते हैं, वहीं स्वयं उद्देश्य-सिद्धि के लिए एक साधन सुझाते हैं, जो राजनीतिक-चिंतन के क्षेत्र में लास्की की अधिकार-विषयक धारणा के नाम से प्रसिद्ध हुई।

लास्की व्यक्ति को वास्तविक स्वतंत्रता प्रदान करने के लिए अधिकारों की उपस्थिति को अत्यंत आवश्यक मानते हैं। उनका मत है कि स्वतंत्रता कोई विशेष अधिकार नहीं, अपितु अधिकारों का सार है। यहां शायद यह स्पष्ट करना आवश्यक हो जाता है चूंकि स्वयं लास्की ने अपनी अधिकार संबंधी परिकल्पना प्रस्तुत करने के पूर्व तत्संबंधित तात्कालिक अवधारणाओं की आलोचना की है, अत: संदर्भ के अनुरूप आवश्यकता सिद्ध होती है कि लास्की की अधिकार-विषयक परिकल्पना की विस्तृत व्याख्या करने के पूर्व हम लास्की के आलोचनात्मक दृष्टिकोण को परखें।

लास्की इस विचार से सहमत नहीं हैं कि सभ्यता के प्रादुर्भाव के पूर्व प्राकृतिक अवस्था में मनुष्यों को कतिपय नैसर्गिक अधिकार प्राप्त थे और वे कालान्तर में काल-कवलित हो गए। वे कहते हैं 'नैसर्गिक अधिकारों का सिद्धान्त सही नहीं है, क्योंकि इसके अनुसार अधिकार मनुष्यों के सामाजिक-जीवन के विकास के परिणाम-स्वरूप उत्पन्न नहीं हुए, बल्कि वे सामाजिक-जीवन प्रारंभ होने के पहले मनुष्य की नैसर्गिक अवस्था में ही उसे प्राप्त थे।[1] उनका विचार है कि अधिकार स्थिर अथवा अपरिवर्तनशील भी नहीं है क्योंकि मानव-सभ्यता भी स्थिर और अपरिवर्तनशील नहीं है। यदि हम अधिकारों को नैसर्गिक अवस्था की उत्पत्ति मानते हैं, तो हमें उनकी गतिशीलता अर्थात् उनके परिवर्तनशील चरित्र को भी अस्वीकार करना होगा।

---

1. लास्की : ए ग्रामर आफ पालिटिक्स, पृ० 89-92

इसी प्रकार लास्की अधिकारों के वैधानिक सिद्धान्त को केवल विधान-शास्त्रीय दृष्टिकोण से ही उचित मानते हैं। राजनीति-विज्ञान के दृष्टिकोण से वे इसे अपूर्ण मानते हैं। उनका मत है कि—'यह एक आकर्षक सिद्धान्त है, क्योंकि न्यायालय द्वारा राज्य की इच्छा को निर्धारित करते हुए अपना निर्णय देते हैं, हम जानते हैं कि किन दावों को तुरंत स्वीकार किया जाना चाहिए। लेकिन ऐसा शुद्ध वैधानिक दृष्टिकोण राजनीतिक-दर्शन के लिए निरर्थक है। अधिकारों का वैधानिक सिद्धांत हमें राज्य के वास्तविक चरित्र के विषय में तो बता सकता है परंतु किसी विशेष राज्य की बात को छोड़कर जिसके विषय में हम निर्णय देना चाहें, हमें यह नहीं बता सकता कि किन अधिकारों का नैतिक औचित्य के आधार पर स्वीकार किया जाना चाहिए।'[1] कानून अधिकारों का निर्माता नहीं है, वह केवल किसी विशेष वैधानिक व्यवस्था के लिए उनको परिभाषित करता है, और उसको स्वीकृति देता है। अतः लास्की हाब्स और आस्टिन के इस मत से भी सहमत नहीं दिखाई देते कि अधिकार संप्रभु की इच्छा का परिणाम है। वे इतना अवश्य स्वीकार करते हैं कि अधिकार की व्यावहारिक उपयोगिता संप्रभु की स्वीकृति पर ही निर्भर होती है। चूंकि संप्रभु को स्वीकृति के अभाव में अधिकार केवल समाज के उदारवादी विचारकों की नैतिक आकांक्षाओं के प्रतीक मात्र रह जाते हैं।

तात्कालिक अधिकार-संबंधी धारणाओं को तर्क की कसौटी पर कसने के बाद लास्की अपनी अधिकार-विषयक परिकल्पना को स्पष्ट करते हुए कहते हैं कि 'अधिकार वस्तुतः वे सामाजिक परिस्थितियां हैं जिनके द्वारा मनुष्य के व्यक्तित्व का आत्म-विकास होता है। अधिकारों का स्रोत अनिवार्य रूप से नैतिकता है। अधिकारों की संतोषजनक व्यवस्था का लक्ष्य मनुष्य को नैतिक-विकास का अवसर प्रदान करना है।'[2] स्पष्ट है, लास्की अधिकारों के माध्यम से मनुष्य के नैतिक-उत्थान द्वारा उसे संपूर्णता प्रदान करना चाहते हैं। जैसा कि लास्की स्वयं कहते हैं 'अधिकार सामाजिक जीवन की वे परिस्थितियां हैं, जिनके अभाव में व्यक्ति अपना सर्वोत्कृष्ट स्वरूप पाने की आशा नहीं कर सकता।'[3]

लास्की की अधिकार सम्बन्धी परिकल्पना की सबसे प्रमुख विशेषता यह है कि वे अपनी परिकल्पना में उदारवादी और व्यक्तिवादी राजनीतिक-प्रणाली द्वारा स्वीकृत अधिकारों की चर्चा नहीं करते। उनका मत है, युग की परिवर्तन-शील परिस्थितियों के संदर्भ में अधिकारों की व्यक्तिवादी मान्यता अनुकूल नहीं

---

1. लास्की : ए ग्रामर आफ पालिटिक्स, पृ० 90-91
2. लास्की : दि स्टेट इन थ्योरी आफ प्रेक्टिस, पृ० 61-64
3. लास्की : ए ग्रामर आफ पालिटिक्स, (हिन्दी अनुवाद), पृ० 69

है। अत: वे हमारी सामाजिक एवं राजनीतिक जीवन-शैली में नए समाजवादी-मूल्यों की स्थापना की आवश्यकता पर जोर देते हैं। वे कहते हैं, "हमारी राजनीतिक प्रणाली का पतन इसलिए हुआ है, क्योंकि यह अपनी पुरातन मान्यताओं को त्यागकर उससे भिन्न नई भावनाओं को स्वीकार करने में असफल रही है। यह नई भावना कुछ नए मूल्यों को जन्म देती है। और पुराने स्तर से भिन्न अधिकारों के नए स्तर को प्रस्तुत करती है। अपनी पूर्ववत् प्रणाली की तरह यह भी एकता में विविधता की अभिलाषा रखती है। व्यवस्था और स्वतंत्रता के बीच एक नए संतुलन की खोज करती है, तथा अपनी पूर्ववर्ती प्रणाली की भांति यह भी मनुष्य के व्यक्तित्व के विकास के साधनों को जुटाना चाहती है, लेकिन अपने उद्देश्यों को प्राप्त करने की इसकी प्रद्धति पूर्ववर्ती प्रणाली से सर्वथा भिन्न है।"[1]

यहां यह स्पष्ट हो जाता है कि जब लास्की अधिकार-विषयक प्रचलित तात्कालिक अवधारणाओं की समीक्षा प्रस्तुत करते हैं तब उनका उद्देश्य मात्र विचार-विचलन नहीं अपितु बदलती हुई सामाजिक परिस्थितियों और मूल्यों के संदर्भ में एक सम-सामयिक आवश्यकता के रूप में अधिकारों की परिभाषा के लिए एक नया और व्यापक आधार खोजना होता है। उनका मत है कि अधिकारों की विषय-वस्तु में देश-काल के अनुसार परिवर्तन होता रहता है, लेकिन वे राज्य के उद्देश्य को सुनिश्चित करने के लिए लाभप्रद हैं। भले ही किसी देश की निवर्तमान सामाजिक, आर्थिक, नैतिक अथवा राजनीतिक-व्यवस्था से वे विरोध रखते हों, तथापि उनकी वैधता को चुनौती नहीं दी जा सकती क्योंकि वे तत्कालीन जनता की सुख-समृद्धि के लिए आवश्यक होते हैं।

लास्की द्वारा प्रस्तावित अधिकार विषयक परिकल्पना को अधिक प्रखर स्वरूप में स्पष्ट करने के लिए आवश्यक है कि उनके द्वारा प्रस्तुत मूल अधिकारों की व्याख्या की जाए। लास्की ने अपने प्रसिद्ध ग्रंथ 'ए ग्रामर आफ पालिटिक्स' में मुख्यत: पांच-क्षेत्रों के अधिकारों की आवश्यकता व्यक्ति की संपूर्णता एवं राज्य के उद्देश्यों की सफलता के लिए निरूपित की है। अधिकारों के पांच क्षेत्र यथा-नुसार हैं—

1. कार्य का अधिकार
2. शिक्षा का अधिकार
3. राजनीतिक शक्ति का अधिकार
4. स्वतंत्र भाषण का अधिकार
5. संपत्ति का अधिकार

---

1. लास्की : डेमोक्रेसी इन क्राइसिस, पृ० 61

1. कार्य का अधिकार

लास्की अपने प्रसिद्ध ग्रंथ 'ए ग्रामर आफ पालिटिक्स' में सर्वप्रथम जिस अधिकार की चर्चा करते हैं वह है, कार्य का अधिकार। कार्य के अधिकार से लास्की का तात्पर्य व्यक्ति को अपनी जीविका को चलाने के लिए राज्य से कार्य प्राप्त करने के अधिकार से है। उनकी दृष्टि में यह नागरिक का प्रथम एवं महत्त्वपूर्ण अधिकार है। उनका कथन है'नागरिक को कार्य का अधिकार है, वह ऐसे संसार में पैदा हुआ है, जिसे यदि विवेक के आधार पर संगठित किया जाए, तो वह केवल परिश्रम द्वारा ही जीविका कमा सकता है। समाज का कर्तव्य है कि वह उसे कार्य के लिए अवसर दे। उसे जीविका कमाने के साधन से वंचित करने का अर्थ उसके व्यक्तित्व के विकास को अवरुद्ध करना है।'[1]

यहां कार्य के अधिकार की आवश्यकता का अर्थ यह नहीं कि व्यक्ति जो कार्य चाहे उसे वही कार्य सुनिश्चित किया जाए, अथवा सभी व्यक्तियों को समान स्तर का कार्य उपलब्ध कराया जाए बल्कि कार्य के अधिकार का अभिप्राय यह है कि समाज के लिए जो वस्तुएं तथा सेवाएं आवश्यक एवं लाभदायक हैं उनके निर्माण के लिए व्यक्ति को व्यवसाय प्राप्त करने का अधिकार हो। निःसंदेह व्यक्ति की योग्यता एव क्षमता के अनुरूप कार्य प्रदान करना या करने की सामान्य परिस्थितियां उपलब्ध करना समाज का दायित्व है।

कार्य के इसी अधिकार से व्यक्ति द्वारा कार्य की समुचित अवधि और परिश्रम के प्रतिफल के रूप में न्यूनतम पारिश्रमिक अथवा वेतन पाने का अधिकार भी समन्वित है। प्रत्येक व्यक्ति को यह सुविधा सुनिश्चित होनी चाहिए कि वह जो भी कार्य करता है, उसके एवज में उसे पर्याप्त पारिश्रमिक या वेतन प्राप्त होगा। कम-से-कम इतना पारिश्रमिक प्रत्येक श्रमजीवी को प्राप्त होना चाहिए, जिससे एक सृजनशील नागरिक के रूप में वह अपने जीवन-स्तर को बनाए रखने के लिए आवश्यक वस्तुएं क्रय कर सके। अपने समय की मौजूदा पूंजीवादी व्यवस्था की विषमताओं को उद्‌घाटित करते हुए लास्की कहते हैं कि, 'आज के संसार में एक ओर ऐसे स्त्री-पुरुष हैं जिन्हें साफ-सुथरा घर, पेटभर भोजन, और तन ढांकने के लिए वस्त्र नसीब नहीं होता और दूसरी ओर ऐसे भाग्यवान हैं, जिनके पास अपनी मांगों की संतुष्टि के लिए अतुल संपत्ति हैं। इन दो श्रेणियों का विलोम एक असहनीय परिस्थिति है।'[2]

लास्की का विचार है कि यदि विज्ञान और तकनीकी के विकास के इस युग में, पूंजीवादी व्यवस्था से कार्य के अधिकार की समुचित उपलब्धि संभव नहीं है,

1. लास्की : ए ग्रामर आफ पालिटिक्स, पृ० 106
2. वही, पृ० 107

तो इसके प्रयोजन के लिए हमें समाजवादी अर्थ-व्यवस्था को स्वीकार कर लेना चाहिए। इस सम्बन्ध में वे सोबियत संघ का उदाहरण देते हुए स्पष्टतः स्वीकार करते हैं कि, 'समाजवादी अर्थ-व्यवस्था अपने सभी नागरिकों को उपयोगी कार्य देने और उनका जीवन-स्तर उठाने में पूर्णतः समर्थ हुई है।'[1]

इस सम्बन्ध में लास्की का विचार है कि, 'या तो राज्य नागरिकों के हित-रक्षार्थ औद्योगिक शक्ति का नियंत्रण करे, नहीं तो औद्योगिक शक्ति मालिकों के हित में राज्य पर नियंत्रण करेगी। सामान्य-जनों की प्रथम आवश्यकता उन्हें उनके परिश्रम का उचित मूल्य का अधिकार दिलाता है, अतः औद्योगिक संगठन का पहला सिद्धांत ऐसी संस्थाओं की व्यवस्था करना है, जो उपयुक्त उद्देश्यों को पूरा कर सके।'[2] इसका आशय है कि लास्की वेतन निर्धारण का अधिकार किसी स्वतंत्र, निष्पक्ष निकाय या संस्था को देना चाहते हैं, ताकि किसी भी किस्म के संघर्ष या पक्षपात की संभावना शून्य हो।

कार्य के अधिकार से तीसरी और अंतिम संबद्ध शर्त अवकाश के अधिकार की है। लास्की चाहते हैं कि समाज के सभी वर्गों के सदस्यों में कार्य व अवकाश का न्यायोचित बंटवारा हो। समाज में ऐसी दो श्रेणियां मौजूद न हों कि, एक श्रेणी केवल श्रम करे और दूसरी उसके श्रम का शोषण करते हुए, अवकाश और आराम का जीवन-यापन करे।

इस प्रकार रोजगार सुनिश्चितता, न्यूनतम वेतन की प्राप्ति एवं अवकाश के अधिकार की उपलब्धि को ही लास्की कार्य के अधिकार का प्रयोजन मानते हैं।

2. शिक्षा का अधिकार

समुचित मानसिक विकास के अभाव में व्यक्ति द्वारा समाज के लिए अपने व्यक्तित्व का योगदान दे पाना संभव नहीं है। और जब तक व्यक्ति के मानसिक विकास के अभाव में अपने व्यक्तित्व का सकारात्मक उपयोग समाज के लिए नहीं करता, समझिए वह समाज द्वारा अपेक्षित नागरिक दायित्व एवं कर्तव्यों का निर्वाह नहीं करता। व्यक्तित्व के योगदान का अर्थ सार्वजनिक हित के निमित्त व्यक्ति के शिक्षित निर्णय के योगदान से है। उचित मानसिक विकास में प्रथम सहायक कारक है—शिक्षा। लास्की का मत है कि आधुनिक युग में नागरिक को शिक्षा प्राप्त नहीं होती तो वह दूसरों की दासता की स्थिति में रहता है। एक अशिक्षित नागरिक न तो अपने स्वयं के व्यक्तित्व का विकास कर सकता है और न ही वह समाज के विकास के लिए अपना विवेक-पूर्ण योगदान प्रदान कर

---

1. लास्की : रिफ्लेक्शंस आन दि रिवोल्यूशन आफ अवर टाइम, पृ० 46-52
2. लास्की : ए ग्रामर आफ पालिटिक्स, पृ० 109

सकता है। अतः समाज का यह कर्तव्य है कि वह प्रत्येक नागरिक के लिए एक अनिवार्य एवं न्यूनतम शिक्षा-प्रणाली का प्रबन्ध करे। इस सम्बन्ध में लास्की सोवियत-संघ द्वारा माध्यमिक कक्षाओं तक अनिवार्य एवं निःशुल्क शिक्षा-प्रणाली लागू किए जाने के प्रशंसक हैं। वे सोवियत-संघ द्वारा शिक्षा के अधिकार की सराहना करते हैं।

शिक्षा के इस अधिकार के सम्बन्ध में यह बात ध्यान देने योग्य है कि शिक्षा का अर्थ केवल साक्षरता नहीं लेना चाहिए। बल्कि प्रत्येक नागरिक को मानव-सभ्यता में अपनी स्थिति समझने के लिए साहित्य, विज्ञान एवं कला-क्षेत्रों की उपलब्धियों से भी परिचित होना चाहिए। कम-से-कम प्रत्येक व्यक्ति को इतनी शिक्षा तो प्राप्त होनी ही चाहिए कि वह एक नागरिक के रूप में समयोचित निर्णय ले सकने की क्षमता रख सकें। वह विभिन्न तथ्यों एवं साक्ष्यों को अपने तर्क की कसौटी पर परखकर किसी निष्कर्ष की स्थिति पर पहुंच सके एवं आवश्यकतानुसार विकल्प को चयन करने की क्षमता धारण कर सके।

व्यक्ति की ग्राह्य क्षमता में पाई जाने वाली व्यापक असमानता के तथ्य को ध्यान में रखते हुए लास्की कहते कि, 'यदि यह माना जाए कि ज्ञान-प्राप्त करने की योग्यता में व्यापक असमानता है तो भी हमें चाहिए कि औसत व्यक्ति की क्षमता को ध्यान में रखते हुए, उसे अधिकतम ज्ञान प्राप्त करने की सुविधाएं उपलब्ध करावें।'[1]

3. राजनीतिक शक्ति का अधिकार

राजनीतिक शक्ति के अधिकार के मूल उद्देश्य की पूर्ति के लिए लास्की तीन उप-अधिकारों की उपलब्धि आवश्यक मानते हैं। इन अधिकारों के अभाव में किसी नागरिक को वास्तविक राजनीतिक अधिकार से संपन्न नहीं माना जा सकता। ये तीन अधिकार क्रमशः इस प्रकार हैं—

1. मताधिकार, 2. निर्वाचन में प्रत्याशी होने का अधिकार, 3. शासकीय-तंत्र में नियुक्ति पा सकने का अधिकार।

सर्वप्रथम मताधिकार का प्रश्न आता है। लास्की सार्वभौम मताधिकार के प्रबल समर्थक हैं। इस सम्बन्ध में वे जान स्टुअर्ट मिल द्वारा प्रस्तावित मतदाता की आवश्यक शैक्षणिक योग्यता सम्बन्धी विचार को अनुचित मानते हैं। लास्की का मत है कि व्यक्ति की राजनीतिक शक्ति की स्थापना के लिए आवश्यक है कि व्यक्ति को कुछ राजनीतिक अधिकार अनिवार्य रूप से प्राप्त हों। वे चाहते हैं कि प्रत्येक नागरिकों को अपनी सरकार चुनने का अधिकार हो यानी प्रत्येक

---

1. लास्की : ए ग्रामर आफ पालिटिक्स, पृ० 114

नागरिक को प्रतिनिधियों के निर्वाचन में मतदान का, निर्वाचन में स्वयं एक प्रत्याशी होने का तथा निर्वाचित होने पर पद-धारण का अधिकार प्राप्त होना चाहिए।

लास्की की मान्यता है कि इन अधिकारों की प्राप्ति में संपत्ति, धर्म, जाति अथवा लिंग के आधार पर भेदभाव द्वारा कोई बाधा नहीं उत्पन्न की जानी चाहिए। लास्की इस धारणा से भी सहमत नहीं हैं, कि सामान्य नागरिकों में अपने-अपने शासकों का चयन करने की समुचित क्षमता नहीं होती तथा वे इस विचार से भी सहमत नहीं हैं, कि किसी वर्ग-विशेष को ही शासन के पदों को पाने के लिए प्रत्याशी बनने का अधिकार होना चाहिए।

राजनीतिक-शक्ति के अधिकार के संदर्भ में यह बात ध्यान देने योग्य है कि हालांकि लास्की यह स्वीकारते हैं कि प्रतिनिधिक लोकतंत्र में राजनीतिक अधिकार सभी वर्गों को समान रूप से प्राप्त नहीं होते हैं, क्योंकि यह प्रणाली व्यवहारतः पूंजीपति वर्ग को ही अधिक राजनीतिक-शक्ति प्रदान करती है, और श्रमिक वर्ग को राजनीतिक शक्ति अपेक्षाकृत कम प्राप्त होती है, फिर भी वे इस सम्बन्ध में सोवियत-संघ की प्रणाली को पसंद नहीं करते क्योंकि उनके मतानुसार सोवियत संघ में इस अधिकार का अस्तित्व ही नहीं है।'[1]

4. स्वतंत्र भाषण का अधिकार

स्वतंत्र भाषण अर्थात् विचार-अभिव्यक्ति के प्रश्न पर स्वयं लास्की का कथन है कि, 'जिस राजनीतिक व्यवस्था की धुरी नागरिक का अपने मानों को अभिव्यक्ति देने का अधिकार है, वहां स्पष्ट ही उसकी अभिव्यंजना के संरक्षण की जरूरत भी है, यानी उसे वाक्-स्वातंत्र्य होना चाहिए।'[2] स्पष्ट है लास्की व्यक्ति की समुचित राजनीतिक शक्ति के हित-संवर्धन के लिए विचार अभिव्यक्ति की स्वतंत्रता को अत्यंत आवश्यक मानते हैं।

लास्की स्वतंत्र भाषण यानी स्वतंत्र विचार-अभिव्यक्ति के अधिकार संबंधी अपनी धारणा को निश्चित करने में जॉन स्टुअर्ट मिल से प्रेरित जान पड़ते हैं। वे नागरिकों के विचारों के दमन को सर्वथा अनैतिक मानते हैं। उनका मत है कि व्यक्ति को अपने नागरिक दायित्वों का निर्वहन करने एवं अधिकारों की समग्रता को प्राप्त करने का अवसर देने का स्वाभाविक अर्थ यह है कि उसे भाषण तथा विचार-अभिव्यक्ति की स्वतंत्रता प्रदान की जाए।

उनका मत है कि 'धर्म, नैतिकता, विज्ञान, कला, साहित्य, दर्शन, राजनीति

1. लास्की : डिलेमा आफ अवर टाइम, पृ० 158-59
2. लास्की : ए ग्रामर आफ पालिटिक्स, (हिन्दी अनुवाद), पृ० 92

इत्यादि किसी भी क्षेत्र में विचारों के प्रकाशन पर कोई प्रतिबंध नहीं होना चाहिए और न किसी व्यक्ति को उसके विचारों के कारण दंड देना चाहिए ।'[1]

लास्की की मान्यता है कि सरकार को व्यक्ति की आलोचना के अधिकार से वंचित नहीं करना चाहिए, और न ही सरकार को यह मानना चाहिए कि वह केवल अपने समर्थकों के विचारों से ही कुछ सीख सकती है, या शक्ति पा सकती है। प्रत्युत उसे अपने विरोधियों की आलोचनाओं से सीखने के अधिक अवसर प्राप्त होते हैं। यदि कोई सरकार अपनी आलोचनाओं से बचने का भीरु प्रयास करती है तो सही अर्थों में वह अपने विनाश को आमंत्रित करती है। वे किसी विशेष धार्मिक विचारधारा अथवा राजनीतिक विचारधारा के समुदायों से भी उनकी अभिव्यक्ति की स्वतंत्रता को छीनने के हक में नहीं हैं। उनका मत है कि फासिस्ट, कम्युनिस्ट, कैथोलिक, यहूदी व नीग्रो को इंग्लैंड में अपने विचार प्रस्तुत करने का इतना ही अवसर मिलना चाहिए जितना कि किसी उदारवादी संवैधानिक समाजवादी प्रोटेस्टेंट या नार्डिक-नस्ल के नागरिकों को।

लास्की इस अधिकार के इतने प्रबल समर्थक हैं कि वे युद्ध या आपातकाल में भी इस अधिकार को प्रतिबंधित करने के विरुद्ध हैं।[2] हालांकि इस सीमा तक इस अधिकार को किसी भी राज्य ने स्वीकार नहीं किया है। अभिव्यक्ति की स्वतंत्रता के अधिकार की संपूर्णता को प्राप्त करने के लिए लास्की नागरिकों का संगठन बनाने एवं सार्वजनिक सम्मेलन करने की स्वतंत्रता देने के प्रबल पक्षधर हैं। उनकी मान्यता है कि इन अधिकारों के अभाव में विद्रोह के भाव उत्पन्न होते हैं। लास्की केवल संदेह के आधार पर किसी नागरिक की नजरबंदी को स्वतंत्र-भाषण के अधिकार पर आक्रमण मानते हैं। सरकारों की ऐसी कार्यवाहियों की वे कड़ी आलोचना करते हैं, जिनसे व्यक्ति की वैचारिक-अभिव्यक्ति की समग्रता को रंच मात्र भी क्षति पहुंचती हो।

लास्की स्वतंत्र भाषण के अधिकार की रक्षा के प्रश्न पर बहुत सजग रहना चाहते हैं। उनका मत है कि स्वतंत्र भाषण अथवा विचार-अभिव्यक्ति की स्वतंत्रता के अधिकार की सुरक्षा केवल न्यायालय ही कर सकते हैं। वे चाहते हैं कि न्यायिक शासन निष्पक्ष एवं निडर हो, ताकि शासकीय अधिकारों की स्थिति, न्यायपालिका के न्यायाधीशों के मुकाबले इतनी शक्तिशाली न हो कि वे अनुचित दबाव डाल सकें। लास्की का कथन है कि न्यायपालिका को कार्यपालिका से सर्वथा मुक्त एवं स्वतंत्र होना चाहिए।

---

1. लास्की : लिबर्टी इन दि माडर्न स्टेट, पृ० 210-15
2. लास्की : ए ग्रामर आफ पालिटिक्स, पृ० 118-27

5. संपत्ति रखने का अधिकार

संपत्ति के अधिकार को लेकर प्राचीन काल से ही राजनीतिक विचारकों एवं विविध राजनीतिक व्यवस्थाओं के मध्य सदा विवाद की स्थिति रही है। प्लेटो व्यक्तिगत संपत्ति रखने के विरोधी थे, तो उन्हीं के शिष्य अरस्तू ने इसे नागरिकता की एक अनिवार्य अर्हता माना था, रूसो ने यदि व्यक्तिगत संपत्ति को समस्त बुराइयों की जड़ निरूपित किया था, तो लाक ने इसे एक अलंघ्य प्राकृतिक अधिकार घोषित किया था। इसी प्रकार व्यक्तिवादियों ने इसका समर्थन किया तो समाजवादी इसका प्रबल विरोध करते रहे हैं। संपत्ति के अधिकार संबंधी प्रश्न पर कुछ विचारक दोनों किस्म की धारणाओं के मध्य का मार्ग खोजते हुए अपनी धारणा निश्चित करते हैं। लास्की भी चूंकि अपनी चिंतन-यात्रा में व्यक्तिवादी और समाजवादी दोनों विचार-धाराओं के पड़ाव से गुजरे हैं, अत: वे भी संपत्ति के अधिकार के संबंध में व्यक्तिवाद और समाजवाद के संतुलन को ध्यान में रखकर मध्यमार्गी विचार प्रस्तुत करते हैं।

लास्की का कथन है 'अन्य बातों के अभाव में किसी राजनीतिक प्रणाली में यदि अधिकारों को संपत्ति के आधार पर निर्मित किया जाएगा तो वहां संपत्तिहीन मनुष्य को कोई अधिकार उपलब्ध नहीं हो सकेंगे।'[1]

लास्की का मत है कि आत्म-रक्षा की मूल प्रवृत्ति प्रत्येक व्यक्ति में होती है। आत्म-रक्षा के निमित्त व्यक्ति संपत्ति का संग्रह करता है, ताकि भविष्य के प्रति वह निश्चित रह सके। जिस व्यक्ति के पास अगाध संपत्ति होती है, उसे अपने दिन-प्रतिदिन की आवश्यकताओं की पूर्ति की चिंता नहीं होती अत: वह अपना समय अपने मानसिक एवं बौद्धिक विकास के कार्य-कलापों में लगा सकता है, विलासिता के आमोद-प्रमोद का लाभ उठा सकता है, लेकिन एक निर्धन व्यक्ति हर समय अपनी आवश्यकताओं की पूर्ति की चिंता करते हुए अभावों की स्थिति में अपना जीवन व्यतीत करता है। ऐसी स्थिति में वह न तो वास्तविक स्वतंत्रता का उपभोग कर पाता है और न ही वह अपने व्यक्तित्व के विकास या सामाजिक विकास के लिए अपना समय दे पाता है। समाज में मुट्ठी-भर लोग संपत्तिवान होते हैं, और अधिकाधिक लोग निर्धनता में जीते हैं। संपत्तिवान व्यक्ति पूंजी के बल पर सत्ता के मालिक बन बैठते हैं।

औद्योगिक विकास के इस आधुनिक युग में वे अपनी पूंजी से अधिकाधिक संपत्ति का संचय करते हैं। लास्की का मानना है कि पूंजीवादी समाज के लोग ही अपने अधिकारों के प्रयोग द्वारा वास्तविक स्वतंत्रता का उपभोग करते हैं, तथा संपत्तिहीन व्यक्ति उनकी कृपा पर आश्रित रहते हैं, लास्की ऐसी व्यवस्था को

1. लास्की : ए ग्रामर आफ पालिटिक्स, पृ० 174

जिसमें उत्पादन एवं वितरण समाज की आवश्यकतानुसार नहीं बल्कि पूंजीपतियों के लाभ को ध्यान में रखते हुए किया जाता है, विनाश का द्योतक मानते हैं। लास्की के विचारानुसार पूंजी का विस्तार साम्राज्यवादी एवं उपनिवेशवादी प्रवृत्तियों को उभारना है। ऐसी स्थिति में पूंजीपति राज्य के राजनीतिक जीवन को भ्रष्ट करने में सहायक सिद्ध होते हैं। अतः लास्की संपत्ति के वर्तमान स्वरूप की भर्त्सना करते हैं।[1]

लास्की का कथन है कि संपत्ति के आधार पर समुचित प्रतिबंधों के अभाव से पूंजीवाद की प्रवृत्ति बढ़ी है और पूंजीवाद का औचित्य मनोवैज्ञानिक, नैतिक, ऐतिहासिक, आर्थिक, सामाजिक आदि किसी भी आधार पर सिद्ध नहीं होता। संपत्ति के असीमित अधिकार के सभी पक्षधरों के तर्कों का खंडन करते हुए, लास्की यह स्वीकार नहीं करते कि संपत्ति धारक को कार्य की प्रेरणा देती है। वे इस तर्क के भी विरुद्ध हैं कि संपत्ति अनेक सद्‌गुणों यथा—प्रेम, दया एवं दान-शीलता आदि की जन्मदात्री है। प्रत्युत उनका तर्क है कि ये समस्त गुण तो संपत्तिहीन व्यक्तियों में भी प्रायः पाये जाते हैं।

सार रूप में कहा जा सकता है, कि लास्की वैयक्तिक संपत्ति के विरोधी नहीं अपितु वे इसके विषम और अन्यायपूर्ण विभाजन के विरोधी हैं। वे संपत्ति का वितरण समानता के न्यायिक आधार पर चाहते हैं। उनके अनुसार धन का वितरण जितनी अधिक समानता पर आधारित होगा, नागरिक के योगदान को उसके वास्तविक सामाजिक मूल्य के संदर्भ में अधिक अच्छी तरह से आंका जा सकेगा। लास्की का मत है, कि 'यदि वैयक्तिक संपत्ति को समाज के लिए उपयोगी कार्यों के मूल्य से संबद्ध कर दिया जाए तो निश्चय ही वह समाज में अपना उचित स्थान बना लेगी।'[2] स्पष्ट रूप से कहा जा सकता है, कि लास्की मूल रूप से संपत्ति के अधिकार के विरोधी नहीं हैं, अपितु वे इसके सीमित अर्थात् मर्यादित स्वरूप के पक्षधर हैं।

अधिकार और कर्तव्य

अधिकार और कर्तव्य दोनों का परस्पर घनिष्ठ संबंध है। जहां राज्य का कर्तव्य यह होता है कि वह व्यक्ति के अधिकारों को बनाये रखे वहीं व्यक्ति का कर्तव्य यह हो जाता है कि राज्य के प्रति अपने कर्तव्यों का निर्वाह संपूर्ण निष्ठा एवं ईमानदारी के साथ करे। जैसा कि स्वयं लास्की का कथन है, अधिकारों की उपलब्धि का अर्थ ऐसे दावों की पूर्ति नहीं जिनके बदले में कोई कर्तव्य न हो। इस

---

1. लास्की : ए ग्रामर आफ पालिटिक्स, पृ० 174
2. वही, पृ० 216-17

बात से स्पष्ट रूप से ध्वनित होता है कि हमारे अधिकार समाज से परे कोई अस्तित्व नहीं रखते, अपितु वे समाज के अन्दर ही अन्तर्निहित हैं।

संक्षेप में कहा जा सकता है कि लास्की की धारणा में यदि अधिकार व्यक्ति की समाज से वे मांगें हैं, जिनका उपभोग करते हुए वह अपने सर्वोत्तम स्वरूप को प्राप्त करना चाहता है तो व्यक्ति की ये मांगें तभी वैधानिक कही जा सकती हैं जबकि वह उनका उपभोग संपूर्ण समाज के हित के लिए करे तथा सामाजिक हित में अपना योग प्रदान करे। यानी राज्य से अपने अधिकार को प्राप्त करने और उसे यथावत सुरक्षित रखे जाने की अपेक्षा करने वाले प्रत्येक नागरिक का यह कर्तव्य है कि वह कोई ऐसा कार्य न करे, जो कानून की दृष्टि में असामाजिक सिद्ध होता है, और जिसके परिणामों से समाज के उद्देश्यों में बाधा पहुंचती हो। इस विषय पर लास्की तो यहां तक कहते हैं 'जो व्यक्ति समाज में अपने कर्तव्यों का संपादन नहीं करता उसे अपने अधिकारों की प्राप्ति का उसी प्रकार हक नहीं जिस प्रकार एक व्यक्ति को जो कार्य नहीं करता, खाने का अधिकार नहीं है।'[1]

लास्की द्वारा प्रस्तुत अधिकार संबंधी उक्त संपूर्ण धारणा का अध्ययन करने पर हम पाते हैं कि लास्की अधिकार को वास्तविक स्वतंत्रता की स्थापना में सहायक एवं अत्यन्त सशक्त साधन के रूप में स्वीकार करते हैं। अधिकारों के अभाव में वे स्वतंत्रता के सकारात्मक अस्तित्व की कल्पना नहीं कर पाते हैं। स्वतंत्रता मनुष्य के व्यक्तित्व को न केवल संपूर्णता प्रदान करती है, बल्कि वह व्यक्ति के व्यक्तित्व को समाजोपयोगी बनाने में भी सहायक सिद्ध होती है। अतएव स्वतंत्रता यानी व्यक्ति और समाज के पारस्परिक विकास एवं सार्वजनिक कल्याण के लिए अधिकारों का होना अत्यन्त आवश्यक है। और चूंकि व्यक्तिगत सुख पर ही सामाजिक कल्याण निर्भर रहता है इसीलिए यह भी आवश्यक हो जाता है, कि राज्य प्रत्येक व्यक्ति के लिए न्यूनतम अधिकार समानता के आधार पर सुनिश्चित करे। इसके अभाव में व्यक्ति के लिए एक सृजनात्मक जीवन व्यतीत करना असंभव है। परन्तु सामाजिक हित के विरुद्ध व्यक्ति को कोई अधिकार नहीं दिया जा सकता, क्योंकि व्यक्ति का कल्याण सामाजिक कल्याण के साथ अभिन्न रूप से जुड़ा हुआ है। लास्की की व्यक्ति के अधिकारों तथा जन-कल्याण की यह धारणा उसे परंपरागत ढंग के व्यक्तिवाद से मुक्त रखती है और इस दृष्टिकोण से वे टी० एच० ग्रीन के अधिक समीप जान पड़ते हैं।

अधिकार और उसके स्वरूप को परिभाषित करने के पश्चात् लास्की उनके संरक्षण की आवश्यकता महसूस करते हुए, कुछ रक्षात्मक उपायों की चर्चा भी करते हैं। वे कहते हैं कि यदि देश के लिखित संविधान में नागरिकों के मूलभूत

---

1. लास्की : ए ग्रामर आफ पालिटिक्स (हिन्दी अनुवाद), पृ० 72

अधिकारों का एवं उनके संरक्षण की कानूनी व्यवस्था का उल्लेख कर दिया जाए तो अधिकारों के अतिक्रमण होने की दशा में लोग न्यायालयों की शरण लेकर अपने अधिकारों की रक्षा कर सकते हैं। लेकिन वे यह भी जानते हैं कि संवैधानिक संरक्षण अधिकारों को प्राप्त करने की कोई सुनिश्चित गारंटी नहीं है, यह व्यवस्था केवल निषेधात्मक उपचार है न कि बाध्य गारंटी। लास्की संयुक्त राष्ट्र अमरीका का उदाहरण देते हुए कहते हैं कि बहुधा कार्यपालिका ऐसी संवैधानिक व्यवस्थाओं की उपेक्षा कर दिया करती है और यह अधिकार निरर्थक हो जाते हैं। वे कहते हैं, हालांकि 'अमरीका में संविधान का 15वां संशोधन अधिनियम रंगभेद के पक्षपात के बगैर राजनीतिक समानता का अधिकार व्यक्ति को प्रदान करता है, परंतु इसके बावजूद कार्यपालिका अथवा न्यायपालिका ने इसे कभी नहीं स्वीकारा।'[1]

लास्की मान्टेस्क्यू तथा लाक की इस धारणा से भी सहमत नहीं हैं कि शक्ति पृथक्करण के सिद्धांत को अपनाकर व्यक्ति की स्वतंत्रता एवं अधिकारों की रक्षा की जा सकती है। इस संबंध में उनका कथन है कि राज्य के न्यायांग को कितना ही शक्तिसंपन्न क्यों न बना दिया जाए उसकी निष्पक्षता तथा स्वतंत्रता की कोई गारंटी इसमें नहीं हो सकती क्योंकि अंततः व्यवहार में न्यायाधीशों की नियुक्ति कार्यपालिका के द्वारा ही की जाती है। दूसरे इंग्लैंड में शक्ति पृथक्करण का सिद्धांत नहीं अपनाया गया। इसके बावजूद वहां नागरिक अमरीका की तुलना में कम स्वतंत्र नहीं है।

लास्की ने अधिकारों की सुरक्षा के लिए संवैधानिक प्रत्याभूति के अलावा कुछ नवीन सुझाव भी प्रस्तुत किए हैं। उनका प्रथम सुझाव यह है कि राज्य की शासन-व्यवस्था विकेंद्रीकरण के सिद्धान्त पर आधारित होनी चाहिए। सत्ता के केन्द्रीकरण को वे अनुचित मानते हैं। उनका विचार है कि केन्द्रीय सत्ता स्थानीय स्वायत्तशासी संस्थाओं को आदेश न दें बल्कि उनका निरीक्षण एवं अधीक्षण करें। लास्की कहते हैं कि 'यदि एक बिंदु पर सत्ता को केन्द्रित किया जाए तो यह सत्ता का दुरुपयोग है और यह सदैव ध्यान में रखा जाए कि अगर सत्ता चारों ओर से अंकुशों से घिरी न हो तो शक्ति का दुरुपयोग करना उसका स्वभाव बन जाता है।'[2]

अपने दूसरे सुझाव को प्रस्तुत करते हुए लास्की कहते हैं कि 'केन्द्रीय सरकार को ऐसे निकायों से घिरा रखना जरूरी है, जिनसे उसे विवशतः परामर्श लेना पड़े। इसका मतलब कार्यों द्वारा विधान-सभा से परामर्श लिया जाना भार नहीं

1. लास्की : ए ग्रामर आफ पालिटिक्स, (हिन्दी अनुवाद), पृ० 79
2. वही, पृ० 104

है, इसका मतलब उन सभी हितों से संगठित और पूर्व परामर्श है जिन पर प्रस्तावित फैसलों का असर पड़ता है।'[1]

अधिकारों की रक्षा के निमित्त तीसरे एवं अंतिम सुझाव के अनुसार लास्की राज्य के ऊपर एक नियंत्रणकारी शक्ति की आवश्यकता निरूपित करते हैं, ताकि राज्य समाज के आंतरिक जीवन में हस्तक्षेप न कर सके। वे राज्य की सत्ता को इस बिंदु पर प्रतिबंधित मानते हैं। वे नहीं चाहते कि राज्य कभी इतना सक्षम हो कि वह धार्मिक सिद्धान्तों के निर्णयों में हस्तक्षेप कर सके। लास्की व्यक्ति और विभिन्न समुदायों के अंतरंग कार्य-कलापों में हस्तक्षेप करने का अधिकार राज्य को केवल उसी स्थिति में देने के समर्थक हैं जबकि राज्य को पक्का विश्वास हो जाए कि वह व्यक्ति अथवा उसका संगठन सरकार को पलटने के उद्देश्य से हिंसात्मक साधनों का प्रयोग कर रहा है। लेकिन यदि कोई व्यापारी-संघ अपने कोष से राज्य की विधायिका में अपने प्रतिनिधियों को लाभ पहुंचाता है, तो राज्य इस स्थिति में हस्तक्षेप करने का अधिकारी नहीं है। इसी प्रकार यदि कोई समुदाय राज्य के अधिकारों को आघात पहुंचाए बिना अपनी कार्य-सिद्धि अथवा उद्देश्य-पूर्ति करे तो उसके ऐसे कार्यों में भी राज्य को हस्तक्षेप करने का कोई अधिकार नहीं मिलना चाहिए।

लास्की द्वारा प्रस्तुत उपरोक्त उपायों को अपना कर भी सही मायने में हम अधिकारों के रक्षण की वास्तविक प्रत्याभूति नहीं पा सकते हैं, हां यह अवश्य है कि उपाय रूपी इन रक्षा-कवचों से सुसज्जित समाज पर राज्य की प्रहार-शक्ति कमजोर पड़ सकती है। जिसके फलस्वरूप नागरिक-अधिकारों की सुरक्षा की आशा की जा सकती है। अतएव यही निष्कर्ष प्राप्त होता है कि अधिकारों की रक्षा अर्थात् वास्तविक स्वतंत्रता की रक्षा के प्रति व्यक्ति का सदा जागरूक रहना आवश्यक है। चूंकि कानून से ज्यादा संरक्षकता हमारी सजगता प्रदान करती है। इसके संदर्भ में स्वयं लास्की ने भी स्वीकार किया है कि 'कानून की शब्दावली की अपेक्षाकृत नागरिकों की स्वाभिमानपूर्ण भावना उनके अधिकारों की सुरक्षा की सर्वाधिक वास्तविक प्रत्याभूति है।'[2] इसीलिए लास्की की मान्यता है कि नागरिकों को अपने अधिकारों के प्रति सदा सजग रह उनकी प्राप्ति के लिए संघर्ष करना चाहिए क्योंकि स्वतंत्रता एवं अधिकारों की कीमत उसके प्रति निरंतर सजग रहना है।

---

1. लास्की : ए ग्रामर आफ पालिटिक्स, (हिन्दी अनुवाद) पृ० 104
2. वही, पृ० 177

अध्याय षष्ठ

सम्प्रभुता की अवधारणा

1. सम्प्रभुता पर प्रो० लास्की के पूर्ववर्ती चिंतकों के विचार

मानव-हित की प्राप्ति सभ्यता और संस्कृति का परम उद्देश्य रहा है, इसी भावना को साकार रूप देने के लिए सामाजिक एवं राजकीय संस्थाओं का विकास हुआ है। इनमें राज्य सर्वाधिक महत्त्वपूर्ण संस्था है। आधुनिक युग में योजनाबद्ध समाज के निर्माण के प्रयत्नों ने राज्य को सर्वोत्कृष्ट एवं सर्वप्रमुख संस्था के रूप में स्थापित किया है किंतु राज्य का यह महत्त्व और उसकी बढ़ती हुई गरिमा किसी कार्य विशेष को सम्पन्न करने की दृष्टि से ही है। राज्य समाज नहीं है। मनुष्य की समस्त अंत:क्रियाओं और सम्बन्धों को इस समाज के अंतर्गत मानते हैं। जिन सम्बन्धों में दमन और नियंत्रण का परिदर्शन होता है, उन्हें हम राज्य के अंतर्गत मानते हैं।[1] समाज में शांति-व्यवस्था कायम करने एवं सामाजिक संगठन को स्थायित्व देने के लिए राज्य के पास शक्ति का होना नितांत जरूरी है। सम्प्रभुता राज्य की वैधिक एवं राजनैतिक शक्ति के केंद्रीकरण का ही नाम है और प्रत्येक राज्य में इसकी आवश्यकता होती है। लेटिन भाषा के सुपरनस से अंग्रेजी शब्द सावरेन्टी बना है।[2] सुपरनस का अर्थ सर्वोच्च होता है, इसीलिए सम्प्रभुता राज्य की सर्वोच्च सत्ता होती है, इसी सत्ता के कारण राज्य अन्य संवासों से भिन्न होता है।[3] जब इस शब्द का प्रयोग राज्य के साथ किया जाता है तो इसका एक विशेष अर्थ हो जाता है अर्थात् कानून बनाने वाली सर्वोपरि शक्ति।[4]

राजनीति-विज्ञान का सम्प्रभुता संबंधी यह क्षेत्र अत्यंत विवादास्पद है। दूसरी राजनैतिक विचारधाराओं से दूर सम्प्रभुता के इस विचार से प्राचीन राजनैतिक चिंतक अछूते एवं अपरिचित थे, लगभग पिछली तीन-चार-पांच शताब्दी पूर्व से ही सम्प्रभुता को राज्य की अनिवार्य विशेषता माना जाने लगा है।

1. वी० पी० वर्मा : राजनीति और दर्शन, पृ० 166
2. गार्नर : इन्ट्रोडक्शन टु पालिटिकल साइंस, पृ० 237
3. वही, पृ० 238
4. सी० एफ० स्ट्रांग : माडर्न पालिटिकल कान्स्टीट्यूशंस, 1963, पृ० 7

सम्प्रभुता का तत्त्व ही राज्य को आंतरिक एवं बाहरी हस्तक्षेपों से मुक्त रखता है। यह अद्वितीय एवं अमूर्त तत्त्व ही राज्य की आत्मा कही जाती है। एन्सा-इक्लोपीडिया आफ सोशल साइंसिज में सम्प्रभुता की परिभाषा निर्णय लेने एवं लागू करने के योग्य व्यक्ति अथवा व्यक्ति-समूह द्वारा अंतिम निर्णय लेने की निरंकुश शक्ति[1] के रूप में की गई है।

वैसे सावरेन्टी शब्द का सर्वप्रथम प्रयोग जीन बोदां ने अपने ग्रंथ रिपब्लिक में 1576 में किया था, फिर भी राज्य की इस सर्वोच्च शक्ति का विचार राजनैतिक चिंतकों में तभी से रहा होगा जब से राज्य की उत्पत्ति हुई होगी क्योंकि बाध्यकारी सर्वोच्च शक्ति के बिना राज्य के अस्तित्व का प्रश्न ही नहीं उठता। यूनानी विचारों में सम्प्रभुता की कोई स्पष्ट परिभाषा परिलक्षित नहीं होती। कोई एक मिश्रित शब्द जिससे सम्प्रभुता का बोध होता हो, यूनानी चिंतन में देखने को नहीं मिलता। संभवतः यूनानी समाज के एकीकृत होने एवं उसके भिन्न-भिन्न स्तरों में वर्गीकृत न होने से यह शब्द वहां प्रयुक्त न हुआ हो। सम्प्रभुता की कल्पना एक धर्म-निरपेक्ष सांसारिक जगत में होती है। यूनान में सर्वदा यह भावना व्याप्त रही है कि अतिराजनैतिक महान् नियम जिन्हें 'मोयरा' कहा जाता था, समूचे देवताओं, मनुष्यों इत्यादि को परिगृहीत किए हुए है।[2]

प्लेटो दार्शनिक ज्ञाता की परिमार्जित एवं परिष्कृत बुद्धि को ही शासन कार्य के लिए आवश्यक मानता था, वही कारण है कि उसने अपने आदर्श राज्य में दार्शनिक शासक के विचारों को परिपुष्ट किया है। ये विचार ही उस सम्पूर्ण पद्धति के तार्किक परिणाम हैं, जिसके आधार पर प्लेटो के राज्य का निर्माण हुआ है।[3] अरस्तू ने अपनी पालिटिक्स की तीसरी पुस्तक में राज्य की सर्वोच्च शक्ति का विचार प्रस्तुत किया है। उसका मत है कि नियमों एवं कानूनों के रहने से ही सर्वोत्तम राज्य स्थापित हो सकता है अन्यथा स्वेच्छाचारिता का प्राधान्य हो जाता है।

राजनीति-शास्त्र के अनेक विचारक मानते हैं कि प्रशासक की सर्वोच्च शक्ति के रूप में सम्प्रभुता को 'इम्पीरियम' शब्द के प्रयोग द्वारा रोमन साम्राज्य से ही पश्चिमी जगत में लाया गया है। डुग्वे का मत है कि सम्प्रभुता का उदय इम्पीरियम, पोटेस्टास इत्यादि रोमन अवधारणाओं के फलस्वरूप हुआ। ग्यारहवीं

---

1. बेर्नर्ड क्रिक : सावरेंटी इन्साइक्लोपीडिया आफ सोशल साइंसिज, भाग 15, पृ० 77
2. प्लेटो : रिपब्लिक, पुस्तक 10वीं
3. बार्कर : ग्रीक पालिटिकल थ्योरी (हिन्दी अनुवाद) पृ० 255

शताब्दी के मध्यकाल से यह शब्द सम्राट के साथ पहचाना जाता था।[1] मध्ययुग में रोमन पोप ने धार्मिक एवं राजनैनिक क्षेत्र में जिस सर्वोच्च सत्ता का उपयोग किया उसे प्लेनीटूडो पोटेस्टेटिस कहा जाता था। इसका उल्लेख मार्सिलियां ने अपने ग्रंथ डिफेसर पेसिस के प्रथम भाग में किया है।

भारत में वैदिक काल से ही सर्वोच्च शक्ति का विचार क्षात्र एवं क्षात्र-श्री के रूप में किया जाता रहा है।[2] कौटिल्य के अर्थशास्त्र में सम्प्रभुता के लिए स्वामित्व शब्द प्रयुक्त हुआ है जो राज्य के सात तत्त्वों में प्रथम तत्त्व माना गया था।[3] बाद में चक्रवर्ती शब्द स्वामी से भी ज्यादा शक्तिशाली माना जाने लगा।

यूरोपीय पुनरुत्थान और धार्मिक सुधार आंदोलन के जन्म के बाद सम्प्रभुता का विचार तीव्रता से समर्थित हुआ। मध्यकाल में सामंतवाद के उदित होने पर यह विचार विलुप्त-सा रहा।[4] क्योंकि यह वैयक्तिक अधिकारों का युग था। राजकीय पद संपत्ति रूप में समझे जाते थे। मध्ययुगीन राजा अपने पितृमूलक अधिकारों से शासन करते थे। यूरोपीय धार्मिक सुधार आन्दोलन से सम्प्रभुता सम्पन्न आधुनिक राज्यों के उत्थान में सहायता मिली।[5] प्रारम्भिक मध्ययुग में साधारण तथा राज्य के लिए कोई भावना नहीं थी, केन्द्रीय सत्ता पर कोई सामान्य एवं एकरूप निर्भरता नहीं थी, कोई सर्वशक्तिमान प्रभुता नहीं थी और न नागरिक कानून का कोई समान दबाव था। संस्थाओं का कोई विधिवत् अमूर्त आधार भी नहीं था। उसका संबंध चर्च से था, राज्य से नहीं।[6]

मध्ययुग के उत्तरार्ध में स्थिति बदलने से राज्य ने अपनी प्रतियोगी संस्थाओं पर अपनी सत्ता बढ़ा ली। पॉप के अधिकारों में गिरावट आना शुरू हुआ। गृह-युद्ध एवं सामंतों की आपसी कलह से यूरोप में घोर अशांति एवं अव्यवस्था का साम्राज्य हो गया था और इस संकट से मुक्ति पाने का एकमात्र रास्ता था राजसत्ता को पूर्ण सुदृढ़ एवं सम्प्रभुता सम्पन्न बनाया जाये। इस प्रकार मध्य-युगीन सामंतवादी सभ्यता का पतन और धार्मिक सुधारवादी आन्दोलन आधुनिक संप्रभुता को जन्म देने हेतु विशेष रूप से उत्तरदायी हैं। अपनी भ्रूणावस्था में सम्प्रभुता संबंधी विचार मैकियावली के लेखों में मिलते हैं, जिसे कुछ विचारक प्रथम आधुनिक राजनैतिक दार्शनिक मानते हैं। भले ही उसने इस शब्द का

1. डुग्वे : लाइन दि माडर्न स्टेट (लास्की एवं फ्रीडा लास्की द्वारा अंग्रेजी में अनूदित), 1919, पृ० 9
2. शुक्रनीति से उद्धृत, अध्याय 1, श्लोक 62
3. कौटिल्य का अर्थशास्त्र : वार्ता 1, अध्याय 1, अधि० 6
4. वी० पी० वर्मा : पालिटिकल फिलासफी, पृ० 390-91
5. लास्की : ए ग्रामर आफ पालिटिक्स, (हिन्दी अनुवाद), पृ० 29
6. अर्नेस्ट बार्कर : यूनिटी इन दि मिडिल एज, अध्याय 4, पृ० 116

प्रयोग न किया हो, किन्तु फिर भी सम्प्रभुता संबंधी उसके विचार उसके प्रसिद्ध ग्रंथ 'दि प्रिंस' में परोक्ष रूप से अभिव्यक्त किये गये हैं। 'डिस्कोर्सिज' में वह राज्य को एक पृथक् इकाई मान संगठन एवं शक्ति का केन्द्र मानता है। इससे स्पष्ट होता है कि राज्य का प्राधिकार दूसरे किसी भी प्राधिकारों से श्रेष्ठ है।[1]

इस प्रकार आंतरिक क्षेत्र में सामंतवादी एवं बाहरी क्षेत्र में अन्य प्रतियोगिताओं से सुरक्षा पाने के लिए विकासशील पूंजीवाद ने सम्प्रभुतावाद का समर्थन किया। इंग्लैंड के मध्य वर्ग के हितों की रक्षा के लिए हालैंड से क्रामवेल ने युद्ध किया। धार्मिक महासुधार एवं पूंजीवाद ही वह ऐतिहासिक वास्तविकता है, जिसकी पृष्ठभूमि में बोदां, हाब्स इत्यादि ने सम्प्रभुतावाद का सैद्धांतिक समर्थन किया।[2] बोदां ने सर्वप्रथम आधुनिक युग में सम्प्रभुता का मंत्र उच्चारित किया, उसके मतानुसार सम्प्रभुता नागरिकों एवं प्रजाजनों के ऊपर वह सर्वोच्च शक्ति है जिसको कोई कानून नियंत्रित नहीं करता।[3] अपने ग्रंथ रिपब्लिक में वे उसे 'लेजीवस सोलुता' कहते हैं। सेवाइन इसे उसके राजनैतिक दर्शन का बहुत महत्त्वपूर्ण अंश मानते हैं।[4] उनका मत है कि बोदां की इस रचना का तात्कालिक कारण गृहयुद्ध था और इसका प्रयोजन राजा की स्थिति को मजबूत करना था। उसने धर्मशास्त्र के घेरे से सम्प्रभुता के विचार को बाहर निकाला किन्तु उसके इन विचारों में आंशिक रूप से मध्ययुग का प्रभाव था। कारण यह कि वह सम्प्रभुता को ईश्वरीय एवं प्राकृतिक विधि से अनुशासित मानता है। उसका मत है कि सम्प्रभु यदि प्राकृतिक विधि का उल्लंघन करे तो उसे वैधानिक रीति से उत्तरदायी नहीं ठहराया जा सकता, किन्तु प्राकृतिक विधि उसके ऊपर कुछ प्रतिबन्ध तो लगा ही देती है।[5] बोदां ने अपनी पुस्तक में धार्मिक सहिष्णुता की नीति का समर्थन किया इसीलिए उसके विचारों में प्राचीन व नवीन का अनोखा मेल है।

सोलहवीं शताब्दी के सम्पूर्ण राजनैतिक चिंतन की यही दशा थी, वह आधुनिक बने बिना मध्ययुगीन नहीं रहा था।[6] इस प्रकार धर्मार्थता के युग में विवेक की रोशनी लेकर बोदां का जो प्रादुर्भाव हुआ उसने ही सर्वप्रथम सम्प्रभुता को राज्य का विशेष गुण बताकर आधुनिक राजनीति का श्रीगणेश किया। राज्य की सम्प्रभुता ही वह विभाजक रेखा है जो राज्य को अन्य परिवारों से

1. दलेर दिओल : लिबरलिज्म एंड मार्क्सिज्म, (हिन्दी अनुवाद), पृ० 52
2. वी० पी० वर्मा : राजनीति और दर्शन, पृ० 173
3. बोदां : दी रिपब्लिक, 1576, पुस्तक 1, अध्याय 8
4. सेवाइन : ए हिस्ट्री आफ पालिटिकल थ्योरी, पृ० 345
5. वही, (हिन्दी अनुवाद), पृ० 320
6. वही, पृ० 363

अलग करती है ।[1] इसके बिना राज्य टूटकर गिर जाता है। उसने नागरिकता को सम्प्रभु के प्रति अधीनता कहा। गेटिल का भी मत है कि फ्रांस के एक लेखक जीन बोदां ने प्रथम बार सर्वोच्च प्रभुसत्ता को राज्य की अनिवार्य विशेषता मानते हुए उसे इस सत्ता का अधिष्ठान माना ।[2]

बोदां का मत है कि प्रभुसत्ता राज्य का एक ऐसा तत्त्व है जो केवल राज्य में ही निहित रहता है, अन्य स्थानों में उसका महत्त्व नहीं रहता। यह एक राज्य में शासन करने की निरपेक्ष एवं स्थायी शक्ति है, जो शाश्वत है। सम्प्रभु सत्ताधारी मर सकता है लेकिन सम्प्रभुता नहीं मर सकती। यही कानूनों का स्रोत है और इसीलिए कानूनों के क्षेत्र से परे है अर्थात् यह मानवीय एवं विधेयात्मक कानूनों के बन्धन से मुक्त है। राज्य का अनिवार्य तत्त्व होने से इसके अभाव में हम राज्य की कल्पना तक नहीं कर सकते। बोदां का मत है कि यह आंतरिक बाह्य दोनों तरह की होती है जो कि अविभाज्य होती है एवं एक शक्ति में ही निहित होती है। यह किसी दूसरी शक्ति से भी हस्तांतरित नहीं हो सकती। बोदां मानता है कि प्रभुसत्ता की एक विशेषता इसका जनता में निहित होना भी है। उनके अनुसार मैं यह स्वीकारता हूं कि प्रभुसत्ता··· व्यक्तियों में नहीं रहती बल्कि जनता में रहती है। जनता के प्रसाद पर्यन्त वे (शासक) अपना अधिकार रखते हैं और निश्चित अवधि के बाद यह शक्ति पुनः जनता में लौट आती है ।[3]

प्राकृतिक कानून परिवार में संपत्ति का अधिकार देश के मौलिक एवं संवैधानिक कानूनों का बोदां की सम्प्रभुता पर प्रतिबन्ध होने से उसमें अनेक अंतर्विरोध दिखाई देने लगते हैं। फिर भी बोदां ने व्यक्तियों से बनने वाले सर्वशक्तिशाली राज्य की नवीन विचारधारा को जन्म दिया। उसे स्पष्ट करते हुए गिर्के ने लिखा है, 'प्रभुसत्ता शब्द ऐसी जादुई छड़ी बन गया जिसमें राज्य के समूचे अर्थ और अंतर्वस्तु को इन्द्रजाल की भांति प्रत्यक्ष रूप में देखा जा सकता था।'[4]

इस प्रकार से सम्प्रभुता की कल्पना बोदां से निश्चित रूप धारण कर आधुनिक राजदर्शन में आती है। बोदां से पूर्व इस धारणा का विकास न हो सकने के अनेक कारण थे। पवित्र रोमन साम्राज्य का अस्तित्व जिसमें विश्व के सारे ईसाईयों का एक ही समाज, एक ही राज्य है यह माना जाता था एवं राजा

---

1. सेवाइन : ए हिस्ट्री आफ पालिटिकल थ्योरी, (हिन्दी अनुवाद), पृ० 367
2. गेटिल : हिस्ट्री आफ पालिटिकल थाट, पृ० 82
3. कोकर : रीडिंग्स इन पालिटिकल फिलासफी, पृ० 375
4. गिर्के : नेचर आफ लॉ एंड दि थ्योरी आफ दि स्टेट, (अंग्रेजी अनुवाद), भाग 1, पृ० 40-41

अपने आप में सम्प्रभु नहीं थे। पोप की बेहतर स्थिति होने से पवित्र रोमन सम्राट भी अपने स्थान पर सम्प्रभु नहीं था। सामंतवाद एवं प्राकृतिक विधि की राजा से उच्चता के विचारों से सम्प्रभुता का सिद्धांत अवरुद्ध-सा रहा किन्तु स्थितियां बदलने के साथ ही धीरे-धीरे राज्य को सुदृढ़ करने की आवश्यकताओं ने सम्प्रभुता की इस आधुनिक धारणा का मार्ग प्रशस्त किया। बोदां ने इस दिशा में उल्लेखनीय भूमिका निभाई। वह प्रायः कानूनी सम्प्रभुता के सिद्धांत का प्रवर्तक माना जाता है।[1] बोदां यह स्पष्ट कर देना चाहता था कि शक्ति-निर्माण के क्षेत्र में भी यद्यपि राज्य को अनियंत्रित शक्ति प्राप्त है फिर भी व्यावहारिक राजनीति में अनेक ऐसी बातें हैं जिनका प्रभुसत्ता को आदर करना पड़ता है। अतएव राज्य ऐसी अनेक बातों को, जिन्हें वह कानूनी दृष्टि से कर सकता है, वास्तव में करना नहीं चाहेगा।[2]

जर्मन न्यायविद जोइंस अल्यूसियस ने भी बोदां के बाद सम्प्रभुता के विचार को स्पष्ट करने का प्रयास किया। उनका मत है कि राज्य के सदस्यों के आध्यात्मिक एवं शारीरिक कल्याण के लिए कुछ करने की सर्वोच्च एवं सर्वोत्तम शक्ति को सम्प्रभुता कहा जाता है। उसकी निष्ठा राज्य की उत्पत्ति के समझौता सिद्धांत में है। उसका मत है कि यह शक्ति अनन्य एवं अचल रूप से जनता के पास होती है। इस तरह इनका बड़ा योगदान जनसम्प्रभुता संबंधी इनके विचार हैं।[3]

'सम्प्रभुता' पर तात्कालिक युग के उड़ते सहज प्रश्नों के उत्तरस्वरूप लिखने वाले अंतर्राष्ट्रीय प्राकृतिक कानून के व्याख्याकार ग्रोशियस ने युद्ध को जीवन का अनिवार्य तत्त्व मानकर कहा कि उसे प्राकृतिक कानून के द्वारा नियंत्रित किया जा सकता है। वे प्रभुसत्ता को राज्य की शासन करने वाली सर्वोच्च राजनैतिक शक्ति मानकर कहते हैं कि उसी में सार्वभौमिक अथवा प्रभुत्व शक्ति निहित है जिसके कार्यों पर न तो किसी दूसरी सत्ता का नियंत्रण है और जिसकी इच्छा का न कोई विरोध ही कर सकता है। राज्य में शासन करने की यह नैतिक-क्षमता है।[4] राज्य की उत्पत्ति सामाजिक अनुबन्ध का परिणाम है, ऐसा कहकर ग्रोसिशस ने लेवियाथन का ढांचा निर्मित कर दिया था। उसकी प्रभुसत्ता प्राकृतिक कानून के अंतर्गत एक सीमित अधिकार है। बोदां से सर्वथा भिन्न यह एक विभाजित एवं सीमित प्रभुसत्ता की संभावना को

---

1. कोकर : रीडिंग्स इन पालिटिकल फिलासफी, (हिन्दी अनुवाद), पृ० 474
2. ए० आर० लार्ड : प्रिंसिपल्स आफ पालिटिक्स, पृ० 69-70
3. दलेर दिओल : लिबरलिज्म एंड मार्क्सिज्म, (हिन्दी अनुवाद), पृ० 54
4. मैक्सी : माडर्न फिलासफीज, पृ० 180-81

स्वीकार करता है। ग्रोशियस राजा की प्रभुसत्ता पर अंतर्राष्ट्रीय कानून एवं प्राकृतिक कानून की सीमा लगाता है। उसके मत से प्रत्येक राज्य को स्वेच्छा से अंतर्राष्ट्रीय कानूनों का आदर करते हुए अंतर्राष्ट्रीय समाज की प्रभुता स्वीकार करनी चाहिए।

जनता की प्रभुसत्ता का घोर विरोधी ग्रोशियस जनता को विद्रोह का अधिकार न देकर राजा के अत्याचारों को मौन सहने की शिक्षा देता है परिणामस्वरूप दूरगामी प्रभाव से लगभग एक सौ वर्षों तक यूरोप में राजाओं की निरंकुश राजसत्ता का प्रबल समर्थन होता रहा। डनिंग का मत है कि एक ओर जहां उसने निरंकुश राजसत्ता के पक्ष को प्रोत्साहित किया वहां दूसरी ओर उसने सीमित (वैध) शासन के पक्षपातियों की भी सहायता कर उन्हें सांत्वना दी।[1]

'लेवियाथन' में सम्प्रभुता को राज्य का प्राण सिद्ध करते हुए हाब्स उसे सम्पूर्ण प्रभुत्व सम्पन्न निरंकुश मानते हैं जिसके आदेश ही कानून हैं। उसका हर कार्य न्यायपूर्ण है। वह निश्चित, निरपेक्ष, उत्तरदायित्वहीन, सर्वव्यापक, असीम, अपरित्यज्य, अविभाज्य, स्थायी एवं अदेय है।[2] ऐसा कहकर हाब्स ने बोदां द्वारा बताई प्रभुसत्ता पर लगी मर्यादाओं को बिल्कुल मुक्त कर दिया है। हाब्स का मत है कि वास्तव में कानून एक राजनैतिक सम्प्रभु के आदेश के अतिरिक्त कुछ नहीं है और इसीलिए उसके प्रभुत्व पर कोई कानूनी मर्यादा नहीं हो सकती। तथाकथित प्राकृतिक या दैवीय कानूनों का राजनैतिक दृष्टि से कोई कानूनी महत्त्व नहीं होता। उनका यह महत्त्व उस सीमा तक ही है जिस सीमा तक राजनैतिक सम्प्रमु उसे स्वीकार करता है, एवं उसकी व्याख्या करता है।

प्रभुसत्ता को परिभाषित करते हुए हाब्स कहता है कि संप्रभु वह शक्ति है, 'जिसके कार्यों का एक महान् जनसमूह ने अपने आपको स्वेच्छापूर्वक एक संविदा द्वारा कर्ता बना लिया है और उनकी शांति और सुरक्षा के लिए वह उन सबके साधन एवं शक्ति अपनी बुद्धि अनुसार प्रयोग कर सकता है। हाब्स का मत है कि यदि किसी बलप्रवर्ती शक्ति का भय न हो तो शब्दों के बन्धन इतने कमजोर होते हैं कि वे मानव महत्त्वाकांक्षा, लोभ, क्रोध एवं अन्य उद्वेगों को वश में नहीं कर सकते।[3]

---

1. डनिंग : पालिटिकल थ्योरीज फ्राम लूथर टु मांटेस्क्यू, पृ० 190
2. सी० वी० मैकफर्सल : टामस हाब्स लेबियाथन, 1868, पृ० 228
3. हाब्स : लेबियाथन, अध्याय 14, (ए हिस्ट्री आफ पालिटिकल थ्योरी में सेवाइन द्वारा उद्धृत), पृ० 426

हाब्स का सम्प्रभु ही संपत्ति का सृजनहार तथा सब अधिकारियों की सत्ता का मूल स्रोत है। उसकी सम्प्रभुता मर्यादाहीन है जो कि बोदां की सम्प्रभुता से ज्यादा निरंकुश एवं पूर्णाधिकार युक्त है। ट्रीस्क का मत है कि एक ऐसा राज्य असंभव है जहां सम्प्रभुता विभाजित हो, सिसरो जैसे राजनीतिज्ञ ही ऐसी सार-ग्राही मूर्खता कर सकते हैं।[1]

हाब्स कहता है कि यदि सम्प्रभुता एक व्यक्ति में निहित है तो यह राजतंत्र होता है, यदि कुछ में निहित हो तो कुलीनतंत्र तथा समाज के सब व्यक्तियों में निहित लोकतंत्र है।[2] चूंकि शासन का मूलतत्त्व सम्प्रभुता का प्रयोग है इसीलिए बोदां की भांति हाब्स ने भी विभिन्न शासन-प्रणालियों का अन्तर प्रभु-सत्ता वहां पर निवास करती है, इस पर आधारित माना है।

हाब्स समाज एवं राज्य में कोई भेद नहीं करता। उसका मत है कि जब तक कोई मूर्त शासन न हो एवं जब तक अपनी इच्छा को लागू करने वाली शक्ति-सम्पन्न कोई व्यक्ति न हो, तब तक न राज्य होता है और न समाज, प्रत्युत एक 'प्रधानहीन' भीड़ होती है। उनका मत है कि समाज की केवल एक आवाज होती है, जिससे वह बोल सकता है और उसकी केवल एक ही इच्छा होती है जिसे वह लागू कर सकता है। यह आवाज और यह इच्छा सत्ताधारी व्यक्ति की है, जिसे वह लागू करता है। हाब्स ने अपने सम्प्रभु को महानदैत्य (लेबियाथन) कहा है और उसके हाथ में तलवार तथा धर्म की प्रतीक छड़ी दोनों ही दे रखी है।[3] यह वही मर्त्यप्रभु है जिसकी कृपा पर अमर्त्य ईश्वर की छत्रछाया में हमारी शांति तथा सुरक्षा निर्भर है।[4]

हाब्स की सम्प्रभुता सिद्धांत का एक पक्ष जिस पर उसने कम ध्यान दिया है, वह यह है कि यदि शासन सुरक्षा प्रधान नहीं करता, तो उसका विरोध अवश्यंभावी हो जाता है। यदि विरोध सफल हो जाता है तो सम्प्रभु के हाथ से उनकी शक्ति निकल जाती है।[5]

जान लाक सम्प्रभुता को जनता में निहित मान सीमित शक्तियों वाली सरकार का समर्थक है। इसी प्रकार रूसो भी लोक सम्प्रभुता के विचार की पुनर्स्थापना कर सम्प्रभुता को सामान्य इच्छा में निहित मानता है। सम्प्रभुता को जनता में प्रतिष्ठित करके उन्होंने निरंकुशवाद के विरुद्ध एक बहुत बड़ा शस्त्र प्रस्तुत किया है। वह सामाजिक संविदाजन्य समाज को सम्प्रभु मानता है, किन्तु

---

1. ट्रीस्क : पालिटिक्स, भाग 2, पृ० 136
2. हाब्स : लेबियाथन, अध्याय 9
3. सेवाइन : ए हिस्ट्री आफ पालिटिकल थ्योरी, (हिन्दी अनुवाद), पृ० 427
4. हाब्स : लेबियाथन, अध्याय 17
5. सेवाइन : पूर्वोक्त, पृ० 428

हाब्स की सम्प्रभुता भी अदेय, अहस्तांतरणीय एवं सामूहिक व्यक्तित्वधारी है, साथ ही अविभाज्य भी।

रूसो ने अपने 'सोशल कान्ट्रेन्ट' के प्रथम संस्करण के मुख पृष्ठ पर कटे सिर वाले लेबियाथन का चित्र दिया था। इस तरह वह लाक की लोकप्रिय सम्प्रभुता तथा हाब्स की निरंकुश सम्प्रभुता का समन्वय कर देता है। उसके मत से सामान्य इच्छा में निहित सम्प्रभुता ही सब विधियों का स्रोत है। रूसो का मत है कि सम्प्रभुता पर, जो विवेक की दृष्टि से केवल राजनैतिक समाज या सामान्य इच्छा में निहित मानी जाती है, कोई कानूनी मर्यादा नहीं होती। सम्प्रभु पूर्णतया उन व्यक्तियों द्वारा निर्मित होता है, जो उसके अंग हैं। इसीलिए उसके हित व्यक्तियों के हितों के विरुद्ध नहीं हैं और न ही हो सकते हैं। सामान्य इच्छा की अधीनता में कौन-कौन-सी महत्त्वपूर्ण बातें आनी चाहिए, इस बात का वह स्वयं एकमात्र निर्णायक है।[1]

रूसो का मत है कि सम्प्रभु उसी समय भूल करता है जब वह किसी विशेष हित के लिए विधि-निर्माण करता है और इस महान् समुदाय (राज्य) को क्षति पहुंचाते हुए आंशिक समुदाय का निर्माण करता है।[2] इसीलिए रूसो का सुझाव था कि प्रभुत्व सम्पन्न जनता की समय-समय पर सभाएं हुआ करें जिनमें वह इस बात का निर्णय करें कि विद्यमान शासन-प्रणाली को कायम रखा जाए या नहीं। जब जनता ऐसी सभा के रूप में एकत्र होती है तब सरकार का क्षेत्र-अधिकार समाप्त हो जाता है।[3] तब केवल जनता ही सम्प्रभु रहती है। इस विचार के द्वारा रूसो प्रत्येक पीढ़ी को अपने संविधान की परीक्षा करने का अधिकार प्रदान करता है। वह स्वतंत्रता एवं सम्प्रभुता को परस्पर विरोधी न मान उन्हें समन्वित रूप में स्वीकार करता है।

उपयोगितावादी एवं सुधारवादी बेंथम के कानूनी विचारों में सम्प्रभुता का सिद्धांत अंतर्निहित है। वह राज्य की विधि-निर्माण की क्षमता को ही सम्प्रभुता मानते हुए उसे भी मर्यादित मान उपयोगिता की कसौटी पर कसता है। उसका मत है कि सम्प्रभुता राज्य का गुण है सरकार का नहीं। सम्प्रभुता से उनका आशय उस समाज या जनसमुदाय से है, जिसमें किसी एक व्यक्ति या वर्ग की आशाओं का पालन लोग स्वभावतः करते हैं। इसीलिए राजनैतिक समाज हेतु शासक-शासित दोनों आवश्यक पक्ष हैं। इस समाज की महत्त्वपूर्ण इच्छा ही विधि है। इस सत्ता के विरुद्ध व्यक्तियों के कोई प्राकृतिक अधिकार नहीं होते। सम्प्रभु को

---

1. कोकर : दि सोशल कान्ट्रेक्ट, पुस्तक 1, अध्याय 7
2. रूसो : दि सोशल कान्ट्रेक्ट, पुस्तक 1, अध्याय 7
3. गेटिल : हिस्ट्री आफ पालिटिकल थाट, (हिन्दी अनुवाद), पृ० 306

अपनी अपरिमित विधिक शक्ति का किस सीमा तक प्रयोग करना चाहिए इसका निर्णय उपयोगिता और वांछनीयता को ध्यान में रखकर किया जाना चाहिए।[1] उनका मत है कि सम्प्रभुता जनमत द्वारा मर्यादित है। यदि विशाल जनमत किसी विधि का विरोध करता है तो सम्प्रभुता का यह कर्त्तव्य है कि उसे कानून का रूप कदापि न दे, सर्वोच्च शक्ति का प्रतिरोध करने का अधिकार नैतिक ही हो सकता है, यदि विद्रोह से हानि की अपेक्षा लाभ अधिक होने की संभावना हो तो प्रतिरोध करना नैतिक कर्त्तव्य भी बन सकता है।[2]

बेंथम के प्रख्यात शिष्य जान आस्टिन ने सम्प्रभुता के कानूनी सिद्धांत का प्रतिपादन कर उपयोगितावादी विधि-शास्त्र को आगे बढ़ाया है। उनके मतानुसार यदि किसी समाज का अधिकांश भाग किसी निश्चित प्रधान व्यक्ति की आज्ञाओं का साधारणतया पालन करता हो तथा वह निश्चित व्यक्ति किसी अन्य प्रधान की आज्ञा मानने को अभ्यस्त न हो तो वह निश्चित व्यक्ति उस समाज में सर्व-प्रधान या सम्प्रभु है और वह समाज (उस प्रधान के सहित) एक स्वाधीन राज्य है। ऐसे सम्प्रभु का आदेश ही कानून है और कोई दूसरा आदेश कानून नहीं है।[3]

आस्टिन ईश्वरीय सम्प्रभुता एवं सामान्य इच्छा की सम्प्रभुता को अस्वीकार करता है। साथ ही आज्ञात्मक कानून को सम्प्रभु की इच्छा की अभिव्यक्ति का माध्यम मानता है। वह सामाजिक, ऐतिहासिक एवं राजनैतिक शक्तियों एवं तत्त्वों की उपेक्षा करता हुआ कल्पना एवं नीतिशास्त्र के अलावा निर्णीत वैधिक सम्प्रभुतावाद का दर्शन प्रस्तुत करता है। यह कानूनी प्रभुत्व का सिद्धांत शारीरिक, नैतिक, बौद्धिक या सामाजिक दृष्टि से असीमित सत्ता का सिद्धांत नहीं है। आस्टिन स्वयं ऐसे सिद्धांतों अथवा स्वयंसिद्ध सूत्रों के सम्बन्ध में लिखते हैं, जिनका पालन सम्प्रभु अभ्यस्त रूप से करता है क्योंकि उन सिद्धांतों या स्वयंसिद्ध सूत्रों का समाज का एक बड़ा या उसका सबसे प्रभावशाली भाग आदर करता है अथवा वह उन्हें उपयोगी मानता है या इस विश्वास के कारण कि वे ईश्वरीय इच्छा के अनुरूप हैं, वह सम्प्रभु को नैतिक दृष्टि से समाज में प्रचलित विचारों तथा मनोभावों में मर्यादित मानता है।[4]

आस्टिन ने राज्य एवं संप्रभु के बीच भेद नहीं किया अपितु उन्हें पर्याय माना। उसके अनुसार संप्रभुता राजा एवं सम्पूर्ण जनता में निवास नहीं करती बल्कि जनता के उस अंग में निहित होती है जिसमें निर्णय करने की शक्ति होती है और जो वास्तव में सर्वोच्च सत्ता का प्रयोग करता है। चूंकि विधि-निर्माण की सर्वोच्च

1. गेटिल : हिस्ट्री आफ पालिटिकल थाट, (हिन्दी अनुवाद), पृ० 368-69
2. वही।
3. आस्टिन : लेक्चर्स आन जूरिसप्रूडेंस, 1873, भाग 1, पृ० 226
4. **वही, पृ० 273**

शक्ति को किसी उच्चतर विधि द्वारा परिसीमित नहीं किया जा सकता इसीलिए विधिक दृष्टि से संप्रभु की सत्ता निरंकुश होती है।

सम्प्रभु ही सम्पूर्ण वैधानिक अधिकार का स्रोत होता है और वही नागरिक स्वतंत्रता का सृजनहार एवं रक्षा करने की गारंटी देता है।[1] आस्टिन ने इस बात पर भी बल दिया कि संप्रभुता असीमित एवं अविभाज्य होनी चाहिए। उसके विचारों को उस समय के विधिवेत्ताओं ने अंगीकार नहीं किया। उसके सिद्धांत की कि संवैधानिक एवं अंतर्राष्ट्रीय विधि के सिद्धांत राजनैतिक नैतिकता के क्षेत्र में आते हैं, कटु आलोचना हुई। उसके सम्प्रभुता सिद्धांत को सर हेनरीमैन, सिजविक एवं प्रो० लास्की आदि ने खंडित किया है। वर्तमान लोकतंत्र एवं अंतर्राष्ट्रीयता के इस युग में लोकमत की उपेक्षा करने वाले आस्टिन के इस सिद्धांत की फिगिस, लिंडसे, बार्कर, कोल, लास्की आदि बहुलवादियों द्वारा कटु निंदा की गई और राज्य की इस निरपेक्ष सत्ता को संघों, निगमों एवं समुदायों की भूमिका देखते हुए एक अतिरेक कल्पना की संज्ञा दी गई। वैसे आस्टिन ने ब्लेकस्टोन एवं बेंथम का अनुसरण किया पर कानूनी पेचीदगियों की उलझन में उसने नैतिक एवं सामाजिक शक्तियों की उपेक्षा की है।

जिस समस्या ने कांट को उलझन में डाल दिया था, वह यह थी कि जन-सम्प्रभुता के सिद्धांत का शक्तिशाली और उत्तरदायित्वहीन राजतंत्र के साथ सामंजस्य कैसे स्थापित किया जाए। फिक्टे ने इसका हल ढूंढ़ निकाला। इस डर से कि कहीं सरकार का कोई अग संविधान में व्यक्त जनता की सर्वोच्च इच्छा की उपेक्षा न करे, उसने सुझाव दिया कि निरीक्षकों की एक परिषद् का निर्माण किया जाए जिसका कार्य केवल इस बात का निर्णय करना हो किसंविधान का परिपालन हुआ है या नहीं, और आवश्यकता पड़ने पर वह ऐसे तरीके अपनाए जिससे जनता की सम्प्रभुता की अभिव्यक्ति हो।[2]

राज्य को पृथ्वी पर ईश्वर का आगमन वाली हीगेल की सर्वाधिकारवादी राज्य की कल्पना एक निरंकुश सर्वशक्तिमान चरम सत्तावादी एवं अभ्रांत राज्य की कल्पना है। यह राज्य कोई गलती नहीं करता और जो नागरिकों के अपने हित में प्रत्येक बलिदान का अधिकारी है। ऐसा प्रतीत होता है कि हीगेल का राज्य एवं उसकी सम्प्रभुता परस्पर पर्याय है। हीगेल के लिए जिसके एकत्ववादी रूप में अन्य संघों एवं व्यक्तियों का महत्त्व गौण हो जाता है।

हीगेल का मत है कि सम्प्रभुता राज्य के विधिक व्यक्तित्व में निवास करती है न कि जनसमूह में। किन्तु उस व्यक्तित्व की एक व्यक्ति के रूप में अभिव्यक्ति

1. गेटिल : हिस्ट्री आफ पालिटिकल थाट, (हिन्दी अनुवाद), पृ० 374
2. वही, पृ० 426

होनी चाहिए और वह व्यक्ति राजा हो सकता है। इस प्रकार हीगेल ने राजा को राज्य के व्यक्तित्व का धारणकर्ता अथवा राज्य का मूर्त रूप बना दिया। इससे उसके सिद्धांत का तात्कालिक प्रभाव यह हुआ कि लोगों का ध्यान राज्य के संप्रभुता के सिद्धांत की ओर से हटकर, उसने राजा एवं संप्रभुता में जो एकात्म्य एवं तादात्म्य स्थापित किया, उसकी ओर चला गया।[1]

'राज्य का आधार शक्ति नहीं इच्छा है' के प्रवर्तक टी० एच० ग्रीन ने अधिकारों को कार्यान्वित करने के लिए राज्य के पास एक बाध्यकारी शक्ति की आवश्यकता महसूस की है। वह बाध्यकारी शक्ति (सम्प्रभुता) राज्य का वह गुण है जो उसे अन्य मानव-समुदायों से पृथक् करता है और उच्चतर बनाता है।

ग्रीन ने रूसो की सामान्य इच्छा तथा आस्टिन के एक निश्चित मानव-श्रेष्ठ को परस्पर विरोधी न मानकर पूरक माना है। राज्य का आधार सामान्य हित को अभिव्यक्त करने वाली सामान्य इच्छा तो है ही पर एक पूर्ण विकसित समाज में कोई निश्चित मानव अथवा मानव-समूह ऐसा हो, जिसके पास अंततोगत्वा कानूनों को अमल करने एवं मनमाने की शक्ति हो और जो वैधानिक नियंत्रण से परे हो।

ग्रीन के मत से क्षणिक भावों के आवेश में कुछ लोग कर्त्तव्यच्युत हो जाते हैं। इस प्रकार के लोगों को राज्य अपनी सम्प्रभु शक्ति द्वारा ही रोक सकता है एवं उनमें कानूनप्रियता की भावना को दृढ़ बनाता है।[2] अतः ग्रीन के मतानुसार सम्प्रभुता वह शक्ति है जो कानूनों को बनाती है और उसके पालन के लिए जनता को मजबूर करती है। ग्रीन का कहना है कि हमें सम्प्रभु को बाध्यकारी शक्ति का प्रयोग करने वाली एक अमूर्त चीज नहीं समझना चाहिए बल्कि राजनैतिक समाज की संस्थाओं की सम्पूर्ण जटिलता के संबंध में ही उस पर विचार करना चाहिए। यह उनका पोषक है और इस प्रकार यह सामान्य इच्छा का अभिकर्ता है और यह कि स्वभावतः भक्तिपूर्ण आज्ञाकारिता प्राप्त करने के लिए सम्प्रभु शक्ति का जनता के हृदयों पर अधिकार होना चाहिए और आज्ञाकारिता यदि भक्तिपूर्ण नहीं है, बलपूर्वक लादी गई है तो वह स्वभावतः ऐसी नहीं हो सकती। राज्य का मूल तत्त्व नहीं हो सकती क्योंकि राज्य का आधार इच्छा है, शक्ति नहीं।[3]

ग्रीन का मत है कि शासन सत्ता के प्रतिरोध का तभी अधिकार है जब यह स्वीकारा जाए कि इससे सार्वजनिक हित की वृद्धि होगी।[4] ग्रीन की मान्यता है कि लोग राज्य की आज्ञा का पालन सामान्य हित की आकांक्षा से करते हैं।

1. गेटिल : हिस्ट्री आफ पालिटिकल थाट, पृ० 427
2. ग्रीन : प्रिंसिपल्स आफ पालिटिकल आब्लीगेशन, पृ० 7-8
3. वही (हिन्दी अनुवाद), पृ० 116
4. कोकर : रीडिंग्स इन पालिटिकल फिलासफी, पृ० 452

राज्य के कानून भी सामान्य इच्छा का प्रतिनिधित्व करते हैं। ग्रीन की सामान्य इच्छा राज्य की इच्छा नहीं वरन् राज्य के लिए इच्छा है। यह उस सम्प्रभु की सृष्टि करती है जिसका कार्य उन सब संस्थाओं के पूर्ण स्फूर्ति एवं सामंजस्य के साथ कायम रखना है जो अधिकारों एवं विधियों के साकार रूप है।[1]

ग्रीन के अनुसार शासन का औचित्य उन प्रयोजनों में खोजना चाहिए जो लोगों को उसके प्रति सामान्य आज्ञा-पालन की ओर प्रेरित करते हैं। राज्य का भय केवल उन थोड़े से लोगों को अंकुश में रखने के लिए है जिनमें नागरिक भावना का अभाव है, और कभी-कभी दूसरे व्यक्तियों में कानून के पालन की भावना को दृढ़ बनाने के लिए है।[2] ताकि वे स्वयं श्रेष्ठ जीवन की प्राप्ति कर सके। दार्शनिक राजनीति शास्त्र के अनुसार सबसे व्यापक एवं मूलभूत सम्प्रभुता ऋत की है। ऋत उस शक्ति का नाम है जो मनुष्य को सत्पथ पर प्रेरित करती है।[3] यह मानवतावाद की पोषक है साथ ही आवश्यकता पड़ने पर प्रतिरोध का समर्थन भी करती है। ग्रीन का मत है कि राज्य बाहरी कार्यों को नियंत्रित कर सकता है और राजकीय कानून से उन्हीं कार्यों को करने के लिए मनुष्य को बाध्य करना चाहिए, जिनका करना, किसी भी प्रकार की भावना से क्यों न हो, अत्यन्त आवश्यक है।[4]

काल मार्क्स का राज्य-सिद्धांत उसके इतिहास की भौतिकतावादी व्याख्या की एक उपसिद्धि मात्र है। उनका मत है कि राज्य सर्वकल्याण को अपना उद्देश्य मानने वाला समुदाय न कभी रहा है और न कभी हो सकता है। पूंजीवादी युग के प्रारम्भ से इस वर्ग ने वर्तमान प्रतिनिधि राज्यों में राजनैतिक सत्ता पर अपना अनन्य अधिकार किया हुआ है। इस प्रकार विधि एवं राज्यसत्ता, आर्थिक व्यवस्था की प्रतिफल मात्र है।[5] सामंतवाद में सामंतशाही के मंतव्यों से विधि-निर्माण होता है,[6] तो आधुनिक पूंजीवादी व्यवस्था में कानून मध्यवर्गीय धनिकों के संकल्पों की प्रतिच्छाया है।[7] मार्क्स कानून को राज्य का प्रणीत नियम मानता है और राज्य वर्ग-संघर्ष की उत्पत्ति एवं अभिव्यक्ति है। उसका अस्तित्व यह सिद्ध करता है कि वर्ग सम्बन्धी विरोधों में कभी सामंजस्य स्थापित नहीं हो सकता।[8] इसीलिए वे वर्गविहीन अवस्था को राज्यविहीन अवस्था मानते हैं।

1. बार्कर : पालिटिकल थाट इन इंग्लैंड, पृ० 38
2. कोकर : रीडिंग्स इन पालिटिकल फिलासफी, पृ० 432
3. अथर्ववेद : (12/1-1)
4. ग्रीन : लेक्चर्स आन दि प्रिंसिपल्स आफ पालिटिकल आब्लीगेशन, पृ० 15
5. मार्क्स एंड एंजिल्स : सैलेक्टेड करेसपांडेंस, पृ० 482
6. मार्क्स : कैपिटल, प्रथम खंड, पृ० 675
7. मार्क्स एंड एंजिल्स : कम्युनिस्ट मेनीफेस्टो, पृ० 8-9
8. लेनिन : लास्की द्वारा अपने ग्रंथ कम्युनिज्म में उद्धृत, पृ० 12

हेंस केल्सन का मत है कि जितने भी अराजकतावादी विचार हैं, वे सब इस प्राकृतिक नियम को स्वीकार करते हैं। इसीलिए मार्क्स भी शोषणविहीन, निजी संपत्ति से विहीन, वर्गहीन समाज के प्रादुर्भाव और राज्य के तिरोभाव में विश्वास व्यक्त करते हैं, इसीलिए केल्सन उन्हें प्राकृतिक नियम में आस्था रखने वाला मानते हैं।[1]

मार्क्स जिस प्रकार ऐतिहासिक भौतिकवाद अथवा उत्पादक तत्त्वों द्वारा प्रजनित पूंजीपतियों के संकल्प एवं स्वार्थ के आधार पर विधि एवं राजसत्ता की विवेचना करते हैं वैसे ही शक्तिवाद में आस्था रखने वाले ओस्वाल्ड स्पेंगलर केवल दंडधारियों के संकल्प को आधार मान अपने तत्संबंधी विचार प्रस्तुत करते हैं।[2] इस प्रकार से यदि न्याय शक्तिघरों का स्वार्थ-साधक है तो यह अपेक्षित है कि विराट श्रेणियों की सम्प्राप्ति के लिए हमें न्याय, विधि एवं राज्य-व्यवस्था का प्रयोग करना चाहिए। आज जब सम्प्रभुतावाद का विकास हुआ है तब प्रभुत्व शक्ति की अभिव्यंजना के माध्यम विधि माने जाते हैं। तेजी से एवं बड़ी संख्या में विधि-निर्माण, संप्रभुतावाद का प्रजनित विचार है। हाब्स आस्टिन का मंतव्य कि विधि-निर्माण संप्रभुता का निश्चित चिह्न है, प्राचीन एवं मध्यकालीन सम्प्रभुता के सर्वथा अनुपयुक्त था। विकास की पद्धति के अनुसार चेतना प्रसारित होती है। उसी के अनुरूप राजकीय एवं वैधिक शक्ति अपना स्वरूप बदलती है। जब एक तंत्र अथवा अल्पतंत्र का विश्व में प्रभाव था, तब हाब्सवाद एवं आस्टिनवाद पनप सका।[3]

जेलेनिक सम्प्रभुता को 'स्वामित्व की मौलिक शक्ति' मानते हुए कहते हैं कि सम्प्रभुता राज्य का वह गुण है, जिसके कारण वह अपनी इच्छा के अतिरिक्त किसी दूसरे की इच्छा या बाहरी शक्ति के आदेश से नहीं बंधता।[4] जेलेनिक का मत है कि मानव-भावनाएं एवं उसके विश्वास को राज्य की संप्रभुता भी नियंत्रित नहीं कर पाती भले ही वह संविधान बदल दें किन्तु स्वास्थ्य, जीवन की दीर्घता आदि ऐसे विषय हैं जिन पर उसका वश नहीं चलता।

फ्रेडरिक पोलाक के अनुसार सम्प्रभुता वह शक्ति है जो न क्षणिक है और न किसी दूसरे के द्वारा दी गई है और न किन्हीं ऐसे नियमों के अधीन है, जिन्हें वह बदल न सके, न ही वह पृथ्वी की किसी भी दूसरी शक्ति के प्रति उत्तरदायी

---

1. हेन्स केल्सन : जनरल थ्योरी आफ लॉ एंड स्टेट, पृ० 393
2. ओस्वाल्ड स्पेंगलर : दि डिक्लाइन आफ दि वेस्ट, भाग 2, पृ० 363-64
3. वी० पी० वर्मा : राजनीति और दर्शन, अध्याय 6, पृ० 213
4. गोर्नर : इंट्रोडक्शन टु पालिटिकल साइंस, पृ० 239

है ।[1] गिलक्राइस्ट सम्प्रभुता को राज्य की सर्वोच्च शक्ति[2] तथा वर्गेस इसे व्यक्तियों और उनके संघों पर मौलिक, निरपेक्ष एवं असीमित शक्ति[3] मानते हैं। डॉ० गार्नर का मत है कि राज्य सम्प्रभुता के बिना वैसे ही जीवित नहीं रह सकता जैसे हृदय एवं रक्त को अलग कर देने पर शरीर ।[4]

वर्तमान शताब्दी में सामाजिक विज्ञानों से सम्प्रभुता संबंधी ज्ञान में गहनता आई है। अब हम विधि को सम्प्रभुता का केवल निर्देशन ही नहीं, सामाजिक शक्तियों के द्वन्द्व के परिप्रेक्ष्य में इसे देखते हैं। सम्प्रभुता सीमित है, स्वेच्छाचारिता एवं उत्पीड़न इसका आधार नहीं है, जैसे-जैसे लोकतांत्रिक मूल्य एवं भावनाएं विकसित होती हैं, वैसे-वैसे इस पर प्रतिबन्ध बढ़ते हैं ।[5] आज राष्ट्रीय, सामाजिक एवं आर्थिक जीवन में जो सामूहिक सक्रिय गतिशीलता हमें परिलक्षित होती है उससे ज्ञात होता है कि हाब्सवाद, आस्टिनवाद की परिसमाप्ति का युग आ गया है।

आधुनिक युग के अनेक लेखक जिन्हें बहुलवादी कहा जाता है। राज्य की निरंकुशतावादी सिद्धांत का यह कहकर खंडन करते हैं कि राज्य के समाज दर्जे पर ही अन्य आवश्यक संस्थाएं भी हैं। मानव की बहुआयामी ध्येयों की प्राप्ति उससे संपन्न समुदायों में भी अभिव्यक्त होती है और इनमें से कोई भी समुदाय दूसरों से नैतिक या व्यावहारिक दृष्टि से श्रेष्ठ नहीं है ।[6] बहुवादियों का, जो किसी एक अंतिम सत्ता में विश्वास न करके राजसत्ता के केन्द्रीकरण के विरुद्ध हैं, दावा है कि अद्वैतवादी सिद्धांत आधुनिक-युग की आवश्यकताओं की पूर्ति की दृष्टि से अक्षम है अतः उसे राजनीति विज्ञान से हटा दिया जाना चाहिए ।[7]

इन विचारकों में इंग्लैंड के मेटलैंड, डॉ० फिगिस, प्रो० लास्की, ए० डी० लिंडसे, प्रो० बार्कर; फ्रांस के न्यायशास्त्री लियो डुग्वी एवं क्रेव; अमरीका के मिस फालेट एवं मेकाइवर; जर्मनी के गिर्के इत्यादि उल्लेखनीय हैं। इन सभी विचारकों पर व्यक्ति स्वातंत्र्यवादी, पुनर्जागरणवादी, स्थानीय निकायवादी, समाजवादी तथा विधिवादियों की विचारधारा का प्रभाव था।

अधिकांश बहुलवादी हीगेल के आदर्शवादी एवं फासीवादी सिद्धांत पर आक्रमण नहीं करते वरन् उस वैधानिक सम्प्रभुता के सिद्धांत पर आक्षेप करते हैं

1. पोलाक : साइंस आफ पालिटिक्स, पृ० 4
2. गिलक्राइस्ट : प्रिंसिपल्स आफ पालिटिकल साइंस, पृ० 94
3. वर्गेस : पालिटिकल साइंस एंड कान्स्टीट्यूशनल लॉ, भाग 1, पृ० 52
4. गार्नर : इन्ट्रोडक्शन टु पालिटिकल साइंस, पृ० 250
5. वी० पी० वर्मा : राजनीति और दर्शन, पृ० 211
6. कोकर : रीडिंग्स इन पालिटिकल फिलासफी, अध्याय 18, पृ० 472
7. लास्की ; ए ग्रामर आफ पालिटिक्स, (हिन्दी अनुवाद), अध्याय 2, पृ० 28

जिसमें कि अद्वैतवादी समूची अराजनैतिक संस्थाओं को राज्य द्वारा निर्मित तथा अपने अविच्छिन्न अस्तित्व के लिए राज्य की इच्छा पर निर्भर मानते हैं। साथ ही ये भी मानते हैं कि वे केवल राज्य द्वारा प्रदत्त अधिकारों का भोग करती हैं। उनका कथन है कि दूसरी संस्थाएं मानवीय आवश्यकतानुसार स्वतः तथा स्वाभाविक रूप से प्रादुर्भूत होती हैं। ये निगमों के कानूनी एवं ऐतिहासिक सिद्धांत के ऋणी हैं जिनका निरूपण गिर्के एवं मेटलैंड ने किया है।[1] उनका मत है कि समाज में जो समुदाय जन्मते हैं उनके व्यक्तित्व वास्तविक होते हैं, काल्पनिक नहीं और न वे बाहर से ही निर्मित होते हैं। उनकी एक पृथक् सामूहिक चेतना होती है जो व्यक्तियों की चेतना से भिन्न होती है। इसके अलावा कानून के विस्तार में प्रत्येक समुदाय एक मौलिक अंग का कार्य करता है। इसमें राज्य की भूमिका प्रमुख एवं एकांतिक नहीं होती।[2]

ए० डी० लिंडसे का मत है कि समाज के भीतर उपस्थित अनेक संघों ने लोगों का ध्यान आकर्षित किया है। इनमें से कुछ ऐसे थे, जो राज्य की अपेक्षा लोगों की गहन निष्ठा के पात्र होते थे, इससे सिद्ध होता है कि वे सामाजिक सामंजस्य के प्रभावशाली साधन हैं।[3] डुग्वे का मत है कि राज्य आदेश नहीं देता, बल्कि नम्रता से सेवा करता है। कानून सम्प्रभु के आदेश नहीं, बल्कि इसके भिन्न-भिन्न स्रोत हैं। क्रेब का मत है कि कानून सम्प्रभु है, राज्य नहीं। और कानून का वास्तविक स्वरूप मनुष्य के आध्यात्मिक स्वरूप (सद्भावना) पर आधारित है।[4] उनका मत है कि कानून साधारण या विशेष लिखित या अलिखित नियमों का योग है जो मनुष्यों की औचित्य की भावना से उत्पन्न होते हैं।[5] इस सिद्धांत के विकास में मेकाइवर एवं प्रो० लास्की का योगदान उल्लेखनीय है।

मेकाइवर का मत है कि सम्प्रभुता का अद्वैतवादी या एकत्ववादी सिद्धांत दो कारणों से असत्य है, पहले तो यह सिद्धांत औपचारिक है, तो दूसरे यह शक्ति की तो बात करता है किन्तु सेवा की नहीं। उनका मत है कि राज्य की सम्प्रभुता सर्वशक्तिमान ईश्वर की भांति साधारण स्पष्ट और अंतिम नहीं है। यह एक संस्था का लक्षण है और स्वयं एक संस्था से बढ़कर निरपेक्ष नहीं है।[6] मेकाइवर का मत है कि यदि आज्ञापालन, उत्पीड़न और दंड-व्यवस्था वास्तव में उसी

---

1. कोकर : रीडिंग्स इन पालिटिकल फिलासफी, पृ० 478
2. फिशर : दि कलेक्टेड पेपर्स आफ मेटलैंड, 1911, पृ० 304-20
3. लिंड्से : दि स्टेड इन दि रीसेंट पालिटिकल थ्योरी, पालिटिकल क्वार्टरली, 1914, पृ० 128-45
4. ई० आर्शीवादम : पालिटिकल थ्योरी, पृ० 301-03
5. क्रेब : माडर्न आइडिया आफ दि स्टेट, (अंग्रेजी अनुवाद), पृ० 38
6. आर० एम० मेकाइवर : दि माडर्न स्टेट, पृ० 467

प्रकार की होती जैसा कि विधि-वेत्ता मानते हैं तो वह एक दिन भी न ठहर पाती। वस्तुतः सम्प्रभुता शक्ति उस सामान्य इच्छा (कामन गुड) का एक गुण है जो उद्देश्य समानता के द्वारा सामान्य बनायी जाती है।[1] सम्प्रभु सत्ता के पास अंकुश लगाने वाली अनेक संस्थाएं हैं और उत्पीड़न या बाध्यकारी शक्ति तो उनका केवल एक सहायक लक्षण है। सम्प्रभुता के स्वरूप में वे केवल राज्य को ही बल-प्रयोग का निर्णायक अधिकार देते हैं। फिर भी कम-से-कम एक विकसित राज्य में सही अर्थों में सम्प्रभुता के पास उत्पीड़न-शक्ति नहीं रहती।

मेकाइवर का आगे मत है कि न्याय-संगत शक्ति-कवच को धारण करने का काम सम्प्रभुता का नहीं, विधि और संविधान का है।[2] मनुष्य स्वेच्छा से अनेक समुदायों के सदस्य होते हैं। ये समुदाय अनुशासन कायम रखने हेतु व्यवस्था स्वयं करते हैं। अवमानना करने पर ये अपने सदस्यों की सदस्यता समाप्त कर सकते हैं। किन्तु राज्य के कानून उत्पीड़न होते हैं, उन्हें सभी व्यक्तियों को मानना ही होगा जबकि समुदायों की सदस्यता अनिवार्य नहीं होती। मेकाइवर सम्प्रभुता की आस्टिनवादी धारणा की भ्रांतियों को उजागर करते हुए कहते हैं कि कानून को उच्चस्तरीय व्यक्तियों द्वारा दिये जाने वाले आदेश मानना भ्रमात्मक है, क्योंकि न्यायाधीशों के निर्णय, साम्य, तर्कबुद्धि नियम आदि उच्चस्तरीय व्यक्तियों के आदेश कैसे कहे जायेंगे। मेकाइवर मानते हैं कि कानून का रूप अक्सर आज्ञात्मक होता है, क्योंकि वह समाज को बाहरी व्यवस्था का नियमन करता है फिर भी कानून का पालन बाध्यकारी शक्ति पर निर्भर न होकर स्वेच्छापूर्वक आज्ञा-पालन की भावना पर निर्भर होता है।

डॉ० फिगिस राज्य को समाजों का समाज मान उसे समीकरण तथा समन्वय की एजेंसी के रूप में विशिष्ट कार्य एवं उच्च सत्ता सौंपते हैं। उनका मत है कि राज्य का उत्पीड़न इन समुदायों का नियमन करने तथा यह देखने हेतु जरूरी है कि कोई समुदाय न्याय की सीमा के बाहर तो नहीं रहता।[3]

पाल बाकोर ने समाज में व्यावसायिक एवं आर्थिक समुदायों की स्थिति पर वैधानिक, राजनैतिक एवं ऐतिहासिक दृष्टि से विशेष ध्यान दिया है।[4] उनका मत है कि ये समुदाय स्वतः ही आविर्भूत हुए हैं। स्वतंत्रता की रक्षा सामाजिक संगठन का एकमात्र ध्येय है, ऐसा कहकर वे लोक संप्रभुता के सिद्धांत को स्वीकारते हैं।

---

1. आर० एम० मेकाइवर : दि माडर्न स्टेट, (हिन्दी अनुवाद), पृ० 14-16
2. वही, पृ० 11-13
3. डॉ० फिगिस : चर्चेज इन दि माडर्न स्टेट, पृ० 49
4. जे० पाल बाकोर : ले फेडरालिज्म इकॉनामिक, पृ० 1-16

हेनरी एस० केरियल बहुलवाद की कुछ प्रस्थापनाओं पर जोर देते हैं। जैसे—व्यक्ति की इच्छाओं की पूर्ति हेतु भिन्न-भिन्न स्वैच्छिक संस्थाओं एवं इकाइयों का होना, जिनकी सामान्य स्वीकृति से सरकार कार्य करे। उनका आगे यह मत है कि यद्यपि बहुलवादियों ने यथार्थवाद के नाम से समाज का एक नवीन दृष्टिकोण प्रस्तुत किया है किंतु अंत में वे भी नयी कल्पनाओं के वशीभूत हो गये हैं।[1] वे इस तथ्य से अनभिज्ञ रहे हैं कि सभी समूह मानवीय उद्देश्यों एवं आवश्यकताओं का प्रतिनिधित्व करने के लिए नहीं होते। ए० ई० जिमर्न की भी यही आशंका है कि जो लोग राज्य की निरंकुशता की चर्चा करने से नहीं थकते, वे इस साधारण सत्य की उपेक्षा करते हैं कि निकटतम पड़ोसी के अत्याचार से बढ़कर और कोई अत्याचार नहीं होता। कोई समूह जितना छोटा होगा उनका नियंत्रण आपके जीवन एवं क्रियाओं पर उतना ही बड़ा होगा।[2] हम स्वतंत्रता को चाहे जितना महत्त्व दें संभावना इस समय इस बात की है कि हमें जब कई प्रकार के तथा अधिकेन्द्रीभूत राजनैतिक नियंत्रण का मुकाबला करना पड़ेगा और विकेन्द्रीकरण की दिशा में हमारे व्यावहारिक प्रयत्नों के जो परिणाम निकले हैं, उनसे राजसत्ता का महत्त्व अथवा क्षेत्र जल्दी ही क्षय नहीं होगा।[3] वर्तमान का हमारे स्वतंत्र सामूहिक जीवन की संभाव्यता इस बात पर निर्भर है कि राज्य स्वैच्छिक समुदायों के निमित्त कुछ कार्य-क्षेत्र अपने हस्तक्षेप से मुक्त कर दे ताकि वे राज्य के प्रयासों में अपना सहयोग देकर अच्छे जीवन हेतु परिस्थितियां पैदा कर सकें।

लोकतंत्रीय विकास परम्परा ने हमारे सामने राजकीय, वैधिक शक्ति का व्यापक मानवता की कल्याण कर्मिता से तादात्म्य प्राप्त कराने का आदर्श उपस्थित किया है।[4] संकुचित स्वार्थों के पोषक ही जन-कल्याण विरोधी अति-रंजित राष्ट्रीय सम्प्रभुता एवं वैधिक एकाधिकार का राग उच्चारित करते हैं।

2. प्रो० लास्की के सम्प्रभुता सम्बन्धी विचार

प्रो० लास्की के संपूर्ण राजनीतिक चिंतन के मूल उद्देश्य के संबंध में राज-नैतिक विचारों के प्राय: सारे समीक्षक एकमतेन यह स्वीकार करते हैं कि लास्की के राजनीतिक चिंतन का सर्वोपरि लक्ष्य लोकतांत्रिक समाजवाद है, किन्तु उनकी चिंतन यात्रा का प्रथम पड़ाव बहुलवादी समाजवाद रहा और जीवनपर्यंत वे परोक्ष

---

1. हेनरी एस० केरियल : प्ल्यूरलिज्म इन्साइक्लोपीडिया आफ सोशल साइंसिज, भाग 12, पृ० 167
2. जिमर्न : पालिटिकल थाट, पृ० 321-52
3. कोकर : रीडिंग्स इन पालिटिकल फिलासफी, पृ० 491
4. वी० पी० वर्मा : राजनीति और दर्शन, पृ० 213

रूप से इसकी धारणाओं से प्रभावित रहे । जिन दिनों उनके चिंतन पर मार्क्सवाद का प्रभाव पड़ने लगा था, उन दिनों भी बहुलवादी आदर्शों के प्रति लास्की का मानसिक झुकाव बना रहा । लास्की के इस लगाव की पुष्टि इस तथ्य से हो जाती है कि जब उन्होंने पूंजीवादी समाज के संदर्भ में मार्क्सवादी विश्लेषण की महत्ता एवं उसकी प्रामाणिकता स्वीकार कर ली थी, तब भी वे अपने बहुलवादी अतीत के कारण साम्यवादी अधिनायकतंत्र की सत्तावादी प्रवृत्तियों का प्रबल विरोध करते रहे हैं ।

बहुलवाद से प्रभावित होकर ही लास्की ने अपनी प्रथमतः प्रकाशित 'प्रॉब्लम ऑफ सावरेंटी', अथार्टी इन दि मॉडर्न स्टेट' तथा 'फाउन्डेशंस ऑफ सावरेंटी एंड अदर एसेज' नामक तीनों पुस्तकों में संप्रभुता के पूर्व प्रतिष्ठित सिद्धांत की तीव्र आलोचना की है । लास्की के अनुसार राज्य की संप्रभुता एक सैद्धांतिक आदर्श है, जो व्यवहार में दुर्लभ सिद्ध होता है। वे एकसत्तावाद की आलोचना क्रियात्मक दृष्टिकोण के अनुरूप करते हैं ।

लास्की के इस दृष्टिकोण को महसूस करते हुए विलियम इलियट कहते हैं कि 'आधुनिक राजनैतिक चिंतन की सभी विविध धाराओं में, जिन्होंने राज्य की संरचना के आधार के रूप में एकात्मक संप्रभुता की परिकल्पना का विरोध किया है, प्रो० लास्की की कृतियां हमारा ध्यान सर्वाधिक आर्कषित करती हैं ।[1]

संप्रभुता सम्पन्न राज्य की आलोचना करने में लास्की ने गिर्के, मेटलैंड एवं फिगिस द्वारा प्रस्तुत निगम संबंधी सिद्धांत का भी प्रयोग किया है । लास्की गिर्के और मेटलैंड के इस सिद्धांत से सहमत हैं कि समुदायों का अपना स्वतंत्र नैतिक व्यक्तित्व होता है, और राज्य की संप्रभुता का सिद्धांत समुदायों के नैतिक विकास में बाधक सिद्ध होता है, अतः समुदायों के हित में संप्रभुता का सिद्धांत अस्वीकृति के योग्य है । इसीलिए वे इसे राजनीति-विज्ञान से ही हटाने के पक्षधर भी हैं ।

लास्की का कथन है कि 'हम राज्य रूपी समुदाय को कोई विशेष महत्त्व नहीं देते। हम उसे अन्य समुदायों का रचयिता नहीं मान सकते । हम चाहते हैं कि यह अपने कार्यों के परिणामों से अपना औचित्य सिद्ध करे । अन्य समुदायों के कार्य से प्रेरित होकर इसे स्वयं कार्यशील होना चाहिए । ये समुदाय राज्य के सहयोगी अथवा पूरक हैं । यदि राज्य अपने अस्तित्व को सुरक्षित रखना चाहता है, तो उसे अपनी सर्वोच्चता का दावा नहीं करना चाहिए । किसी अन्य समुदाय की तरह राज्य क्या है, और क्या हो सकेगा, यह उसकी उपलब्धियों पर निर्भर है । इसी प्रकार वह अपने सचेतन जीवन के प्रकाश को प्रज्वलित रख सकता है ।'[2]

---

1. विलियम इलियट : प्रेगमेटिक रिवोल्ट इन पालिटिक्स, पृ० 143
2. लास्की : प्राब्लम आफ सावरेंटी : हर्बर्ट लॉ रिव्यू, खंड 29

फ्रांसीसी विधिवेत्ता डुग्वे के अनुसार कानून संबंधी समाजवादी विश्लेषण से भी लास्की प्रभावित जान पड़ते हैं। डुग्वे के कथनानुसार समाज कानूनों का निर्माण करता है। कानून समाज को स्थिर व संगठित रखने में सहायक सिद्ध होते हैं। अतएव कानून, जैसा कि आस्टिन की परिकल्पना है, राजनैतिक संप्रभु की आज्ञा नहीं है और न ही राज्य कानून का जन्मदाता है। अपितु राज्य केवल समाज के प्रतिनिधि के रूप में कानूनों को कार्यान्वित करता है और इससे समाज के संगठन को स्थायित्व एवं सुरक्षा प्राप्त होती है। यहां यह बात ध्यान देने योग्य है कि डुग्वे के कानून संबंधी समाजशास्त्रीय विश्लेषण का अंध-समर्थन करते वक्त लास्की यह विस्मृत कर गए कि जहां डुग्वे राजनीतिक एकसत्तावाद के विरोधी हैं, वहीं वे सामाजिक एकसत्तावाद के समर्थक भी हैं।

इतना तो स्पष्ट ही है कि लास्की राज्य को एक संस्था मानते हैं और उनका विचार है कि हमारी विविध आवश्यकताओं की पूर्तियां करने वाली शैक्षणिक संस्थाएं जैसे—चर्च, निगम, संघ एवं समाज की ही भांति राज्य भी एक व्यक्ति को निष्ठा और आज्ञाकारिता की प्राप्ति के लिए सदा प्रयत्नशील रहने वाली संस्था है। राज्य की व्याख्या करते हुए लास्की शक्ति और व्यवस्था के संदर्भ में कहते हैं कि 'एकसत्तात्मक राज्य एक सोपानात्मक संघटन है, जिसमें शक्ति अंतिम उद्देश्यों के लिए एक पर केंद्रित होती है। बहुलवाद के पक्षधरों का विश्वास है कि यह स्थिति प्रशासन के लिए अपूर्ण एवं नैतिक रूप से अपर्याप्त है।'[1]

इस संबंध में लास्की समर्थ समाज की स्थापना के लिए प्रशासन का विकेन्द्रीकरण आवश्यक मानते हैं। किंग्सले मार्टिन के अनुसार लास्की की 'ए ग्रामर आफ पालिटिक्स' पुस्तक एक फेवियनवादी पुस्तक है, जो राज्य को सरकार तथा सुधार का आवश्यक अंग मानती है, परंतु बहुलवादियों की आलोचना से मुक्त होने के लिए काफी हद तक राज्य में शक्तियों के विकेंद्रीकरण के सुझाव देती है। यह नये कल्याणकारी संघटन तथा प्रशासन के लिए और मेरे विचार से तो रुकावट के लिए, उत्पादक तथा उपभोक्ता में अधिकतम सहयोग पर जोर देती है।'[2]

3. संप्रभुता की सामान्य धारणा

लास्की की संप्रभुता संबंधी धारणा उसके इस कथन से ही स्पष्ट हो जाती है कि 'अगर संप्रभुता की संपूर्ण परिकल्पना को त्याग दिया जाए तो यह राजनीति विज्ञान के लिए हितप्रद सिद्ध होगा।'[3]

1. लास्की : फाउन्डेशंस आफ सावरेंटी, पृ० 240
2. किंग्सले मार्टिन : 'हेराल्ड लास्की' : ए बायोग्राफिकल मेमोयर, पृ० 74
3. लास्की : ए ग्रामर आफ पालिटिक्स, पृ० 44-45

लास्की के इस कथन से यह तो स्पष्ट हो ही सकता है कि संप्रभुता संबंधी उनके समस्त विचारों का स्वर मूलतः संप्रभुता का विरोध ही है। लास्की का विचार है कि आधुनिक राज्य संप्रभु राज्य होता है, इसीलिए अन्य समुदायों के होते हुए भी वह सर्वथा स्वतंत्र होता है। अतएव कोई भी राज्य अन्य समुदायों में अपनी संकलपना के ऐसे तत्त्वों का निवेश कर सकता है, जो किसी बाहरी शक्ति की संकल्पना के प्रभाव से मुक्त हो। अपनी क्षेत्रीय सीमा के अंदर राज्य सर्वोपरि है। अपने क्षेत्राधिकार के अन्तर्गत निहित समस्त संस्थाओं को वह सदा आदेश देने की स्थिति में होता है और वह अपनी सकल्पना में किसी भी अन्य के प्रति बाध्य नहीं है। इस संबंध में लास्की बड़ी सतर्कता से राज्य की उक्त स्थिति का सूक्ष्मातिसूक्ष्म विश्लेषण की आवश्यकता पर जोर देते हैं। उनका मत है कि संप्रभुता विषयक सिद्धान्त के कई पहलू ऐसे हैं, जिनकी सावधानीपूर्वक जांच-परख की जानी चाहिए। संप्रभुता के सिद्धांत को व्यावहारिकता की कसौटी पर कसने की कोशिश करते हुए लास्की संप्रभु राज्य की आलोचना तीन कारणों से करते हैं—1. पहला कारण यह है कि मनुष्य विवेकशील प्राणी के रूप में अपनी निष्ठाओं की प्राथमिकता स्वयं निर्धारित कर सकता है और यदि राज्य, चर्च अथवा श्रमिक-संघ की मांगों में विरोध हो तो वह अपने विवेक के अनुसार उनमें से किसी एक समुदाय की मांग को प्राथमिकता दे सकता है।

लास्की का मत है कि संप्रभुतासंपन्न राज्य का जन्म एक विशेष युग की विशेष ऐतिहासिक परिस्थितियों में हुआ। अतः उन समस्त ऐतिहासिक कारणों की खोज जरूरी है, जिनके आधार पर प्रभुसत्ता-संपन्न राज्य की स्थापना संभव हो सकी। प्रभुसत्ता के सिद्धान्त की वर्तमान महत्ता का तर्कसम्मत विश्लेषण इसकी ऐतिहासिक पृष्ठभूमि के आधार पर किया जा सकता है। ऐतिहासिक दृष्टिकोण से संप्रभुता संपन्न राज्य का आविर्भाव सोलहवीं सदी के बाद पश्चिमी जगत के धार्मिक संघर्षों के परिणामस्वरूप हुआ। संप्रभुता के सिद्धान्त से ही राज्य के एकसत्तावादी सिद्धान्त का उदय हुआ।

लास्की का विचार है कि 'हमें यह याद रखना चाहिए कि एकसत्तावादी राज्य का जन्म संकट के युग में हुआ था और इस सिद्धान्त का पुनरुत्थान राज-नीतिक सत्ता के वितरण में परिवर्तन लाने वाली महत्त्वपूर्ण घटना से संबद्ध है। जैसाकि सर्वविदित है कि बोदां धार्मिक-युद्ध के युग में उस दल से संबद्ध था, जो विजातीय संघर्ष में राज्य को नष्ट होने से बचाने के लिए उसकी सर्वोच्चता के सिद्धांत का प्रतिपादन करता था। हाब्स ने उस युग में जब राज्य और संसद में शक्ति के संतुलन के लिए युद्ध हो रहा था, इसके द्वारा व्यवस्था के साधनों की खोज की थी। बेंथम ने अपनी पुस्तक 'फ्रेगमेंट आफ दि गवर्नमेंट' का प्रकाशन अमरीका द्वारा स्वतंत्रता की घोषणा के कुछ समय पूर्व किया और एडम-स्मिथ ने

उसी वर्ष में एक दूसरे क्रांतिकारी सिद्धांत का प्रतिपादन किया। हीगेल का दर्शन फ्रांस की एकता द्वारा विभक्त जर्मनी की पराजय की प्रतिक्रिया था। आस्टिन की पुस्तक उस समय लिखी गई जब फ्रांस और इंग्लैंड के मध्यम वर्गों ने अपने विभिन्न तरीकों से राज्य को अपने अधिकार में कर लिया था। उससे पूर्व राज्य उनकी महत्त्वाकांक्षा के लिए केवल आंशिक रूप से उपलब्ध था।'[1]

संप्रभुता के सिद्धांत का ऐतिहासिक विकासक्रम पर आधारित विश्लेषण से लास्की यह निष्कर्ष निकालते हैं कि संप्रभुता का सिद्धांत कुछ विशेष समाजों तथा विशेष कालों में ही उपयुक्त रहा हो, लेकिन सभी सभाओं व सभी कालों के लिए यह सर्वथा अनुपयुक्त है। प्राचीन यूनानी इस सिद्धान्त से अपरिचित थे तथा मध्ययुगीन राज्यों में भी यह अनुपयुक्त रहा, आधुनिक युग में भी इसे धार्मिक और आर्थिक हितों के विभिन्न गुटों ने चुनौती दे रखी है। लास्की ने ब्रिटिश संसद और ब्रिटिश के अल्पसंख्यक धार्मिक समुदायों के संघर्षों का सर्वेक्षण एवं परीक्षण किया और अंततः इस निष्कर्ष पर पहुंचे कि 'राज्य संप्रभुता के नाम पर इसके आंतरिक अनुशासन या इसके सिद्धांतों पर नियंत्रण करने में असफल रहा है।'[2] लास्की का विचार है कि गृह-युद्ध के समय जब एक देश के दो पक्ष युद्ध में संलग्न हों और दोनों ही राज्य की संप्रभुता के दावेदार हों तो जब तक किसी एक पक्ष की विजय न हो जाए, यह कहना कठिन है कि संप्रभुता का सही दावेदार कौन है। अतः आन्तरिक दृष्टि से संप्रभुता के सिद्धान्त को सहज मान्यता देने का अर्थ अपने आपको कठिनाइयों के जाल में उलझाना है।

2. दूसरा कारण संप्रभुता का वैधानिक पक्ष है। लास्की का विचार है कि जिस तरह से संप्रभुता के सिद्धान्त का अध्ययन करने के लिए उसकी ऐतिहासिक पृष्ठभूमि को समझना आवश्यक है, उसी प्रकार उसे कानून के संदर्भ में भी परखना जरूरी है। जैसा कि कानून के बारे में कहा जाता है कि 'संप्रभु के द्वारा दी गई आज्ञाएं ही कानून हैं' तो यहां सहज ही प्रश्न उठता है कि कानून ने संप्रभुता को किस रूप से सर्वव्यापकता सौंपी है? कानून अनेक प्रकार की जटिलताओं का परिणाम है। कानून को उस देश की समस्त परिस्थितियां प्रभावित करती हैं। लास्की कहते हैं कि यह एक संकल्पना विशेष की अभिव्यंजना को ही न्याय बना देता है, बिना यह जाने कि उसके तथ्य क्या हैं? अतएव उनकी मान्यता है कि राज्य को सर्वप्रथम समाज की वास्तविक आकांक्षाओं का अध्ययन करना चाहिए और उन्हीं आकांक्षाओं के अनुरूप ही उन कानूनों का निर्माण करना चाहिए जो समाज की आकांक्षाओं की पूर्ति में सहायक सिद्ध हों।

---

1. लास्की : दि फाउन्डेशंस आफ सावरेंटी, पृ० 233-34
2. लास्की : दि प्राब्लम ऑफ सावरेंटी, अध्याय 3-4

लास्की के मतानुसार संप्रभुता एक कानूनी परिकल्पना के रूप में नैतिक व राजनैतिक दृष्टि से एक निरर्थक सिद्धान्त है। आस्टिन के अनुसार कानून संप्रभुता का आदेश है, लेकिन क्या राजनीति विज्ञान के कानून की यह परिभाषा स्वीकार हो सकती है ?

संप्रभुता के सिद्धान्त के अनुसार राजनीतिक संगठन के अंतर्गत एक निश्चित मानवीय संप्रभु होना चाहिए, जिसकी आज्ञाओं का पालन सभी प्रशासनिक संस्थान और नागरिक स्वाभाविक रूप से करते हैं। यहां विचारणीय प्रश्न यह है कि क्या यह आज के राजनैतिक-समाज का यथार्थपरक विश्लेषण है ? स्पष्ट है कि इस दृष्टिकोण से भी लास्की संप्रभुता को एक अनावश्यक विचार मानते हैं।

3. तीसरा कारण सम्प्रभुता के सिद्धान्त का अंतर्राष्ट्रीय पहलू है। संप्रभु-राज्य अंतर्राष्ट्रीय व्यवस्था की स्थापना में सबसे बड़ी बाधा है। प्रत्येक संप्रभु-राज्य युद्ध द्वारा राष्ट्रीय उद्देश्यों की पूर्ति को अपना अधिकार समझता है। इसलिए संप्रभुता के सिद्धांत को समाप्त किए बिना युद्ध का अन्त करना संभव नहीं हो सकेगा।

लास्की संप्रभुता के सिद्धांत के संदर्भ में उसकी राजनीतिक संगठन के पहलू की चर्चा करते हुए कहते हैं कि यह सिद्धान्त के इस बिंदु पर जोर तो देता है कि हर समाज में शक्ति के अभ्युदय का कोई ऐसा केन्द्र हो जो सर्वोच्च हो, और कोई ऐसी सत्ता हो जो पारस्परिक विवादों में अधिकारपूर्वक अपना निर्णय दे, और वह बाध्यकारी हो लेकिन राजनीतिक दृष्टि से इस मत की सत्यता संदिग्ध है और ऐसे किसी विचार को स्वीकारने के बड़े खतरनाक परिणाम हो सकते हैं। यहां यह कहना अनुचित होगा कि लास्की संप्रभुता के इस दृष्टिकोण से भी प्रभावित नहीं हैं और वे इसे आधुनिक राज्य की वर्तमान परिस्थितियों में अपने व्यक्तिगत दृष्टिकोण से अनुपयुक्त मानते हुए कुछ नवीन मूल्यों के प्रकाश में इसे एक सार्थक और उज्ज्वल छवि देना चाहते हैं।

संप्रभुता का कानूनी सिद्धान्त

संप्रभुता के कानूनी सिद्धान्त की व्याख्या करते हुए लास्की आस्टिन द्वारा संपादित संप्रभुता संबंधी विचारों की आलोचना करते हैं। लास्की के अनुसार आस्टिन राज्य को एक कानूनी व्यवस्था के रूप में देखते हैं और वे राज्य का कानूनी विश्लेषण उस वरिष्ठ सत्ता के विश्लेषण द्वारा करना चाहते हैं, जो संप्रभु हो। जबकि लास्की इस सिद्धान्त को कानूनी दृष्टि से जांचने-परखने एवं इसे व्यावहारिकता की कसौटी पर कसना ही निरर्थक मानते हैं। वे कहते हैं कि 'आस्टिन द्वारा प्रस्तुत राज्य की संप्रभुता का सिद्धान्त राजनीतिक समाजों की वास्तविक कानूनी स्थितियों का सही परिचय नहीं देता। लास्की के अनुसार

मांटेस्क्यू, सर हेनरीमेन, दुर्खीम, डुग्वे और क्रेव द्वारा प्रस्तुत विधिशास्त्र आस्टिन जैसा विश्लेषणात्मक विधिशास्त्रियों के विचार से कहीं अधिक श्रेष्ठतर है।'[1]

आस्टिन के अनुसार कानूनी व्यवस्था एक औपचारिक सोपानात्मक ढांचा है। इसमें सर्वोपरि संस्थान अथवा संप्रभु व्यक्ति अपने सभी अधीनस्थों से आज्ञा-पालन की अपेक्षा रखता है। कोई भी नागरिक, निगम, निकाय या संस्था संप्रभुता के क्षेत्राधिकार से बाहर नहीं है। कानून किसी सर्वोपरि शक्ति अर्थात् संप्रभु की आज्ञा है, अथवा यह भी कहा जा सकता है कि संप्रभु की आज्ञा ही कानून है।

लास्की आस्टिन की इस धारणा की आलोचना करते हुए कहते हैं कि 'राजनीतिक-दर्शन राज्य के जीवन में कानून की महत्ता को निःसंदेह स्वीकार करता है, लेकिन कानून के चरित्र की व्याख्या के लिए, हमें मांटेस्क्यू का मत स्वीकार करना होगा, अन्यथा इसका निष्कर्ष गलत होगा। राजनीतिक विज्ञान के छात्र के लिए कानून सामान्य सामाजिक वातावरण से निर्मित वस्तु है। यह निर्दिष्ट समय के अनिवार्य सामाजिक संबंधों को रेखांकित करता है। वह संस्थान जो उन कानूनों को पारित करता है, राजनीतिक दृष्टिकोण से उन शक्तियों की तुलना में जो उस संस्थान को ऐसा करने के लिए बाध्य करती है, बहुत कम महत्त्व रहता है।'[2]

आस्टिन के विचारों में राज्य एक कानूनी संस्था है अथवा कानूनी व्यवसाय है। कानून की यह सत्ता प्रत्येक राज्य में परिलक्षित है। राज्य के अन्तर्गत संप्रभु के अतिरिक्त अन्य किसी दूसरे संगठन अथवा व्यक्तियों को उत्तरदायी नहीं माना जाएगा। यह संप्रभुता की असीमित सत्ता है, इसे कभी भी कम नहीं किया जा सकता और न ही कभी इसे भंग ही किया जा सकता। यह केवल व्यक्ति अथवा समूह के लिए हस्तांतरित हो सकती है। इसकी शक्ति असीमित है, और संप्रभु सत्ता में जिस रूप में कार्य करे, उसे उचित ही माना जाएगा। क्योंकि वह राज्य की सर्वोपरि कानूनी सत्ता का निर्णय होता है। कानून का जो आधार है, वह समाज है, संप्रभु जो निर्धारित करता है वही कानून है। लास्की आस्टिन की संप्रभुता संबंधी इस धारणा की आलोचना करते हुए निम्नांकित विचार-बिन्दुओं के अन्तर्गत खंडन करते हैं।

प्रथम : कानूनी संप्रभुता—लास्की का मत है कि आस्टिन कानून को असीमित शक्ति सम्प्रभु की आज्ञा मानते हैं और वे सम्प्रभु को असीमित शक्ति से संपन्न सत्ता का सिरमौर कहते हैं, लेकिन वास्तव में ऐसा नहीं कहा जा सकता

---

1. विलियम इलियट : प्रेगमेटिक रिवोल्ट इन पालिटिक्स, पृ० 146-47
2. लास्की : ए ग्रामर आफ पालिटिक्स, पृ० 55

कि सम्प्रभुता असीमित है और चाहे जो कुछ कर सकती है। लास्की कहते हैं कि बहुत से कार्य ऐसे हैं जो व्यावहारिक रूप में किसी भी राज्य के द्वारा नहीं किए जा सकते तथा बहुत से कार्य ऐसे भी हैं, जिनके संदर्भ में राज्य की सत्ता सीमित दिखाई देती है। सिद्धांततः भले ही सम्प्रभुता असीमित सत्ता से संपन्न हो, परन्तु व्यवहार में कोई भी राज्य ऐसा नहीं हो सकता जिसकी कोई सीमा न हो। यह भी आवश्यक नहीं है कि संप्रभु संस्था सदैव ही निर्णायक होती हो। किसी-न-किसी बिन्दु पर उसे भी समझौते के लिए बाध्य होना पड़ता है। तुर्की के सुल्तान के लिए भी उस वक्त जबकि उसकी शक्ति का सितारा पूर्णतः बुलंद था, कुछ रूढ़िगत नियमों के आगे उसे भी झुकना पड़ा था। जिनका पालन करना उसके लिए लगभग अनिवार्य ही था।

व्यवहार में संप्रभुता निरंकुश हो ही नहीं सकती। क्योंकि सामाजिक वर्गों के संघर्षों के कारण इसके निर्णय सदैव परिवर्तनशील रहते हैं। समाज के संगठित हित-गुट संप्रभुता के आदेशों के निर्णय में निरंतर योगदान देते रहते हैं। यथा, ब्रिटिश संसद संप्रभुता-संपन्न है, परन्तु श्रमिक आंदोलनों के कारण उसे भी ऐसे अनेक कानून पारित करने पड़े, जिन्हें वह अपनी स्वतंत्र स्वेच्छा से कभी न करती। अतः स्पष्ट है कि जिस प्रकार श्रमिक संघों का कानून के निर्माण में हाथ होता है उसी प्रकार राज्य के विभिन्न संप्रदायों एवं वर्गों के दबाव-समूह भी कानून के निर्माण में परोक्ष रूप से प्रभाव डालते हैं।

लास्की कहते हैं कि आस्टिन ने कानून का जो पक्ष संप्रभुता के संदर्भ में रखा, वह निहायत ही कमजोर है। समाज में रहने के लिए विशिष्ट प्रकार के नियमों की आवश्यकता होती है। कानून उसी प्रकार के नियम हैं जो सामाजिक-जीवन को संतुलित बनाए रखने के लिए आवश्यक होते हैं। लास्की का कथन है कि 'आस्टिन के मत का सर्वोत्तम उदाहरण 'संसद में राजा' की स्थिति है। परन्तु सर्वविदित है कि संसद में राजा की स्थिति को आस्टिन के बताए अर्थ में प्रभु-सत्तासंपन्न मानना तर्कसंगत नहीं है। कोई संसद रोमन कैथोलिकों से मताधिकार नहीं छीन सकती और न ही श्रमिक-संघों पर पाबंदी ही लगा सकती है। यदि वह ऐसा करेगी तो संसद के रूप में उसका अस्तित्व ही नहीं रह सकता।'[1] लास्की तो यहां तक कहते हैं कि, 'संसद केवल काल्पनिक जगत में ही आस्टिन की संप्रभुता का उपयोग कर सकती है, यदि वास्तविक-जगत में वह ऐसा करने का प्रयास करेगी तो राष्ट्र अथवा विरोधी सामाजिक समुदायों के संगठित संकल्प द्वारा उसे नष्ट कर दिया जाएगा।'[2]

---

1. लास्की : ए ग्रामर आफ पालिटिक्स, पृ० 92
2. लास्की : स्टडीज इन लॉ एंड पालिटिक्स, पृ० 237-50

लास्की संसद की प्रभुसत्ता की आलोचना करते हुए कहते हैं कि क्या राजा और संसद को हम सम्प्रभु कह सकते हैं ? उनका मत है कि 'देखा जाए तो संसद की सम्प्रभुता का सिद्धांत उतना ही खोखला है जितना यह सिद्धांत कि निर्णय संसद द्वारा न होकर किसी अन्य के द्वारा होते हैं और संसद बाहर के निर्णयों को लागू करती है। संसद में एक शक्ति अंतर्निहित होती है और वह है मतदाताओं की शक्ति अर्थात् राज्य में रहने वाली इकाइयों की शक्ति।' सम्प्रभुता का सिद्धांत एक विशिष्ट प्रकार के राज्य के लिए ही लागू हो सकता है। परन्तु संघीय राज्यों में भी यह लागू नहीं होता। जहां पर राजतंत्र या कुलीनतंत्र प्रचलित होता है, वहां सम्प्रभुता का सिद्धांत पाया जा सकता है।

बेल्जियम का उदाहरण देते हुए आस्टिन इसे एक सम्प्रभु राज्य मानते हैं। लेकिन लास्की कहते हैं कि बेल्जियम की सम्प्रभुता भी संदिग्ध है। बेल्जियम के संविधान में संशोधन तभी संभव है, जब कानून पास करने वाली संसद उसको पुनः निर्वाचित नई सभा द्वारा पुष्ट कराए और तभी उस विधेयक को कानूनी स्वरूप प्राप्त हो सकता है। लास्की कहते हैं कि इस बात की कोई गारंटी नहीं है, कि नई विधायिका सभा की संघटना वही होगी, जो पुरानी की थी। अतः आवश्यक नहीं है कि नई विधान सभा पुरानी विधान सभा द्वारा पारित किए गए कानून की पुष्टि करेगी ही। अंततः लास्की यही कहते हैं कि ऐसी कठिन दुविधापूर्ण स्थितियों की पृष्ठभूमि में सम्प्रभुता के कानूनी सिद्धांत की वैधता को स्वीकार करना राजनीतिक दर्शन के लिए सर्वथा अव्यावहारिक, अनुपयुक्त एवं असंभव है।

द्वितीय : राजनीतिक संप्रभुता—लास्की का विचार है कि राजनीतिक दृष्टिकोण से भी आस्टिन की संप्रभुता का औचित्य प्रतिपादित नहीं होता है। संघीय राज्यों की स्थापना आस्टिन की सम्प्रभुता की परिकल्पना के लिए एक चुनौती प्रस्तुत करती है। संयुक्त राज्य अमरीका के राजनैतिक संस्थानों में किसी सुनिश्चित मानवीय सम्प्रभु को खोजना असंभव है। उनका कथन है कि 'कांग्रेस एक सीमित संस्थान है जिसकी शक्तियां सावधानीपूर्वक निर्धारित की गई हैं। पृथक् राज्य भी संविधान के चार कोनों में अपनी अलग स्थिति बनाए हुए हैं। संविधान में संशोधन के अधिकार पर भी एक सीमा है कि राज्य की स्वीकृति के अभाव में सीनेट में उसका समान प्रतिनिधित्व समाप्त नहीं किया जा सकता। सिद्धांततः अमरीका में कोई सर्वोपरि संस्था नहीं है। कुछ विशेष ऐतिहासिक अनुभवों के कारण एक ऐसे राज्य की स्थापना हुई है, जिसमें सम्प्रभुता की परिकल्पना अनुपस्थित है।'[1]

---

1. लास्की : ए ग्रामर आफ पालिटिक्स, पृ० 49

उपर्युक्त विरोधाभास केवल संघीय संविधानों में ही नहीं पाया जाता बल्कि बेल्जियम जैसे एकात्मक राज्य में भी आस्टिन के बताए अर्थ की सम्प्रभुता के लिए कोई स्थान नहीं है ।[1]

लास्की सम्प्रभुता के सिद्धांत की आलोचना करते हुए, रूसो के इस कथन से भी अपनी असहमति प्रकट करते हैं कि 'सम्प्रभुता जनता में निहित होनी चाहिए' एक प्रेरक विचार के रूप में लास्की इस वाक्य की अभिव्यंजना के अर्थ की संभावनाओं को परखते हैं, लेकिन निष्कर्ष के तौर पर उनका कथन है कि 'औपचारिक रूप से प्रशासन के क्षेत्र में पूर्णतः कार्यान्वित करने के अर्थ में रूसो का सिद्धांत एक व्यावहारिक परिकल्पना हो सकती, इसमें संदेह है । वह राज्य को असीमित शक्ति प्रदान करने के पक्ष में था, लेकिन व्यवहार में सम्प्रभु की इच्छा का तुरन्त और बार-बार निर्धारण करना भी राजनैतिक-प्रणाली में असाध्य कार्य है । आधुनिक राज्यों के कार्य इतने जटिल हैं कि उन्हें लोकमत-संग्रह द्वारा निपटाना असंभव है ।'[2]

लास्की सम्प्रभुता के सिद्धांत की व्यावहारिक व्याख्या, उसकी सामाजिक प्रतिबद्धताओं की आवश्यकता के अनुरूप निरूपित करते हुए कहते हैं कि संप्रभुता को राज्य की इच्छा के रूप में वर्णित किया जा सकता है। जो व्यक्ति इस शक्ति का उपयोग करते हैं, उनके लिए यह आवश्यक है कि वे सामाजिक मान्यताओं के साथ रहें। सरकार समाज के व्यापक हित के संदर्भ में अपनी शक्ति का प्रयोग कर सकती है। सरकार को समय-समय पर जनता के समक्ष जाकर उसकी भावित इच्छाओं को जानने का प्रयास करना चाहिए। चूंकि सम्प्रभुता अन्ततः वह शक्ति है, जो जनता के अनुमोदन से प्राप्त होती है । अतएव प्रत्येक सरकार जनता के प्रति नैतिक रूप से उत्तरदायी रहती है। उसके कार्यों की सीमा वहीं तक है, जहां तक राज्यों के अधिकारों की व्यवस्था और सुरक्षा की जाती है । यदि सम्प्रभु-सत्ता द्वारा नागरिकों के अधिकारों की व्यवस्था एवं उसकी सुरक्षा की अवहेलना की जाती है, या उसे नियंत्रित करने का कोई योजित प्रयास किया जाता है, तो वह अपने नागरिकों से सर्वोपरि शक्ति की स्थायी मांग करने का अपना दावा खो बैठती है। यहां ध्यान देने योग्य बात यह है कि लास्की सम्प्रभुता की उपस्थिति का विरोध मात्र इसलिए करते हैं कि उन्हें सम्प्रभु द्वारा नागरिकों की स्वतंत्रता एवं उसके अधिकारों के छिन जाने का भय है। वे किसी भी स्थिति में इस बात के लिए तैयार नहीं हैं कि नागरिक राज्य द्वारा इस सीमा तक नियंत्रित रहें कि उनके निजी व्यक्तित्व, राज्य की प्रभु-सत्ता के विशाल व्यक्तित्व में लोप

1. लास्की : ए ग्रामर आफ पालिटिक्स, पृ० 53
2. लास्की : फाउन्डेशंस आफ सावरेटी, पृ० 213

हो जाए। संभवतः इसीलिए लास्की सम्प्रभुता की शक्ति की सीमाओं का उल्लेख करते हुए, उसे मर्यादित करने का प्रयास करते हैं। लास्की कहते हैं, कि संविधान में स्पष्टतः नागरिकों के अधिकारों का उल्लेख कर दिया जाए तो ऐसी स्थिति में सम्प्रभुता की शक्ति की सीमाएं स्वतः सुनिश्चित हो जाएंगी।

लास्की सम्प्रभुता की मर्यादाओं को शब्द देते हुए कहते हैं कि—

1. सम्प्रभुता का स्वरूप सीमित है। वह पूर्णतः अमर्यादित एवं असीमित नहीं है।
2. एक निश्चित अवधि के उपरांत सरकार को अपने पक्ष में जनता का अनुमोदन आवश्यक तौर पर प्राप्त करना चाहिए।
3. संप्रभु शक्ति द्वारा किसी भी स्थिति में नागरिक के मौलिक अधिकारों के क्षेत्र में अतिक्रमण नहीं करना चाहिए। यथा—भाषण की स्वतंत्रता को रोकना अथवा स्वतंत्र विचारों के प्रकाशन को रोकना। ये अधिकार सदैव सम्प्रभु के हस्तक्षेप से मुक्त होने चाहिए।
4. अपनी त्रुटियों के लिए सरकार को कानूनी रूप से उत्तरदायी रहना चाहिए। ऐसी स्थिति में सरकार के कार्य पूर्णतः दायित्व-मुक्त नहीं हो सकते।

सम्प्रभुता के संदर्भ में उपर्युक्त मर्यादाओं की चर्चा तो लास्की करते हैं किन्तु वे अंतिम रूप से सम्प्रभुता के संपूर्ण सिद्धांत से असहमत हैं। अंततः वे कहते हैं कि राजनैतिक दृष्टिकोण से भी जनवादी सम्प्रभुता एक काल्पनिक आदर्श है, जिसका राजनीति-विज्ञान में कोई महत्त्व नहीं है।

तृतीय : अंतर्राष्ट्रीय दृष्टिकोण—लास्की सम्प्रभुता के सिद्धांत को अंतर्राष्ट्रीय राजनीतिक परिस्थितियों के संदर्भ में भी एक अशक्त, अपर्याप्त एवं अनुचित सिद्धांत मानते हैं। वे आधुनिक युग की बदलती सामाजिक, राजनैतिक एवंवैज्ञानिक परिस्थितियों की कसौटी पर सम्प्रभुता के सिद्धांत को अव्यावहारिक घोषित करते हुए कहते हैं कि सभ्य समाज के निर्माण के लिए हमें अपने आचरण को बदलना होगा तथा राज्य को भी अपनी शैली में उसी के अनुरूप परिवर्तन करना होगा। सभ्य मानव-समाज के सदस्य कहलाने का गौरव हम तभी ले सकते हैं जब हम अपने सहयोगितापूर्ण साहचर्य द्वारा वृहत मानव-समाज को शांतिपूर्ण विकास के मार्ग पर बढ़ सकने में योग प्रदान करें। लास्की बाह्य दृष्टि से सर्वथा असीमित यानी निरंकुश सम्प्रभुता को मानवता के हितों के लिए घातक मानते हुए कहते हैं कि हमें स्वतन्त्र राज्य और उसकी स्वतन्त्र सम्प्रभुताओं के स्थान पर पारस्परिकता का सिद्धांत स्वीकार करना चाहिए। किसी एक राष्ट्र को दूसरे राष्ट्र की कीमत पर उन्नति करने का कोई अधिकार नहीं होना चाहिए, अन्यथा अन्ततोगत्वा एकमात्र परिणाम होगा

भयंकर युद्ध।...जो मानवता के लिए अभिशाप है। इस स्थिति से बचने के लिए लास्की अंतर्राष्ट्रीय संगठनों की आवश्यकता निरूपित करते हुए कहते हैं कि विश्व के सभी संप्रभु-राज्यों के मध्य सामान्य समझौतों के द्वारा एक अंतर्राष्ट्रीय संगठन का निर्माण किया जाना चाहिए। केवल यही एक साधन है, जिसके द्वारा राज्य की वैयक्तिक सम्प्रभुता की महत्त्वाकांक्षाओं को नियंत्रित किया जा सकता है या साम्राज्यवाद की दानवी-लिप्सा को रोका जा सकता है।

लास्की का कथन है कि अंतर्राष्ट्रीय आधार पर निष्ठा का विस्तार जो राज्य की सीमाओं का अतिक्रमण करे, परिकल्पना के रूप में मुश्किल नहीं है। जो युद्ध के परिणामों को जानते हैं, उन्हें कुछ मुट्ठी भर लोगों के हाथ में युद्ध करने की शक्ति सौंप देना, समय के अनुकूल नहीं मालूम होता। जब अंतर्राष्ट्रीय क्षेत्र में राज्य की संप्रभुता मानी गई, तब किसी अंतर्राष्ट्रीय संस्थान की स्थापना नहीं हुई थी। अब यह दलील दी जा सकती है कि ऐसे अंतर्राष्ट्रीय अधिकरण की स्थापना संभव है, जो उन मामलों पर नियंत्रण रखे जो राष्ट्रीय क्षेत्र से ऊपर हों। यह तभी संभव है जब कम-से-कम अंतर्राष्ट्रीय दृष्टिकोण से राज्य की संप्रभुता का अंत कर दिया जाए।'[1]

राष्ट्रीय संप्रभुता से उत्पन्न तनावों के कारण युद्ध की उपर्युक्त संभावनाओं की उपस्थिति के कारण लास्की संप्रभुता के सिद्धान्त से घृणा करते हैं। वे पूछते हैं क्या संप्रभुता का सिद्धान्त राष्ट्रीय राज्य को अंतर्राष्ट्रीय व्यवस्था के प्रति दायित्वहीन नहीं बनाता? इस सिद्धान्त के समर्थक संप्रभु राज्य अपने मतभेदों को शांतिपूर्ण उपायों से सुलझाने के बजाय युद्ध में विश्वास करते हैं और मानवता को हिंसा की चपेट में झांकने का प्रयास करते हैं। अतः संप्रभुता विश्व-शांति की स्थापना में बहुत बड़ी बाधा है।

संप्रभुता को कानूनी, राजनैतिक एवं अंतर्राष्ट्रीय दृष्टिकोणों की कसौटी पर कसने के बाद लास्की इसी निष्कर्ष पर पहुंचते हैं कि 'राजनीति विज्ञान के लिए संप्रभुता का कोई मूल्य नहीं है।'[2]

मर्यादित संप्रभु अथवा उत्तरदायी राज्य की स्थापना

लास्की संप्रभुता के आस्टिन और समस्त समर्थक विचारकों के भावित स्वरूप की कड़ी आलोचना करते हुए, इस बात पर बल देते हैं कि संप्रभुता सीमित एवं मर्यादित होनी चाहिए। दूसरे शब्दों में यह भी कह सकते हैं कि लास्की चाहते हैं कि प्रभुसत्ता संपन्न सर्वोपरि राज्य की शक्तियां कुछ सामाजिक

1. लास्की : ए ग्रामर आफ पालिटिक्स, पृ० 48
2. वही, पृ० 44-74

प्रतिबद्धताओं की परिधि में कैद हों, ताकि संप्रभु सदैव अपने मर्यादित स्वरूप का उल्लंघन न कर सके। लेकिन यहां सहज रूप से यह प्रश्न उठता है कि तब संप्रभुता का स्वरूप क्या हो? उस राज्य की वास्तविक संघटना कैसी हो अथवा उसकी कार्य-शैली कैसी हो कि वह लास्की की संप्रभुता संबंधी धारणा की शर्तों को पूरा करती हो? राज्य का अस्तित्व उसकी क्रियाओं में निहित होता है। ये क्रियाएं सरकार के माध्यम से संपन्न हुआ करती हैं। 'व्यवहार में तथाकथित संप्रभुता सरकार द्वारा बल-प्रयोग करने की वह शक्ति है, जिसके द्वारा वह जनता से आदेशों का पालन कराती है। वस्तुतः राज्य की संप्रभुता किसी तात्कालिक सरकार की शक्ति है।'[1]

राजनैतिक बहुलवाद की प्रमुख समस्या यही है कि किस प्रकार सरकार की शक्ति को प्रतिबंधित किया जाए? ताकि वह निरंकुश न हो सके। राजनैतिक-समाज में शक्ति का विभाजन इस प्रकार हो कि उसका किसी केन्द्रीय शक्ति-स्रोत पर संकलन न हो सके। यदि किसी एक स्थान में शक्ति एकत्रित हो जाए, तो नागरिकों की स्वतंत्रता सुरक्षित नहीं रह सकती तथा प्रशासन में शिथिलता एवं अकुशलता उत्पन्न हो जाने की पूरी संभावना रहती है।[2]

इस स्थिति से बचाव के लिए लास्की प्रशासन के विकेन्द्रीकरण को एक अनिवार्य शर्त मानते हैं। उनके अनुसार विकेन्द्रीकरण ही वह तरीका है, जिससे प्रशासनिक प्रक्रिया को लोकतांत्रिक शैली प्रदान की जा सकती है। और नागरिकों को वैयक्तिक तथा सामुदायिक रूप से प्रशासनिक प्रक्रियाओं से जोड़ा जा सकता है। वे मानते हैं कि आधुनिक काल में प्रतिनिधिक संस्थानों के आगमन के बावजूद एकसत्तावादी राज्य के शासकों और प्रतिनिधिक प्रणाली पर आधारित शासन-प्रणाली के शासकों के मौलिक रवैये में कोई अंतर स्पष्ट नहीं हो सका है। वे रूसो के कथन का हवाला देते हुए कहते हैं कि प्रतिनिधिक लोकतंत्रों के नागरिक केवल चुनाव के दिन स्वतंत्र होते हैं और यह स्वतंत्रता भी चार या पांच वर्ष के लिए अपने भावी शासकों के चुनाव तक सीमित है। चुनाव के उपरांत नागरिक फिर संप्रभु की दासता की स्थिति में पहुंच जाता है। लास्की का विचार है कि इस स्थिति में सही अर्थों में परिवर्तन तभी संभव है, जब प्रशासन के ढांचे में आमूलचूल परिवर्तन करके जनता को सामुदायिक रूप से प्रशासन की नीतियों के निर्धारण और कार्यान्वयन में शामिल कर लिया जाए। उनका मत है कि 'वर्तमान प्रशासन-व्यवस्था केन्द्रीकरण पर विशेष बल देती है, लेकिन केन्द्रीकरण पर आधारित शासन का बाह्य स्वरूप कितना ही लोकतांत्रिक क्यों न हो, वस्तुतः

---

1. लास्की : अथारिटी इन दि माडर्न स्टेट, पृ० 26-30
2. वही, पृ० 89-109

अपने आचरण में वह वर्गतांत्रिक ही होता है। निर्वाचन पर आधारित लोकतंत्र की विफलता का मुख्य कारण आधुनिक राज्य में बढ़ती हुई केन्द्रीयकरण की प्रवृत्ति ही है।'[1]

लास्की सैद्धान्तिक रूप से हीगेल एवं आस्टिन द्वारा प्रस्तुत संप्रभुता की कड़ी आलोचना करते हुए, हमें आलोचना के लिए आलोचना करने वाले विद्वान के रूप में दिखाई देते हैं, वस्तुतः ऐसा है नहीं। उनका मुख्य आरोप यह है कि इस संप्रभुता का उपयोग पूंजीपति वर्ग मजदूरों के शोषण के लिए करता है। वे सदैव कहते रहे हैं कि व्यवहार में राज्य सभी नागरिकों का समानता पर आधारित कल्याण करने के बजाय एक छोटे से वर्ग का कल्याण करता है। सरकार प्रायः उन लोगों के हाथ में होती है, जो अर्थ-संपन्न हैं। अर्थात् व्यवहार में राजनैतिक सत्ता आर्थिक-सत्ता की दासी होने जैसी स्थिति में होती है। वे कहते हैं 'यह सर्वविदित है कि राज्य में एकसत्ता का वास्तविक स्रोत आर्थिक शक्ति के स्वामियों के पास है। उन्हीं की इच्छा सर्वोपरि है। उनकी आज्ञाएं ही वे आज्ञाएं हैं, जिनका सभी पालन करते हैं। सत्ताधारकों को अनिवार्यतः यही महसूस होता है कि लोक-कल्याण की परिभाषा का अर्थ यथास्थिति को बनाए रखने से है।[2]

समाज के सभी वर्गों के समान हितों का प्रतिनिधित्व करने वाली संप्रभुता के समर्थकों के दावे का खंडन करते हुए लास्की कहते हैं कि किस प्रकार आर्थिक-सत्ता सरकार के उद्देश्यों को अत्यंत संकीर्ण बना देती है। उनका कथन है कि 'राज्य वास्तव में समाज के प्रभावशाली वर्ग के राजनीतिक हित का प्रतिबिंब है। अब यह कहना भी तर्क संगत हो गया है कि बहुधा राजनीतिक-हित की परिभाषा आर्थिक शब्दावली में की जाती है। किसी स्थिति में यह भी कहा जा जकता है कि यह समाज के आर्थिक ढांचे का दर्पण है। किसी स्थिति में राज्य की संस्थाओं का पुनर्गठन करें तो वस्तुतः वे प्रचलित आर्थिक-व्यवस्था को प्रतिबिंबित करेंगे एवं उसकी रक्षा करेंगे।'[3]

लास्की के इस कथन का भावार्थ यही है, कि आधुनिक राज्य संप्रभुता के प्रयोग द्वारा पूंजीवादी व्यवस्था को यथास्थिति में बनाए रखने में सहायक सिद्ध होते हैं। श्रमिकों के हित में वे इस व्यवस्था को उचित नहीं मानते। यहां स्पष्ट हो जाता है कि लास्की वस्तुतः पूंजीवादी व्यवस्था से असंतुष्ट हैं, न कि संप्रभुता-संपन्न राज्य से। उन्होंने स्वयं इस सत्य को स्वीकार करते हुए कहा है कि 'यदि इस बात की गारंटी दी जाए कि राज्य केवल अपने सैद्धांतिक उद्देश्यों को पूरा

---

1. लास्की : ए ग्रामर आफ पालिटिक्स, पृ० 68-85
2. लास्की : फाउन्डेशंस आफ सावरेंटी, पृ० 62-63
3. लास्की : अथारिटी इन दि माडर्न स्टेट, पृ० 81

करने के लिए अपनी शक्ति का उपयोग करेगा तो किसी को भी शक्तिशाली राज्य की स्थापना से विरोध न होगा।'[1] लेकिन यदि समाज में एक वर्ग शक्तिशाली और दूसरा दुर्बल है तो निःसंदेह संप्रभुता का उपयोग शक्तिशाली वर्ग दुर्बल वर्ग के शोषण के लिए एक अस्त्र के रूप में करेगा। इस गतिरोध को समाप्त करने का उपाय लास्की राज्य की तटस्थता में देखते हैं। वे कहते हैं कि 'इस गतिरोध का एकमात्र समाधान राज्य को तटस्थ बना देना ही है। इसे तटस्थ बनाने के लिए आवश्यक है कि इसमें निरूपित शक्तियों का विभाजन कर दिया जाए।'

उत्तरदायी राज्य की स्थापना के लिए लास्की शक्ति के विभाजन के अलावा कुछ अन्य उपायों की चर्चा करते हुए निम्नांकित शर्तों की आवश्यकता को निरूपित करते हैं। यथा—

1. राज्य में सरकार को समय-समय पर अपदस्थ करने की व्यवस्था जनता के पास होनी चाहिए, ताकि जनता अपने प्रतिनिधियों पर अंकुश रख सके।
2. लास्की के अनुसार जिस राज्य के नागरिकों का शासन के प्रति आलोचनात्मक रुख नहीं होता वहां अधिकारों को सुरक्षित रख पाना एक कठिन कार्य है।
3. समाज के संगठित संघों को सरकार द्वारा कानूनी मान्यता प्राप्त होनी चाहिए तथा इन संघों की राय लेकर सरकार को सदैव जनता के हितों की रक्षा करनी चाहिए।
4. राज्य द्वारा ऐसी व्यवस्था हो कि प्रत्येक नागरिक शिक्षा का अधिकतम लाभ उठा सके। नागरिक को इतना शिक्षित अवश्य होना चाहिए कि वह अपनी आकांक्षाओं को अभिव्यक्ति दे सके।
5. सरकार का स्वरूप एक ऐसी संस्था का स्वरूप हो जो समुदायों द्वारा निश्चित जन-हितों के कार्यों को पूरा करे। राज्य को उत्तरदायी बनाने के साधनों में शासकों द्वारा अपने उच्च-चरित्र का उदाहरण जनता के समक्ष रखने का अपना विशिष्ट प्रभाव एवं महत्त्व है।
6. उत्तरदायी राज्य के नागरिकों के लिए एक सजीव सशक्त न्यायपालिका का होना अनिवार्य है। न्यायपालिका सरकार के कार्यों की समीक्षा करते हुए उसके अनुचित कार्यों की निंदा करे और अविलम्ब इसकी सूचना अविकल रूप में जनता को दे।
7. राज्य का प्रचार-तंत्र स्वतंत्र एवं निष्पक्ष हो, वह जनता को सरकार

---

1. लास्की : फाउन्डेशंस आफ सावरेंटी, पृ० 374

के कार्यों की सूचना तटस्थ रूप से दे ताकि जनता प्रशासन की कार्यवाहियों पर नजर रख सके ।

8. राज्य में प्रेस की स्वतंत्र स्थिति होनी चाहिए । उत्तरदायी शासन के लिए नागरिकों को भाषण एवं विचाराभिव्यक्ति की स्वतंत्रता मिले । जो कि अन्य समस्त अधिकारों की रक्षा करने में सहायक होती है ।
9. राज्य के उत्पादन का वितरण समानता पर आधारित होना चाहिए एवं राज्य में नागरिकों को रोजगार की गारंटी होनी चाहिए । लास्की का कथन है जो राज्य स्थायित्व की आशा करे, उसे कम से कम रोटी की समस्या का समाधान तो रखना ही चाहिए ।

राज्य में अंतर्निहित शक्ति के विभाजन एवं उपर्युक्त शर्तों की पूर्ति के बाद ही संप्रभुता का मर्यादित स्वरूप प्राप्त किया जा सकता है । लास्की उपरोक्त समस्त अधिकारों एवं स्थितियों के अभाव में उत्तरदायी राज्य के दावे को अपूर्ण मानते हैं । उनका कथन है कि 'राज्य किसी न किसी रूप में अनिवार्य संगठन है । किंतु उसकी अनिवार्यता स्वीकार करने का अर्थ यह नहीं कि उसे किसी तरह की नैतिक प्रधानता पाने का अधिकार है ।···क्योंकि अंततः राज्य अपने आप में कोई साध्य नहीं है । हम राज्य के सदस्य इसलिए हैं कि वह हमारे हितों की पूर्ति करे । लास्की की धारणा है कि जो राज्य नागरिकों के हितों की पूर्ति करता है, वह असीमित सम्प्रभुता का स्वामी नहीं हो सकता है और वह सही मायने में एक उत्तरदायी राज्य कहलाये जाने का अधिकारी है । मानवतावादी एवं अंतर्राष्ट्रीयतावादी आदर्श भी तभी पल्लवित हो सकते हैं जब विश्व के सभी राष्ट्रीय राज्यों में सम्प्रभुता और विधि के इस नूतन स्वरूप का दर्शन एवं व्यवहार में परिपालन किया जायेगा ।

अध्याय सप्तम

भारतीय एवं विश्व-राजनीति पर प्रो० लास्की का प्रभाव

समाज विकास के इतिहास में वर्षों से सिद्धान्तों का प्रभाव स्पष्ट रूप से दृष्टिगोचर होता रहा है। वस्तुतः सिद्धान्त और व्यवहार एक-दूसरे के परिपूरक हैं। सुस्पष्ट सिद्धान्त व्यवहार में कुशलता एवं परिपक्वता लाता है। परिपक्व व्यवहार से सिद्धान्त उन्नत एवं समृद्ध होता है। किसी भी चिन्तक के विचारों के समाज पर पड़ने वाले प्रभावों के अध्ययन की एक मात्र कसौटी यही है कि उसके द्वारा प्रतिपादित विचार किस सीमा तक एवं किस अर्थों में किसी राष्ट्र की जनता के विकास में सहायक होते हैं। विश्व के तमाम देशों की विशेष-विशेष परिस्थितियों में उसके विचार किस सीमा तक अमल में लाये जाने लायक अथवा प्रभावशाली सिद्ध हो सकते हैं। इस दृष्टि से भारत में प्रो० लास्की का नाम विशेष सम्मान के साथ लिया जाता है।

1. भारतीय राजनीति पर प्रो० लास्की का प्रभाव

ऐसा कहा जाता है कि उनके विचारों का सर्वाधिक प्रभाव भारत में रहा है।[1] इसे आजादी के लिए चल रहे संघर्ष एवं स्वातंत्र्योत्तर भारतीय राजनीति पर स्पष्ट रूप से देखा जा सकता है। अनेक भारतीयों के साथ प्रो० लास्की के मैत्री-पूर्ण सम्बन्ध थे, जिनमें पं० नेहरू, कृष्ण मेनन, प्रो० जी० एल० मेहता इत्यादि प्रमुख कहे जा सकते हैं, जिनके साथ लास्की का पत्र-व्यवहार होता रहता था। विश्व के नवोदित राष्ट्रों के अनेक नेतागण साम्राज्यवादी एवं नवउपनिवेश-वादी शोषण के विरुद्ध संघर्ष करने के लिए आज भी उनके विचारों से प्रेरणा ले रहे हैं।

1947 के बाद से भारत में लोकतांत्रिक समाजवादी नीति की दिशा में विशेषकर सामाजिक न्याय एवं आर्थिक विकास की योजनाओं में प्रो० लास्की के सुझावों एवं विचारों को मार्ग-दर्शन के सिद्धान्तों के रूप में माना गया है।

---

1. किंग्सले मार्टिन : हेराल्ड लास्की : ए बायोग्राफिकल मेमोयर, पृ० 263

ऐसा कहा जाता है कि भारत की संविधान-निर्मात्री सभा में अधिकांश सदस्य समाजवादी विचारधारा के प्रशंसक एवं समर्थक थे, भले ही समाजवाद की उनकी परिभाषा अलग-अलग हो, फिर भी वे लास्की की इस मान्यता को कि समाजवाद सामाजिक पुनरुत्थान की नित्य प्रति की राजनीति है, स्वीकारते थे। लास्की का यह कथन कि लोकतांत्रिक संविधान आवश्यक रूप से आर्थिक समानता के मार्ग की ओर उन्मुख होता है[1] अनेक सदस्यों द्वारा स्वीकारा गया।

भारत के प्रति प्रेम, सहानुभूति एवं उसकी आजादी की मांग हेतु चल रहे संघर्ष के प्रति प्रो० लास्की का पूरा नैतिक समर्थन रहा है, इस बात की झलक हमें उनकी अनेक कृतियों में स्पष्ट रूप से देखने को मिलती है। साथ ही उनके वे वक्तव्य जो उन्होंने समय-समय पर जलियांवाला-बाग कांड, मेरठ कांड किप्शमिशन, गांधी की गिरफ्तारी, स्वतंत्रताबिल इत्यादि पर दिये थे, जिनका उल्लेख आगे इसी अध्याय में किया गया है।

किंग्सले मार्टिन का मत है कि दुनिया के किसी देश में उनका प्रभाव इतना अधिक नहीं था जितना कि भारत में कृष्ण मेनन, जो लन्दन में स्वतंत्र भारत के प्रथम उच्च आयुक्त थे एवं लास्की के निकटतम मित्र तथा प्रशंसक थे।[2] ऐसे ही अनेक भारतीयों को प्रो० लास्की ने उनके छात्र-जीवन में अपने व्यक्तित्व से प्रभावित किया था। डॉ० बेनीप्रसाद, डॉ० गनेशप्रसाद, डॉ० पी० सी० माथुर, डॉ० आर० पी० त्रिपाठी, प्रो० गगन बिहारी मेहता आदि इनमें से कुछ हैं। लास्की भारतीयों को यूरोपीयों की समानता का दर्जा देते थे।

राष्ट्रीयता, स्वाधीनता एवं लोकतांत्रिक मूल्यों के प्रति प्रो० लास्की ने न केवल इंग्लैंड के बल्कि एशिया, अफ्रीका, यूरोप तथा अमरीका के कई हजार व्यक्तियों को समर्पित होना सिखाया था। इन देशों के युवा-युवतियों को उनकी ओजस्वी भावनाओं से इतना लाभ नहीं पहुंचा, जितना उस दार्शनिक के निकट सम्पर्क, वार्ता और शिक्षा से पहुंचा था।[3] भारतीय समाजवाद को विकास की दिशा में अग्रसर कर रही भारतीय प्रधानमन्त्री श्रीमति इंदिरा गांधी पर भी प्रो० लास्की के चिंतन का स्पष्ट प्रभाव था। अपने अध्ययन काल में उनको प्रो० लास्की से मार्ग-दर्शन मिलता रहा है। उनका मत है कि इंग्लैंड में हेरीसन मेरी अभिभावक थी और हेराल्ड लास्की मेरी देखरेख कर रहे थे।'[4]

---

1. आस्टिन ग्रेनविल : 'दी इंडियन कांस्टीट्यूशन' कार्नर स्टोन आफ ए नेशन, पृ० 41
2. किंग्सले मार्टिन : हेराल्ड लास्की : ए बायोग्राफिकल मेमोयर, पृ० 263
3. वही, पृ० 205
4. इंदिरा गांधी : माई ट्रुथ 'जीवन के कुछ पृष्ठ' से, पृ० 351

डॉ० राममनोहर लोहिया की समाजवादी-चिंतनधारा पर भी प्रो० लास्की का प्रभाव था। स्वतन्त्रता आन्दोलन के दौरान प्रो० लास्की के कृतित्व एवं व्यक्तित्व से उन्हें एक नैतिक बल मिल रहा था। वही कारण था कि भारत में ब्रिटिश प्रशासन का विश्लेषणात्मक ब्यौरा देने वाला उन्होंने लास्की को एक पत्र लिखा था। प्रो० लास्की के नाम लोहिया का लिखा गया यह पत्र एक राजनैतिक दस्तावेज माना जाता है।[1]

ब्रिटिश विचारक मौरिस जोन्स की मान्यता है कि भारत के अधिकांश बुद्धिजीवियों में मार्क्सवाद का कुछ न कुछ पुट अवश्य विद्यमान है। इसी दृष्टि से शायद प्रो० लास्की के सम्बन्ध में कहा जा सकता है कि भारत उसके अनुयायियों का देश है।[2] ऐसा प्रतीत होता है कि मौरिस जोंस संभवत: लास्की को मार्क्सवादी मानते थे। 1947 के पूर्व राष्ट्रीय कांग्रेस के अधिकांश बुद्धिजीवी कार्यकर्त्ता प्रो० लास्की के विचारों से आत्म-प्रेरित हो रहे थे। और जब इंग्लैंड में लेबरदल सत्ता में आया, तब उनके लिए स्वतन्त्रता प्राप्ति का सपना साकार होते दिखा। लेबरपार्टी के अध्यक्ष के रूप में भी उनसे कई भारतीयों ने पत्र-व्यवहार किया। मौरिस जोन्स ने आगे लिखा है 'प्रो० लास्की की ही भांति भारतीयों के मन में भी उदार लोकतंत्र के सिद्धान्तों एवं मान्यताओं के प्रति बड़ी निष्ठा की भावना है।'[3]

पं० नेहरू पर यदि पश्चिमी राजनैतिक चिंतन का सर्वाधिक प्रभाव है तो वह यह है कि वे प्रो० लास्की के विचारों के स्पंदन से ओत-प्रोत हैं। उनकी लोकतांत्रिक समाजवाद की अवधारणा प्रो० लास्की के चिन्तन पर आधारित है। वे प्रो० लास्की की भांति मार्क्सवाद की सैद्धांतिक परिपूर्णता की परिधि से बंधे नहीं थे। जरूरत पड़ने पर वे मार्क्सवादी धारणाओं का इस्तेमाल कर लेते थे, किन्तु मार्क्सवादी तर्कों को न मानते हुए भी मार्क्सवादी थे। प्रशासन में विश्वास न रखते हुए भी फेबियन थे, नैतिकता की दृष्टि से अराजक स्थिति को स्वीकार न करते हुए भी गांधीवादी थे।[4]

पूर्व प्रधानमन्त्री चौधरी चरणसिंह प्रो० लास्की के विचारों को राजनैतिक विश्लेषण एवं समस्याओं को समझने के लिए अत्यन्त उपयोगी मानते[5] हैं। उनकी दृष्टि में प्रो० लास्की की 'राजनीति का व्याकरण' कृति राजनैतिक

---

1. डॉ० ओंकार शरद : डॉ० राममनोहर लोहिया, पृ० 114-15
2. डब्ल्यू० एच० मौरिस जोन्स : भारतीय शासन एवं राजनीति, पृ० 277
3. वही, पृ० 277
4. वही, पृ० 281
5. साप्ताहिक हिन्दुस्तान, मई, 1975

साहित्य की अमूल्य धरोहर है।[1]

अहमदाबाद में पूर्व-सांसद प्रो० मावलंकर, प्रो० लास्की के चिंतन से इतने प्रभावित हुए कि उन्होंने स्वयं का एक शिक्षा प्रतिष्ठान 'राजनीति विज्ञान का प्रो० लास्की संस्थान' अहमदाबाद में स्थापित किया है, जहां स्वतंत्रता बुद्धिजीवियों को समय-समय पर विश्व की एवं भारतीय समसामयिक राजनैतिक समस्याओं पर विचार-विमर्श होता रहता है। लास्कीवादी दृष्टिकोण से वर्तमान समाज के बहुमुखी एवं राष्ट्रीय विकास हेतु यहां अध्ययन एवं शोध की सुविधा उपलब्ध कराई गई है।

प्रो० लास्की की भारत के स्वतंत्रता-संग्राम में सक्रिय रुचि एवं भारतीयों के प्रति उनके मन में गहरी सहानुभूति थी। उन्होंने फेबियनकारी दृष्टि से भारतीय समस्याओं का गहन अध्ययन एवं विश्लेषण किया था, जिससे सुरेन्द्रनाथ बनर्जी, मदनमोहन मालवीय, पं० नेहरू, मौलाना आजाद जैसे तत्कालीन भारतीय नेता सहमत थे।

भारतीय चिंतक महात्मा गांधी का नैतिक व्यक्तिवाद प्रो० लास्की के लोकतांत्रिक विचारों से काफी मेल खाता है। 'दोनों ही अन्यायपूर्ण सत्ता के विरुद्ध प्रतिशोध करने का अधिकार नागरिकों को प्रदान करने के समर्थक हैं।[2] द्वितीय गोलमेज परिषद् के दौरान लास्की गांधी जी से मिलकर बड़े प्रभावित हुए। साथ ही गांधी जी भी लास्की के ज्ञान एवं व्यक्तित्व से प्रभावित हुए बिना नहीं रहे।

भारत ही नहीं बल्कि समूचे अंग्रेजी भाषा के 'भले ही वह यूरोप का हो चाहे अमरीका का, प्रो० लास्की के विचारों को उत्साह एवं सम्मान के साथ पढ़ा जाता है।[3] ब्रिटिश साम्राज्य के अधीन राष्ट्रों को आजादी दिलाने की अभिलाषा एवं प्रयासों ने लास्की को अपने वतन में अंग्रेजों का ईर्ष्यापात्र बनना पड़ा था। लास्की का मत है कि भारत में ब्रिटिश साम्राज्यवाद अथवा अफ्रीका में यूरोप के पूंजीवादी देशों द्वारा औपनिवेशिक शोषण एवं दमन भी फासीवाद की तरह प्रतिक्रांति की शक्तियां थीं। द्वितीय विश्व-युद्ध के दौरान प्रो० लास्की ने जो युद्ध कालीन विश्लेषण प्रस्तुत किया वह भी साम्राज्यवादी लिप्सा का सुंदर चित्रण समेटे हुए हैं।[4] उन्हें विश्वास था कि सोवियत संघ एवं अमरीका की युद्धकालीन मैत्री उनके शांतिकालीन सहयोग में परिणत होगी। जिसके फलस्वरूप विश्व में

1. साप्ताहिक हिन्दुस्तान, मई, 1975
2. वी० पी० वर्मा : पालिटिकल फिलासफी, पृ० 376
3. सी० जी० केटलिन : कंटेम्पोरेरी, ब्रिटिश पालिटिकल थाट : दि अमरीकन पालिटिकल साइंस रिव्यू, सितंबर, 1952, पृ० 641-51
4. लास्की : डिलेमा आफ अवर टाइम, पृ० 43-51

लोकतांत्रिक समाजवाद की स्थापना संभव हो सकेगी। अमरीका में शक्तिशाली समाजवादी आन्दोलन विकसित होगा। भारत को स्वराज्य देने की उदार भावना में उन्होंने औपनिवेशिक प्रणाली के क्रमशः शांतिपूर्ण विघटन का सपना देखा था, किन्तु उनको यह जानकर निराशा हुई कि भारत का उदाहरण अन्य उपनिवेशों के संदर्भ में उनके जीवन-काल में लागू नहीं किया जा सका।[1]

मार्क्स से प्रभावित प्रो० लास्की मार्क्स के इस कथन को स्वीकारते थे कि दार्शनिकों का कार्य समाज एवं विश्व की व्याख्या करना ही नहीं है, बल्कि उनका वास्तविक कार्य समाज से विश्व को बदलना भी है और उसके लिए उनका मत था कि 'स्वाधीनता की आभा, उसका उद्देश्य और जीवन समानता के लिए आन्दोलन करने में है। दुनिया में समानता के बिना कोई लोकतांत्रिक सरकार नहीं हो सकती और सरकार के बिना स्वाधीनता नहीं हो सकती।'[2] इसीलिए उन्होंने राष्ट्रीय आत्म-नियंत्रण के सिद्धांत की महत्ता को स्वीकार कर समाजवाद के विरुद्ध मुहिम जारी की थी।

भारत में जब भी लोकतांत्रिक समाजवाद की बात उठती है तब पं० नेहरू के साथ प्रो० लास्की का नाम लोगों की जुबान पर खुद-ब-खुद आ जाता है। पं० नेहरू के साथ लास्की का घनिष्ठतम मैत्री संबंध था। उनको लास्की द्वारा स्वतंत्रता आन्दोलन में प्रोत्साहन दिया जाता रहा। लास्की का यह पत्र हेराल्ड जे० लास्की की ओर से इस बात का प्रमाण है—

निजी और गोपनीय

दी लंदन स्कूल आफ एकानामिक्स एंड
पोलिटिकल साइंस, लंदन डब्लू० सी०
6 नवम्बर, 1935

प्रिय नेहरू,

मुझे पता चला है कि आप पर इस बास का जोर डाला गया है कि आप हेलीफेक्स से मिलकर भारत की स्थिति पर विचार-विनिमय करें। मुझे उम्मीद है कि आप ऐसा तब तक नहीं करेंगे जब तक कि वह आपसे इसके लिए खास तौर से लिखकर प्रार्थना न करें वरना इससे बड़ी आसानी से जबरदस्त गलत-फहमियां फैल सकती हैं, जो कि अत्यन्त हानिकारक होंगी।[3]

हार्दिक भावनाओं सहित।

आपका
हेराल्ड जे० लास्की

---

1. आर० टी० क्लार्क : डिलेमा आफ अवर टाइम की भूमिका से, पृ० 3
2. के० वी० रघुनाथ रेड्डी : लोकतांत्रिक समाजवाद से उद्धृत, पृ० 44
3. जवाहर लाल नेहरू : कुछ पुरानी चिट्ठियां, पृ० 161-62

स्वतंत्रता के पूर्व के दिनों में भारत में मार्क्सवादी विचारों से प्रेरित लोगों के दो गुट थे जिसमें एक चुना हुआ मार्क्सवाद-लेनिनवाद, जिसका प्रतिनिधित्व पं० नेहरू तथा कांग्रेस के अन्य समाजवादी नेता करते थे, जो लंदन स्कूल आफ इकानामिक्स में हेराल्ड लास्की के पुराने छात्र हुआ करते थे।[1]

पं० नेहरू की पूंजीवाद के प्रति जो धारणा थी वह लास्की के बिचारों के काफी निकट थी। उनकी मान्यता थी कि पूंजीवाद के ढांचे में राजनैतिक-लोकतंत्र वैसा ही है जैसा कोई भी सारहीन आकार। उनका मत था कि आर्थिक शक्ति के बिना मतदान में मिली राजनैतिक शक्ति वस्तु के बिना छाया की तरह है। आरंभिक-जनवादियों के ये वीरोचित सपने कि मतदान के साथ समानता भी आ जाएगी, व्यर्थ निकले।[2]

पूंजीवादी समाज का जो चित्र नेहरू खींचते हैं, वह लास्की-सा ही प्रतीत होता है। इस उदार पूंजीवादी समाज की स्वच्छंदताएं प्रायः अमीरों को सुलभ होती हैं और निर्धन लोग परिस्थिति के दबाव में झुकने को सदैव मजबूर रहते हैं। इसलिए नेहरू कांग्रेस को समाजवादी दिशा देना चाहते थे।

प्रो० लास्की की तरह नेहरू भी सोवियत रूसी नियोजित अर्थ-व्यवस्था के कायल थे। उन्होंने यह स्वीकार किया था कि 'रूस और दूसरे समाजवादी देशों ने इस समय मैत्री का हाथ बढ़ाकर हमारी बहुत सारी आर्थिक शाखाओं में हमें आत्मनिर्भर बनने में सहायता दी है। कुछ लोग समाजवादी सहायता और समाजवादी सहयोग में एकरूपता दिखाने की कुचेष्टा करके इस सहयोग को बदनाम करना चाहते हैं। परन्तु इन दोनों में वही भेद है, जितना खुद समाजवाद एवं पूंजीवाद के बीच है।'[3] उनका मत था कि साम्राज्यवादियों के सारे प्रयत्न एवं सहायता ढकोसले होते हैं। जैसा कि अमरीका ने पहले बोकारो इस्पात उद्योग की स्थापनार्थ सहयोग का भारतीयों को वचन दिया था, किन्तु जब उसे यह अनुभव हुआ कि इस्पात उद्योग से देश के मूल उद्योगों का विकास संभव होगा, तो उसे मुकर जाने में संकोच नहीं हुआ।[4]

साम्राज्यवादी राष्ट्र समाजवाद को कलंकित करके तथाकथित लोकतंत्र को उसके मुकाबले खड़ा करना चाहते रहे हैं। पूंजीवादी ढांचे एवं लोकतंत्र के बीच बुनियादी फर्क है। पूंजीवाद में जो स्वतंत्रता की बात की जाती है, उसमें लोगों को केवल इतनी ही स्वतंत्रता दी जाती है, जितनी कि पूंजीवाद को कायम

---

1. के० पी० मिश्रा : भारत की विदेश नीति, पृ० 33
2. जवाहरलाल नेहरू : विश्व इतिहास की झलक, पृ० 512
3. के० वी० रघुनाथ रेड्डी : लोकतांत्रिक समाजवाद से उद्धृत, पृ० 28-29
4. वही, पृ० 32

रखने वाले कानूनों के दायरे में आती है।[1] नेहरू लास्की के इस विचार से सहमत थे कि संपत्ति पर यदि राज्य अंकुश नहीं रखेगा, तो संपत्ति राज्य पर अंकुश रखना शुरू कर देगी। समाजवादी व्यवस्था में ही इसे संतुलित रूप दिया जा सकता है। नेहरू कांग्रेस को समाजवाद से लैस करना चाहते थे, तो इसके विपरीत वल्लभ भाई पटेल कांग्रेस को एक दक्षिणपंथी सुबद्ध संगठन का स्वरूप देना चाहते थे। सन् 1948 में उन्होंने कांग्रेस कार्य समिति में इस बात के लिए तैयार कर लिया था कि दल के भीतर ऐसे गुटों को न रहने दिया जाए, जिनकी पृथक सदस्यता, अपना पृथक संविधान एवं कार्यक्रम हो और वे कांग्रेस सोशलिस्ट पार्टी को दल के भीतर से निकालने में सफल रहें। किंतु नेहरूजी ने अंततोगत्वा उनके प्रयास को निष्फल कर दिया, और वे समय-समय पर बी० के० कृष्ण मेनन एवं अशोक मेहता सरीखे समाजवादियों को दल के भीतर लाते रहे, जिससे दल का समाजवादी बिम्ब और सर्वग्राही स्वरूप बना रहे।[2]

नेहरू भी समाजवादी कार्यक्रम को आगे बढ़ाने में प्रो० लास्की के कृतित्व व्यक्तित्व से प्रेरणा लेते रहे। उनके समाजवादी सहयोगियों में भी अधिकांश लास्की से प्रभावित व्यक्ति थे। पं० नेहरू ने अपने भाषणों में कई बार इस बात को दुहराया है कि मुझे यह स्पष्ट रूप से मानना ही चाहिए कि मैं एक समाजवादी और जनवादी हूं।[3] वे पूंजीवादी की दमघोंट प्रतिस्पर्धा के स्थान पर साझेदारी के साथ उत्पादन वितरण किए जाने के पक्षपाती थे। उनका मत था कि इससे आज दलित की जो असमानता है, वह मिट जाएगी। इसलिए उत्पादन, वितरण दूसरे बड़े-बड़े कामों का समाजीकरण हो जाना चाहिए। अर्थात् उन पर राज्य का या सारी जनता का कब्जा होना चाहिए। समाजवाद की यही धारणा है।[4]

पं० नेहरू का ब्रिटिश उदारवादी समाजवादी विचारधारा से निकट का संबंध था, विशेषकर प्रो० लास्की का सान्निध्य इस हेतु उल्लेखनीय है। उनकी पुस्तक 'ए ग्रामर आफ पालिटिक्स' को पं० नेहरू ने एक गौरव ग्रंथ कहा। उसके हिन्दी अनुवाद पर अपनी प्रसन्नता व्यक्त करते हुए उसकी प्रस्तावना में उन्होंने कहा कि आजकल की पेचीदा राजनीतिक हालत में पहले की कोई मिसालें ढूंढ़ना आसान नहीं फिर भी कुछ मूल सिद्धांतों को जानना एवं समझना जरूरी है, ताकि उन्हें हम आजकल की समस्याओं पर लागू करने की कोशिश करें। इन मूल सिद्धांतों को समझने में यह पुस्तक सहायता देगी।[5]

1. नेहरू : विश्व इतिहास की झलक, पृ० 1303
2. रजनी कोठारी : पालिटिक्स इन इंडिया, पृ० 155
3. के० वी० आर० रेड्डी : लोकतांत्रिक समाजवाद, पृ० 47
4. नेहरू : पूर्वोक्त, पृ० 762
5. लास्की : ए ग्रामर आफ पालिटिक्स, (हिन्दी अनुवाद), 1956, प्रस्तावना : पं० नेहरू

प्रो॰ लास्की ने भारतीय स्वतंत्रता संग्राम का विश्लेषण करते हुए भारत के संबंध में सहानुभूतिपूर्वक काफी लिखा है। ईस्ट इंडिया कंपनी के दिनों के इतिहास को भी वे नहीं भुलाते, जब कंपनी के शासन ने भारत में अनेक कठिनाइयां पैदा की थीं। एडमंड बर्क के गुलाम भारत के विषय में कथन को दुहराते हुए लास्की लिखते हैं कि अंग्रेज युवक जो भारत पहुंचते हैं, वे सत्ता मद का पान उस समय से ही करने लगते हैं, जबकि उनका सिर यह बोझ संभाल नहीं सकता। उसके बाद सैद्धांतिक रूप से परिपक्व होने से पूर्व ही वे काफी पैसा कमा लेते हैं।'''बेचारे भारतीयों की चीत्कार मानसूनी हवाओं के साथ महासागरों की गरजती लहरों में विलीन हो जाती है।[1] बर्क के विचारों में लास्की की भारत के प्रति उनकी सदिच्छा के भी दर्शन होते हैं, क्योंकि लास्की का मत है कि बर्क यह हमेशा कहा करते थे कि यद्यपि हम भारत को इंग्लैंड के सार्वजनिक हितों एवं राष्ट्रीय प्रतिष्ठा को देखते हुए अलग नहीं कर सकते किंतु फिर भी हम भारत के लिए जो कुछ कर सकते हैं, उसे तो करना ही चाहिए।[2]

एक ब्रिटिश राष्ट्रवादी की तरह लास्की भारत में ब्रिटिश हितों के प्रति सतर्क भी प्रतीत होते हैं। तभी अपने ब्रिटिश राष्ट्रवादी लक्ष्यों की ओर इंगित करते हुए तथा लोकतांत्रिक समाजवाद की जोरदार हिमाकत करते हुए प्रो॰ लास्की कहते हैं कि यदि समय रहते लोकतांत्रिक देशों ने योजनाबद्ध समाज का निर्माण नहीं किया तो संभव है कि प्रतिक्रियावादी फासिस्ट आर्थिक एवं राजनैतिक प्रणाली लोकतंत्र का ही खात्मा कर दे, जैसा कि उसने जर्मनी एवं इटली में किया था। लास्की ने हिंसा के द्वारा क्रांति की वकालत कभी नहीं की,[3] बल्कि सहमति के द्वारा क्रांति के वे परिपोषक हैं। उन्होंने बीमा कंपनियों, भूमि, आयात-निर्यात, यातायात के साधन, गैस, बिजली इत्यादि के राष्ट्रीयकरण का प्रस्ताव इंग्लैंड में प्रस्तुत किया था।[4]

प्रो॰ लास्की की तरह ही पं॰ जवाहरलाल नेहरू भी समाजवाद की स्थापना हेतु हिंसक क्रांति के स्थान पर सहमति से क्रांति में आस्थावान थे। अहिंसक, संवैधानिक साधनों से वे पूंजीवादी समाज में परिवर्तन करना चाहते थे। उनका विश्वास था कि लोकतंत्रीय उपायों से समाजवाद कायम करना संभव है, बशर्ते कि पूरी लोकतंत्रीय प्रक्रिया उपलब्ध हो।[5] अप्रैल, 1936 के लखनऊ कांग्रेस

---

1. लास्की : पालिटिकल थाट इन इंग्लैंड, (हिन्दी अनुवाद), पृ॰ 192-93
2. वही, पृ॰ 193
3. किंग्सले मार्टिन : हेराल्ड लास्की : ए बायोग्राफिकल मेमोयर, पृ॰ 175
4. लास्की : रिफ्लेक्शंस आन दि रिवोल्यूशन आफ अवर टाइम, पृ॰ 307-308
5. नेहरू : कुछ पुरानी चिट्ठियां, (लार्ड लेथियन को लिखे पत्र से उद्धृत), पृ॰ 195-99

अधिवेशन में सभापति पद से उन्होंने जो लंबा वक्तव्य 'समाजवाद ही क्यों'? शीर्षक से जारी किया था, उसमें ऐसी ही बातों का समावेश है। जैसा प्रो० लास्की अपनी लेबरपार्टी के कार्यक्रम में उद्घोषित करते थे। पं० नेहरू भी समाजवादी दिशा में आगे बढ़ने हेतु प्रो० लास्की के समान ही राष्ट्रीयकरण की नीति के समर्थक थे। उनका मत था कि तमाम महत्त्वपूर्ण बातों में भौतिक अर्थों में उत्पादन एवं वितरण के साधनों का राष्ट्रीयकरण अनिवार्य दिखाई देता है।[1]

नेहरू साम्यवाद के लक्ष्य वर्गविहीन समाज की स्थापना के प्रति आकृष्ट हुए थे, किन्तु उनके वर्ग-संघर्ष और सर्वहारा अधिनायकवादी सिद्धांतों को वे प्रो० लास्की के समान ही नापसंद करते थे। ऐसा प्रतीत होता है कि वे मार्क्सवाद के ऐतिहासिक विकास के सिद्धांत को मानकर भी उसके अतिरिक्त मूल्य द्वंद्वात्मक भौतिकवाद को पूरी तरह स्वीकार नहीं करते।[2] जैसा कि लास्की ने स्वीकार किया है। लास्की ने 1927 में यह मत व्यक्त किया था कि मार्क्सवाद की बनी-बनाई स्थापनाओं की दृष्टि से भारत की समस्या का अध्ययन करना समाजवाद की प्रगति में गंभीर मदद देना नहीं बल्कि केवल कल्पना के घोड़े दौड़ाना है।[3] किन्तु मुझे ऐसा प्रतीत होता है कि प्रो० लास्की को संभवतः यह जानकारी नहीं थी कि मार्क्स ने अपने चिंतन एवं कार्य का एक बड़ा भाग भारत के अध्ययन में लगाता था। यही कारण है कि 'पूंजी' में भारत का उन्होंने लगभग 50 बार जिक्र किया है।[4] कम्युनिज्म से प्रभावित लास्की ने पूंजीवादी व्यवस्था पर जो लगातार प्रहार किए उससे उन पर छद्म वेशी कम्युनिस्ट होने का आरोप भी लगाया गया था। वैसा ही पं० नेहरू के विचारों को भी भारत में कांग्रेस के दक्षिणपंथी नेतागण 'प्रच्छन्न कम्युनिस्ट' विचार करते थे, जबकि भारतीय कम्युनिस्ट उन्हें वैधानिक सुधारवादी समाजवादी मानते थे।[5] प्रो० लास्की की तरह ही नेहरू की आत्मा भी स्वतंत्रता के लिए बेचैन थी। उनका मत था कि हिन्दुस्तान में या और जगहों में आजादी के बिना शांति नहीं हो सकती।[6] अपनी बहन श्रीमती विजय लक्ष्मी पंडित को जिसे वे 'नान', कहकर संबोधित करते थे, लिखे पत्र में नेहरू ने इस बात का उल्लेख किया था कि प्रो० लास्की ने मेरे संबंध में एक लेख लिखा है जिसमें उन्होंने लिखा है कि स्वराज उनके रक्त में है...और ब्रिटिश राज्य के

---

1. नेहरू : कुछ पुरानी चिट्ठियां (लार्ड लेथियन को लिखे पत्र से उद्धृत), पृ० 35
2. डॉ० लक्ष्मीनारायण लाल : 'निर्मूल वृक्ष का फल', भारतीय राजनीति का चरित्र, 1978, पृ० 133
3. रजनी पामदत्त : इंडिया टुडे एंड टुमारो, (हिन्दी संस्करण), 1956, अध्याय 4, पृ० 34
4. वही, पृ० 35
5. डॉ० लक्ष्मी नारायण लाल, पूर्वोक्त, पृ० 135
6. नेहरू : हिन्दुस्तान की कहानी, पृ० 784

स्थायित्व एवं उसके निवासी बने रहने में उनकी कोई आस्था नहीं है ।[1]

प्रो० लास्की की भारत में गहरी रुचि थी । वे भारत की स्वतन्त्रता के कट्टर समर्थक थे । उन्होंने इससे भारत में काफी लोकप्रियता भी हासिल की । लास्की के पिता नाथन लास्की 49 बार अपने कपड़े के व्यापार के सिलसिले में भारत आए थे । इसी प्रकार लास्की ने भारत से मैत्री संबंध कायम किए, मानो लास्की अपने पिता की घोषण वृत्ति के पश्चात्ताप स्वरूप भारत को लेखन, वक्तव्य तथा अन्य प्रचार साधनों के द्वारा भारतीयों के स्वाभिमान की रक्षा एवं स्वराज प्राप्ति के लिए ब्रिटिश प्रजा का समर्थन प्राप्त करने की भूमिका निभाई ।[2]

अन्य समाजवादियों की भांति लास्की का न्याय सिद्धान्त इंग्लिश चेनल अथवा केवल गोरे लोगों तक सीमित नहीं रहा । दूसरे दशक में ब्रिटेन में वापसी के बाद लास्की भारतीय स्वतन्त्रता एवं अन्य मांगों के कट्टर समर्थक बन गए, यद्यपि उन्होंने असहयोग आंदोलन का सैद्धांतिक रूप से विरोध नहीं किया, फिर भी उनकी मान्यता थी कि भारतीयों को शिक्षा के लिए मांटेस्क्यू चेम्सफोर्ड सुधारों का लाभ लेना चाहिए था और कांग्रेस को विधान पालिका का बहिष्कार नहीं करना था । लास्की का भारत के प्रति असीम प्रेम एवं भारतीय स्वतंत्रता की उत्कंठा हेतु उन्हें पूरी सहानुभूति थी । इस उत्कंठा से प्रेरित होकर उन्होंने इस दिशा में सक्रिय सहयोग दिया । वे लंदन की इंडिया लीग के मंत्री भी थे ।

लास्की ने 1919 में हुए जलियांवाला बाग कांड की भर्त्सना कर दोषी व्यक्तियों को दंडित करने की मांग की ।[3] वाइसराय की कार्यकारिणी परिषद् के प्रथम भारतीय सदस्य सर शंकरन नायर ने इस कांड के विरोध में इस्तीफा दे दिया और एक पुस्तक लिखी जिसमें उन्होंने कांग्रेस व गांधीजी के आंदोलन के साथ-साथ जनरल ओ डायर की भर्त्सना की । जनरल डायर ने श्री शंकरन नायर के खिलाफ निंदापूर्ण लेख का मुकदमा दायर किया । संयोग से लास्की भी जूरियों में एक थे ।[4] अपने विधि संबंधी गहन एवं सूक्ष्म ज्ञान के कारण जनरल डायर के वकील और न्यायाधीश के बीच संवाद चर्चा में लास्की ने सक्रिय भाग लिया । मुकद्दमे में इस बात की चर्चा की गई कि मार्शल लॉ के तहत एक प्रशासक के क्या अधिकार एवं कर्त्तव्य होते हैं ? लास्की ने एक वकील की भांति इस मुकद्दमे का अध्ययन कर प्रत्येक कानूनी मुद्दे को बड़ी बारीकी से जांचा ।[5]

---

1. एस० गोपाल संपादित : सेलेक्टेड वर्क्स आफ नेहरू, 1974, खंड 6, पृ० 269
2. मावलंकर पी० जी० : प्रो० हेराल्ड लास्की, पृ० 2
3. किंग्सले मार्टिन : हेराल्ड जे० लास्की, पृ० 63
4. ओरिएंट लांगमेन एडीटेड : सेलेक्टेड वर्क्स आफ जे० एल० नेहरू, पृ० 167
5. किंग्सले मार्टिन : हेराल्ड जे० लास्की : ए बायोग्राफिकल मेमोयर, पृ० 63

लास्की के विरोधी तर्कों के फलस्वरूप न्यायाधीश ने सर शंकरन को साधारण दण्ड दिया पर लास्की को यह दृढ़ विश्वास हो गया कि ब्रिटिश सरकार को भारत में सत्ताधीशों के समान नहीं रहना चाहिए।[1] कोर्ट उस समय हैरान रह गया जब जूरियों में से लास्की ने विशेष स्तर के प्रश्न पूछने शुरू कर दिए। केस के समाप्त होने के बाद लास्की ने न्यायाधीश फ्रेंकफर्टर को एक पत्र में लिखा कि डायर और नायर का यह एक साहसिक कार्य था परन्तु तथ्य यह है कि हमारे भीतर हिन्दुस्तान का राज्य चलाने की कोई भी योग्यता नैतिकता की दृष्टि से नहीं दिखाई देती। वास्तव में हम लोग यह कार्य करने में अक्षम हैं। ई० एफ० फोस्टर का 'पैसेज टु इंडिया' न केवल सही यात्रा-विवरण है बल्कि अपने समय का महान् उपन्यास भी है। मुझे इस बारे में गम्भीर संदेह है कि भारतीय अपना शासन चला सकेंगे। परन्तु बेहतर यही होगा कि अपने दमन कार्य-शासन को जारी रखने के बजाय सत्ता उनके हाथ में सौंप देनी चाहिए। यदि वे असफल होते हैं तो यह उनकी असफलता होनी चाहिए। हमारी सफलता उनमें हीनता का बोध उत्पन्न करेगी।[2]

भारतीय स्वतंत्रता का विशद विश्लेषण करते हुए लास्की का मत था कि स्वतंत्रता एवं लोकतंत्र की स्थापना करने एवं उन्हें कायम रखने हेतु संघर्षरत होकर अपने ही समाज में विद्यमान प्रवृत्तियों पर अंकुश रखना होता है लोकतंत्र एवं स्वतंत्रता की रक्षा का प्रश्न केवल हमारे ही विचार समुदाय की एकमात्र धरोहर नहीं बल्कि हमारे पूरे साम्राज्य से संबंधित है।

लेस्टर हचीशन द्वारा 1935 में एक ग्रंथ प्रकाशित किथा गया, जिसमें 1929 के मेरठ षड्यंत्र के अंतर्गत 31 श्रमिक नेताओं पर भारत में समाजवादी क्रांति करने का आरोप था। इसकी प्रस्तावना लेखन का कार्य प्रो० लास्की के द्वारा किया गया। इसमें उनके द्वारा भारतीयों का समर्थन किया गया। इसमें उनके द्वारा भारतीयों की स्वाधीनता की मांग को न्यायोचित बताया गया।[3]

अपनी कृति 'व्हेयर डू वी गो फ्रॉम हियर' में लास्की साम्राज्य की समस्या का जिक्र करते हुए कहते हैं कि भारत एक ऐसा देश है, जिस पर हमारा ध्यान विशेष रूप से केन्द्रित हो जाता है। यद्यपि इस देश के हित में हम बहुत कुछ नहीं कर पाये हैं, फिर भी भारत एक राष्ट्र के रूप में अपने भाग्य के प्रति जागरूक हो चुका है। जिस प्रकार अमरीका एवं आयरलैंड ने स्वराज्य के लिए इस महान् शक्ति से संघर्ष किया तथा पोलैंड एवं चैकोस्लाविया ने शक्तिशाली जर्मनी से

---

1. मावलंकर पी० जी० : प्रो० हेराल्ड लास्की, भावभीनी अंजलि, पृ० 12
2. लास्की : ए ग्रामर आफ पालिटिक्स, पृ० 555-57
3. हचीशन लेस्टर : कांसप्रेरी एट मेरठ, प्रस्तावना लेखक—प्रो० लास्की, 1935

स्वतंत्रता की मांग की, निःसंदेह इसी प्रकार आज भारत भी अपनी स्वराज्य की मांग पूरी करता दिखाई दे रहा है।[1]

लास्की को इस बात का संदेह था कि भारत में कोई लोकप्रिय नेता नहीं है, जिसको जनता का समर्थन प्राप्त हो, ताकि हम इस सर्वोच्चता को निरंतर जारी रखने के लिए सम्पर्क हेतु अनुरोध कर सकें। इस स्तर के भारतीय बिरले ही प्रतीत होते हैं। लास्की का मत है कि वर्तमान शासन को स्थाई रूप देने के लिए हम ऐसे व्यक्तियों को उत्पन्न कर सकते हैं, जिन्हें हमने उच्च पदों पर आसीन किया है। इसके बिना ऐसे लोग हमारे विरुद्ध हो सकते हैं, कम-से-कम वे हमारे हित में नहीं होंगे। वित्तीय हितों के अतिरिक्त हम कुछ सामंती महाराजों के हित का विशेष रूप से समर्थन करते रहें। लास्की भारत में राजाओं एवं सामंतों की शोषण वृत्ति का उल्लेख करते हुए कहते हैं कि इनमें से कुछ की शासन-व्यवस्था यूरोप के लुटेरों के गिरोह-सी है। भारतीय मांगों के विरुद्ध हमारी भारत में विद्यमान शासन-व्यवस्था के फलस्वरूप हमारा समस्त संसार में यश धूमिल हुआ है। हिटलर व मुसोलिनी के शक्तिशाली बनने तक यह साम्राज्यवादी शोषण का सबसे बड़ा उदाहरण है।[2]

लास्की का मत था कि आज स्पष्ट रूप में हमें स्वराज्य की तीव्र मांग के सम्मुख भारतीयों के सम्मुख झुकना पड़ रहा है। हमें यह भी विदित है कि निकट भविष्य में हमें उनके सम्मुख झुकना ही पड़ेगा। लास्की एक ब्रिटिश राष्ट्रवादी की तरह कहते हैं कि हम अपने हितों को कायम रखने के लिए हर संभव विधि एवं बहाने के आधार खोजते हैं।[3] लास्की ने आगे यह भी लिखा है कि सर सैमुअल होर को 1935 के एक्ट का प्रतिनिधित्व करने में कोई हिचकिचाहट नहीं हुई, जिसके आधार पर बड़ी चतुराई से इस बचाव विधि को अधिक प्रभावशाली बनाते हुए इस महत्त्वाकांक्षा को दीर्घ अवधि के लिए बने रहने हेतु द्वार खोल दिये गये थे। हम भारत की स्वतंत्रता के मार्ग में कोई बाधा उपस्थित न करने कि घोषणा करते हैं।

लास्की आगे लिखते हैं कि हम अपने स्वार्थ एवं हित के लिए भारत में शासन किये जा रहे हैं तथा भारत के नाम पर भांति-भांति के निर्णय लेते रहते हैं। भारतीय राजा-महाराजाओं से विभिन्न रूप में दिये गये पुरस्कारों को भी स्वीकारते रहते हैं, तथा उन्हें सुरक्षा का वचन भी देते हैं जो कि उनके द्वारा

---

1. लास्की : ह्वेयर डू वी गो फ्राम हियर, पृ० 112
2. वही, पृ० 113
3. वही, पृ० 113-14

उत्पीड़ित एवं शोषित असंतुष्ट प्रजा से संबंधित हैं ।[1]

लास्की का मत है कि मैं यह बात पूर्ण विश्वास से कह सकता हूं कि हम कभी भी अपने साम्राज्य के बाहर किसी से धोखा नहीं करते हैं, विशेष रूप से भारतीयों के साथ । मुझे यह स्पष्ट रूप से दिखाई देता है कि भारतीय समस्या का विवरण जो कहीं से भी सरल प्रतीत होता है, स्वराज्य की मांग पर हमारी स्वीकृति पर निर्भर करता है । मेरे विचार में भारतीय स्वतंत्रता के आने में अब अधिक समय नहीं लगेगा ।···भारत को स्वतंत्रता प्रदान करके हमारे सम्मुख युद्ध-काल के पश्चात् की एक समस्या, जिसके अंतर्गत पुनर्निर्माण कार्य में हमें पूरी शक्ति लगाना अनिवार्य हो जाता है, स्वतः दूर हो जाती है ।

लास्की लिखते हैं कि भारत की आजादी की घोषणा साम्राज्यवाद से संबंधित संसार के सम्मुख हमारी सबसे महत्त्वपूर्ण व श्रेष्ठ घोषणा है । एक देश तभी सच्चे रूप से अन्य लोगों की धरोहर बन सकता है जब यह प्रमाणित हो जाये कि उसका इसमें कोई निहित स्वार्थ नहीं है । इस दृष्टि से यह बात स्पष्ट हो जाती है कि जितनी शीघ्रता से हम भारत में अपना शासन समाप्त कर दें उतना ही यह हमारे एवं भारत के लिए हितकारी होगा ।[2] लास्की यह बात दुहराते हैं कि हम भी उस स्वतंत्र विश्व के ही एक भाग हैं, जिसके सम्मुख हमें सिद्ध कर देना है कि अपनी स्वतंत्रता व लोकतंत्र के लिए युद्ध करते हुए हम उसकी आजादी के लिए भी लड़ रहे हैं ।'[3]

लास्की ब्रिटिश राष्ट्रवादी भावना से ओत-प्रोत प्रतीत होते हैं । यही कारण है कि वे तात्कालिक परिस्थितियों में भारतीय सुरक्षा हेतु एवं उसे स्वतंत्रता देने के बाद ही ब्रिटिश हित सुरक्षित रह सकने की धारणा बनाये हुए हैं । संविधान-वाद में उनकी अटूट आस्था है तथा स्वतंत्रता की परिधि भी इसी में विद्यमान है । स्वतंत्रता एवं समानता हेतु समझौता शक्ति के रूप में वे विधि की उपस्थिति को स्वीकारते हैं ।

नवम्बर 30 को पहली गोलमेज परिषद् में लेबर प्रधानमंत्री मैकडोनॉल्ड अध्यक्ष थे, जिनकी भारत के प्रति गहरी सहानुभूति थी और जो लास्की के काफी निकट थे । इसके बाद गांधी-इरविन समझौता हुआ जो भारतीयों की दृष्टि में बड़ा महत्त्वपूर्ण था ।[4] सविनय अवज्ञा आन्दोलन भी मैकडोनॉल्ड के प्रयासों से महात्मा गांधी द्वारा वापस लिया गया ।[5] लार्डशैकी, जो मेग्डोनॉल्ड सरकार में

1. लास्की : व्हेयर डू वी गो फ्राम हियर, पृ० 114
2. वही, पृ० 116
3. वही, पृ० 117-18
4. डॉ० राजेन्द्र प्रसाद : आत्मकथा, पृ० 353
3. मजूमदार आर० सी० : हिस्ट्री आफ फ्रीडम मूवमेंट, पृ० 402

भारत के साथ वार्ता हेतु सरकार में बने थे, के साथ मिलकर लास्की ने कार्य किया। लास्की की यह मान्यता थी कि टोरीज की अपेक्षा लार्ड शैंकी, जो इस गोलमेज परिषद् की अध्यक्षता कर रहे थे, कोई समझौता कराने में सफल हो जायेंगे। लेकिन लास्की को लिखे एक पत्र में, जो लास्की द्वारा गांधीजी से संबंधित पत्र का जवाब था, लार्ड शैंकी ने लिखा कि भारत में स्थिति सचमुच हृदय-द्रावक है और यह विभिन्न समुदायों के बीच समझौता कराना बड़ा मुश्किल कार्य है। जब परिषद् की असफलता एवं गांधीजी के भारत लौटने के बाद कांग्रेसी नेताओं को गिरफ्तार किया गया, तब लास्की ने अपने अन्य मित्रों के साथ भारत की आजादी के समर्थन में इंग्लैंड में हुई सभाओं में सक्रिय सहयोग दिया।

6 अप्रैल, 1943 को प्रो० लास्की ने महात्मा गांधी की गिरफ्तारी एवं नजरबंदी के विशेष संदर्भ में इंग्लैंड की भारतीय नीतियों की भर्त्सना की।[1] उन्होंने अनेक मंचों पर ब्रिटिश नीतियों की आलोचना करते हुए कहा कि भारतीयों को, जो पश्चिमी शिक्षा के जरिये स्वतंत्रता एवं स्वशासन का अर्थ समझ चुके हैं, बहुत दिनों तक उनके देश में उन्हें दूसरे दर्जे का नागरिक बनाकर नहीं रखा जा सकता है।[2]

लास्की ने भारतीयों को बराबरी का दर्जा दिया, किन्तु उन्हें यह भी याद दिलाया कि वे सिर्फ इसीलिए श्रेष्ठ नहीं हैं कि उनकी मांगें न्यायोचित हैं।

1942 के क्रिप्श मिशन की असफलता, खास तौर पर उस समय जब वह सफलता के काफी निकट था, से लास्की दुःखी हुए और इसे युद्ध की मुख्य घटनाओं में एक निरूपित किया। इस असफलता के परिणामों से उबरने हेतु प्रयासों में ब्रिटिश सरकार की उदासीनता की उन्होंने कटु आलोचना की। लास्की का मत था कि 1942 में जापानी खतरे से भारतीय सुरक्षा की समस्या से चर्चिल काफी घबराये हुए थे। भारत युद्ध में भाग ले, इस हेतु चांग काई शेख तथा रूजवेल्ट भी भारत पर दबाव डाल रहे थे। फलस्वरूप क्रिप्श को एक विनीत सौदागर की भांति भारत भेजा गया था।

मार्च 1942 को लास्की ने यह मत व्यक्त किया कि चर्चिल की सरकार ने सर क्रिप्श को भारत की समस्या को हल करने के पक्के इरादे से भारत नहीं भेजा था। अपितु इस योजना के द्वारा वह मित्र राष्ट्रों की आंखों में धूल झोंकना

---

1. जे० एस० शर्मा : इंडियन नेशनल कांग्रेस : ए डिस्क्रिप्टिव बिब्लियोग्राफी, 1959, पृ० 636
2. लास्की ; रिफ्लेक्शन आन दि रिवोल्यूशन आफ अवर टाइम, पृ० 284

चाहते थे।[1] वे केवल धोखेबाजी, छल एवं दुहरी चालों से काम ले रहे थे। उन्हें इस बात का जरा भी पश्चात्ताप न था। गांधी ने कहा कि मुझे दुख है कि क्रिप्श जैसा व्यक्ति भी शैतान का साथ दे रहा है। अपने कार्यों द्वारा उसने अपनी प्रतिष्ठा को आघात पहुंचाया, क्योंकि वे पूर्व में भारत के प्रति उदार थे। प्रो० लास्की का मत है कि सर क्रिप्श को भारत भेजने का उद्देश्य भारतीयों के अधिकारों की मांग पर विचार करने की अपेक्षा जापान की प्रगति के विरुद्ध संगठन करना था। उनके विचार में सर क्रिप्श यदि भारत में एकता की स्थापना हेतु प्रयत्न करते तो अच्छा होता। किन्तु जो मनोवृत्ति उन्होंने प्रदर्शित की है कि 'प्रस्ताव स्वीकार करो या छोड़ दो,' तथा उसके बाद उनका वक्तव्य कि उन्होंने प्रस्ताव वापस ले लिया, घातक था। इस प्रकार उनका सारा प्रयत्न एक प्रचार मात्र था।'[2] उनके लिए सर क्रिप्श की असफलता का यही प्रमुख कारण था। उन्होंने चर्चिल की सरकार के भारत के स्वशासन के प्रति रुख जिसमें युद्ध ब्रिटेन द्वारा, जो स्वतंत्रता एवं लोकतंत्र के लिए लड़ा था और जिसने गांधी एवं नेहरू को जेल में रखा था, के रुख को युद्ध की मुख्य मनोवैज्ञानिक समस्या के रूप में निरूपित किया।[3]

भारत छोड़ो आंदोलन को नैतिक समर्थन के परे एक भयानक भूल बताते हुए उन्होंने कांग्रेस की मांग को जाने बिना दमन की ब्रिटिश नीति की कटु आलोचना की।[4] उनका मत था कि भारत ने ब्रिटिश शासन के 150 वर्षों के अंदर जो प्रगति की है उससे कहीं ज्यादा सोवियत संघ की विषयगत राष्ट्रीयताओं ने पिछले 25 वर्षों में की है। यह खेदजनक है कि ब्रिटिश सरकार दमन की नीति के विपरीत सहयोग की नीति अपनाने में सक्षम रहा।[5]

लास्की का मत था कि 'भारत में जहां ब्रिटिश सरकार एवं राष्ट्रीय नेताओं के बीच एक उलझी हुई गुत्थी समूचे दृश्य में मलिनता ला रही है, भारतीय नेताओं में से एक भी इस तथ्य को अस्वीकार करने हेतु तैयार नहीं है कि यदि दूसरे विश्व-युद्ध में ब्रिटेन की पराजय होती है तो भारत की स्वतंत्रता की आशा लम्बे समय तक के लिए धूमिल होगी क्योंकि वे जानते हैं कि यदि पश्चिम में जर्मनी की विजय पूर्व में जापानी आधिपत्य को प्रोत्साहित करेगी और चीन के पिछले 8 वर्षों के इतिहास ने यह दिखा दिया है कि जापानी आधिपत्य में लोगों को क्या

1. डॉ० प्रतिभा शर्मा : भारत का राष्ट्रीय आंदोलन से उद्धृत, पृ० 148
2. वही, पृ० 149
3. मेहता जी० एल० : हेराल्ड लास्की रीविजिटेड, पृ० 21
4. लास्की : रिफ्लेक्शन आन दि रिवोल्यूशन आफ अवर टाइम, पृ० 285-86
5. वही, पृ० 284

मूल्य अदा करना पड़ा है ।'[1]

भारत छोड़ो आंदोलन के संबंध में जनता की मनोवृत्ति का उन्हें ज्ञान था। इस संबंध में नेहरू के साथ लास्की का पत्र-व्यवहार होता रहता था। नेहरू का मत था कि जनता की निपट निराशा को साहस एवं प्रतिरोध की भावना में बदलना जरूरी था'''यद्यपि इसे आक्रमणकारी विरोध में भी बदला जा सकता था।[2] इस आंदोलन से लोगों में सरकार का मुकाबला करने की हिम्मत एवं शक्ति बढ़ी। अक्टूबर, 43 में बेवेल भारत के वायसराय, जो पूर्व में भारत के प्रधान सेनापति थे, नियुक्त हुए ताकि भारतीय सहयोग युद्ध में मिल सके और जापान का सामना करने हेतु भारतीय सहयोग मिल सके।

चर्चिल पर भी भारतीय गतिरोध हल करने हेतु रुजवेल्ट एवं अन्य देशों से दबाव पड़ रहे थे। लेबर पार्टी भी प्रधानमंत्री चर्चिल की भारत विरोधी नीतियों की आलोचना कर रही थी। उसकी भारतीय स्वतंत्रता-संग्राम में कार्यरत भारतीयों की राजनैतिक आकांक्षाओं से विशेष सहानुभूति थी। लास्की के मुख्य सभापतित्व में जब चुनाव लड़ा गया तब लेबर पार्टी को अभूतपूर्व सफलता मिली। एटली प्रधानमंत्री बने, तब मौलाना आजाद के बधाई संदेश पर उन्हें धन्यवाद देते हुए एटली ने आश्वासन देते हुए कहा कि 'दिये हुए वचन पूरे किये जायेंगे।' मौलाना आजाद के अनुसार भारत की स्थिति इस प्रकार की थी कि विरोध के बाद भी भारतीयों पर अंग्रेज आगामी 10 वर्षों तक शासन और कर सकते थे, किन्तु लेबर दल एवं एटली का आश्वासन बिलकुल शुद्ध था। उनके मन में भारत को आजादी देने का संकल्प था। वे ब्रिटिश हितों के लिए भारत की शोचनीय स्थिति का लाभ उठाना नहीं चाहते थे। स्वतंत्रता की ऊंची-ऊंची तरंगें अब किसी से छुपी नहीं थीं।[3]

लास्की द्वितीय विश्व-युद्ध के बाद प्रधानमंत्री एटली की साम्राज्य विषयक नीति की सराहना करते हैं, जिसमें उन्होंने कहा था कि ब्रिटिश सरकार के पास भारत, बर्मा तथा लंका में बने रहने की न तो कोई भौतिक शक्ति है, और न कोई नैतिक अधिकार।[4]

दूसरी ओर माइकेल ब्रेचर जैसे ब्रिटिश इतिहासकार का यह मत है कि लेबर के स्थान पर अनुदान भी होते तो ऐसी स्थिति में भारत को आजाद कर देते।[5]

---

1. लास्की : दि स्ट्रेटजी आफ फ्रीडम, पृ॰ 7
2. नेहरू : डिस्कवरी आफ इंडिया, पृ॰ 399
3. मौलाना आजाद : इंडिया विन्स फ्रीडम, पृ॰ 101-02
4. लास्की : डिलेमा आफ अवर टाइम, पृ॰ 249
5. डॉ॰ प्रतिभा शर्मा : भारत का राष्ट्रीय आंदोलन, से उद्धृत, पृ॰ 176

यह बात इसलिए भी संभव थी क्योंकि द्वितीय विश्व-युद्ध के बाद ब्रिटेन की शक्ति काफी क्षीण हो गयी थी। वह दिवालियेपन के कगार पर थे, अतः युद्ध के भारतीय कर्ज से भी मुंह मोड़ना चाह रहा था। साथ ही अपना पुर्ननिर्माण की भी उसे चाह थी। किन्तु यह बात सत्य है कि लेबर दल की पूर्व से ही भारत की आजादी के प्रति सहानुभूति थी। यही कारण है कि अंग्रेज विद्वान् लिस्टावेल का मत है कि चर्चिल स्वतंत्रता बिल का विरोध कर उसे दो वर्ष तक टाले रह सकते थे।[1] इस प्रकार जुलाई 1945 में श्रमिक दल की विजय के बाद जब एटली प्रधानमंत्री बने, तो उन्होंने कामन सभा में कहा कि भारतीय जनता को दिये गये वचनों के अनुसार मेरी सरकार भारतीय नेताओं से मिलकर भारत में शीघ्र ही स्वशासन प्रारम्भ करने की दिशा में प्रयास करेगी। उन्होंने मार्च 1946 को इस कार्य हेतु एक प्रतिनिधि मंडल भारत भेजा और फरवरी 1947 को उन्होंने कामन सभा में जून 1948 के पूर्व भारत को आजाद कर देने की घोषणा की।

23 मई, 1946 को प्रो० लास्की की भारतीय समाचार पत्रों में प्रकाशित भेंटवार्ता में उन्होंने भारतीय स्वतंत्रता पर अपना मत व्यक्त करते हुए कहा था कि 'आधुनिक इतिहास में किसी भी साम्राज्यवादी शक्ति द्वारा किसी देश की जनता को इतने बड़े पैमाने पर अहिंसक तरीके से पद-त्याग करते हुए नहीं देखा गया। मैं आशा करता हूं कि भारतीय राष्ट्रवादी नेता सोने की तश्तरी में दिये गये इस उपहार की प्रशंसा करेंगे।'[2]

1945 में सत्तारूढ़ श्रमिक दल के प्रो० लास्की दलीय अध्यक्ष थे। जैसा कि पूर्व में कहा गया है कि भारतीय स्वतन्त्रता हेतु उनका दल तथा प्रधानमंत्री क्लेमेंट एटली का भारी योगदान रहा है। स्वयं एटली ने लिखा है कि, 'मेरे प्रधानमंत्री बनने तक भारतीय स्वतन्त्रता का कार्य रुका रहा। प्रधानमंत्री बनते ही मैंने केबिनेट मिशन भेजा, जिसकी सदिच्छित योजना हिन्दू मुस्लिम तनातनी के कारण स्वीकृत न हो सकी, जो इस बीच बेहद बढ़ गई थी। नेहरू एवं जिन्ना उनके द्वारा लंदन भी बुलाये गए थे ताकि इस सम्बन्ध में विचार हो सके, किन्तु खंडित भारत के ही मूल्य पर मैं भारतीय स्वतन्त्रता के बिल को पेश कर सका और उसे मंजूर करा सका।'[3]

प्रो० लास्की के समान ही नेहरू साम्यवाद के विरोधी थे। एटली का कहना है कि नेहरू एक महान् नैतिक शक्ति थे, लोकतंत्र में अटूट आस्था रखने के कारण कम्युनिज्म को कभी भी सही नहीं मानते थे।[4] लंदन में न्यूस्टेट्समैन के सम्पादक

1. मोहम्मद अब्दुल बसी : भारत का विभाजन : दिलचस्प बातें, 1983, पृ० 11
2. रजनी पामदत्त : इंडिया टुडे, (हिन्दी संस्करण), 1977, पृ० 592
3. श्रीहरिभाऊ एवं अन्य द्वारा सम्पादित : नेहरू व्यक्तित्व और विचार, 1965, पृ० 37
4. वही, पृ० 38

किंग्सले मार्टिन जिन्होंने प्रो० लास्की पर आत्मकथात्मक स्मृति-ग्रन्थ 1952 में लिखा है, भारत में पंडित नेहरू के निकटतम मित्र थे। उनका मत है कि राष्ट्रीय स्वतन्त्रता संघर्ष एवं लोकतांत्रिक मूल्यों हेतु प्रो० लास्की ने विश्व के अनेक नेताओं की सहायता की। भारत में नेहरू एवं कृष्ण मेनन को उन्होंने काफी प्रभावित किया था।[1]

1948 में गांधीजी की अन्त्येष्टि के समय किंग्सले पं० नेहरू के मेहमान भी रहे। उनका मत था किंग्सले ने भारत के प्रति प्रो० लास्की के मनोभाव को व्यक्त करते हुए लिखा है कि लास्की कहा करते थे कि कभी-कभी इस बात का मुझे भय लगता है कि भारत अपनी नीति-निर्माण की क्षमता खो चुका है। अपनी दु:खद तकलीफों पर विजय पाने की अपेक्षा यह उद्देश्यहीन तारू जहाज-सा लहरों की मनमानी पर भटक रहा है।[2]

लास्की को यह विश्वास था कि नेहरू भारत में समाजवाद लाएंगे। स्वयं नेहरू भी इस बात को स्वीकार करते थे कि मेरा यकीन है कि दुनिया की और हिन्दुस्तान की समस्या का एक ही हल है और वह है समाजवाद,[3] साम्यवाद नहीं। जब 1927 में लास्की की 'कम्युनिज्म' पुस्तक प्रकाशित हुई तब उन्होंने अवलोकन किया और उस पर हुई प्रतिक्रिया की चर्चा करते हुए कहा कि यह पुस्तक साम्यवाद के सैद्धांतिक एवं व्यावहारिक स्वरूप की आलोचना करती है। मैंने यह भी सुना है कि ब्रिटिश साम्यवादी दल ने इसका अच्छा खासा-जवाब भी दिया है।[4]

'न्यू रोल आफ दि सिविल सर्वेन्ट' शीर्षक अपने वक्तव्य में पं० नेहरू, प्रो० लास्की के विचारों को उद्धृत करते हुए कहते हैं कि मैं उन दिनों ब्रिटेन में ही था और श्रमिक नेताओं से असैनिक सेवकों के व्यवहार के बारे में बहुत कठोर शब्दों में शिकायतें सुना करता था। मुझे याद है कि प्रो० लास्की ने कितनी कटु भावना लेकर मेरे साथ इस विषय पर चर्चा की थी।[5] लास्की ने नेहरू में गांधी की अध्यात्मवादी राजनीति के साथ ही पश्चिम की वैज्ञानिक दृष्टि एवं अंतर्राष्ट्रीयतावाद के दर्शन किए थे। नेहरू के साथ उनकी मैत्री जीवनपर्यन्त रही। लास्की के प्रति भी नेहरूजी के मन में असीमित प्रेम एवं सम्मान की भावना थी। जब भी वे लंदन जाते, लास्की से अवश्य मिलते थे। उन्होंने अपनी तस्वीर 'अपने मित्र की ओर से भेंट' लिखकर और हस्ताक्षर करके लास्की को प्रदान की थी।

1. किंग्सले मार्टिन : हेराल्ड लास्की ए बायोग्राफिकल मेमोयर, पृ० 252
2. वही ,पृ० 77
3. श्रीहरिभाऊ एवं अन्य द्वारा सम्पादित : नेहरू व्यक्तित्व और विचार, 1965, पृ० 444
4. एस० गोपाल : सेलेक्टेड वर्क्स आफ जे० एल० नेहरू, 1972, खंड 2, पृ० 401
5. जवाहरलाल नेहरू : स्पीचेज (1957-63), 1964, खंड 4, पृ० 81

उनकी मैत्री में पं० नेहरू को गौरव की अनुभूति होती थी।[1]

महात्मा गांधी से लास्की का प्रथम परिचय द्वितीय गोलमेज परिषद्, 1932 के दौरान हुआ जिसमें भारत के लिए जिन नवीन कानूनों एवं नियमों के निर्माण हेतु जो वार्ता हुई उसमें प्रो० लास्की का बड़ा योगदान था। गांधीजी के सभी विचार लास्की को मान्य नहीं थे, किन्तु उनकी लोकप्रियता एवं महत्ता के सम्बन्ध में उन्हें कोई संदेह नहीं रह गया था।[2] गांधीजी की मानवीय नैतिकता, साम्यवादी हिंसा एवं अधिनायकतावादी नीति लास्की के विचारों के काफी निकट थी।

लास्की ने भारतीयों की स्वशासन की मांग को हमेशा न्यायपूर्ण कहा तथा इस बात का बाहर भी प्रचार किया। अपने अमरीकी मित्र फ्रेंकफर्टर को एक पत्र में उन्होंने लिखा था कि भारत में राज्य करने की हममें कोई भी योग्यता, नैतिक दृष्टि से मुझे नहीं दिखाई देती। भारत के लोग ही भारत का शासन करें यह सत्य उन्होंने 1919 में ही ब्रिटिश जनता को समझाना शुरू कर दिया था।[3]

कई वर्षों बाद जब भारत आजाद हो गया, लास्की ने लार्ड एटली को लिखा कि चुनाव के प्रचार के दौरान भारत के मसले को हल करने सम्बन्धी लेबर पार्टी की सरकार के रवैये के बारे में जनता बड़ी प्रसन्न थी। भारतीयों के प्रति लास्की द्वारा मिलने वाले समर्थन ने भारत में लास्की के प्रति काफी उत्सुकता एवं आदर के भाव भरे। लास्की के अनेक विद्यार्थी उसके भक्त बन गये। उद्योग, पत्रकारिता, नागरिक सेवा एवं राजनीति में कार्य करने वाले अनेक व्यक्तियों के लिए लास्की की विचारधारा उत्प्रेरक रही है। विभिन्न क्षेत्रों में कार्यरत कई भारतीयों के दिल में अभी भी लास्की के विचारों की अमिट छाप है। 'भारतीय लोकसभा के दौरे के समय एक ब्रिटिश यात्री ने एक भारतीय संसद सदस्य को लास्की का वक्तव्य बताते हुए सुना कि ब्रिटिश सरकार पर लास्की के प्रभाव को भले ही अतिरंजित बतलाया जाए, इस तथ्य में कोई संदेह नहीं कि ब्रिटिश लोगों के हाथ से भारतीयों के हाथ में सत्ता सौंपने के पार्टी के निर्णय के पीछे लास्की एवं उसके विचारों का हाथ था। इसीलिए भारतीयों को लास्की का कृतज्ञ होना चाहिए।'[4]

यह खेद की बात है कि लास्की भारत नहीं जा सके। पं० नेहरू द्वारा दिए

---

1. मावलंकर पी० जी० : प्रो० हेराल्ड लास्की : भावभीनी अंजलि, पृ० 12
2. वही, पृ० 12
3. वही, पृ० 11-12
4. ब्रूस मिलर : 'स्टाइल इन इंडियन पालिटिक्स,' दि लिसनर, अप्रैल, 7, 1960

गए आग्रहपूर्ण निमंत्रण को लास्की ने कृतज्ञतापूर्वक स्वीकार किया। उन्होंने सितम्बर-अक्टूबर, 1950 में भारत-यात्रा पर आने पर निश्चय किया था किन्तु यह आकांक्षा और भारतीयों की इच्छा एक सपना बन गई।[1] क्योंकि मार्च 1950 में प्रो० लास्की का देहावसान हो गया था।

लोकतंत्रीय समाजवाद के जिन विचारों का प्रतिपादन लास्की ने किया, इन विचारों को भारत में लोकप्रिय बनाने हेतु नेहरूजी ने महत्त्वपूर्ण कार्य किये। प्रो० विश्वनाथ प्रसाद वर्मा का मत है कि राजनैतिक स्वतन्त्रता तथा आर्थिक न्याय का समन्वय नेहरूजी का मौलिक विचार नहीं है, क्योंकि लास्की ने भी पूर्व में इसका प्रतिपादन किया था।[2] प्रो० लास्की से जिन भारतीयों का सबसे घनिष्ठतम सम्बन्ध था, उनमें पं० नेहरू के बाद कृष्ण मेनन का नाम प्रमुख है, जिन्होंने 1925-27 के दौरान लंदन स्कूल आफ इकानामिक्स में हेराल्ड लास्की का शिष्य बनकर राजनीतिक विज्ञान का अध्ययन किया था।'[3] अगस्त, 1947 में वे लंदन में भारत के उच्चायुक्त नियुक्त किए गए थे। उच्चायुक्त के अपने कार्यकाल में कृष्ण मेनन ने हेराल्ड लास्की से जो यहूदी थे, के प्रभाव में आकर निजी रूप से इस बात का समर्थन किया था कि भारत को इजराइल से राजनयिक सम्बन्ध कायम करने चाहिए। पं० नेहरू भी इसके पक्ष में थे। इजराइल के प्रति उनका नरम रुख का एक कारण प्रो० लास्की के प्रति कृष्ण मेनन के गुरु-भक्ति एवं पं० नेहरू के साथ उनकी मैत्री सम्बन्ध थे। यही कारण है कि समय बीतने पर भारत की विदेश-नीति धीरे-धीरे अरब राष्ट्रों के पक्ष में झुकती गई। कृष्ण मेनन न केवल अरबों के पक्ष में आ गए, बल्कि अपने गुरु लास्की की मृत्यु के बाद काहिरा में भाषण देते समय उन्होंने यहां तक कहते हुए अरब देशों का आह्वान किया कि वे एक हो जाएं और समय आने पर इजराइल को समुद्र में डुबो दें।[4] ऐसा कहना संभवतः भारतीय हितों एवं नीति से उनका जुड़े रहना था।

लास्की-स्मृति व्याख्यान-माला अहमदाबाद, 1957 में प्रेषित अपने एक संदेश में कृष्ण मेनन ने लास्की की बहुमुखी प्रतिभा एवं उनकी न्यायपरायणता का जिक्र किया और कहा कि उनके मस्तिष्क में सदैव ऐंसे विचारों की क्रांति मची रहती थी।[5]

---

1. मावलंकर पी० जी० : प्रो० हेराल्ड लास्की : भावभीनी अंजलि, पृ० 12
2. वी० पी० वर्मा : आधुनिक भारतीय राजनैतिक चिंतन, पृ० 390
3. एम० ओ० मथाई : रेमिनिसेंसेज आफ दि नेहरू एज, (हिन्दी संस्करण), 1977, पृ० 147
4. वही, पृ० 159
5. कृष्ण मेनन : मेसेज टू लास्की मेमोरियल लेक्चर्स, 1957, अहमदाबाद

प्रो० गुरुमुख निहाल सिंह ने लास्की मेमोरियल लेक्चर में इस बात का उल्लेख किया कि विश्व के पीड़ित गुलाम राष्ट्रों का सच्चा मित्र होने के नाते लास्की भारत के सच्चे मित्र थे और हमारे स्वतन्त्रता संग्राम में उन्होंने हमारी पूरी सहायता की ।[1]

डॉ० धनंजय कीर का मत है कि भारतीय संविधान निर्मात्री समिति के अध्यक्ष डॉ० अम्बेडकर भी लास्की से प्रभावित थे। उन्होंने लास्की की अंतरात्मा की आजादी का उल्लेख कर मार्क्सवादी दर्शन में इसकी अवहेलना को दर्शाते हुए साम्यवादी विचारों को अस्वीकार किया है। भारतीय संविधान की प्रस्तावना के साथ ही मूल अधिकारों में अध्याय 3, अनुच्छेद 12 से 35 तक, लास्की के अधिकार, स्वतन्त्रता, समानता के विचारों की छाप है। ये अधिकार उच्च आदर्शों की एक पवित्र घोषणा माने जाते हैं, जिनसे लोकमत जाग्रत कर राज्य की सकारात्मक या नकारात्मक कार्यवाहियों के लिए एक मानदंड स्थापित किया गया है।[2] राज्य के नीति निर्देशक सिद्धांतों 36 से 51 अनुच्छेद में भी यही भावना सन्निहित है।

प्रसिद्ध दार्शनिक एवं भारत के भूतपूर्व राष्ट्रपति डॉ० राधाकृष्णन् समाज-वादी न होते हुए भी लास्की की भांति संपत्ति पर लोकतांत्रिक पद्धति से सामाजिक स्वामित्व स्थापित करने के आदर्श को स्वीकारते थे।[3] भारत में लोककल्याणकारी राज्य की अवधारणा में भी प्रो० लास्की के विचारों को स्वीकारा गया है। टी० टी० कृष्णमाचारी ने योजना आयोग के अंतर्गत भारत में सामुदायिक विकास योजना एवं विकेंद्रीयकरण करने सम्बन्धी जो विभिन्न कार्यक्रम 1953 में क्रियान्वित करने के प्रयास किए उस पर लास्की के समानता एवं लोकतांत्रिक समाजवादी विचारों की छाप दिखती है।

भारत एवं विश्व की राजनीति में हम यह देखें तो हमें विशेषकर द्वितीय विश्व-युद्ध के बाद पूंजी एवं श्रम के बीच समझौता शक्ति के रूप में जो विचार उद्भूत हुए हैं, इनपर लास्की के सामाजिक जनवाद की गहरी छाप है। इस प्रकार हम देखते हैं कि भारतीय राजनीति से गहराई से जुड़े रहने वाले प्रो० लास्की के विचारों से भारतीय बुद्धिजीवी तथा अन्य उदारवादी राजनेतागण 1947 के पूर्व तथा बाद भी प्रेरणा ग्रहण करते हुए प्रतीत होते हैं।

---

1. प्रो० गुरुमुख निहाल सिंह : लास्की-स्मृति व्याख्यान-माला : एच० जे० लास्की इंस्टीट्यूट आफ पालिटिकल साइंस, अहमदाबाद, 1957
2. एस० एन० मुकर्जी : अमृत बाजार पत्रिका, 26 जनवरी, 1950
3. वी० पी० वर्मा : आधुनिक भारतीय राजनीतिक चिंतन, पृ० 321

2. विश्व-राजनीति पर प्रो० लास्की का प्रभाव

प्रो० लास्की को एक महत्त्वपूर्ण चिन्तन के रूप में न केवल भारत में सम्मान मिला बल्कि सारे विश्व में, जहां अंग्रेजी भाषा पढ़ी या बोली जाती है, वहां के बुद्धिजीवी वर्ग एवं राजनीतिज्ञों ने लास्की के विशाल राजनैतिक साहित्य तथा उनके क्रांतिकारी राजदर्शन से काफी प्रेरणा प्राप्त की है।[1] लास्की साम्रजवाद एवं लोकतन्त्र के परिपोषक तथा पूंजीवाद एवं अधिनायकवाद के कट्टर विरोधी हैं। एशिया, अफ्रीका के नवोदित राष्ट्रों के अनेक राजनीतिज्ञों ने लास्की से उपनिवेशवाद के विरुद्ध संघर्ष करने के लिए प्रेरणा ली है तथा स्वाधीनता के बाद अपने देशों में समाजवादी विचारधारा के अनुसार आर्थिक विकास की योजना बनाने में भी उनके विचारों का स्वागत किया है। यूरोप तथा अमरीका के अनेक विश्व-विख्यात नेताओं के साथ लास्की के मैत्रीपूर्ण संबंध रहे हैं, लास्की उनके पथप्रदर्शक भी रहे हैं। लास्की कहा करते थे कि मुझमें धन एवं शक्ति की कामना नहीं है बल्कि मित्ररूपी सर्वोच्च उपहार मुझे मिले हैं। साहचर्यभाव ने मुझे सदैव आनंदित रखा है, इससे मुझे ज्ञान तथा सद्भावना दोनों मिली हैं। वे लेबरपार्टी के वर्षों कार्यकारिणी सदस्य एवं 1945 में उसके अध्यक्ष रहे कि उन्होंने कोई बड़ा पद सरकार में नहीं स्वीकारा। प्रधानमन्त्री एटली एवं मोरीसन बेविन इत्यादि अन्य बड़े नेतागण सदैव उनकी सलाह लेने में गौरव की अनुभूति करते थे। लास्की उनके परामर्शदाता मित्र थे।

तत्कालीन अमरीकी राष्ट्रपति रूजवेल्ट, प्रधानमन्त्री चर्चिल, फ्रांसीसी प्रधानमन्त्री मि० ब्लूम, भारतीय प्रधानमन्त्री पं० नेहरू जैसे विश्व-विख्यात राजनीतिज्ञों को लास्की समय-समय पर सामयिक राजनैतिक मामलों में सलाह दिया करते थे।[2] 1924, 1929 तथा 1945 में सत्तारूढ़ लेबरदल के प्रधान-मंत्रियों को लास्की ने बहुमूल्य मार्ग-दर्शन एवं सहयोग दिया। वे प्रत्यक्षतः सक्रिय राजनीति में बने रहने के मोह से दूर रहे, तथापि उनका मत था कि राजनीति के क्षेत्र में ईमानदार, सहृदयी, चरित्रवान, तथा विचारशील लोग भाग लें, इसके लिए वातावरण बनाने में ही वे व्यस्त रहकर संतुष्ट थे। स्वयं नेपथ्य में रहकर यहां-वहां के कलाकारों को रंगमंच पर लाने में ही उन्हें अपने जीवन की सार्थकता महसूस होती थी। लेबरदल की प्रत्येक वार्षिक बैठक में भाग लेकर वे परिचर्चा में प्रमुख भूमिका निभाते थे।[3]

---

1. डॉ० कृष्णकांत मिश्र : लास्की का राजनैतिक चिंतन, पृ० 1-2
2. डॉ० प्रभुदत्त शर्मा : अर्वाचीन राजनीतिक चिंतन, पृ० 221
3. मावलंकर पी० जी० : प्रो० हेराल्ड लास्की : भावभीनी अंजलि, (हिन्दी अनुवाद), पृ० 11

अमरीकी प्रधान न्यायाधीश होम्स एवं न्यायमूर्ति फेलिक्स फ्रेंकफर्टर जैसे लोगों से लास्की का सदैव पत्र-व्यवहार होता था। रूस के तत्कालीन शासन मार्शल स्टालिन से दो बार प्रो० लास्की ने व्यक्तिगत भेंट कर उनसे महत्त्वपूर्ण समसामयिक मामलों पर वैचारिक आदान-प्रदान किया था।[1] भूतपूर्व अमरीकी राष्ट्रपति केनेडी लास्की के शिष्य रह चुके थे। फेलिक्स फ्रेंकफर्टर ने उनके विश्व-व्यापी प्रभाव की चर्चा करते हुए कहा है कि 'विश्व में ऐसे देश शायद ही हों जहां कोई ऐसा व्यक्ति न हो जो शिक्षक के रूप में प्रो० लास्की की स्मृति को जीवनपर्यन्त संजोकर रखने में अपने को धन्य न माने। लेखन एवं भाषण के अतिरिक्त लास्की के सामाजिक चिंतन का प्रभाव उनके छात्रों के माध्यम से दूरदराज तक फैला, जिससे उनकी वैचारिक प्रणाली में परिवर्तन हुआ है।[2]

आंग्ल सैक्सन लेखकों में लास्की के समकक्ष कोई अन्य चिन्तक ऐसा नहीं जिसने पूंजीवादी व्यवस्था के बुनियादी सिद्धान्तों पर इतने कठोर प्रहार किये हों। आधुनिक युग में उदारवादी विचारधारा और लोकतंत्र को दो भिन्न-भिन्न दिशाओं से चुनौतियां दी गई हैं। एक ओर से फासीवाद तो दूसरी ओर से साम्यवाद। लास्की इन दोनों विकल्पों का विरोध करते हुए समाजवादी लोकतंत्र को वर्तमान पूंजीवादी व्यवस्था के दोषों का एकमात्र उपचार मानते हैं।

लास्की का विश्वव्यापी प्रभाव का अध्ययन करने के पूर्व हम विश्व की तात्कालिक राजनैतिक एवं आर्थिक परिस्थितियों का भी उल्लेख करेंगे, जिनमें लास्की की चिंतनधारा विकसित हुई है। आर्थिक क्षेत्र में वाणिज्यवाद एवं शक्ति गुटों के बीच संघर्ष के कारण विश्व में 20वीं शताब्दी के प्रारम्भ में ही ऐसी स्थिति निर्मित हो चुकी थी कि विश्व बाजार के पुनर्विभाजन का प्रश्न विश्व पूंजीवाद के सामने खड़ा हो चुका था, और दो शसक्त गुटों में विश्व बंट चुका था। जिसमें एक का नेतृत्व प्रशिया का साम्राज्यवाद तथा दूसरे का इंग्लैंड एवं फ्रांस कर रहे थे। इन्हीं दोनों के बीच सशक्त संघर्ष का परिणाम विश्व ने 1914 में प्रथम महायुद्ध के रूप में भोगा। इस घटनाक्रम ने दो प्रमुख घटनाओं को विश्व-पटल पर सार रूप में प्रस्तुत किया, वे थीं—रूस की समाजवादी क्रांति 1917 तथा लीग आफ नेशन्स 1920। साथ ही मार्क्स एवं लेनिनवाद को प्रायोगिक तौर पर विश्व ने स्वीकारा। किसी भी राजनैतिक चिंतन के विचार अपने समय की घटनाओं का विश्लेषण कर अपने अनुभवों के चिंतन के रूप में मूर्त रूप होते हैं। उसके चिंतन की प्रासंगिकता एवं प्रभाव इस बात पर आधारित होते हैं कि वे किस विचारधारा का प्रतिनिधित्व कर रहे हैं।

---

1. मावलंकर पी० जी० : प्रो० हेराल्ड लास्की : भावभीनी अंजलि, (हिन्दी अनुवाद), पृ० 9-10
2. फेलिक्स फेंकफर्टर : क्लेयर माकट रिव्यू, जुलाई, 1950, पृ० 52

लास्की की राजनैतिक चिंतन के अध्ययन हेतु यही एकमात्र कसौटी अध्ययन-कर्त्ता के समक्ष होनी चाहिए। लास्की के प्रति द्वेष अथवा उसका अंधानुकरण लास्की के अध्ययन एवं उसके प्रभाव की निष्पक्षता एवं गरिमा को नष्ट कर देता है। लास्की का अध्ययन करते समय हमारे सामने ये तथ्य आते हैं कि लास्की का चिंतन पूंजीवाद के संक्रमणकाल से फैली निराशा एवं समाजवादी क्रांति से उत्पन्न उत्सुकतापूर्ण अनिश्चितता की भ्रामक स्थिति के सम्मिश्रण का परिणाम है। लास्की समय एवं समाज का नेता न होकर इनका अनुगामी है। इसलिए स्वतंत्रता के उच्च आदर्शों से प्रेरित होने के बावजूद वह ब्रिटिश राष्ट्रवाद के प्रभाव में आकर जनवादी समाजवाद की ओर उन्मुख होते हैं। जो कि व्यावहारिक दृष्टि से शासन-सुधार का सिद्धांत ही अधिक प्रतीत होता है। इसलिए प्रथम विश्व-युद्ध से द्वितीय विश्व-युद्ध के बीच की परिस्थिति से संचालित-परिचालित होकर लास्की ने जो चिंतन दिया उसे पूंजीवाद के दूसरे संक्रमण काल के दौरान पूंजीवादी राष्ट्रों ने खुलकर इस्तेमाल किया। लोग आफ नेशन्स की असफलता ने द्वितीय विश्व-युद्ध को जन्म दिया क्योंकि विश्व पूंजीवाद के सामने बाजार का संकट पुनः उपस्थिति हो चुका था और इसकी परिणति हिटलर तथा मुसोलिनी के द्वारा दिये गये राष्ट्रीय सामाजिक जनवाद के नारों के फलस्वरूप उत्पादन में आयी कृत्रिम तेजी के रूप में देखा जा सकता है।

द्वितीय विश्व-युद्ध के बाद लास्की के लोकतांत्रिक समाजवादी विचारों को अमरीका, इंग्लैंड, फ्रांस, जर्मनी, इटली, नार्वे, स्वीडन, फिनलैंड इत्यादि राष्ट्रों की लोकतांत्रिक समाजवादी दलों के रूप में एक अलग प्रभाव गुट की स्थापना के रूप में हुई। तृतीय सोशलिस्ट इंटरनेशनल की उत्पत्ति में भी लास्की के विचारों का योगदान है। यूरोकम्युनिज्म के राष्ट्र भी लास्की के राष्ट्रीयता स्वतंत्रता एवं नवउपनिवेशवाद विरोधी विचारों से कहीं-न-कहीं प्रेरित अवश्य होते हैं।

वर्तमान लोक कल्याणकारी राज्य की परिकल्पना में भी हमें लास्की के लोकतांत्रिक समाजवादी विचारों की झलक देखने को मिलती है। उनका मत है कि उन्नीसवीं शताब्दी का निषेधात्मक राज्य अब 20वीं शदी का सामाजिक सेना राज्य बन चुका है।[1]

विभिन्न संविधानों में आये मूल अधिकार की संकल्पना पर लास्की का प्रभाव देखा जा सकता है। भारत, आयरलैंड, पाकिस्तान, इंडोनेशिया तथा अफ्रीका के नवोदित राष्ट्रों के संविधानों का इस बात का स्पष्ट प्रभाव देखा जा सकता है। तीसरी दुनिया के देशों द्वारा निर्गुट आंदोलन संचालित हुआ है। उसमें दूसरे देशों की राजनीति की अहस्तक्षेप में नीति विकेन्द्रीयकरण एवं संघवाद

1. लास्की : दि स्टेट इन थ्योरी एंड प्रैक्टिस, (हिन्दी संस्करण), पृ० 126

की कल्पनाओं में भी लास्की के विचारों का योगदान प्रतीत होता है।

प्रो० लास्की के संप्रभुता के सिद्धान्त ने संयुक्त राष्ट्रसंघ की नीतियों को काफी हद तक प्रभावित किया है। सुरक्षा परिषद् एवं महासभा के संबंधों का लास्की के संघवाद का प्रभाव है। संघवादी राष्ट्रों की आधारशिला संघ एवं राज्यों के बीच सुदृढ़ संबंधों का जिसमें एकता में अनेकता का भाव अंतर्निहित होते हैं, लास्की के विचारों के काफी निकट है।

1950 से लेकर जब तक यूरोप, उत्तर-दक्षिण अमरीका में घटनाक्रम यह सिद्ध करता है कि लास्की ने राष्ट्रीय पूंजीपति वर्ग को लोकतांत्रिक समाजवादी सिद्धान्त के द्वारा जनता को क्रांति से दूर मोड़ने के लिए एक अस्त्र प्रदान किया है, पूंजीपति वर्ग का जनवाद सर्वहारा वर्ग के जनवाद से अलग है। ठीक उसी प्रकार उनका समाजवाद भी सर्वहारा वर्ग के समाजवाद से भिन्न है। इसलिए दो विभिन्न वर्गों के दृष्टिकोणों से परिचालित विचारधारा का सम्मिश्रण तब तक संभव नहीं है जब तक दोनों समान धरातल पर खड़ी न हों। इसलिए ऐसा प्रतीत होता है कि लास्की का लोकतांत्रिक समाजवाद सर्वहारा क्रांति को रोकने के लिए उसके द्वारा दिया गया सेफ्टीवाल्व या रक्षा-कवच है जिसे साम्यवादियों के दृष्टिकोण से एक यूटोपियन विचार भी कहा जा सकता है क्योंकि निजी पूंजी का अस्तित्व एवं स्वामित्व बनाये रखते हुए लोकतांत्रिक समाजवाद को अमल में लाने की कल्पना निराधार एवं असंभव-सी प्रतीत होती है। इसलिए लास्की की स्वतन्त्रता का विचार भी इसी जगह आकर पूंजीवादी परिधि में सिमट जाता है क्योंकि लास्की पूंजीपतियों के आचरण को ही पूंजीवाद की विशेषता मानते हैं।[1] इसलिए स्वतंत्रता भी उनकी अनुगामी बन जाती है।

लास्की का समानता का विचार भी पूंजीवादी अर्थ में ही पूंजी के वितरण की समानता पर बल देता है। परन्तु उत्पादन के साधनों पर समाज के स्वामित्व को उनके द्वारा पूरी तरह से स्वीकारा नहीं जाता। आर्थिक शोषण से मुक्ति बिना समानता का विचार निरर्थक प्रतीत होता है।

लास्की की संप्रभुता में जनता की सार्वजनिक संप्रभुता का विशेष उल्लेख नहीं है। विश्व का इतिहास ऐसे असंख्य उदाहरणों से भरा हुआ है, जिससे सिद्ध होता है कि सामाजिक परिवर्तन स्वयमेव कभी नहीं होते बल्कि परिवर्तन की सर्वाधिक आवश्यकता जनता की होती है। इसलिए कोई भी युगान्तरकारी परिवर्तन पूरी तरह से शांतिपूर्ण एवं संवैधानिक ढंग से नहीं लाया जा सकता क्योंकि इससे पूर्व-स्थापित हितों का अस्तित्व खतरे में पड़ता परिलक्षित होता

---

1. लास्की : दि स्टेट इन थ्योरी एंड प्रैक्टिस, (हिन्दी संस्करण), पृ० 89

है । लास्की का भी मत है कि क्रांति के लिए एक समय हिंसा अनिवार्य हो सकती है, किन्तु हिंसा ही क्रांति नहीं है, 'बल्कि सामाजिक परिवर्तन का आवश्यक साधन है ।[1]

लास्की का चिंतन मूलतः प्रथम एवं द्वितीय विश्व-युद्ध के संकटकालीन युग के काल की उत्पत्ति है इसलिए उसका चिंतन उस दायरे तक ही सीमित है, जो समाजवादी सफलता की अनिश्चितता एवं पूंजीवादी ह्रासोन्मुखता के बीच है जैसा कि लास्की ने स्वयं स्वीकारा है कि हमारे युग की विशेषताएं ह्रासोन्मुख अर्थ-व्यवस्था के अंतिम अवस्थान की द्योतक है ।[2] जिन राष्ट्रों में समाजवादी अर्थव्यवस्था कायम हुई वहां की सत्ताओं ने पूंजीवादी राष्ट्रों को लास्की प्रदत्त लोकतांत्रिक समाजवाद के मुखौटे एवं अस्त्र को पहचान लिया । 1956 में हंगरी में इमरेनागी को फांसी दिया जाना इस तथ्य का प्रमाण है कि समाजवादी सत्ताएं लोकतांत्रिक समाजवाद के पूंजीवादी अस्त्र के प्रति सचेत थीं ।

लास्की का तत्कालीन परिस्थितियों में विश्व पर पड़ने वाला प्रभाव इस तथ्य से इंगित होता है कि लास्की के सबसे बड़े प्रचारक दुनिया के बड़े पूंजीवादी राष्ट्र ही हैं । इसलिए उसके विचारों से जनता की क्रांतिकारी संघर्ष को तोड़ने में विशेषकर यूरोप, इंग्लैंड, अमरीका इत्यादि देशों में एक प्रखर अस्त्र के रूप में काम लिया गया । तथा यहां की साम्यवादी पार्टियां लास्की के लोकतांत्रिक मुखौटे में प्रच्छन्न रूप से छिपा पूंजीवादी स्वरूप को नहीं समझ सकीं । जिससे जनता उसके लोकतंत्रवादी सुधारवाद की शिकार बनी । इसलिए क्रांति के पर्याप्त आधार होते हुए भी वहां पूंजीवाद एवं साम्राज्यवाद को उखाड़ फेंकने की कोई कोशिश नहीं हुई । इस प्रकार लास्की का दर्शन विश्व जनमानस के लिए नहीं बल्कि विश्व पूंजीवाद की आधारशिला मजबूत करने के लिए ही रहा, भले ही लास्की व्यक्तिगत रूप में पूंजीवादी विचारों से परहेज करते रहे किन्तु उनके अनुयायियों ने उनका भरपूर इस्तेमाल किया है जो कि श्रम एवं पूंजी के बीच समझौता शक्ति के रूप में कार्यरत हैं । आज जो आर्थिक शक्तियां अमरीकी लोकतंत्र को मजबूत बनाती हैं वे ही चिली, ब्राजील या अर्जेन्टाइना में सैनिक शासन स्थापित कराकर लैटिन अमरीकी लोकतंत्र का गला घोंटती हैं । इसलिए यदि तीसरे विश्व परिप्रेक्ष्य में हम देखें तो ये राष्ट्र जनवादी पुनर्निर्माण प्रक्रिया में अग्रसर हो रहे हैं तो दूसरी ओर ब्रिटिश तथा अमरीकी चिंतक प्रकट रूप में लिबरल होकर अप्रत्यक्ष रूप से पूंजीवादी या नवउपनिवेशवादी विचारों के

---

1. लास्की : ए ग्रामर आफ पालिटिक्स, (हिन्दी संस्करण), प्रस्तावना, पृ० 7-8
2. वही, पृ० 8-9

आधारों पर ही राजनैतिक प्रणालियों का पुनर्मूल्यांकन कर रहे हैं।[1]

लास्की साम्राज्यवाद एवं फासीवाद के कटु आलोचक हैं। आज जबकि विश्व के अनेक भागों में ये विचारधाराएं सक्रिय हैं। प्रो० लास्की फासीवाद को भी प्रतिक्रांति के विचारों की ही अभिव्यक्ति मानते हैं। जातीय दंभ, लोकतांत्रिक मूल्यों का दमन, सैनिक तानाशाही यातना शिविर, नरमेध, कूटनीतिक वितंडा-वाद, विध्वंस के लिए विज्ञान का दुरुपयोग एवं आक्रामक साम्राज्यवाद फासी-वादी विचारधारा को अबुद्धिवाद की एक घृणित अभिव्यक्ति के रूप में स्थापित कर देता है।[2]

अपने जीवन के संध्याकाल में प्रो० लास्की को तीसरे विश्व-युद्ध होने की संभावनाएं एवं आशंकाएं घेरे रहती थीं। 'तीसरे विश्व-युद्ध के चरित्र एवं लक्षणों की उन्हें अच्छी पहचान थी। वे मानवता को उसकी विभीषिका से बचाना चाहते थे।'[3]

प्रो० लास्की साम्राज्यवादी चंगुल से अफ्रीकी एवं एशियाई राष्ट्रों को बचाना चाहते थे। उनका विश्वास था कि जो विश्व-व्यवस्था अनेक संप्रभुतासंपन्न राज्यों के अस्तित्व पर आधारित होगी वहां युद्ध एवं शांति दोनों का अस्तित्व होगा। उनका विश्वास यह भी था कि समाजवादी राज्य में वे अंतर्विरोध नहीं होते जो पूंजीवादी राज्य को औपनिवेशिक विस्तार हेतु विवश करते हुए साम्राज्यवादी युद्धों का चक्र भी शुरू करते हैं। सोवियत रूस के प्रति सहानुभूति दर्शाते हुए उनका मत था कि सोवियत रूस को इस रूप में विदेशी बाजार एवं उपनिवेशों की आवश्यकता नहीं है। और न ही पूंजीवादी राज्यों की तरह उसे आक्रामक उद्देश्यों के लिए संप्रभुता शक्ति की जरूरत है। हां, दूसरे पूंजीवादी आक्रमण से रक्षा हेतु रूस को भी अपनी संप्रभुता की आवश्यकता है।[4] साथ ही उनका मत था कि रूस जीवन के एक नये ढंग का प्रतीक है, जिसकी आधारशिला से परम्परागत व्यवस्था की सर्वोपरिता को खतरा पैदा हो गया है।[5]

लास्की का उद्देश्य समाजवादी राष्ट्र-मंडल की स्थापना है, जिससे विश्व शांति की उपलब्धि हो सकती है। उनका मत है कि समाज की उत्पादक क्षमता का इस प्रकार विकास करना जिससे कि उसके फलों में सभी को बराबरी की हिस्सेदारी मिले, राजनैतिक सत्ता को थोड़े से लोगों की स्वार्थसिद्धि हेतु गलत ढंग से इस्तेमाल होने से बचाना है तब उसकी संप्रभुता फिर निहित स्वार्थों का

1. के० के० मिश्रा : तुलनात्मक शासन एवं राजनीति, पृ० 10
2. लास्की : पार्लियामेंट्री गवर्नमेंट इन इंग्लैंड, पृ० 40
3. नार्मन : मेकेन्जी : क्लेयर मार्केट रिव्यू, जुलाई, 1950, पृ० 31
4. लास्की दि अमरीकन डेमोक्रेसी, पृ० 537-39
5. लास्की : ए ग्रामर आफ पालिटिक्स, (हिन्दी संस्करण), भूमिका, पृ० 28

आवरण नहीं रहेगी ।[1]

अपने मार्क्सवादी प्रभाव काल में लास्की को यह पूरा विश्वास हो गया था कि संयुक्त राष्ट्र-संघ विश्व-राजनीति के शक्ति संघर्षों एवं वर्ग संघर्षों की पृष्ठभूमि में जन्मा है इसलिए उसके द्वारा किये जा रहे शांति प्रयास-अथवा पूंजीवादी शांति वस्तुतः एक नये युद्ध की तैयारी का अवसर है । इसलिए लास्की की मांग यह सर्वथा उचित है कि पहले उत्पादन के पूंजीवादी संबंधों में परिवर्तन करो एवं उसके स्थान पर समाजवादी प्रणाली को अपनाओ ।[2] तदनन्तर स्थायी विश्व-शांति की स्थापना हेतु गंभीरता से विचार-विमर्श करो । यही कारण है कि 1945 में संयुक्त राष्ट्र की स्थापना से उन्हें कोई विशेष हर्ष नहीं हुआ । उनके चिंतन का महत्त्वपूर्ण योगदान एवं प्रभाव युद्ध पर प्रतिबंध लगाने का प्रयास भी है । उनकी संयुक्त विश्व समाज के आदर्श में आस्था है जो कि राष्ट्रीय समाजों के पारस्परिक संबंधों को मर्यादित करेगी और उसके परिणामस्वरूप रूस, इंग्लैंड या भारत जैसे राष्ट्रों से संप्रभुता को लेकर किसी विश्व-समाज की सरकार को हस्तांतरित करना होगा जो अपनी अधीन राष्ट्रीय इकाइयों पर शक्ति प्रयोग पर अधिष्ठात्री रहेंगी । इसलिए लास्की का विश्वास है कि विश्व सरकार की स्थापना ही अंतर्राष्ट्रीय संबंधों की वर्तमान अराजकता को अवश्यमेव मिटा सकेगी । किन्तु उपर्युक्त लक्ष्य की उपलब्धि सुदूर भविष्य की संभावना है ।[3]

1930 के बाद उनकी विचारधारा का इतना प्रबल प्रभाव था कि उस काल को 'लास्की का युग' कहा जा सकता है ।[4] विराट एवं बहुमुखी प्रतिभा के धनी प्रो० लास्की का प्रभाव केवल इंग्लैंड तक ही सीमित नहीं रहा । समूचे विश्व में उनकी कृतियों को पढ़ा जाता है । उनके छात्र आज विश्व में सभी देशों में विद्यमान अपने इस महान् आचार्य की कीर्ति के जीवित स्मारक हैं । प्रो० लास्की ने राजनीति विज्ञान की बुनियादी समस्याओं का जिस सूक्ष्मता एवं गहनता के साथ विवेचन किया है, वह आधुनिक काल में विश्व के बहुत कम चिंतकों में दिखाई देता है । उनकी कृतियों एवं मान्यताओं का महत्त्व आज इसलिए और बढ़ जाता है कि वे केवल आदर्शवादी चिंतक मात्र नहीं थे अपितु उनका व्यावहारिक राजनीति से घनिष्ठतम सम्बन्ध रहा था ।

प्रो० लास्की के इस प्रकार के विचार वर्तमान संक्रमणकाल में विशेष रूप से उल्लेखनीय माने जाते हैं । आज जब कि वर्तमान विश्व में अनेक विचारधाराएं अपने अस्तित्व को सुदृढ़ करने के लिए संघर्ष कर रही हैं, जो विश्व मानवता हेतु

1. लास्की : दि स्टेट इन थ्योरी एंड प्रैक्टिस, पृ० 254
2. वही, पृ० 254-64
3. लास्की : एन इंट्रोडक्शन टु पालिटिक्स, पृ० 101-04
4. किंग्सले मार्टिन : हेराल्ड लास्की : ए बायोग्राफिकल मेमोयर, पृ० 257

कभी-कभी संकट का कारण भी बन सकती है। यहां प्रो० लास्की के विचार अतिरेकों से दूर उदारवादी रूप में मनुष्य की अस्मिता की रक्षा करते हैं। और जिसकी प्रतिच्छाया हमें उनकी तमाम कृतियों में देखने को मिलती हैं। प्रो० लास्की का विश्वव्यापी प्रभाव होने से उनके कृतित्व एवं व्यक्तित्व पर भारत ही नहीं बल्कि यूरोप तथा अमरीका में शोध-कार्य हुए हैं एवं चल रहे हैं।

भावी पीढ़ियां लास्की को ऐसे चिंतक के रूप में याद करेंगी, जिसने हमारे युग के कतिपय सर्वाधिक महत्त्व के प्रश्नों, राज्य के स्वरूप एवं व्यक्ति के साथ उसके संबंधों, स्वतंत्रता, समानता, सम्प्रभुता, अधिकार, आदेश-पालन तथा लोकतंत्रवाद, साम्यवाद एवं फासीवाद पर काफी लिखा है।

अध्याय अष्टम

प्रो० लास्की के विचारों की प्रासंगिकता एवं उनका मूल्यांकन

प्रो० लास्की के विचारों की प्रासंगिकता

किसी भी व्यक्ति का चिंतन समाज-विकास के एक स्तर पर चल रहे सामाजिक विकास के अंतर्द्वंद्व की व्याख्या होता है। इसमें तत्कालीन सामाजिक गतिरोधों, अंतर्विरोधों, वर्ग-संघर्ष एवं सत्ता कायम रखने हेतु व सत्तारूढ़ होने हेतु किए जाने वाले प्रयासों का सामाजिक मूल्य भी होता है। वस्तुतः चिंतन एक सामाजिक संवेग है, जो कि मस्तिष्क में अनवरत चलने वाली अंतःक्रिया का प्रतिबिम्ब होता है। और इसी रूप में कोई भी चिंतन विगत चिंतन के एक श्रृंखला-बद्ध कड़ी के रूप में जांचा-परखा जा सकता है। लास्की की समीचीन व्याख्या एवं उसके विचारों की प्रासंगिकता के अध्ययन की एक कसौटी यह भी है कि लास्की का चिंतन वर्ग-विभाजित समाज के किस वर्ग के विकास हेतु सहायक या उपयुक्त सिद्ध हो सकता है। इस अध्ययन के पूर्व यह भी स्पष्ट कर लेना आवश्यक है कि प्रासंगिकता कभी एकांगी नहीं होती, बल्कि सदैव सर्वांगीण होती है। अर्धसत्य भी उतना ही अप्रासंगिक है, जितना कि असत्य। समाज-विकास के विशेष तौर पर पूर्ण सत्य ही विशिष्ट और प्रासंगिक होता है। जैसा कि पूर्व में कहा गया है कि लास्की का चिंतन प्रथम और द्वितीय विश्व-युद्ध के दौरान पूंजीवादी आर्थिक संकट, नैतिक मूल्यों का ह्रास, पतनोन्मुखी सामाजिक एवं अर्थ-व्यवस्था से घोर निराशा एवं समाजवाद की सफलता के बारे में अनिश्चितता के सम्मिश्रण का परिणाम है। अतः उनके चिंतन की प्रासंगिकता में इस तत्त्व को ध्यान में रखना अपरिहार्य है।

उनका 1930 के बाद का चिंतन आपातकाल की उपज होने के कारण समग्र नहीं हो सकता था लेकिन तत्कालीन समाज ने लास्की का अतिशयोक्तिपूर्ण प्रचार-प्रसार किया, क्योंकि यूरोपीय सत्ताधारी वर्ग को मार्क्सवाद के बढ़ते प्रभाव को कम करने के लिए एक उपयुक्त चिंतन लास्की के चिंतन के रूप में अनायास ही सुलभ हो गया।

किसी भी विचारक के विचारों की प्रासंगिकता के जांच की दूसरी महत्त्वपूर्ण कसौटी यह है कि उसका चिंतन एवं प्रतिपादित विचार विश्व की सामान्य सामाजिक, आर्थिक, राजनैतिक, सांस्कृतिक, नैतिक परिस्थितियों में उसके विचार किस सीमा तक प्रयुक्त किए जा सकते हैं तथा उस विशेष देश की विशेष-विशेष परिस्थितियों में उत्पन्न गतिरोधों को सुलझाने में एवं समाज के अग्रिम विकास में किस हद तक सहायक सिद्ध हो सकते हैं. यही उसके प्रासंगिकता की सही एवं वैज्ञानिक कसौटी है।

लास्की जैसे एक चिंतन की तत्कालीन एवं वर्तमान परिस्थितियों में प्रासंगिकता के अध्ययन के दौरान मुख्य तीन बातें ध्यान में रखी जानी आवश्यक प्रतीत होती हैं—एक, उस चिंतन की चिंतन-पद्धति का केन्द्र-बिन्दु क्या है? दो, उसका चिंतन सामाजिक परिवेश को किस सीमा तक सही-सही प्रस्तुत कर पाता हैं? तीन, उसका चिंतन बदलती परिस्थितियों में किस हद तक खींचा एवं परिव्यापक किया जा सकता है? लास्की के चिंतन की प्रासंगिकता इन्हीं तीन बिंदुओं को स्पर्श करती है। लास्की की समस्त कृतियों के अध्ययन से ऐसा प्रतीत होता है कि प्रथम बिन्दु को लास्की पर प्रयुक्त किए जाने पर लास्की के चिंतन का केन्द्र-बिंदु उदारवादी स्वतन्त्रता का एवं समानता का सत्ता के साथ संघर्षपूर्ण गठबंधन किस तरह संभव है, इस विचार के इर्द-गिर्द घूमता है। तथा इसी से जुड़े हुए प्रश्न कानून, समाजवाद, साम्यवाद एवं प्राकृतिक अधिकार पर लास्की ने अपना चिंतन प्रस्तुत किया है।

प्रो० लास्की की दृष्टि में राजनैतिक दर्शन कुछ स्वयं-सिद्ध बौद्धिक परिकल्पनाओं पर आधारित एक परिवर्तनीय वैचारिक प्रणाली नहीं है। राजनीतिक सिद्धांत का राजनीतिक व्यवहार के संदर्भ में निरंतर विकास होता है। लास्की ने राजनीतिक बुद्धिवाद पर आधारित कोई रूढ़िवादी राजनीतिक दर्शन तो प्रस्तुत नहीं किया पर आधुनिक राज्य के सिद्धांत की व्याख्या में व्याप्त संकट की ओर हमारा ध्यान अवश्य दिलाया। उन्होंने इतिहास और अनुभव से अनेक प्रमाण अवश्य दिए जो राज्य की परम्परागत व्याख्या को दोषपूर्ण सिद्ध करने में सहायक हुए। लास्की ने समाज विज्ञान में वैज्ञानिक पद्धति की उपयोगिता पर बल दिया अत: उन्हें राजनीतिक दर्शन के बदले 'राजनीतिक वैज्ञानिक' के रूप में देखना अधिक युक्तिसंगत होगा।[1]

आज जबकि राजनीतिक विज्ञान के उत्तर व्यवहारवादी युग में श्वास ले रहे राजनीतिशास्त्री किसी एक सामान्य सिद्धांत का निर्धारण नहीं कर पा रहे हैं वहां प्रो० लास्की ने भी अपने समय में ऐसी ही कमी का अनुभव किया। उनका

---

1. के० के० मिश्रा : लास्की का राजनीतिक चिंतन, पृ० 5

मत है कि, 'आज एक नई समाज-व्यवस्था अस्तित्व में आने हेतु घोर संघर्ष कर रही है। पुराने मूल्यों की व्यवस्था छिन्न-भिन्न हो चुकी है और नये मूल्यों के निर्धारण के सिद्धांत अभी तय नहीं हो पाये हैं।'[1]

लास्की ने राज्य शासन एवं अंतर्राष्ट्रीय राजनीति से संबंधित जिन समस्याओं का विशद विश्लेषण किया है वे आज भी उपस्थित हैं। भले ही लास्की पूंजीवादी लोकतन्त्र के सही विकल्प को देने में पूरी तरह सफल नहीं हो पाये किन्तु उन्होंने पूंजीवादी लोकतन्त्र एवं फासीवाद का जिस सूक्ष्मता एवं यथार्थता से विवेचन किया है वैसे चिंतक विरले ही होंगे। उनका मत है कि पूंजीवाद के सिकुड़ने के दौर में दाखिल हो जाने से एक ओर तो आर्थिक अल्पतन्त्र के और दूसरी ओर राजनैतिक लोकतन्त्र के साध्यों का परस्पर विरोध उभरकर जीवन्त रूप पा गया है।[2]

लास्की की मान्यता है कि पूंजीवादी विकास के साम्राज्यवादी चरण का आवश्यक परिणाम युद्ध है जिसका विश्वतन्त्र के साथ कोई मेल नहीं है। विश्वतंत्र की स्थापना के लिए वे एकात्मक आर्थिक संसार की आवश्यकता महसूस करते हैं लेकिन राज्यों की प्रभुत्वशक्ति के कारण ऐसा होते वे नहीं देख पाते। उनका मत है कि यदि अंतर्राष्ट्रीय संगठन को कारगर होना है तो यह आवश्यक है कि सीमा शुल्कों, श्रमिक मानदण्ड, देशांतर-गमन, कच्चे द्रव्य की प्राप्ति और पिछड़े हुए प्रदेशों में प्रवेश जैसे विषयों पर उसका नियन्त्रण होना चाहिए।[3]

विश्व में निःशस्त्रीकरण की वर्तमान स्थिति पर लास्की चिंतित प्रतीत होते हुए कहते हैं कि पाखंड लीला का यही रहस्य है कि एक ओर प्रत्येक राज्य निःशस्त्रीकरण की रट लगाते नहीं थकता, दूसरी ओर वह ऐसे किसी साधन को त्यागने के लिए गंभीरतापूर्वक प्रस्तुत नहीं है जिसे वह शक्ति-संघर्ष में विशेष महत्त्व का मानता है।[4]

लास्की का यह विश्वास भी हमें वर्तमान समय में सार्थक लगता है कि राज्य में सफल क्रांति का होना एक दुष्कर कार्य है। कुछ असाधारण परिस्थितियों की बात छोड़कर वर्ग-सम्बन्धों में परिवर्तन तभी हो सकता है जबकि जनता इस प्रकार के परिवर्तन की आवश्यकता को मुक्त कंठ से स्वीकार करती हो।[5]

वर्तमान युग के लोक कल्याणकारी राज्यों में लास्की की पूरी आस्था है तभी वे 20वीं शताब्दी के राज्यों की सामाजिक सेवा राज्य के रूप में स्वीकारते

1. लास्की : ए ग्रामर आफ पालिटिक्स, (हिन्दी संस्करण), पृ० 6
2. वही, पृ० 18
3. लास्की : दि स्टेट इन थ्योरी एंड प्रैक्टिस, (हिन्दी अनुवाद), पृ० 155-56
4. वही, पृ० 160
5. वही, पृ० 209

हैं।[1]

लोकतांत्रिक संविधानों की महत्ता को स्वीकारते हुए लास्की कहते हैं कि लोकतांत्रिक संविधान एक ऐसी वस्तु है जो शब्दों के साथ-साथ भावना पर भी आधारित होते हैं।[2] लास्की के विचारों की प्रासंगिता एवं सार्थकता उस समय सिद्ध होती परिलक्षित होती है जब हम उनके द्वारा राष्ट्रीय राज्यों के समर्थन में तथा साम्राज्यवादी शोषण एवं युद्ध विरोधी उनका जुझारूपन उनकी अनेक कृतियो में पाते हैं। वे भारत तथा अन्य अफ्रीकी एशियाई देशों की स्वाधीनता की आवाज उठाते हैं, साथ ही शीत-युद्ध की शिथिलता हेतु पश्चिमी यूरोप के देशों से अपेक्षा करते हैं कि वे रूस के विरुद्ध अमरीका का साथ न देकर शीत-युद्ध को प्रबल न करें।

लास्की का प्रारंभिक चिंतन राजनैतिक सिद्धांतों की गहनना सूक्ष्मतायुक्त दार्शनिक एवं ऐतिहासिक पद्धति से परिपूर्ण है। जबकि उत्तरार्द्ध का चिंतन लास्की के ऊपर समसामयिक विश्व-पटल पर घट रही घटना-चक्रों की उत्प्रेरणा का परिणाम है और इसमें लास्की कभी-कभी हमें प्रचारक भी प्रतीत होने लगते हैं। युद्धकाल में लोकतांत्रिक शक्तियों के साथ अर्थात् मित्र राष्ट्रों के साथ रहकर, तो युद्धोत्तरकाल में वे नवोदित अफ्रीकी-एशियाई राष्ट्रों की औपनिवेशिक स्वतन्त्रता की बात कर वहां काफी लोकप्रियता हासिल करते हैं।

उन्होंने लोकतंत्र की आधारभूत अवधारणाओं पर विस्तृत विवेचन किया है। विवेचना के प्रारम्भ से ही यह स्पष्ट कर देना उचित है कि लास्की का चिंतन बहुलवाद, फैबियनवाद, उदारवाद, ग्रीन के आदर्शवाद तथा मार्क्सवादी विचारों का अजीब-सा सम्मिश्रण है इसलिए इसमें विसंगतियों का होना भी स्वाभाविक ही है। इसलिए हमें कभी-कभी एक यूटोपियन आदर्शवाद की संकल्पना लिये उनके ये विचार परिलक्षित होते हैं। राज्यसत्ता वर्गगत अस्त्र होने के कारण उसका स्वतंत्रता और समानता के साथ मेल बैठाना सम्भव नहीं लगता। चूंकि लास्की आधुनिक उदारवादी चिंतक हैं इसलिए उनके लिए व्यक्ति की वैचारिक स्वतंत्रता सर्वोपरि है। और इसके लिए वे समाज की जैविक अवधारणा को नकार देते हैं तथा उसके ऊपर वे व्यक्ति के चिंतन को प्रतिष्ठित करते हैं।[3] इसके लिए लास्की व्यक्ति एवं उसके चिंतन की स्वायत्तता के पक्षधर हैं।[4]

---

1. लास्की : दि स्टेट इन थ्योरी एंड प्रैक्टिस, (हिन्दी संस्करण), पृ० 126
2. वही, पृ० 137
3. लास्की : स्टडीज इन दि प्राब्लम आफ सावरेंटी, पृ० 264-65
4. हर्बर्ट ए० डीन : दि पालिटिकल आइडियाज आफ हेराल्ड जे० लास्की, पृ० 39

लास्की राज्य एवं उसकी शक्ति को व्यंग्यात्मक रूप में एक आधुनिक देवता के रूप में मानने हैं जिसके सामने प्रत्येक नागरिक को घुटने टेकने पड़ते हैं।[1] लास्की एक ओर सम्प्रभुता को आवश्यक मानते हैं क्योंकि व्यक्ति अपनी स्वतंत्रता का कुछ भाग राज्य को सौंप देता है ताकि राज्य उसके विकास में कुछ कल्याणकारी कार्य कर सके।[2] अतः राज्य का आज्ञापालन कुछ सीमा तक स्वाभाविक भी है एवं आवश्यक भी।[3] इन विचारों को प्रासंगिकता की कसौटी पर कसने पर लास्की का राज्य अधिकार-विहीन राज्य एवं अराजकतावादी समाज होगा।[4] किन्तु लास्की स्वतंत्रता के अतिरेक में सामाजिक नियंत्रण की संकल्पना को अनदेखा कर देते हैं।

वर्तमान समाज के विकास की जटिलतम प्रक्रिया व्यक्ति स्वातंत्र्य पर राज्य के अंकुस को नैतिक बनाती है और राज्य का व्यक्ति स्वतंत्रता पर अधिकार एवं प्रवेश कायम रखता है। लास्की के चिंतन में इन समस्याओं को सुलझाने के दृष्टिकोणों का नवीन यूटोपियन दृष्टिकोण दिखाई देता है। वे अपने शब्दजंजाल के सहारे पाठकों को समस्याओं का गुरुता से परिचय कराकर एक आदर्शजनित निदान देते हैं। इसी परिप्रेक्ष्य में उनके स्वतंत्रता एवं सम्प्रभुता संबंधी विचार यथार्थ से दूर काल्पनिकता लिये प्रतीत होते हैं। जो वर्तमान समाज की समस्याओं को सुलझाने में अक्षम लगते हैं।

लास्की का, समानता का विचार भी पूर्णतः अस्पष्ट-सा परिलक्षित होता है। उनकी समानता स्वत्व को प्राप्त करने हेतु समान सार्थक अवसरों की प्राप्ति है।[5] वह अपनी समानता की धारणा में ग्रीन के इस विचार से प्रभावित दिखते हैं कि सभी लोगों के समान कुछ कर पाने या उपभोग करने की सार्थक शक्ति समानतापूर्ण स्वतंत्रता है।[6] प्रथमतः ग्रीन का यह वक्तव्य लास्की ने गलत स्थान पर उद्धृत किया है।

लास्की विचारधारा की व्यावहारिकता के अभाव में स्वतंत्रता एवं समानता को एक धरातल पर लाते हैं, जो कि संभव नहीं है। वस्तुतः समानता का अर्थ जीने के समान उपयुक्त अवसरों की प्राप्ति के साथ ही समाज के विकास के समीचीन अवसरों की प्राप्ति भी है जो कि सापेक्ष वस्तु है। अवसरों की प्राप्ति निश्चित रूप से स्वतंत्रता की अनुगामी है परन्तु निरपेक्ष स्वतंत्रता कभी संभव

1. लास्की : स्टडीज इन दि प्राब्लम्स आफ सावरेंटी, पृ० 208
2. लास्की : अथारिटी इन दि माडर्न स्टेट, पृ० 28
3. लास्की : स्टडीज इन दि प्राब्लम्स आफ सावरेंटी, पृ० 206
4. हर्बर्ट ए० डीन : दि पालिटिकल आइडियाज आफ हेराल्ड जे० लास्की, पृ० 41
5. लास्की : पालिटिकल थाट इन इंग्लैंड फ्राम लाक टू बेंथम, पृ० 309
6. लास्की द्वारा उद्धृत ग्रीन का कथन : अथारिटी इन दि माडर्न स्टेट, पृ० 55

नहीं है। यदि हो भी तो वह स्वतंत्रता नहीं, अराजकता होगी। अतः लास्की भूलवश अराजकता के पक्षधर बनते हैं, जबकि उनकी इच्छा ऐसी कभी नहीं रही। बहुलवादी परिप्रेक्ष्य में स्वतंत्रता-समानता को परिभाषित कर लास्की राज्यसत्ता एवं उसके कार्यों को नियंत्रित करने का प्रयास करते हैं जो कि संविधानवाद की ओर उनकी प्रवृत्ति को इंगित करता है।

अधिकार की अवधारणा के बारे में तार्किक विसंगति होने के कारण लास्की इस तथ्य को भी अनदेखा करते हैं कि राज्य ऐतिहासिक रूप से वर्ग-संघर्ष के अंतर्द्वन्द्व का परिणाम है। वे राज्य को सर्वोत्तम जीवन की प्राप्ति हेतु एक साधन के रूप में मातते हैं। साथ ही उनका यह भी कथन है कि वर्तमान में अभी राज्य द्वारा एक समूह विशेष का हित-संवर्धन किया जा रहा है।[1] अतः उनके मतानुसार राज्यसत्ता वर्ग-सापेक्ष न होकर वर्ग-निरपेक्ष है परन्तु उनका सम्प्रभुता का सिद्धांत उनके इस कथन से मेल नहीं खाता। वे राज्य सम्प्रभुता को अतार्किक एवं अवैधानिक मानते हैं।[2] दूसरी ओर लास्की सम्प्रभुता की व्याख्या करते हुए उसे कानूनी सम्मति भी देते हैं।

अपनी पुस्तक 'ए ग्रामर आफ पालिटिक्स' में वे राज्य द्वारा कानून बनाने के सर्वमान्य अधिकार को मान्यता देते हुए कहते हैं कि यदि समाज में शांति चाहिए तो राज्य निर्मित कानूनों का पालन अनिवार्य है।[3] लास्की की मान्यता है कि राज्य की सम्प्रभुता उसी समय तक वैध है जब तक वह हमारे लिए उपयोगी कार्य कर रही है।[4] परन्तु वैचारिक अपरिपक्वता के कारण मनुष्य द्वारा राज्य के कार्यों का वैधानिक विरोध ही लास्की की स्वतंत्रता का मूल मंत्र प्रतीत होता है।[5] लास्की इस तथ्य को समझा नहीं पाते कि मनुष्य हेतु वे आवश्यक अधिकार कौन-कौन से हैं, जिनकी प्राप्ति हेतु मनुष्य राज्य का वैधानिक विरोध कर सकता है। इसीलिए उसकी सम्प्रभुता संबंधी अवधारणा उसके अधिकारों की अवधारणा से भी मेल नहीं खाती और इसकी विसंगति दोनों अवधारणाओं को नकारात्मक बनाती है। इसलिए उनके इन विचारों की प्रासंगिकता सीमित-सी रह जाती है। विशेषकर उस संकटकालीन परिस्थितियों में जब राज्य एवं समाज का अस्तित्व खतरे में पड़ता है।

लास्की के प्रथम काल-खंड के चिंतन की परिपक्वता के कारण वे राजनैतिक चिंतन के रूप में उभरने के बावजूद भी तत्कालीन लेबर सरकार की नीतियों

1. लास्की : स्टडीज इन दि प्राब्लम्स आफ सावरेंटी, पृ० 15
2. लास्की : दि फाउन्डेशन आफ सावरेंटी एंड अदर एसेज, पृ० 236
3. लास्की : ए ग्रामर आफ पालिटिक्स, पृ० 17-18
4. वही, पृ० 26-27
5. वही, पृ० 39

पर अपना विशेष प्रभाव नहीं डाल सके। मोटे तौर पर उनके चिंतन-जीवन का प्रथम काल-खंड (1914-31) लास्की को भाववादी चिंतक के रूप में प्रतिष्ठित करता है तो द्वितीय काल-खंड (1932-50) उन्हें लेबर पार्टी की नीतियों का बौद्धिक मार्गदर्शक बनाता है जहां उनमें प्रारंभिक चिंतन की-सी परिपक्वता नहीं रहती।[1]

उनके द्वारा अपने को मौलिक चिंतक दिखाने की उत्कटता से उन्होंने विषय वस्तु की व्यापकता पर बल दिया। इसी व्यापकता ने उनके मौलिक चिंतन की बलि चढ़ा दी है। उन्होंने सतही विश्लेषण पर ज्यादा ही ध्यान दिया है। एक ही विचार को बारंबार दुहराने एवं बिचारों को सुसूत्रता में न बांध पाने की लास्की की मौलिक विशेषता है।[2]

उनके चिंतन का दूसरा काल-खंड उन तमाम विचित्रताओं से भरा पड़ा है, जो एक चिंतक को न तो चिंतक और न ही एक सामान्य आदमी बने रहने देती है। लास्की इस काल-खंड में साम्यवादी विचारों से प्रेरित परिलक्षित होते हैं अतः उनकी सम्प्रभुता, स्वतंत्रता, समानता एवं अधिकारों की अवधारणाएं भी अतिरेकी प्रतीत हैं। उनके अनुसार राज्य केवल उत्पादन के साधनों पर स्वामित्वधारी वर्ग का व्यवस्थापिक उपादान है।[3]

उनकी मान्यता है कि संघीय राज्य में सम्प्रभुता भी बहुलवादी होती है।[4] वे सम्प्रभुता को वैधानिक रीति से व्यक्ति अथवा गुट के ऊपर दमनकारी शक्ति मानते हैं।[5] साथ ही यह भी स्वीकारते हैं कि सम्प्रभुता के कारण ही राज्य की पहचान होती है। लास्की यहां सम्प्रभुता की दमनकारी भूमिका का समर्थन करते हैं। उनकी मान्यता है कि अन्याय अथवा अदूरदर्शिता राज्य के आज्ञापालन हेतु नागरिकों के वैधानिक अधिकारों पर कोई प्रभाव नहीं डालती।[6] यह सम्प्रभुता लास्की के मार्क्सवादी होते हुए भी मार्क्सवाद से मेल नहीं खाती क्योंकि मार्क्सवाद की राज्यविहीन समाज की कल्पना ही सम्प्रभुता की समूची अवधारणा के विरुद्ध खड़ी है।

मार्क्स सर्वहारा अधिनायकवाद की बात करते हैं, जिससे लास्की सहमत नहीं हैं। वे पूंजीवादी जनतंत्र पर उसकी असफलता के कारण चोट पहुंचाते हैं न कि

---

1. हर्बर्ट ए० डीन : दि पालिटिकल आइडियाज आफ हेराल्ड जे० लास्की, पृ० 333
2. वही, पृ० 334
3. लास्की : ए ग्रामर आफ पालिटिक्स : चौथे संस्करण की प्रस्तावना, पृ० 13
4. वही, पृ० 12
5. लास्की : दि स्टेट इन थ्योरी एंड प्रैक्टिस, पृ० 8
6. वही, पृ० 10

उसके अनौचित्य के कारण ।[1] वे सरकार की गरीबी एवं अमीरी की खाई पाटने हेतु साधन मानते हैं ।[2] उनकी मान्यता है कि पूंजीवादी समाज में स्वतंत्रता औपचारिक होकर वस्तुतः अभिजातीय अवधारणा बन जाती है । यह वस्तुतः सरकार को उस क्षेत्र में प्रवेश करने से रोकना है, जिस क्षेत्र में अभिजात वर्ग के लोग निरंकुश स्वतंत्रता चाहते हैं ।[3]

लास्की पूंजीवादी विकास की विभिन्न अवस्थाओं को अनदेखा करते हुए उभरते हुए विकासशील क्रांतिकारी समाजवाद को भी मान्यता नहीं देते । वे समानता को सामाजिक संगठन में व्यक्तित्व के विकास हेतु सामान्य एवं विशेष अवसरों की परिपूर्णता तक सीमित करते हैं ।[4] परन्तु लास्की यह बात भुला देते हैं कि स्वतंत्रता व समानता मार्क्सवादी अर्थ में पूंजीवादी जनतंत्र को कायम रखते हुए संभव नहीं है । वे पूंजीवादी व्यवस्था में ही इस असंभव आदर्श को मनगढंत धारणाओं के आधार पर लम्बा खींचते हैं । फलतः उनका लुप्त होता उदारवाद, उनके उदारतावादी विचारों की दुखांतगाथा बन जाता है ।[5]

अधिकारों की धारणा में भी लास्की पूर्ववर्ती धारणाओं से मेल न खाकर महज स्वतंत्रता का एक अंग बन जाती है । प्रो० लास्की के विभिन्न विचारों का अनुशीलन करने पर यह पता चलता है कि उसकी मान्यताएं एवं अवधारणाएं समग्र एवं सम्पूर्ण न होकर एकपक्षीय तथ्य को प्रस्तुत करती हैं । माओ का मत है कि एक झोंक से बचने हेतु दूसरे झोंक में नहीं पड़ना चाहिए । लास्की ठीक इसी दुविधा के शिकार हैं । उनका समर्थन या आलोचना उन्मादी प्रतीत होता है । वे आलोचना के झोंक में सकारात्मक पक्ष को अनदेखा करते हैं और समर्थन के झोंक में नकारात्मक पक्ष की उपेक्षा करते हैं । वे यह तथ्य भूल जाते हैं कि राज्य एवं उससे जुड़ी अवधारणाएं जैसे सम्प्रभुता, आज्ञापालन, राज्य की प्रकृति इत्यादि वर्ग-निरपेक्ष धारणाएं नहीं हैं । वे राज्य की वर्ग-सापेक्षिता के सिद्धांत को अस्वीकारते हैं ।

उनके स्वतंत्रता, समानतावादी विचारों में तथ्यात्मकता का अभाव होने से उनमें आदर्शजन्य कल्पनाशीलता की प्रचुरता का बाहुल्य है । ऐसी ही अधिकारों संबंधी धारणा भी प्रतीत होती है । वे आवश्यकताओं को अधिकारों की परिधि से दूर रखते हैं बल्कि उन्हें स्वतंत्रता की सीमा में लाते हैं । आवश्यकताओं की

---

1. लास्की : दि डेंजर आफ बीइंग ए जेंटिलमैन, पृ० 241
2. लास्की : स्टेट इन थ्योरी एंड प्रैक्टिस, पृ० 59
3. लास्की : डेमोक्रेसी इन क्राइसिस, पृ० 202
4. लास्की : रिफ्लेक्शंस आन दि रिवोल्यूशन आफ अवर टाइम, पृ० 208
5. आर्थर ए० एर्किक : हेराल्ड जे० लास्की : दि लिबरल मांक आर लास्ट लिबरटेरियन : दि जर्नल आफ लिबरटेरियन स्टडीज, स्प्रिंग, 1980, पृ० 148

परिपूर्ति अस्तित्व की बुनियाद होने के कारण प्रथमतः नैसर्गिक अधिकार है। अतः उनके अधिकार सिद्धांतविहीन एवं स्वतंत्रता सीमाविहीन हैं। विषय की सम्प्रयुज्यता न होने के कारण वे इन्हें विभाजित करते हैं जब कि ये अविभाज्य हैं। स्वतंत्रता एवं अधिकार दोनों समानता की भावना से ओत-प्रोत रूप से जुड़े हुए हैं। इन्हें परस्पर पृथक करके देखना असंभव है।

लास्की का चिंतन तत्कालीन सामाजिक परिवेश को सही ढंग से प्रस्तुत नहीं कर सका है। इसका सबसे बड़ा प्रमाण यह है कि रूसी क्रांति एवं द्वितीय विश्वयुद्ध के बाद पूर्वी यूरोप में वर्ग-संघर्ष के सिद्धांत की प्रयोगात्मक उपादेयता के विद्यमान रहने के बावजूद लास्की वर्ग-संघर्ष को अनदेखा करते हैं।

इसी तथ्य के आधार पर लास्की का चिंतन स्थापित वर्ग के हितों को संतुष्ट करता है। किंतु समूचे सामाजिक परिवर्तन का परिपोषक प्रतीत नहीं होता। अतः उनके विचारों की प्रासंगिकता वर्तमान समाज के बदलते परिवेश में असंगत-सी प्रतीत होती है। उनका चिंतन अपनी समूची समग्रता के साथ श्रमजीवी क्रांति के विरुद्ध पूंजीपति वर्ग की सुरक्षा-कवच प्रदान करता है परंतु आर्थिक, सामाजिक परिवेश की सतत गतिशीलता के कारण यह सुरक्षा-कवच उन्हें अपनी जीवन की सांध्य बेला में छिन्न-भिन्न-सा होता प्रतीत होता है। यही उनके चिंतन में भी बिखराव को परिलक्षित कराता है।

मूलतः लास्की एक मानवतावादी चिंतक के रूप में एक आदर्श को लिये अपनी चिंतन-यात्रा के दौरान संकल्प-विकल्प की स्थिति में फंसे हुए प्रतीत होते हैं। अंततोगत्वा लोकतांत्रिक समाजवादी विचार ही उन्हें रास आता है, जो सारे अतिरेकों से दूर एक शांतिवादी विश्व-समाज की रचना में सहायक हो सकता है। उन्होंने इतिहास एवं अनुभव से अनेक प्रमाण दिये, जो राज्य की परंपरागत व्याख्या को दोषपूर्ण सिद्ध करने में सहायक हुए। लास्की ने समाज विज्ञान में वैज्ञानिक पद्धति की उपादेयता पर बल दिया।

राजनीतिक विज्ञान में व्यवहारवादी आंदोलन के समर्थक भी उनके राजनैतिक चिंतन को अवैज्ञानिक मानते हैं। उनका कथन है कि समाजवादी विचारधारा के प्रति प्रतिबद्धता के कारण उनका चिंतन-मूल्य निरपेक्ष नहीं है। वे राजनैतिक संस्थानों के व्याख्याकार हैं जो कि मनोवैज्ञानिक एवं समाजवैज्ञानिक शोध-पद्धति को अपने चिंतन में उपयोग करना ठीक नहीं मानते।

वस्तुतः व्यवहारवादी लेखक स्वयं प्रतिबद्धता से रहित नहीं हैं क्योंकि उसका मुख्य उद्देश्य वर्तमान व्यवस्था का समर्थन करना है। वह राजनैतिक, अर्थविज्ञान के संदर्भ में राजनीतिक के विश्लेषण पर कोई ध्यान नहीं देते। अतः अधिकांश व्यवहारवादी लेखन लास्की के राजनैतिक चिंतन की तुलना में कहीं अधिक

अपूर्ण एवं एकांगी है।[1]

2. प्रो० लास्की : व्यक्तित्व एवं कृतित्व का मूल्यांकन

किसी व्यक्ति की एकाध कृति का मूल्यांकन आसान है, क्योंकि मूल्यांकन की परिधि सीमित होती है किन्तु किसी चिंतक के व्यक्तित्व एवं कृतित्व का समग्र मूल्यांकन एक जटिल कार्य है और यह तब तक संभव नहीं है जब तक कि हम यह न जान लें कि वह विशिष्ट चिंतक या विचारक राजनीति विज्ञान को किस हद तक और किस मायने में उन्नति की ओर ले जाते हुए उसे समग्र एवं समृद्ध बना रहा है। राजनैतिक चिंतक के चिंतन की बुनियाद सामाजिक एवं आर्थिक क्षेत्र की परिस्थितियों के आकलन में होती है। विश्व का कोई भी चिंतक समाज से पृथक चिंतन नहीं कर सका है। राजनैतिक चिंतन की मुख्य धाराएं लास्की से सुकरात तक इसी तथ्य को उजागर करती हैं।

आलोचना मूल्यांकन की सही वैज्ञानिक कसौटी है। कुतर्करहित आलोचना व्यक्तित्व एवं कृतित्व का सही मूल्यांकन एवं उसकी स्थिति को सही परिप्रेक्ष्य में प्रस्तुत करती है। साथ ही उस चिंतक का समाज प्रदत्त स्थान हेतु उसकी उपादेयता एवं समीचीनता भी स्वस्थ मूल्यांकन का अंग है। प्रो० लास्की विराट् प्रतिभा के धनी थे, इसमें संदेह नहीं इसलिए उनका चिंतन विशेष समय की परिस्थितियों की विशेष मांगों को भी पूरा करता है। और इसीलिए उनके मूल्यांकन का दायरा सामान्य से विशेष की ओर होगा। अर्थात् परिस्थितियां एवं लास्की का उन पर प्रभाव, न कि लास्की का परिस्थितियों पर प्रभाव। यही कारण है कि तत्कालीन परिस्थितियों में आर्थिक अराजकताजन्य अतिवादी विचार लास्की के स्वतंत्रता के चिंतन में समाहित हैं तो दूसरी ओर वे आज्ञापालन की नैतिक जिम्मेदारी को स्वीकार करते हैं और इन दोनों का समन्वय कैसे होगा, यह एक नवीन खोज का विषय है, जिससे लास्की का मूल्यांकन अवश्य प्रभावित होता है।

लास्की विशुद्ध रूप से यूरोपीय चिंतक होने से वहां की परिस्थितियों से प्रेरित एवं प्रभावित हैं। उन्हें यूरोप में शांति एवं लोकतांत्रिक समाजवाद का मसीहा भी कहा जा सकता है। तत्कालीन यूरोप में एक ओर मार्क्स के क्रांतिकारी विचारों से परिस्थितियां आलोड़ित थीं तो दूसरी ओर सत्ताधारी वर्ग के चिंतकों एवं अनुयायियों के प्रस्फुटित विचारों से भी, जो कि यूरोप का उदारवादी चिंतन था। यदि हम तात्कालिक परिस्थितियों को देखें, तो हमें यह बात ज्ञात होगी कि आर्थिक मंदी ने यूरोप एवं इंग्लैंड की अर्थव्यवस्था को झकझोरकर रख दिया

1 के० के० मिश्रा : लास्की का राजनीतिक चिंतन, पृ० 5

था। मंदी का फल था कि एक तरफ हिटलर का उदय और मार्क्सवाद की सफलता में अनिश्चितता एवं भाववादी समाजवादी विचारों का प्रादुर्भाव। चूंकि मार्क्सवादी सर्वहारा अधिनायकत्व इन देशों की शासन-प्रणालियों से मेल नहीं खाता था, इसलिए शांतिपूर्ण परिवर्तन की आवश्यकता तीव्रता से महसूस की गई, लास्की का लोक-तांत्रिक समाजवादी विचार इसी की परिणति है।

लास्की में व्यक्ति को राजनैतिक, आर्थिक, धार्मिक शोषण से बचाने की उत्कट अभिलाषा है। इसलिए प्रारंभिक शिक्षा-दीक्षा ने उन्हें राजनीतिक चिंतन की विसंगतियों से परिचित करा दिया था। जब वे फैबियन सोसाइटी से संबद्ध थे, तब उन्होंने यह जान लिया था कि बहुलवाद अथवा फैबियनवाद में विश्व की समस्याओं का हल नहीं है। इसलिए प्रूंधो एवं बाद में मार्क्स के अध्ययन के प्रति वे आकृष्ट होते हैं, जिसने आगे चलकर लास्की को सतही तौर पर मार्क्सवादी बना दिया। लास्की द्वारा मार्क्स का अध्ययन समस्याओं के निराकरण की उत्कंठा के कारण हुआ था। इसलिए लास्की मार्क्सवाद को पूर्णरूपेण आत्मसात् नहीं कर सके। सर्वहारा अधिनायकत्व की बात ने उन्हें शंकालु बना दिया, इसलिए कुछ नया खोजने की धुन में वे लोकतांत्रिक समाजवाद की ओर उन्मुख होते हैं, जो कि बाद में यूरोप एवं अन्य देशों के सत्ताधारी वर्ग के द्वारा एक अस्त्र के रूप में सर्वहारा क्रांति को दबाने के लिए इस्तेमाल किया गया।

लोक कल्याणकारी राज्य की परिकल्पना भी इसी संक्रमण काल की देन है। इन दोनों के सामंजस्य से यह बात ज्ञात होती है कि लास्की राज्य के अधिकार स्वरूप से प्रभावित थे क्योंकि वे राज्य को मूलतः जनता की सदिच्छा का परिणाम मानते थे। यह मान्यता उन्हें बहुलवाद, फैबियनवाद के सम्मिश्रण से मिली थी। लास्की का संप्रभुता एवं अधिकार का सिद्धांत इसी मान्यता पर आधारित है। उनके चिंतन के उद्गम का अनुशीलन करने पर हमें यह ज्ञात होता है कि ब्रिटिश एवं अमरीकी इतिहास ने उन्हें पूरी तरह से अभिभूत कर रखा था। लोकतांत्रिक संस्थाओं के विकास के इतिहास का उन्हें अध्ययन होने के कारण उनकी लोकतांत्रिक संस्थाओं में गहन आस्था थी और इसी आस्था के कारण लास्की मार्क्सवाद को समग्रता के साथ स्वीकार नहीं सके। इसी बात ने लास्की के जीवन एवं चिंतन पर बहुत गहरा प्रभाव डाला। लास्की न तो पूर्णरूप से फैबियनवादी बन सके और न ही पूर्ण रूप से मार्क्सवादी। बल्कि विभिन्न विचारधाराओं के आवरण लिये वे समय-समय पर हमें दिखाई देते हैं। धर्म, राजनीति, विज्ञान एवं दर्शन, शासनतंत्र, अर्थतंत्र एवं इतिहास के विशद अध्ययन के कारण लास्की एक विचारधारा से बंधे न रहकर कल्पनाजनित आदर्श को अपना ध्येय मानकर चलते हैं। मंजिल की धुन में अर्थात् मानवीय राजनैतिक समस्याओं के निदान हेतु उनमें

रास्तों की भटकन भी है, जो उन्हें बहुलवाद में एक आकर्षण फिर विकर्षण एव फैबियनवादी मोह फिर मोह-भंग की स्थिति में श्रेणी समाजवाद श्रमसंघवाद की ओर खींचती है और फिर पुनः समष्टिवाद, मार्क्सवाद से लोकतांत्रिक समाजवाद की अज्ञात-यात्रा की ओर वे अनवरत रूप से गतिशील प्रतीत होते हैं।

उनका चिंतक के रूप में उद्भव मुख्यतः तत्कालीन राजनैतिक चिंतन के परिप्रेक्ष्य की देन है। मार्क्सवाद के द्वारा पूंजीवाद से समाजवाद में सफल संक्रमण से जनमानस का समाजवाद की ओर उन्मुख होना स्वाभाविक था। ऐसा प्रतीत होता है कि इस जनमानस को वर्ग-व्यवस्था के स्थापित दायरे में मार्क्सवाद के समानान्तर जिस चिंतन को तत्कालीन पूंजीवाद प्रोत्साहित कर रहा था, लास्की उन्हीं व्यक्तियों के अनुगामी के रूप में उसी परम्परा से जुड़ जाते हैं। इसीलिए उन्हें जार्ज केटलिन द्वारा मध्यवर्गीय बुद्धिजीवियों में मार्क्सवाद का दलाल तक कहा गया।[1]

लास्की का उनके उत्तरकाल में ब्रिटिश राजनैतिक घटनाओं से निकट का संबंध रहा है। लेबर पार्टी के साथ जुड़े होने से लास्की तत्कालीन राजनीतिक दर्शन को बहुआयामी रूप दे सके। इसकी पृष्ठभूमि में लास्की का प्रारंभिक चिंतन जो कि बहुलवादी है, ही मुख्य मार्ग-दर्शक रहा है। मार्क्सवाद के प्रति अनास्था, बहुलवाद एवं फैबियनवाद की विसंगतियां उन्हें स्वतंत्र चिंतन हेतु बाध्य करती-सी प्रतीत होती हैं। इसकी बुनियाद भी लास्की के प्रारंभिक चिंतन, जो कि हीव्र धर्म 'यहूदी धर्म' के प्रति विद्रोह भी है, के अलावा कुछ नहीं प्रतीत होता। प्रथम विश्व-युद्ध से द्वितीय विश्व-युद्ध की समाप्ति तक के काल में अपने विविध अनुभवों एवं घटना-क्रमों के विश्लेषण के कारण लास्की अपने आप में एक संस्था बना चुके थे। इसलिए उनके चिंतन काल को 'लास्की युग' तक कहा गया।[2]

नवोदित पूंजीवादी राष्ट्रों के कर्णधारों को लास्की से विशेष प्रेरणा मिली। विशेषकर अपने शासन के स्वरूप, न्यायपालिका की संरचना, मूल अधिकार एवं लोकतांत्रिक समाजवादी नीतियों के आधार पर उन्होंने अपने-अपने राष्ट्रों में विकासवादी नीतियां लागू कीं। लास्की का चिंतन पूंजीवाद अथवा साम्यवादी अतिरेकों से अलग एक मध्यमवर्गीय उदारवादी चिंतन है जिसे साम्यवादी आलोचक पूंजीवाद का ही मार्ग प्रशस्त करने वाला मानते हैं। रूसी साम्यवादी एलेक्जेन्द्रोव ने उन्हें पूंजीवादी समाज का आचार्य कहा।[3]

उनका मत है कि उनका लोकतांत्रिक समाजवादी विचार पूंजीवादी नारा

---

1. डॉ० पी० डी० शर्मा : अर्वाचीन राजनीतिक चिंतन से उद्धृत, पृ० 222
2. मेक्स बेलोफ : दि एज आफ लास्की, जून, 1950
3. ग्रेनविल ईस्टवुड : हेराल्ड जे० लास्की से उद्धृत, 1977, पृ० 112

है। उनके सामाजिक जनवादी विचार वैसे ही प्रतिबिम्बित होते हैं, जैसे चीजों का प्रतिबिम्ब गोलाईदार आईनों में दिखाई देता है। ये विचार पूंजीपति वर्ग के वास्तविक हितों को प्रतिबिम्बित करते हैं, जो कि एक वर्ग की हैसियत से इस बात को सही-सही समझता है कि लोकतांत्रिक समाजवाद की कौन-सी प्रवृत्तियां उनके लिए हितकर, नजदीकी आत्मीय और रुचिकर हैं, और कौन-सी प्रवृत्तियां उनके लिए हानिकर, दूरवर्ती और अरुचिकर हैं।[1]

लास्की की लोकतांत्रिक समाजवाद की परिकल्पना उनकी इस मान्यता की विरासत है कि लोकतांत्रिक संस्थाओं के माध्यम से सामाजिक विकास एवं समाजवाद की ओर संक्रमण संभव है। उनका लोकतांत्रिक समाजवाद जिसने उन्हें 20वीं शताब्दी के महान् चिंतक के रूप में पर्याप्त ख्याति दिलायी, उनके जीवन के प्रारंभिक काल के जनवादी संस्थाओं के अध्ययन की देन है। इस समय उन्होंने यह महसूस किया कि जनतंत्रीय संस्थाएं समाज को उसके विकास में बेहतर रास्ता दिखा सकती हैं और इन संस्थाओं को स्वतंत्रता, समानता एवं अधिकारों की बुनियाद पर अगर खड़ा किया जा सके, तो जनतंत्र संस्थाएं समाजवाद की अग्रदूत बन सकती हैं।

'लास्की युग' (1930-50) की महत्ता इस बात में नहीं है कि लास्की उस युग में हुए थे बल्कि इस बात में है कि लास्की के चिंतन के माध्यम से स्थापित वर्ग-सत्ताओं ने एक प्राणदायिनी स्फूर्ति इस युग में प्राप्त की, जो कि रूसी क्रांति की सफलता के कारण मार्क्सवादी चिंतन के बढ़ते हुए प्रभाव को रोकने में एक सीमा तक सफल रही। यूरोप, अमरीका महाद्वीप में लास्की के लोकतांत्रिक समाजवाद को एक सर्वमान्य सिद्धांत के रूप में प्रतिष्ठा मिली। यह भी लास्की की एक देन कही जा सकती है। किंग्सले मार्टिन का मत है कि जब लास्की की मृत्यु हुई तब यह कहा गया कि इंग्लैंड में 1930 के दशक का चिंतन किसी भी अन्य व्यक्ति की अपेक्षा सर्वाधिक प्रभावपूर्ण प्रो० लास्की का रहा है। वे इसे लास्की युग भी मानते हैं। केवल इंग्लैंड में ही नहीं बल्कि समूची दुनिया, जहां लोगों ने उनकी पुस्तकें पढ़ीं और युद्ध द्वारा प्रदत्त समस्या के समाधान का प्रयास किया, उसके महान् प्रभाव के विषय में विवाद उत्पन्न नहीं हो सकता। अमरीका में उनका नाम एक विवादास्पद व्यक्ति के रूप में था, छात्र-समूह उनके कार्यों के बारे में विवाद करते। भारत, अफ्रीका एवं विश्व के प्रत्येक भाग में उसके व्यक्तित्व को सम्मान मिला जहां युवक-युवतियां राष्ट्रीय स्वाधीनता एवं सामाजिक न्याय के संघर्ष में अपना जीवन समर्पित कर रहे थे।

---

1. लेनिन : जनवादी क्रांति में सामाजिक जनवाद, (हिंदी संस्करण), प्रगति प्रकाशन, 1905, पृ० 126

लास्की एक विद्वान एवं राज्य दार्शनिक थे । वह एक राजनीतिज्ञ, लेखक एवं पत्रकार भी रहे किन्तु सबसे अधिक वह एक शिक्षक एवं मित्र थे । उनके व्यक्तित्व के इन सब पहलुओं को उस समाज में एक मनीषी के उत्तरदायित्व के विचार ने आपस में घनिष्ठ रूप से गूंथ रखा था ।[1]

एक राजनैतिक विचारक के रूप में तत्कालीन फ्रांसीसी प्रधानमंत्री एवं समाजवादी विचारक मि० ब्लूम ने बीमारी की स्थिति में भी प्रो० लास्की को श्रद्धांजलि देते हुए लिखा कि लास्की का स्थान राजनीति विज्ञान के चिंतकों में सदैव ऊंचा रहेगा । उन्होंने उनकी फ्रांसीसी चिंतक मान्टेस्क्यू तथा डी० टाकविले से तुलना की और बताया कि 17वीं शताब्दी से यूरोप तथा अमरीका में किसी भी अन्य व्यक्तियों को लोकतांत्रिक चिंतन एवं संस्थाओं का इतना गहन मौलिक ज्ञान नहीं था, जितना लास्की को था । उन विषयों में जिनमें मुझे कुछ विशिष्टता प्राप्त है । पिछली दो शताब्दियों में फ्रांस के साहित्यिक एवं राजनीतिक इतिहास में मैंने उसे ही गुरु पाया है । किसी अन्य व्यक्ति की अपेक्षा उसने ही ब्रिटिश लोकमत को युद्ध के क्रांतिकारी महत्त्व से परिचित कराया और केवल उसी ने ही ब्रिटिश लोगों को शिक्षा दी कि वे सामाजिक परिवर्तन को केवल विजय का उपहार न समझें अपितु उसके आवश्यक परिणाम को खोजें जो कि नितांत अनिवार्य है ।[2]

एक ओर प्रो० लास्की के अनुगामी, प्रशंसक उनका गुणगान करते हैं तो दूसरी ओर लास्की के आलोचकों का मत है कि अपने समूचे राजनैतिक चिंतन में लास्की ने एक साथ अनेक विषयों को अपनी विचारधारा में समेटने का प्रयास किया है । विषयों की विविधता एवं सर्वयोग्य सिद्ध करने की उनकी मृगमरीचिका के पीछे वे अपनी अन्तर्दृष्टि की गहनता एवं सतर्क विद्वत्ता को त्यागने हेतु विवश होते प्रतीत होते हैं । वे किसी एक विषय का सम्पूर्ण मंथन न करके, अनेक विचारों का ताना-बाना एक साथ गूंथने लग जाते हैं और ऐसा लगता है कि उधार ली गयी परिभाषाओं, सिद्धांतों पर वे अपने विश्लेषण आधारित कर रहे हैं ।

लास्की के विचारों में एक सामान्य फार्मूले की खोजने की प्रवृत्ति भी देखी जा सकती है । यही कारण है कि हर्बर्ट ए० डीन का मत है कि लास्की की रचनाओं में पाठक को कोई ऐसा आभास नहीं मिलता कि लेखक किसी विचार से जूझ रहा है । उसमें कोई संघर्ष की भावना नहीं है । ऐसी किसी भावना की अनुभूति नहीं होती कि हम एक जटिल विषय और एक ऐसे शक्तिवान मस्तिष्क में कोई ऐसा संघर्ष देख रहे हों जो कि उसके विश्लेषण को अपनी शक्ति की

1. किंग्सले मार्टिन : हेराल्ड लास्की : ए बायोग्राफिकल मेमोयर, पृ० 256-57
2. वही, पृ० 271

सीमाओं तक और संभवतः उनसे भी एक कदम आगे हो जाने के लिए दृढ़ संकल्प है ।[1]

उनके विचार विद्यालयीन ज्ञान से तार्किक होते हुए भी व्यावहारिक धरातल पर शून्य प्रतीत होते हैं और वे सिद्धांत-योजना के अभाव में हवा से बातें करते हुए दिखाई देते हैं । केरोल हार्किस उन्हें विद्वान कम प्रचारक ज्यादा कहकर उनकी कृतियों में विसंगतियां एवं अनावश्यक बातों की भरमार होने की बात करते हैं ।[2] उनका मत है कि लास्की ने अनेक विचारकों से विचार ग्रहण किये हैं अतएव उन्हें मौलिक विचारक नहीं कहा जा सकता ।

लास्की के समालोचक अमरीकी शोधार्थी हर्बर्ट ए० डीन का मत है कि लास्की की आरंभिक रचनाओं में बहुत कुछ मौलिकता थी । जिस प्रतिभा के साथ उन्हें प्रस्तुत किया गया था वह बौद्धिक शक्ति लास्की के बाद की विशेषकर 1930 के बाद की रचनाओं में जाती रही । वे रचनाएं मुख्यतया पुनरावृत्ति तथा शब्दाडम्बर ही रचनाओं के रूप में रह गईं और जिनमें बौद्धिक प्रतिभा का स्थान संवेगात्मक भावों ने ले लिया ।'[3]

उनकी शैली अधिकाधिक कृत्रिम होती चली गई है । उनके स्वर ऐसे व्यक्तियों के हैं, जो यद्यपि दुर्बल हो चला है तथापि निरन्तर बोलता जाता है और सोचता है कि उसके संदेश की सच्चाई एवं महत्ता को उसके पाठक केवल पुनरावृत्ति एवं शब्दजाल से प्रभावित होकर स्वीकार कर लेंगे । हर्बर्ट ए० डीन का आगे मत है कि इस अंतिम चरण में लास्की का मानसिक पतन इतना स्पष्ट है कि मैं उस निष्कर्ष को प्रस्तुत करने का लोभ संवरण नहीं कर सकता कि जिस प्रकार वे असाधारण रूप से अल्पायु में मानसिक रूप से प्रौढ़ हो गये, वैसे ही तुलनात्मक रूप से कम, केवल 50 वर्ष की अवस्था में शिथिल एवं वृद्ध हो गये ।[4]

संभवतः हर्बर्ट ए० डीन का ऐसा सोचना उनकी द्वेष भावना से प्रेरित प्रतीत होता है क्योंकि अमरीका में शीतयुद्ध के वातावरण में जो मैकार्थीवाद, जिसमें कि अमरीकी उन बुद्धिजीवियों के खिलाफ एक जेहाद छेड़ा गया था, जो मार्क्समुखी थे, चल रहा था । इसी से उन्होंने यह निष्कर्ष निकाला कि मार्क्सवादी पद्धति से सोचना लास्की की मानसिक प्रतिभा के पतन का प्रमाण है ।[5]

हर्बर्ट ए० डीन लास्की के चिंतन की कमजोरियां गिनाते हुए अपने शोध-ग्रंथ

1. हर्बर्ट ए० डीन : दि पालिटिकल आइडियाज आफ हेराल्ड जे० लास्की, पृ० 335
2. डॉ० पी० डी० शर्मा द्वारा अर्वाचीन राजनीतिक चिंतन में उद्धृत, पृ० 249
3. हर्बर्ट ए० डीन : दि पालिटिकल आइडियाज आफ हेराल्ड जे० लास्की, पृ० 233-34
4. वही, पृ० 333
5. के० के० मिश्रा : लास्की का राजनीतिक चिंतन, पृ० 189

में लिखते हैं कि यदि लास्की अपने लेखन को वैधानिक इतिहास एवं दर्शन तक सीमित रखते तो संभवत: मेटलैंड के उत्तराधिकारी बन जाते।[1] किन्तु लास्की की लेखन की विषयवस्तु अत्यन्त विस्तृत थी। यही कारण है कि उन्होंने अपनी प्रतिभा की परिधि को बिखेरते हुए 35 वर्षों में लगभग 32 ग्रंथ, 65 पुस्तिकाएं तथा सैकड़ों निबन्ध लिखे।

मार्क्सवादी फार्मूले पर सतही विश्लेषण के कारण उनमें प्रचारवाद का भी बाहुल्य है। अनुभववाद, कार्यसाधकतावाद,(प्रेगमेटिज्म) आदर्शवाद जैसे दार्शनिक पद्धतियों से उन्होंने जो परिकल्पनाएं एवं परिभाषाएं ग्रहण कीं उनमें औचित्यपूर्ण समन्वय स्थापित करने का प्रयास भी उन्होंने नहीं किया।[2]

हर्बर्ट ए० डीन का मत है कि मार्क्सवादी शब्दावली की सहायता से वे किसी भी समस्या का निदान खोजते हैं! बेकारी, वैदेशिक व्यापार, युद्ध संकट, फासीवाद, यहूदी-विरोध, नैतिकता, साहित्य, कला क्षेत्र में हो रहे अवमूल्यन आदि प्रत्येक समस्याओं के पीछे वे पतनोन्मुखी पूंजीवाद को उत्तरदायी मानकर उत्पादक के नये समाजवादी सम्बन्धों की स्थापना में इन समस्याओं का हल ढूंढ़ते हैं।[3]

लास्की के कटु आलोचक हर्बर्ट ए० डीन यह तो स्वीकारते हैं कि विश्व में अमरीका, इंग्लैंड, एशिया, अफ्रीका के अनेक ओजस्वी व्यक्ति उनके चिंतन से प्रभावित हुए हैं।

उनके 24 मार्च, 1950 को हुए देहावसान में श्रद्धांजलि देने प्रत्येक देश के वे सारे लोग शामिल हुए, जिनको लास्की ने राष्ट्रीय स्वाधीनता एवं लोकतांत्रिक स्वतन्त्रता हेतु दीक्षित किया था, इनमें एशियाई, अफ्रीकी, यूरोपीय सभी शामिल थे। यह भी लास्की की महत्ता का एक बड़ा प्रमाण है।[4] हर्बर्ट ए० डीन ने भी यह बात स्वीकारी है कि राजनैतिक, दार्शनिक, शिक्षक, प्रचारक, दलीयनेता, जन-प्रवक्ता तथा राजनीतिज्ञों-सत्ताधीशों के परामर्शदाता के रूप में लास्की का बहुविध भूमिका युक्त जीवन ने उन्हें राजनीति की सूक्ष्म बारीकियों को समझने की दूर-दर्शिका प्रदान की।[5]

प्रो० लास्की के शिष्य रहे भारतीय विद्वान, प्रो० जी० एल० मेहता का मत है कि लास्की ने अपनी अद्भुत बुद्धिमत्ता एवं सृजनात्मक शक्ति दिन-प्रतिदिन की समस्याओं, चुनावी राजनीति व प्रचार सरीखे मुद्दों पर केन्द्रित की।[6] इसमें

1. हर्बर्ट ए० डीन : दि पालिटिकल आइडियाज आफ हेराल्ड जे० लास्की, पृ० 334
2. वही, पृ० 334-35
3. वही, पृ० 339-40
4. किंग्सले मार्टिन : हेराल्ड जे० लास्की : ए बायोग्राफिकल मेमोयर, पृ० 261-62
5. हर्बर्ट ए० डीन : दि पालिटिकल आइडियाज आफ हेराल्ड जे० लास्की, पृ० 4
6. जी० एल० मेहता : हेराल्ड लास्की रिविजिटेड, पृ० 4

उन्होंने ऐतिहासिक चेतना का पूरा ध्यान रखा। उनकी मान्यता थी कि बुद्धिजीवी समाज की गंभीर सामाजिक समस्याओं को हल करने में अपनी नैतिक जिम्मेवारी से वे विमुख नहीं हो सकते। उनकी धारणा थी कि शिक्षक भी एक नागरिक से अधिकार रखता है एवं उसकी संवेदनशीलता उसे समाज की धारा से जोड़े रखती है वास्तव में लास्की की यह कमजोरी थी कि वे सत्ता के उद्गम के निकट रहना चाहते थे, ताकि महत्त्वपूर्ण एवं विशिष्ट व्यक्तियों के सलाहकार एवं विश्वासपात्र व्यक्ति के रूप में उनकी छवि बनी रह सके, और लेबर पार्टी एवं समाजवादी आंदोलन की पृष्ठभूमि में एक निर्णायक बुद्धिजीवी शक्ति के रूप में उनकी मान्यता बनी रहे।[1]

लास्की लेबर पार्टी के अध्यक्ष चुने गये और पार्टी की राजनीति को वे काफी हद तक प्रभावित करते रहे। वे निर्धनता, असमानता एवं अज्ञान के दोषों को समूल नष्ट होते देखना चाहते थे और साथ ही मनुष्य को अपनी क्षमताओं का स्वजनित तरीके से विकास करने हेतु अवसर प्रदान करने के पक्षधर थे।[2] न्याय के लिए एक गहन उत्कंठा उनके जीवन की सर्वोच्च उत्कंठा थी।[3] और यही कारण है कि वे सारे जीवन इसी की उपलब्धि हेतु जूझते रहे।

यह ध्यान रखा जाना चाहिए कि उनके सम्प्रभुता पर प्रारंभिक ग्रन्थों में भी उन्होंने इस मान्यता का उच्चार किया कि राज्य जिसकी सर्वव्यापी क्षमता को वे खुद नकारते थे कि राज्य किसी समुदाय में शक्तिशाली गुट या वर्ग के राजनैतिक लाभ की मान्यता का प्रतिबिंब है। इसी कारण से राजनैतिक लाभ वर्तमान स्थिति में केवल आर्थिक क्षेत्र में ही परिभाषित किया जा सकता है। अतः राज्य 'अपने आप में समाज की आर्थिक संरचना का बिम्ब है।'[4]

प्रो० मेहता का मत है कि लास्की के लिए वस्तुवादी एवं विश्लेषणवादी होने की बजाय पुरातनपंथी होना ज्यादा श्रेयस्कर था।

उनके समूचे चिंतन के पीछे भाववादी धारणा ही नहीं, बल्कि हमारी सामाजिक एवं आर्थिक व्यवस्था के सामान्य जन के प्रति अन्याय के विद्रोह की भावना भी काम कर रही थी। उनके अनुसार सामाजिक परिवर्तन नौकरशाही या सामाजिक अराजकता के द्वारा नहीं होगा। परन्तु समस्या जटिल होने पर भी इसका समाधान अनिवार्य रूप से खोजा जाना चाहिए।[5]

---

1. किंग्सले मार्टिन : हेराल्ड लास्की : ए बायोग्राफिकल मेमोयर, पृ० 258-59
2. हर्बर्ट ए० डीन : दि पालिटिकल आइडियाज आफ हेराल्ड जे० लास्की, पृ० 380
3. प्रो० डब्ल्यू० ए० रावसन : हेराल्ड लास्की : पब्लिक एडमिनिस्ट्रेशन, मार्च, 1951
4. लास्की : अथारिटी इन दि माडर्न स्टेट, पृ० 81
5. लास्की : ह्वाई आई एम ए मार्क्सिस्ट, दि नेशन, 1938

तत्कालीन तमाम समाज वैज्ञानिकों में लास्की एक मात्र ऐसा राजनीति विज्ञानी था जिसने राजनीति विज्ञान को यथार्थ के धरातल पर खड़ा कर राजनैतिक सिद्धांतों को आर्थिक सच्चाइयों के साथ जोड़ने की कोशिश की। उसने अपने विद्यार्थियों को नई दिशा एवं दृष्टि दी। लास्की की महानता उसके राज्य के अस्तित्व के बारे में मूलभूत प्रश्न उठाने में है। वे कभी-कभी सत्य पर आधारित नहीं होते थे, किन्तु उन्होंने सत्य जानने का प्रयास किया।[1]

उसके विद्यार्थियों ने उससे यह शिक्षा प्राप्त की कि विचार महत्त्वपूर्ण हैं और विज्ञान आवश्यक।...दलीय आस्था एवं सक्रिय राजनीति ने उनकी बौद्धिक प्रतिभा एवं मौलिकता को क्रमशः रूढ़िवाद से आच्छादित कर दिया और रूढ़िवादिता का बंदी लेखक सृजनात्मक दार्शनिक नहीं हो सकता। उन्होंने अपने 1926 के पूर्व की अद्वितीय प्रतिभा एवं रचनात्मक शक्तियों का प्रतिदिन के विवादों, चुनाव आंदोलनों एवं प्रचार-कार्यों में अपव्यय किया।[2]

लास्की इतिहास के आर्थिक विश्लेषण को अपर्याप्त मानते थे उनके अनुसार समूची पृष्ठभूमि में अर्थव्यवस्था को व्याख्या के तौर पर देना यह वस्तुतः असत्य है।[3] मार्क्सवाद के प्रति ऐसा दृष्टिकोण वास्तव में लास्की के विचारों की एक प्रमुख विशेषता है, जो कि व्यक्तिगत स्वतन्त्रता को मार्क्सवादी विचारों के साथ सम्मिलित करने के कारण उत्पन्न हुई है। यह लास्की के विचारों में पाई जाने वाली कई विसंगतियों का उद्गम है एवं बौद्धिक एकाग्रता तथा समन्वय की कमी का परिचायक है। इसका कारण यह भी है कि लास्की ब्रिटिश उदारवादी परम्परा, जिसमें स्वतन्त्रता जीवन का आक्सीजन है[4], से विमोहित हैं तो दूसरी ओर जीवन की यथार्थता से वे मार्क्स को भी नहीं छोड़ना चाहते।

लास्की लिखते हैं कि जनवादी सरकार का एकमात्र स्थाई रक्षा-कवच यह है कि बुद्धिजीवी अभिमत का अंतिम एवं अपरिवर्तनीय निर्णायक तत्त्व अंतःकरण हो।[5] जिसमें अराजकता के बीज नहीं बल्कि विश्वसनीय मानवीय अंतःचेतना विद्यमान हो। यही सत्याग्रह का राजनैतिक, सैद्धांतिक एवं व्यावहारिक मूलाधार है। और इन्हीं कारणों से लास्की ने गांधी जी का नैतिक समर्थन किया था।

लास्की के मतानुसार गांधी ने अहिंसक प्रतिरोध के सिद्धांतों के जरिये सामाजिक असमानता एवं तनाव को कम करने की दिशा में एक अनूठा योगदान किया है। ऐसा योगदान डार्विन एवं मार्क्स के योगदानों के समकक्ष रखा जा

---

1. जी० एल० मेहता : हेराल्ड लास्की रिविजिटेड, पृ० 24
2. वही, पृ० 23-24
3. लास्की : कार्ल मार्क्स, एन एसे, पृ० 33
4. टी० एच० ग्रीन : प्रिंसपल्स आफ पालिटिकल आब्लीगेशन, (हिन्दी अनुवाद), पृ० 47
5. लास्की : अथारिटी इन दी माडर्न स्टेट, पृ० 92

सकता है।[1] इसलिए उन्होंने पाया कि किसी भी राज्य की नींव उस राज्य के नागरिकों के अंतःकरण के अतिरिक्त मजबूत नहीं हो सकती।[2] यही एक शाश्वत एवं सरल उपाय है किसी सत्ता की एकत्ववादी एवं एकछत्र शक्ति से बचाव करने का, जिसमें नागरिकों की अंतःचेतना से प्रेरित अभिमत को सत्ता की पृष्ठभूमि में रखा जाए।

वर्तमान समय में यह आवश्यक है अथवा आवश्यक हो सकता है परन्तु बहुलवादी समाज के एकदम यह विपरीत है क्योंकि बहुलवादी समाज व्यक्ति के प्राकृतिक अधिकारों में विश्वास रखता है। 'लास्की ने इतनी लम्बी यात्रा इस कारण की कि वे साम्यवाद की प्रक्रिया अथवा दृष्टिकोणों को समूची मान्यता नहीं दे सके।'[3]

उनका मत है कि दल की निरंकुश तानाशाही के साथ एवं तज्जनित एक व्यक्ति की तानाशाही के साथ अंतःकरण के आक्षेपों का सामंजस्य किस प्रकार बैठाया जा सकता है?[4] यह बात अनुत्तरित है। लास्की भी इसका समाधान नहीं दे पाए।[5] संभवतः इसका यही कारण है कि लास्की अपने चिंतन के साथ तात्कालिक विश्व के घटना-पटल को भी पूर्ण दायित्व के साथ देख रहे थे जहां फासीवादी ताकतें किस तरह से विश्व को तहस-नहस करने पर आकुल थीं।

लास्की इस समस्या से विमुख हुए एवं इस मुद्दे को शाब्दिक जंजाल में फांसकर सही उत्तर खोजने से कतराते रहे। जनवादी तरीकों एवं साम्यवादी पद्धति दोनों को नकारने के बाद उनके पास अपना ऐसा कुछ नहीं बचा था। क्योंकि उनके द्वारा त्याज्य साधनों के बदले में वे नये वैकल्पिक साधन नहीं दे पाये। इस तरह से लास्की ने भी मैगेलन के समान अपनी यात्रा वहीं समाप्त की जहां से वे शुरू हुए थे।[6]

लास्की की विसंगतियां उस समस्या के द्वारा उपजी हैं, जो ऐसे सभी व्यक्तियों के, जो व्यक्तिगत स्वतंत्रता एवं राज्य के जनकल्याण हेतु अधिकारों के विस्तार में सामंजस्य स्थापित करना चाहते हैं, के सम्मुख उपस्थित होती हैं।[7]

लास्की द्वारा चर्चित सभी विषयों, चाहे वह आर्थिक बंदी, बेरोजगारी, युद्ध का खतरा, फासीवाद का उद्भव, साहित्य, कला अथवा धर्म की स्थिति क्यों न

---

1. लास्की : थोरो एंड गांधी पर पेम्फलेट, एशिया पब्लिशर्स, लंदन, 1932
2. लास्की : दी डेंजर्स आफ ओविडिऐंस एंड अदर एसेज, पृ० 23
3. जे० एल० मेहता : हेराल्ड लास्की रिविजिटेड, पृ० 10
4. लास्की : लिबर्टी इन दि माडर्न स्टेट, प० 138
5. जे० एल० मेहता : हेराल्ड लास्की रिविजिटेड, पृ० 11
6. वही, पृ० 13
7. सर एसेस बर्लिन : ट्रू कन्सेप्ट आफ लिबर्टी, पृ० 53-54

हो, पर उत्तर देते समय लास्की के विचार मार्क्सवादी पैमाने पर आधारित प्रतीत होते हैं। उनका मत है कि सभी समस्याएं वस्तुत: पूंजीवाद के पतन और उत्पादक शक्तियां एवं सम्पत्ति संबंध के बीच 'मूलभूत' असमानता के कारण उपजी हैं।[1]

लास्की के राजनैतिक विचारों का विश्लेषण करते समय हमें इस महत्त्वपूर्ण तथ्य को नजरअंदाज नहीं करना चाहिए। यह महत्त्वपूर्ण प्रश्न लगभग सभी लोगों को, जो सामाजिक रूप से सचेत हैं, और असमानता तथा व्यर्थ के मानवीय दु:खों से पीड़ित हैं जो सामाजिक न्याय एवं स्वतंत्रता से सम्पृक्त समाज की स्थापना देखना चाहते हैं, को चिंतित बनाए रखता है। लास्की ने इस समस्या को दर्शाते हुए कहा है कि 'यदि हमने सामाजिक परिवर्तन की समस्या को अमीरी एवं गरीबी की लड़ाई के तौर पर ही माने रखा तो हम या तो नवीन औद्योगिक सामंतवाद अथवा एक ऐसी अराजकता के शिकार बन जायेंगे, जिसमें समस्त बुद्धिजीवी उत्तराधिकार लुप्त हो जायेंगे'।[2]

इसीलिए लास्की धनिक वर्ग द्वारा सामाजिक उत्थान में रोड़े अटकाने के विरुद्ध चेतावनी देने के साथ ही अकूत सुविधाओं की असंभाव्यता एवं विपन्न-सम्पन्नों के बीच बदलाव में सम्पन्नों द्वारा विपन्नों हेतु कुछ त्याग देने की आवश्यंभाविता पर जोर देते हैं। अत: वे 'सहमति से क्रांति' में विश्वास करते हैं, जिसमें जनकल्याण के लिए राज्य की शक्तियों में वृद्धि पर जोर दिया गया है।

अन्य देशों में यह समस्या उतनी गहरी नहीं है जितनी कि भारत में, जहां पर सम्पत्ति का असमान वितरण एवं विलक्षण दारिद्र्य मौजूद है और जो अपनी समस्याओं को लोकतांत्रिक तरीकों से नियोजित ढंग से हल करना चाहते हैं। लास्की का मत है कि इसकी सफलता केवल सरकार पर निर्भर नहीं है और न ही यह केवल विदेशी सहायता द्वारा, भले ही वह जरूरी क्यों न हो, प्राप्त हो सकती है।[3]

डिजरेली के शब्दों में लास्की कहते हैं कि हम दो राष्ट्र हैं एक अमीर और दूसरा गरीब और अपनी-अपनी दुनिया में जीते हैं। इसीलिए गंभीर एवं हिंसक आघात के जरिये उथल-पुथल की संभावना को कम करके नहीं आंका जा सकता। यदि शीघ्र और दूरगामी परिवर्तनों को हमने अनदेखा किया तो हम विघटन एवं अराजकता के कगार पर खड़े होंगे। प्रतिरोध, हठधर्मिता एवं अंधानुकरण से

---

1. 'हेलीफेक्स कहते हैं कि 'मूलभूत' शब्द बड़ा गरिमामय लगता है, परंतु विश्व में इतने परखच्चे किसी अन्य शब्द के नहीं उड़ाये गये जितने कि इस शब्द के।' जे० एल० मेहता द्वारा उद्धृत, पृ० 15
2. लास्की : लेनिन एंड मसोलिनी, फारेन अफेयर्स, सितम्बर 1923
3. लास्की : ए ग्रामर आफ पालिटिक्स, पृ० 322

क्रांतियां रुकती नहीं हैं। प्रजातंत्र का मायने यथास्थितिवाद भी नहीं है। परंतु प्रजातंत्र में यह अपेक्षित है कि बदलाव शांतिपूर्ण एवं वैधानिक तरीकों से लाया जाए। अनेक व्यक्तियों के हित की बलि चंद लोगों के हित की खातिर न दी जाये। इसीलिए लोकतांत्रिक संस्थाओं का अनिवार्य कर्तव्य यह है कि वे जनता का आर्थिक कल्याण करें। लास्की के इन विचारों से हम यह शिक्षा ग्रहण कर सकते हैं।[1]

प्रो॰ लास्की के चिंतन में परिलक्षित होती विसंगतियों का एक कारण यह भी प्रतीत होता है कि वे एक साथ कई समस्याओं को लेकर चलते हैं जैसे बहुलवाद, लोकतंत्र, समाजवाद, अंतर्राष्ट्रीयतावाद, फासीवाद इत्यादि, साथ ही इन सभी समस्याओं के पीछे लास्की का संवेदनशील मन भी सक्रिय है, जिसमें वे पीड़ित, प्रताड़ित व्यक्ति के नैतिक एवं भौतिक उत्थान की कामना करते हैं जैसा कि केटलिन का मत है कि लास्की आधुनिक रूसो बनते जा रहे हैं वैसे ही संवेदनशील और वैसे ही मौलिक।[2]

उनकी न्याय पर आधारित सामाजिक, राजनैतिक पुर्ननिमाण के सिद्धांतों की खोज सत्यनिष्ठा से भरी हुई है। सर्वोपरि व्यक्तित्व का उन्मुक्त बहुआयामी विकास एवं व्यक्ति की अंतरात्मा उनके विचारों की आधारभूमि है। नैतिक दृष्टि से हम देखें तो सुकरात एवं गांधी-सी क्रांतिकारी चिनगारी भी उनमें है। हमें लास्की में गांधी-सी क्रांतिकारिता मिलती है किंतु वे हिंसक नहीं हैं। वे सहमतिपूर्ण क्रांति में आस्था रखते हैं, ठीक वैसी ही जैसी गांधी ट्रस्टीशिप के विचार में आशा रखते हैं। वे इस बात को मानने के लिए तैयार थे कि क्रांतिकारी युग में नागरिक अधिकारों पर कुछ प्रतिबंध लगाना जरूरी हो सकता है, परंतु लास्की का मार्क्सवाद से पूर्णतः सहमति रखना संभव नहीं है क्योंकि वह मूलतः व्यक्ति स्वतंत्रवादी थे। लास्की को यह आशा थी कि अधिकांश संपत्तिवानों को नवीन व्यवस्था स्वीकार करने हेतु तैयार किया जा सकता है। क्योंकि उन्हें यह विश्वास था कि ऐतिहासिक प्रवृत्तियां हिंसक क्रांति की ओर हैं तथापि वह उन्हें अपरिहार्यता नहीं मानते।[3]

अमरीका तथा यूरोप के प्रति क्रांतिकारी खेमों में लास्की के विचारों को भयानक माना गया है, तो साम्यवादियों ने उसे पथभ्रष्ट, विभेदक तथा पूंजीवादी खेमे के विचारों का दलाल की संज्ञा दी है किन्तु सच्चाई यह है कि लास्की ने पूंजीवाद व साम्यवाद के बीच लोकतांत्रिक समाजवाद की प्रबल विचारधारा का प्रतिपादन कर एक नया मार्ग-दर्शन किया है। मैक्सलर्नर तथा एवंस्टीन जैसे

1. जी॰ एल॰ मेहता : हेराल्ड लास्की रिविजिटेड, पृ॰ 18
2. केटलिन : हिस्ट्री आफ पालिटिकल फिलासफी, पृ॰ 663
3. किंग्सले मार्टिन : हेराल्ड लास्की : ए बायोग्राफिकल मेमोयर, पृ॰ 88

समीक्षकों की धारणा है कि लास्की अपने प्रारंभिक उदारवाद से कभी मुक्त नहीं हो सका और उसने उदारवादी एवं मार्क्सवादी विचारधारा को मिश्रित करने का कठिन कार्य किया। इसे हम उसके चिंतन का गुण भी मान सकते हैं और दोष भी।[1]

लास्की का दर्शन वर्तमान समाज की विवेचना के साथ उसे बदलने का आग्रह भी है। यही कारण है कि उनमें एक दार्शनिक एवं दलीय प्रचारक की शैलियों का सुंदर सामंजस्य भी है। इसी से उनकी लेखनशैली साहित्यिक है, वैज्ञानिक नहीं। उनके भाषणों-सा उनका लेखन भी प्रभावशाली है क्योंकि उसमें स्पष्टवादिता, ओज एवं सुंदर शब्दावली का मिश्रण है। किंग्सले मार्टिन का आगे मत है कि यदि वे समझाना चाहते हैं कि समाज का वर्गवादी स्वरूप किस प्रकार सामाजिक बदलाव में संवैधानिक गतिरोध प्रस्तुत करता है, तो वे दृष्टांतों का ढेर लगा देते हैं और कुछ भिन्न रूप में उनके द्वारा पहले से कही गई युक्तियों की पुनरावृत्ति होती है कि अंत में पाठक इतना थक जाता है कि कोई आपत्ति करना उसके वश की बात नहीं रहती है···कभी ऐसा अनुभव होता है कि उसकी विवेचना में निरर्थक विस्तार एवं शब्दजाल है और कभी उनके लगातार के शब्दचातुर्य एवं सूक्ति गुण से मन बड़ा प्रभावित होता है क्योंकि राजनैतिक लेखन में ऐसे गुण दुर्लभ भी होते हैं।[2]

विलियम इलियट प्रो० लास्की के चिंतन में असंगतियों की ओर संकेत करते हुए कहते हैं कि उनके एक ही ग्रंथ 'ए ग्रामर आफ पालिटिक्स' के प्रथम खण्ड के सिद्धांतों व दूसरे खंड के संस्थानात्मक सुधारों तक में कोई सामंजस्य नहीं है।[3] कैटलिन, हर्बर्ट ए० डीन जैसे लेखक लास्की के चिंतन के मूल तत्त्व को भुला देते हैं। स्वयं समाजवादी विरोधी होने से वे लास्की के विचारों को तोड़-मरोड़कर प्रस्तुत करते हैं।[4] हर्बर्ट ए० डीन की आलोचनाएं पूर्वाग्रह हैं क्योंकि वे उनके लेबर पार्टी की सम्बद्धता एवं राजनैतिक चिंतक के दोनों रूपों का सहगामी होना ठीक नहीं मानते। जबकि ऐसा मानना असंगतपूर्ण है क्योंकि चिंतक को सदैव समाजबोध तो होना ही चाहिए। लास्की यदि मार्क्स से प्रभावित हैं तो उसका एक कारण यह भी है कि दूसरे चिंतकों की तुलना में मार्क्स वह पहला समाजवादी चिंतक है, जिसने कि न केवल दुनिया की व्याख्या की है बल्कि उसे बदलने के रास्ते भी बताये हैं।

---

1. डॉ० पी० डी० शर्मा : अर्वाचीन राजनैतिक चिंतन से उद्धृत, पृ० 250
2. किंग्सले मार्टिन : हेराल्ड लास्की : ए बायोग्राफिकल मेमोयर, पृ० 85-86
3. विलियम इलियट : प्रेगमेटिक रिवोल्ट इन पालिटिक्स, पृ० 168-70
4. के० के० मिश्रा : लास्की का राजनैतिक चिंतन, पृ० 6

लास्की कहा करते थे कि दुनिया की वास्तविकताओं से अलग रहना कायरतापूर्ण पलायनबाद है जिससे हमेशा बुद्धिजीवियों को बचना चाहिए। उनके मतानुसार यह इटली के बुद्धिजीवियों की विफलता थी, जिसके कारण मुसोलिनी ने सत्ता हथियाई, जर्मनी के बुद्धिजीवियों के पलायनपन ने हिटलर को अपना क्रूर साम्राज्य कायम करने का अवसर दिया और वैसी ही 1919 के बाद फ्रांसीसी बुद्धिजीवियों की कमजोरी से 1940 में फ्रांस का पतन हुआ। लास्की का मत है कि इस संबंध में इंग्लैंड तथा अमरीका की परिस्थितियां भी भिन्न प्रकार की नहीं हैं।[1]

ब्रिटिश परम्पराओं के अनुकूल लास्की ने जीवन भर प्रगतिशील विचारों का अन्वेषण किया और यह सिद्ध कर दिया कि वैधानिक एवं न्यायपूर्ण मार्ग का अनुसरण करने पर ही वर्गविहीन, शोषणविहीन, विकेन्द्रित, स्वतंत्रतायुक्त सच्चे समाजवाद की स्थापना की जा सकती है। इसलिए जार्ज केटलिन ने लास्की को मध्यम वर्गीय शिक्षितों के बीच मार्क्सवाद का दलाल तक कह दिया।[2]

प्रो० लास्की का समूचा राजनैतिक साहित्य अनेक ऐतिहासिक तथ्यों से भरा है। बदलती हुई परिस्थितियां उन्हें यथार्थवादी एवं व्यावहारिकतापूर्ण चिंतन करने हेतु प्रेरित करती हैं। इससे उनमें वैचारिक गतिशीलता एवं लचीलापन परिलक्षित होता है, साथ ही वैचारिक विसंगतियां भी। यही कारण है कि दक्षिणपंथी उन्हें साम्यवादी, तो बामपंथी उन्हें पूंजीपतियों का हितरक्षक कह देते हैं। राज्यसत्ता पर हाबी अर्थसत्ता के भय ने उन्हें साम्यवाद की ओर आकृष्ट किया। 1946 में नेवार्क प्रकाशन द्वारा उन पर साम्यवादी तथा राष्ट्र-द्रोही होने का आरोप लगाया गया जिसके प्रतिरोध में उन्होंने मानहानि का मुकद्दमा दायर किया किन्तु इसमें उन्हें सफलता नहीं मिली। इस घटना से उन्हें काफी मानसिक आघात पहुंचता है क्योंकि वे मूलतः साम्यवादी नहीं बल्कि संवेदनशील उदारवादी चिंतक हैं, जो कि हिंसक नहीं बल्कि सहमति के साथ क्रांति के माध्यम से व्यवस्था में बदलाव चाहते हैं।

लास्की राज्यसत्ता के दुरुपयोग हेतु सरकार को उत्तरदायी मानते हैं, राज्य को नहीं। यही कारण है कि उनका राज्य के प्रति विरोध क्रमशः शिथिल होता जाता है। वे लोकतांत्रिक संस्थाओं के माध्यम से जनकल्याणकारी कार्यों को प्रोत्साहन देते हुए अन्त में लोकतांत्रिक समाजवाद को ही सर्वोत्तम विचार के रूप में स्थापित करते हैं।

---

1. किंग्सले मार्टिन : हेराल्ड लास्की : ए बायोग्राफिकल मेमोयर, पृ० 261
2. डॉ० पी० डी० शर्मा : अर्वाचीन राजनीतिक चिंतन से उद्धृत, पृ० 222

परिशिष्ट-1

संदर्भ-ग्रंथ-सूची

प्रो० हेराल्ड ज० लास्की की रचनाएं

(अ) महत्त्वपूर्ण ग्रंथ

1. ए ग्रामर ऑफ पालिटिक्स	:	1925
2. दि स्टेट इन थ्योरी एंड प्रैक्टिस	:	1934
3. स्टडीज इन दि प्राब्लम आफ सावरेंटी	:	1917
4. अथारिटी इन दि माडर्न स्टेट	:	1919
5. फाउन्डेशंस आफ सावरेंटी एंड अदर एसेज	:	1921
6. लिबर्टी इन दि माडर्न स्टेट	:	1930
7. दि राइज आफ यूरोपियन लिबरलिज्म	:	1936
8. दि डेंजर्स आफ ओबीडिएंस एंड अदर एसेज	:	1930
9. कम्युनिज्म	:	1927
10. कार्ल मार्क्स, एन एसे	:	1922
11. दि डेंजर्स आफ बीइंग ए जेंटिलमैन एंड अदर एसेज	:	1939
12. डेमोक्रेसी इन क्राइसिस	:	1933
13. डिलेमा ऑफ अवर टाइम	:	1952
14. पार्लियामेंटरी गवर्नमेंट इन इंग्लैंड	:	1938
15. दि अमरीकन प्रेसीडेंसी	:	1949
16. कम्युनिस्ट मेनीफेस्टो, सोशलिस्ट लैंडमार्क	:	1948
17. स्टडीज इन लॉ एंड पालिटिक्स	:	1932
18. दि अमरीकन डेमोक्रेसी	:	1948
19. रिफ्लेक्शंस आन दि रिवोल्यूशन आफ अवर टाइम	:	1943
20. फेथ, रीजन एंड सिविलाइजेशन	:	1944
21. ट्रेड यूनियंस इन दि न्यू सोसायटी	:	1950
22. पालिटिकल थाट इन इंग्लैंड, फ्राम लाक टु बेंथम	:	1920

23. एन इन्ट्रोडक्शन टु पालिटिक्स : 1931
24. दि स्ट्रेटिजी ऑफ फ्रीडम : 1941
25. दि सोशलिस्ट ट्रेडीशन इन दि फ्रेंच रिवोल्यूशन : 1930
26. दि डिक्लाइन आफ लिबरलिज्म : 1940
27. नेशनलिज्म एंड दि फ्यूचर आफ सिविलाइजेशन : 1932
28. व्हेयर डू वी गो फ्राम हियर : 1940
29. दि क्राइसिस इन दि थ्योरी आफ दि स्टेट : 1937
30. दि नीड फार ए यूरोपियन रिवोल्यूशन : 1941
31. दि रिफ्लेशंस आन दि कान्स्टीट्यूशन : 1951
32. दि स्टेट इन दि न्यू सोशल आर्डर : 1922
33. चूजन पीपुल : 1917
34. दि सोशल एंड पालिटिकल आइडियाज ऑफ सम रिप्रेजेंटेटिव थिंकर्स आफ विक्टोरियन एज : 1916
35. व्हाट आई बिलीव : 1904
36. व्हेयर सोशलिज्म स्टेंड्स टूडे : 1933

(ब) प्रो० लास्की के महत्त्वपूर्ण लेख, अध्याय एवं पुस्तिकाए

1. आल्टरनेटिव टू रिवोल्यूशन इन इंग्लैंड, (दि नेशन), फरवरी, 1921
2. दि एपोथीसिस आफ दि स्टेट, (दि न्यू रिपब्लिक), जुलाई, 1916
3. अमरीकन पालिटिकल सीन, (दि नेशन), नवम्बर, 1946
4. अमरीका गुड एंड बैड, (दि नेशन), जुलाई, 1949
5. अमरीका पालिटिकल सिस्टम, (हार्पर), जून, 1928
6. एन एज आफ ट्रांजीशन, (पालिटिकल क्वार्टरली), अप्रैल-जून, 1943
7. बोस्टन पुलिस स्ट्राइक एंड हर्बर्ट टीचर्स, (न्यू रिपब्लिक), नवम्बर, 1919
8. ब्रिटिश कोल डिसप्यूट, सर्वे (वाशिंगटन), अक्टूबर, 1920
9. ब्रिटिश लेबर फेसेज वर्क, (दि नेशन), जून, 1924
10. दि क्राइसिस इन माडर्न स्टेट, बुकमेन, (न्यूयार्क), अक्टूबर, 1928
11. ब्रिटिश जनरल स्ट्राइक, (दि नेशन), जून, 1926
12. चर्च एंड स्टेट आफ इंग्लैंड, (न्यू रिपब्लिक), जुलाई, 1937
13. कैपिटलिज्म एंड वार, (न्यू स्टेट्समैन एंड नेशन), मार्च, 1935
14. दि चैलेंज आफ अवर टाइम, (दि अमरीकन स्कालर), आटम, 1939
15. चूजिंग दि प्लेनर्स, (प्लेन फार ब्रिटेन), एडीटेड वाइकोल, 1943

16. सिविल लिबर्टीज इन दि सोवियत यूनियन, (न्यू रिपब्लिक,) अक्टूबर, 1946
17. कम्युनिज्म एज ए वर्ल्ड फोर्स, (इंटरनेशनल अफेयर्स), जनवरी, 1931
18. कम्युनिज्म फैसेज दि रथ टू कम, (न्यू रिपब्लिक), अक्टूबर, 1935
19. दि क्राइसिस इन अवर सिविलाइजेशन, (फारेन अफेयर्स), अक्टूबर, 1947
20. क्रिटिक्स आफ स्टालिन, (दि न्यू स्टेट्समैन एंड नेशन), सितम्बर, 1940
21. डेमोक्रेसी एट दि क्रासरोड्स, (ऐल रिव्यू), जुलाई, 1920
22. डिक्लाइन आफ पार्लियामेंट्री गवर्नमेंट (इन फारेन पालिसी एसोसिएशन), 1931
23. डेमोक्रेसी इन अवर टाइम, (इन कोल्स एडीटेड विक्टरी एंड वेस्टेड इंटरेस्ट), 1933
24. लिबर्टी, (लास्की इन इनसाइक्लोपीडिया आफ साइंसेज)
25. डज कैप्टिलिस्ट काज वार, (इन हेनरी ब्रिन्टन एडीटेड डज कैप्टिलिस्ट काज बार), 1935
26. इंग्लैंड इन 1929 (एल रिव्यू), जुलाई, 1920
27. दि एकानामिक फाउन्डेशंस आफ फासिज्म, (दि न्यू स्टेट्समेन एंड नेशन), मार्च, 1943
28. दि एकानामिक फाउन्डेशन आफ पीस, (इन लियोनार्ट एस बुल्फ एडीटेड दि इंटलीजेंट मेन्स वे टू प्रिवेंट वार), 1933
29. दि एकानामिक रिवोल्यूशन, (इन नेशनल पीसकौंसिल), 1941
30. इंग्लैंड कन्फ्रंट ए न्यू वर्ल्ड, (इन एस० डी० शूमेलहेंशन एडीटेड रिकवरी थ्री रिवोल्यूशन), 1933
31. फैबियन वे, (करेंट हिस्ट्री), अक्टूबर, 1934
32. फ्रीडम इन डेंजर, (ऐल रिव्यू), मार्च, 1934
33. फैबियन सोशलिज्म, (इन बी० बी० सी० आइडियाज एंड बिलीफ्स आफ दि विक्टोरियन्स), 1949
34. दि फर्स्ट फिफ्टी ईयर्स, (दि नेशन), फरवरी, 1950
35. दि जर्मन्स आर दे ह्यूमन, (विक्टर गलान्ज लि०, लंदन), 1941
36. गेटिंग आन विथ रसिया, (दि नेशन), जनवरी, 1948
37. आई बिलीव, (इन क्लिफ्टन फेडीमेन एडीटेड दि परसनल फिलासफीज आफ सर्टेन एमीनेंट मेन एंड वूमन आफ अवर टाइम, न्यूयार्क), 1939
38. आई स्पीक टू यू एज ए सोशलिस्ट, (पासमोर एंड संस लि०, लंदन), 1941
39. इट्ज सोशलिज्म : नाट कम्युनिज्म, (न्यूयार्क टाइम्स मैगजीन), अगस्त, 1945

40. इज यूरोप डन फार, (दि नेशन), नवम्बर, 1947
41. दि प्लूरलिस्टिक स्टेट, (फिलासफिकल रिव्यू), न्यूयार्क, 1920
42. ए की टू कम्युनिज्म, (दि न्यूस्टेट्समेन एंड नेशन), जुलाई, 1935
43. लिबर्टी इन एन इन्सीक्योर वर्ल्ड, (सर्वे), नवम्बर, 1937
44. लंदन : डेमोक्रेसी इन एक्शन, (दि नेशन), अक्टूबर, 1940
45. लास्की इन सर्च आफ फेथ, (न्यूजवीक), जून, 1944
46. लिबर्टी आफ दि सब्जेक्ट, (दि न्यूस्टेट्समेन एंड नेशन), नवम्बर, 1941
47. दि लेबरपार्टी एंड दि कान्स्टीट्यूशन, (दि सोशलिस्ट लीग), 1933
48. दि लेबरपार्टी, दि वार, एंड दि फ्यूचर, (दि लेबरपार्टी), 1939
49. लेबर्स एम्स इन वार एंड पीस, (विथ सी एटली), 1940
50. लॉ एंड जस्टिस इन सोवियत रसिया, (डे टू डे पेम्फलेट नं० 23), लंदन, 1935
51 लेनिन एण्ड मुसोलिनी, (फारेन अफेयर्स), सितम्बर, 1923
52. लंदन, वाशिंगटन, मास्को पार्टनर्स इन पीस, (नेशनल पीस कौंसिल्स पेम्फलेट नं० 22), 1943
53. मार्क्सिज्म आफ्टर फिफ्टी ईयर्स, (करेंट हिस्ट्री), मार्च, 1933
54. माई इम्प्रेशन आफ स्टालिन, (न्यू रिपब्लिक), अक्टूबर, 1946
55. मार्क्स एण्ड टू डे, (फेबियन सोसाइटी रिसर्च सीरीज, 73), 1943
56 दि मीन्स एण्ड दि यण्ड, (न्यू रिपब्लिक), सितम्बर, 1915
57. मि० डुग्वेज कन्सेप्शन आफ दि स्टेट, (इन अर्थर गुडहर्ट एडीटेड माडर्न थ्योरीज आफ लॉ), लन्दन, 1933
58. आन बीइंग सडनली फेमस, (दि न्यूस्टेट्समेन एण्ड नेशन), जुलाई, 1945
59. दि आउटलुक फार सिविल लिबर्टीज, (इन रसेल, कोल एडीटेड डेयर वी लुक अहेड ?), लंदन, 1938
60. दि पर्सनालिटी आफ दि स्टेट, (दि नेशन), जुलाई, 1915
61. पोजीशन एण्ड प्रास्पेक्टस आफ कम्युनिज्म, (फारेन अफेयर्स), अक्तूबर, 1932
62. ए फिलासफी इमबैटल्ड, (दि डायल), फरवरी, 1917
63. प्लान एण्ड पेरिश, (दि नेशन), दिसम्बर, 1945
64. पालिटिकल थ्योरी इन दि लेटर मिडिल एज, (इन जे० वी० बेरी एडीटेड कैम्ब्रिज मीडियावल हिस्ट्री वाल्यूम 8), 1936
65. दि प्रासपेक्ट्स आफ कान्स्टीट्यूशनल गवर्नमेंट, (पालिटिकल क्वार्टरली) जुलाई-सितम्बर, 1930
66. दि प्रास्पैक्टस आफ डेमोक्रेटिक गवर्नमेंट, (बुलेटिन आफ दि कॉलेज आफ

विलियम एण्ड मेरी इन वर्जीनिया), 1939
67. रसिया एण्ड दि लेबर यूनिटी, (दि नेशन), सितम्बर, 1943
68. दि प्रास्पैक्ट्स आफ पीस इन यूरोप, (व्हार्टन असेम्बली एड्रेस), 1938
69. रीजन एण्ड रसिया, (दि न्यू रिपब्लिक), दिसम्बर, 1948
70. रिलेशन आफ जस्टिस टू लॉ, (हारेस सील मेमोरियल लेक्चर), लंदन, 1930
71. दि राइट्स आफ मेन, (मेकमिलन वारपेम्फलेट 8), लंदन, 1940
72. सावरेंटी एण्ड सेन्ट्रलाइजेशन, (दि न्यू रिपब्लिक), दिसम्बर, 1916
73. सोशलिज्म इन अवर टाइम, (नेशनल रिव्यू), जुलाई, 1942
74. सोशलिज्म एण्ड फ्रीडम, (फेबियन ट्रेक 216), लंदन, 1925
75. सोशलिज्म एण्ड इन्टरनेशलिज्म, (फेबियन इन्टरनेशनल ब्यूरो सीरीज), लंदन, 1930
76. सम इम्प्लीकेशन आफ दि क्राइसिस, (पालिटिकल क्वार्टरली), अक्टूबर-दिसम्बर, 1931
77. दि स्पिरिट आफ कोआपरेशन, (हगशन मेमोरियल लेक्चर), मैनचेस्टर, 1936
78. दि टेम्पर आफ दि प्रेजेंट टाइम, (दि न्यू रिपब्लिक), फरवरी, 1920
79. दि वैल्यू एण्ड डिफेक्ट्स आफ मार्क्सिस्ट फिलासफी, (करेंट हिस्ट्री), अक्टूबर, 1928
80. दि वेब्स एण्ड सोवियत कम्युनिज्म, (वेब मेमोरियल लेक्चर-3), लंदन, 1947
81. व्हाट इज विटाल इन डेमोक्रेसी, (सर्वे-वाशिंगटन), अप्रैल, 1935
82. व्हाई आई एम ए मार्क्सिस्ट, (दि नेशन), जून, 1939
83. व्हाट डेमोक्रेसी मीन्स इन रसिया, (दि न्यू रिपब्लिक, अक्टूबर, 1946
84. व्हाट इज डेमोक्रेसी, (नेशनल पीस कौंसिल पेम्फलेट-38), 1946
85. विल प्लानिंग रेसट्रिक्ट फ्रीडम, (चीम, इंग्लैंड), 1944
86. विल दि पीस लास्ट, (नेशनल पीस कौंसिल पेम्फलेट-28), 1944
87. आन दि स्टडी आफ पालिटिक्स,(एनाग्रल लेक्चर एल० एस० ई०), 1926
88. जैनिंग्स एण्ड राब्सन, (सैन्चुरी आफ म्युनिसिपल प्रोग्रेस), 1935
89. दि रेसपांसिबिलिटी आफ दि स्टेट इन इंग्लैंड, (हार्बर्ड लॉ रिव्यू), 1919
90. मेकिया वैली एण्ड दि प्रजेन्ट टाइम, (क्वार्टरली रिव्यू), 1927
91. लॉ एण्ड दि स्टेट, (एकानामिका), नवम्बर, 1929
92. रिकवरी थ्रो रिवोल्यूशन, 1933

(स) प्रो० लास्की : संपादक, अनुवादक एवं प्रस्तावना-लेखक के रूप में

1. एडमंड बर्क : लेटर्स आफ एडमंड बर्क : ए सेलेक्शन दि वर्ल्डस् क्लासिक्स एडीटेड इन, 1922
2. लियोन डुग्वे : लॉ इन दि मार्डन स्टेट ट्रांसलेटेड बाई फ्रीडा एण्ड हेराल्ड लास्की, 1919
3. जार्ज पी० गूच : इंग्लिश डेमोक्रेटिक आइडियाज इन दि सेवनटींथ सेंचुरी नोट्स एण्ड एपेंडिक्स बाई लास्की, 1927
4. होम्स ओ० डब्ल्यू० : कलैक्टेड लीगल पेपर्स कम्पाइल्ड बाई लास्की, 1920
5. जे० एस० मिल : आटोबायोग्राफी प्रिफेस बाई लास्की, 1924
6. सर हेनरी टेलर : दि स्टेट्समेन इन्ट्रोडक्टरी एसे बाई लास्की, 1927
7. लियोनार्ड एस० वुल्फ : फारेन पालिसी फोरवर्ड बाई लास्की, 1947
8. रिचार्ड हेल्डन : दि प्राब्लम आफ नेशनलाइजेशन इन्ट्रोडक्शन बाइ टानी एण्ड लास्की, 1921
9. जेनियस ब्रूट्स : ए डिफेंस आफ लिबर्टी अगेंस्ट टायरेन्ट्स-इन्ट्रोडक्शन बाई लास्की, 1924
10. अर्नेस्ट वेन : दि लाइब्रेरी आफ यूरोपियन पालिटिकल थाट एडीटेड बाई लास्की, 1926
11. एडवर्ड राबिंसन : जस्ट मर्डर प्रिफेस बाई लास्की, 1947
12. एडवर्ड जे० नीप : सैडीसियश आफेंसेज : इन्ट्रोडक्टरी नोट बाई लास्की, 1926

परिशिष्ट-2

प्रो० लास्की के कृतित्व एवं व्यक्तित्व पर लिखी गई कृतियां एवं लेख

1. हर्बर्ट ए० डीन : दि पालिटिकल आइडियाज आफ हेराल्ड जे० लास्की, न्यूयार्क कोलंबियाज यूनीवर्सिटी प्रेस, 1955
2. किंग्सले मार्टिन : हेराल्ड लास्की : ए बायोग्राफिकल मेमोयर, विक्टर गालेन्ज, लंदन, 1953
3. जी० एन० शर्मा : दि पालिटिकल थाट आफ हेराल्ड जे० लास्की, ओरियंट लांगमेन्स, बाम्बे, 1965
4. ग्रेनविल ईस्टव्हुड : हेराल्ड लास्की, माव्रेज, लंदन, 1977
5. डॉ० कृष्णकांत मिश्रा : लास्की का राजनैतिक चिंतन, मेकमिलन, इंडिया, 1976
6. डॉ० आर० सी० गुप्ता : हेराल्ड जे० लास्की, रामप्रसाद एंड सन्स, आगरा-3, 1966
7. वेलोफ मेक्स : 'दि एज आफ लास्की', फोर्टनाइटली, जून, 1950, पृ० 378-85
8. केटलिन जार्ज : 'दि मेन हू लास्ट दि ब्रिटिश इलेक्शन', कामनव्हील, जुलाई, 1945, पृ० 353-54
9. कुक, टी० आई० : 'इन मेमोरियम', अमरीकन पालिटिकल साइंस रिव्यू, सितम्बर, 1950, पृ० 738-41
10. इलियट, डब्ल्यू० वाई० : 'प्रेगमेटिक पालिटिक्स आफ मि० एच० जे० लास्की', अमरीकन पालिटिकल साइंस रिव्यू, मई, 1924, पृ० 251-75
11. इलियट, डब्ल्यू० वाई० : 'प्रेगमेटिक रिवोल्ट इन पालिटिक्स', न्यूयार्क, मेकमिलन कंपनी, 1924
12. फाक्स रेल्फ : 'ए डिफेंस आफ कम्युनिज्म, इन रिप्लाई टू एच० जे० लास्की', लंदन, कम्युनिस्ट पार्टी आफ ग्रेट ब्रिटेन, 1927
13. सर पेट्रिक हास्टिन : 'केस इन कोर्ट', लंदन, विलियन हेनरीमेन लि० 1949, पृ० 55-71

14. हार्किस केरोल : 'हेराल्ड जे० लास्की : ए प्रिलिमिनरी एनालिसिस', पालिटिकल साइंस क्वार्टरली, सितंबर, 1950, पृ० 376-92

15. मार्क डीबोल्फ हाव : होम्स लास्की लेटर्स, (1916-1935), 2 वाल्यूम्स, क्रेम्बिज, हार्बर्ड यूनीवर्सिटी प्रेस, 1953

16. केम्पलमेन, एम० एम० : 'हेराल्ड जे० लास्की : ए करेंट एनालिसिस', जर्नल आफ पालिटिक्स, (फरवरी, 1948), पृ० 131-54

17. किर्चवे फ्रेडा : 'हेराल्ड लास्की', (दि नेशन),(अप्रैल, 1950), पृ० 291-92

18. लास्की वर्सेज नेवार्क : एडवरटाइजर कम्पनी लिमिटेड एंड पर्लवे, लंदन, डेली एक्सप्रेस, 1947

19. मिगिड हेनरी मेयर : इंग्लिश पालिटिकल प्लूरलिज्म, कोलंबिया स्टडीज, इन फिलासफी, नं० 2, न्यूयार्क, कोलंबिया यूनवर्सिटी प्रेस, 1941

20. मार्टिन किंग्सले : 'हेराल्ड लास्की, सोशलिस्ट', दि नेशन, (अप्रैल, 1950), पृ० 400-401

21. रे एन० सी० बी० : 'लास्की, दि सोशियोलाजिस्ट', इंडियन जर्नल आफ पालिटिकल साइंस, (अक्टू०-दिसं०, 1950), पृ० 146-51

22. जी० एन० शर्मा : 'हेराल्ड जे० लास्की', इंडियन जनरल आफ पालिटिकल साइंस, (अक्टू०-दिसं०, 1950), पृ० 133-45

23. रोजर सोल्तु : 'प्रो० लास्की एंड पालिटिकल साइंस', पालिटिकल क्वार्टरली, (जुलाई, 1950), पृ० 301-10

24. जान स्ट्रैची : 'लास्कीज स्ट्रगल फार सर्टेनिटी', न्यूस्टेट्समेन एंड नेशन, (अप्रैल, 1950), पृ० 395

25. वाटकिन्स, जे० डब्ल्यू० एन० : 'लास्की आन कन्साइंस एंड काउन्टर रिवोल्यूशन', नाइन्टीन्थ सेंचुरी एंड आफ्टर, (मार्च, 1949), पृ० 173-79

26. लेबिस जर्वी : 'नार्मेटिव, डिस्क्रिप्टिव एंड आइडियोलाजीकल एलीमेंट्स इन दि राइटिंग्स आफ लास्की', फिलासफी आफ साइंस, (अप्रैल, 1945), पृ० 134-45

27. जी० एल० मेहता : हेराल्ड लास्की रिविजिटेड, (सिक्स्थ एनुअल लेक्चर), लास्की इस्टीट्यूट, अहमदाबाद, 1960

28. दि लास्की इंस्टीट्यूट : ए वाउचर, (अहमदाबाद), 1959

29. के० एम० पणिक्कर : इंडियन डाक्ट्रिन्स आफ पालिटिक्स, (फर्स्ट एनुअल लेक्चर, लास्की इंस्टीट्यूट, अहमदाबाद), 1955

30. एच० एन० कुंजरू : पार्लियामेंट्री डेमोक्रेसी इन इंडिया, सम रिफ्लेक्शंस, (फोर्थ एनुअल लेक्चर, लास्की इंस्टीट्यूट, अहमदाबाद), 1958

31. प्रो० पी० जी० मावलंकर : हेराल्ड लास्की : भावभीनी अंजलि, गुजराती संस्करण, 1957

32. दि लास्की लाइबेल एक्शन : वरवेशन रिपोर्ट, डेली हेराल्ड, लंदन, 1948

33. मोरिस याक : लास्कीज् कन्सेप्ट आफ सोशलिज्म एंड इजराइल, लास्की इंस्टीट्यूट, अहमदाबाद, 1970

34. डी० सी० भट्टाचार्य : गाइड टू लास्की, विजया पब्लिकेशन हाउस, कलकत्ता, 1970

35. आर्थर ए० एकिर्च : हेराल्ड लास्की : ए लिबरल मंक आर लास्ट लिबरटेरियन, जर्नल आफ लिबरटेरियन स्टडीज, स्प्रिंग, 1980

अन्य सहायक ग्रन्थ

1. एलेक्जेंडर ग्रे : दि सोशलिस्ट ट्रेडीशन, 1947
2. बर्ट्रेंड रसेल : रोड्स टु फ्रीडम
3. बर्नार्ड शा : एसेज इन फेबियन सोशलिज्म
4. जी० डी० एच० कोल : वर्ल्ड आफ लेबर
5. सी० डी० बर्नस : पालिटिकल आइडियल्स
6. टी० एच० ग्रीन : लेक्चर्स आन दि प्रिंसपल्स आफ पालिटिकल आब्लीगेशन, 1882
7. एवेंसटाइन, विलियम : माडर्न पालिटिकल थाट
8. हावहाउस : लिबरलिज्म
9. जे० एस० मिल : आन लिबर्टी, 1956, न्यूयार्क
10. मार्क्स एंड एंजिल्स : दि कम्युनिस्ट मेनीफेस्टो, 1932
11. रूसो : सोशल कान्ट्रेक्ट
12. सेवाइन : ए हिस्ट्री आफ पालिटिकल थ्योरी
13. डनिंग, डब्ल्यू० ए० : पालिटिकल थ्योरीज फ्राम रूसो टू स्पेंसर.
14. कोकर एफ० डब्ल्यू० : रीसेंट पालिटिकल थाट, 1934
15. जेरेमी बेंथम : फ्रेगमेंट आन दि गवर्नमेंट
16. ए० डी० लिन्डसे : आई बिलीव इन डेमोक्रेसी
17. जी० डी० एच० कोल : ए हिस्ट्री आफ पालिटिकल थाट
18. जी० डी० एच० कोल : सेल्फ गवर्नमेंट इन इंडस्ट्रीज, 1917
19. गेटिल : पालिटिकल साइंस, 1950
20. सी० ई० एम० जोड : इंट्रोडक्शन टु पालिटिकल साइंस, 1947
21. सी० ई० एम० जोड : इंट्रोडक्शन टु माडर्न पालिटिकल थ्योरी, 1947
22. बर्न्सटाइन : एवोल्यूशनरी सोशलिज्म
23. वेपर, सी० एल० : पालिटिकल थाट, 1958

24. बार्कर अर्नेस्ट : पालिटिकल थाट इन इंग्लैंड, फ्राम स्पेंसर टु टुडे, 1915
25. ब्राइस, जेम्स : माडर्न डेमोक्रेसीज
26. एलेक्जेंडर वेन : जान स्टुअर्टमिल : ए क्रिटीसिज्म
27. कोकर एफ० डब्ल्यू० : डेमोक्रेसी, लिबर्टी एंड प्रापर्टी
28. जार्ज केटलिन : ए हिस्ट्री आफ पालिटिकल फिलास्फर्स, 1950
29. डुग्वे, लियोन : लॉ इन दि माडर्न स्टेट
30. फालेट, एम० पी० : दि न्यू स्टेट
31. ग्राहम वेलास : इंग्लिस पालिटिकल फिलासफी
32. ग्राहम वेलास : दि ग्रेट सोसाइटी, 1914
33. गेटिल आर० जी० : हिस्ट्री आफ पालिटिकल थाट, 1924
34. गार्नर, जे० डब्ल्यू० : इन्ट्रोडक्शन टु पालिटिकल साइंस
35. हर्नशा, एफ० जे० सी० : ए सर्वे आफ सोशलिज्म
36. हर्नशा, एफ० जे० सी० : दि सोशल एंड पालिटिकल थिंकर्स आफ दि एज आफ रीएक्शन एंड रीकन्स्ट्रक्शन
37. हावहाउस, एल० टी० : दि मेटाफिजिकल थ्योरी आफ दि स्टेट, 1918
38. मेकाइवर, आर० एम० : दि माडर्न स्टेट, 1926
39. बर्ट्रेंड रसेल : फ्रीडम वर्सेज आरगनाइजेशन
40. रोजर सोल्तु : फ्रेंच पालिटिकल थाट इन दि नाइन्टींथ सेंचुरी
41. सिडनी वेब्स एंड बीट्रिक : दि डिके आफ कैप्टिलिस्ट सिविलाइजेशन
42. ए० जिमर्न : माडर्न पालिटिकल डाक्ट्रिन्स
43. जी० डी० एच० कोल : गिल्ड सोशलिज्म, रिस्ट्रेक्टेड, 1920
44. जी० डी० एच० कोल : एसे इन सोशल थ्योरी, 1950
45. फिगिस, जे० एन० : चर्चेज इन दि माडर्न स्टेट, 1914
46. फिगिस, जे० एन० : स्टडीज आफ पालिटिकल थाट फ्राम जर्सन टु ग्रोशियस, 1916
47. गिर्के, ओ० व्ही० : पालिटिकल थ्योरीज आफ दि मिडिल एज ट्रांसलेटेड बाई मेटलैंड, 1900
48. जेनिग्स, डब्ल्यू० आई० : दि ब्रिटिश कान्स्टीट्यूशन, 1947
49. ग्राहम वेलास : ह्यूमन नेचर इन पालिटिक्स, 1909
50. मेकाइवर, आर० एम० : कान्फ्लिक्ट आफ लाइलटीज, 1952
51. मेकाइवर, आर० एम० : दि वेव आफ गवर्नमेंट, 1947

52. वेब्स एस० एंड बी० : ए कान्स्टीट्यूशन फार दि सोशलिस्ट कामन-वेल्थ, 1920
53. बर्ट्रेंड रसेल : अथार्टी एंड इंडिविजुअल, 1949
54. बर्ट्रेंड रसेल : दि प्रासपेक्टस आफ इंडस्ट्रीयल सिविलाइजेशन
55. बर्ट्रेंड रसेल : थ्योरी एंड प्रैक्टिस आफ बोल्शेविज्म, 1949
56. हचीशन, कीथ : दि डिक्लाइन एंड फाल आफ ब्रिटिश कैपिटलिज्म, 1950
57. आस्टिन, जान : लेक्चर्स आन जूरिसप्रूडेंस, 1861
58. कलिंगवुड, आर० जी० : एन आटोबायोग्राफी, 1951
59. जेम्स मिल : यूटिलिटेरियनिज्म, लिबर्टी एंड रिप्रेजेंटेटिव गवर्नमेंट, (न्यूयार्क), 1910
60. जे० एल० मदरशेड : माडर्न कन्सेप्शन आफ दि प्रिंसपल्स आफ राइट्स, (न्यूयार्क), 1955
61. यूनेस्को पब्लिकेशन : नेचुरल राइट्स एंड हिस्ट्री, ए सिम्पोजियम, (न्यूयार्क), 1949
62. एम० पोलेनी : दि लाजिक आफ लिबर्टी, 1961
63. जेड० बार्बू : डेमोक्रेसी एंड डिक्टेटरशिप, (न्यूयार्क), 1956
64. एफ० जी० विलसन : दि एलीमेंट्स आफ माडर्न पालिटिक्स, 1936
65. के० आर० पोपेर : दि ओपन सोसाइटी एंड इट्स एनिमीज, (लंदन), 1955
66. हेनरी सिजविक : दि ऐलीमेंट्स आफ पालिटिक्स, 1949
67. अशोक मेहता : एशियाई समाजवाद, 1962
68. रजनी पामदत्त : इंडिया : टुडे एंड टुमारो, 1956
69. जवाहरलाल नेहरू : कुछ पुरानी चिट्ठियां, 1960
70. जवाहरलाल नेहरू : विश्व इतिहास की एक झलक
71. इंदिरा गांधी : माई ट्रुथ, 1981
72. ओंकार शरद : डॉ० राममनोहर लोहिया, 1968
73. बेनी प्रसाद : दि डेमोक्रेटिक प्रोसेस, 1935
74. फ्रेंक ठाकुरदास : रिसेंट इंग्लिश पालिटिकल थ्योरी एंड दि आइडिया आफ लिबर्टी, 1972
75. विश्वनाथ प्रसाद वर्मा : पालिटिकल फिलासफी, 1970
76. विश्वनाथ प्रसाद वर्मा : राजनीति और दर्शन, 1956

77. स्पेंगलर ओस्वाल्ड : दि डिक्लाइन आफ दि वेस्ट, 1952
78. हाब्स : लेवियाथन
79. लाक जान : ट्रीटाइज आन दि गवर्नमेंट
80. लाक जान : सिविल गवर्नमेंट
81. टायनवी एर्नोल्ड : सिविलाइजेशन आन ट्राइल
82. बर्नार्ड बोसांके : लिबर्टी एण्ड लेजिशलेशन
83. अर्नेस्ट बार्कर : प्रिंसपल्स आफ सोशल एण्ड पालिटिकल थ्योरी
84. एम० एन० दास : दि पोलिटिकल फिलासफी आफ जवाहर लाल नेहरू, (लंदन), 1964
85. ई० आर्शीवादम् : पालिटिकल थ्योरी
86. आर० एन० गिलक्राइस्ट : प्रिंसपल्स आफ पालिटिकल साइंस, 1951
87. कार्ल मार्क्स : कैपिटल, (लंदन), 1948
88. लेनिन : जनवादी क्रांति में सामाजिक जनवाद, हिन्दी संस्करण, 1969
89. जी० ई० सी० केटलिन : ए स्टडी आफ दि प्रिंसपल्स आफ पालिटिक्स, (लंदन), 1930
90. जी० ई० सी० केटलिन : सिस्टमेटिक पालिटिक्स, (लंदन), 1962
91. बी० के० एन० मेनन : इंडिया सिंस इनडिपेंडेन्स, 1970
92. रजनी कोठारी : पालिटिक्स इन इंडिया, 1970
93. अप्पादोराय : एसेज इन इंडियन पालिटिक्स एण्ड फारेन पालिटिक्स, 1971
94. कृष्ण मेनन : नेहरू एण्ड इंटरनेशनलिज्म, आकाशवाणी से प्रसारित वक्तव्य, 23 दिसंबर, 1964
95. आस्टिन ग्रेनविल : दि इंडियन कान्स्टीट्यूशन, कार्नरस्टोन आफ ए नेशन, 1966
96. डोनाल्ड स्मिथ : नेहरू एण्ड डेमोक्रेसी, 1966
97. मोरिस जोन्स : दि गवर्नमेंट एण्ड पालिटिक्स आफ इंडिया, 1964
98. माइकेल ब्रेशर : सक्सेशन इन इंडिया, 1966
99. गुप्ता, एम० जी० : हिस्ट्री आफ पालिटिकल थाट फ्राम हाब्स टु लास्की, 1974

प्रो० लास्की की कुछ महत्त्वपूर्ण कृतियों का हिन्दी अनुवाद

1. राजनीति प्रवेशिका : (एन इन्ट्रोडक्शन टू पालिटिक्स), अनुवादक—परिपूर्णानंद वर्मा, प्रकाशक—सेंट्रल बुक डिपो, इलाहाबाद, 1950
2. राजनीति के मूल तत्त्व : (ए ग्रामर आफ पालिटिक्स), प्रकाशक—एलाइड पब्लिशर्स एंड स्टेशनरी मैन्युफेक्चरर्स, प्रा० लि०, अजमेरी गेट एक्सटेंसन, नई दिल्ली, 1956
3. इंग्लैंड का संसदीय शासन : (पार्लियामेंट्री गवर्नमेंट इन इंग्लैंड), अनुवादक—विश्वप्रकाश, प्रकाशक—एस० चंद एंड कंपनी, फव्वारा, दिल्ली, 1958
4. इंग्लैंड का राजदर्शन लाक से बेंथम तक : (पालिटिकल थाट इन इंग्लैंड : लाक टु बेंथम), प्रकाशक—किताब महल; जीरो रोड, इलाहाबाद, 1961
5. राज्य का सैद्धांतिक और व्यावहारिक स्वरूप : (स्टेट इन थ्योरी एंड प्रैक्टिस), अनुवादक—विश्वप्रकाश, संपादक—के० आर० बम्वाल, प्रकाशक—एस० चंद एंड कंपनी, फव्वारा, दिल्ली, 1956

अन्य सहायक अनूदित ग्रंथ

1. लाक : (शासन पर 2 निबंध), अनुवादक—श्रीमती सरला मोहनलाल, हिन्दी समिति, प्रकाशन शाखा, सूचना विभाग, यू० पी०, 1960
2. एन० बी० गाडगिल : (आधुनिक राज्य तथा स्वतंत्रता), प्रकाशक—एस० चंद एंड कंपनी, नई दिल्ली, 1962
3. जे० एस० मिल : (स्वतंत्रता तथा प्रतिनिधि शासन), अनुवादक—पी० सी० जैन, हिन्दी समिति, सूचना विभाग, यू० पी०, 1963
4. रूसो : (सामाजिक पोषण), अनुवादक—डॉ० बूलचंद, आई० ए० एस०, प्रकाशन ब्यूरो, उ० प्र० सरकार, लखनऊ, 1956
5. गार्नर : (राज्य विज्ञान और शासन), अनुवादक—आर० एन० यादवेन्दु, संशोधक—वी० एन० मेहता, प्रकाशक—लक्ष्मीनारायण अग्रवाल, आगरा, 1956
6. सेवाइन : (राजनीति दर्शन का इतिहास, भाग 1-2), अनुवादक—विश्वप्रकाश गुप्त, प्रकाशक—एस० चंद एंड कंपनी, दिल्ली, 1964
7. दलेर दिओल : (उदारवाद और मार्क्सवाद), स्टर्लिंग पब्लि०, प्रा० लि०, नई दिल्ली, 1977

परिशिष्ट-6

अखबार एवं पत्रिकाएं

1. हिन्दुस्तान टाइम्स
2. साप्ताहिक हिन्दुस्तान
3. नेशनल हेराल्ड
4. दिनमान
5. अमृत बाजार पत्रिका
6. रविवार
7. दि इंडियन जर्नल आफ पालिटिकल साइंस
8. पालिटिकल क्वार्टरली

अनुक्रमणिका

□□